知识产权会计管理

汤湘希 等 编著

中国财经出版传媒集团
中国财政经济出版社

图书在版编目（CIP）数据

知识产权会计管理／汤湘希等编著．－－北京：中国财政经济出版社，2023.8
ISBN 978－7－5223－2308－4

Ⅰ.①知… Ⅱ.①汤… Ⅲ.①知识产权－会计管理 Ⅳ.①D913

中国国家版本馆 CIP 数据核字（2023）第 113760 号

责任编辑：温彦君　　　　　　　　责任校对：张　凡
封面设计：陈宇琰　　　　　　　　责任印制：党　辉

知识产权会计管理

ZHISHI CHANQUAN KUAIJI GUANLI

中国财政经济出版社 出版

URL：http：//www.cfeph.cn
E－mail：cfeph@cfeph.cn

（版权所有　翻印必究）

社址：北京市海淀区阜成路甲 28 号　邮政编码：100142
营销中心电话：010－88191522
天猫网店：中国财政经济出版社旗舰店
网址：https：//zgczjjcbs.tmall.com
北京富生印刷厂印刷　各地新华书店经销
成品尺寸：185mm×260mm　16 开　19.25 印张　463 000 字
2023 年 8 月第 1 版　2023 年 8 月北京第 1 次印刷
定价：69.00 元
ISBN 978－7－5223－2308－4
（图书出现印装问题，本社负责调换，电话：010－88190548）
本社质量投诉电话：010－88190744
打击盗版举报热线：010－88191661　QQ：2242791300

《知识产权会计管理》
编 写 组

编写人员：汤湘希　游　宇　高敬凯　戴维思　张玉娟
　　　　　陈彩云　季　华　曾维新　黄薇君　陈金勇

前 言

创新是引领发展的第一动力！这是新时代的强音！打开电视机，时而就会出现"保护知识产权就是保护创新"的公益广告。在我国高校中，目前已有中南财经政法大学等63所高校在本科阶段开设了知识产权专业，部分高校还招收知识产权方向的硕士研究生和博士研究生。同时，"向知识产权要生产力"已深入人心。在新时代的"五大发展理念"中，创新为首要理念，创新驱动发展已经成为我国新时代的重要发展举措。因此，在知识产权专业开设会计学或曰知识产权会计管理课程已日渐迫切。为了解决教学急需，由中南财经政法大学、西南政法大学、武汉轻工大学、湖北民族大学、湖北大学、重庆邮电大学、（深圳）资本市场学院等高校会计学专业和知识产权专业的教师和博士们一起编著了《知识产权会计管理》一书。

全书分为三篇共十二章，其中第一篇：知识产权与会计——向知识产权要生产力，包括第一章至第四章。其中第一章：会计的功能：提供决策有用的信息。主要介绍经济发展与会计演进，会计的含义、特征和目标，会计规范与会计准则，财务会计的系统结构等内容。第二章：会计要素与复式记账。主要介绍会计要素及其确认与计量、会计核算的前提与基础、复式记账等内容。第三章：知识产权：创新、创造的价值显示。主要介绍知识产权的价值创造机理、知识产权对经济高质量发展的贡献测度、《国家知识产权战略纲要》实施的效果检验、知识产权对经济增长贡献的再测度与补正等内容。第四章：知识产权相关概念界定及其相互关系。主要介绍研发支出与知识产权、无形资产与知识产权、数据资产与知识产权、人工智能与知识产权、其他资产与知识产权等内容。第二篇：知识产权的会计确认、计量与记录，包括第五章至第八章。其中第五章：知识产权的会计确认。主要介绍会计确认的基本理论、知识产权的初始确认、后续确认和终止确认等内容。第六章：知识产权的会计计量。主要介绍会计计量模式与选择、知识产权的初始计量、知识产权的后续计量等内容。第七章：知识产权的会计记录。主要介绍知识产权会计账户的设置、知识产权的取得、知识产权的摊销与减值、知识产权的处置等内容。第八章：

特殊知识产权的会计处理。主要介绍植物新品种权和地理标志等的会计处理。第三篇：知识产权价值管理与价值报告，包括第九章至第十二章。其中第九章：知识产权价值管理。主要介绍知识产权的日常管理、知识产权的会计管理与内部审计、知识产权的资本运营等内容。第十章：知识产权证券化。主要介绍知识产权证券化在国内外的发展概况以及知识产权证券化的会计处理等内容。第十一章：知识产权交易管理及价值评估。主要介绍知识产权交易模式和知识产权价值评估等内容。第十二章：知识产权价值报告。主要介绍财务报表概述、资产负债表中的知识产权信息、利润表中的知识产权信息、现金流量表中的知识产权信息、所有者权益变动表与附注以及知识产权信息列报与披露等内容。

本书既可以作为知识产权本科专业的会计学教材，又可以作为知识产权专业硕（博）研究生的参考书。当然，在教学过程中，可以根据不同层次学生的培养方案和教学目的对内容进行取舍。

本书由中南财经政法大学汤湘希教授组织编写并担任主编，负责全书编写大纲的拟定和全书的总纂、修改和定稿。本书各章编写人员及分工如下：第一章由汤湘希和游宇（湖北民族大学）执笔；第二章由季华（中南财经政法大学）执笔；第三章由汤湘希、张玉娟（西南政法大学）、陈金勇（湖北大学）执笔；第四章、第九章、第十章由高敬凯（中南财经政法大学）执笔；第五章至第八章由戴维思（中南财经政法大学）执笔；第十一章至第十二章由汤湘希、陈彩云（武汉轻工大学）执笔。在初稿撰写过程中，得到了（深圳）资本市场学院的曾维新博士后和重庆邮电大学黄薇君博士的帮助。在此，特别致谢。本书在编写过程中，得到了中南财经政法大学会计·财务系列教材编审委员会、中南财经政法大学教务部和中国财政经济出版社的大力支持和帮助，谨此一并深表谢意！在本书编写过程中，参考了大量的文献，虽尽量在注释或参考文献中列示，但可能还有疏漏，在此，向原作者表示衷心的感谢。

由于编者水平有限，书中难免存在疏误之处，恳请广大读者批评指正，以便再版时修订。

编著者
2023 年 7 月

目 录

第一篇 知识产权与会计——向知识产权要生产力

第一章 会计的功能：提供决策有用的信息 …………………………………（ 3 ）
第一节 经济发展与会计演进 ……………………………………………（ 3 ）
第二节 会计的含义、特征与目标 ………………………………………（ 14 ）
第三节 会计规范与会计准则 ……………………………………………（ 19 ）
第四节 财务会计的系统结构 ……………………………………………（ 22 ）

第二章 会计要素与复式记账 ………………………………………………（ 26 ）
第一节 会计要素及其确认与计量 ………………………………………（ 26 ）
第二节 会计核算的前提与基础 …………………………………………（ 31 ）
第三节 复式记账原理及其运用 …………………………………………（ 35 ）

第三章 知识产权：创新、创造的价值显示 ………………………………（ 46 ）
第一节 知识产权的价值创造机理 ………………………………………（ 46 ）
第二节 知识产权对经济高质量发展的贡献测度 ………………………（ 51 ）
第三节 《国家知识产权战略纲要》实施的效果检验 …………………（ 65 ）
第四节 知识产权对经济增长贡献的再测度与补正 ……………………（ 70 ）

第四章 知识产权相关概念界定及其相互关系 ……………………………（ 74 ）
第一节 研发支出与知识产权 ……………………………………………（ 74 ）
第二节 无形资产与知识产权 ……………………………………………（ 81 ）
第三节 数据资产与知识产权 ……………………………………………（ 86 ）
第四节 人工智能与知识产权 ……………………………………………（ 92 ）

第五节　其他资产与知识产权 …………………………………………………（102）

第二篇　知识产权的会计确认、计量与记录

第五章　知识产权的会计确认 …………………………………………………（111）
第一节　会计确认的基本理论 …………………………………………………（111）
第二节　知识产权的初始确认 …………………………………………………（113）
第三节　知识产权的后续确认与终止确认 ……………………………………（118）

第六章　知识产权的会计计量 …………………………………………………（124）
第一节　会计计量模式与选择 …………………………………………………（124）
第二节　知识产权的初始计量 …………………………………………………（127）
第三节　知识产权的后续计量 …………………………………………………（132）

第七章　知识产权的会计记录 …………………………………………………（140）
第一节　知识产权会计账户的设置 ……………………………………………（140）
第二节　知识产权的取得 ………………………………………………………（142）
第三节　知识产权的摊销与减值 ………………………………………………（145）
第四节　知识产权的处置 ………………………………………………………（148）

第八章　特殊知识产权的会计处理 ……………………………………………（154）
第一节　知识产权侵权与被侵权的会计处理 …………………………………（154）
第二节　植物新品种权的会计处理 ……………………………………………（169）
第三节　地理标志概述及会计处理 ……………………………………………（177）

第三篇　知识产权价值管理与价值报告

第九章　知识产权价值管理 ……………………………………………………（189）
第一节　知识产权的日常管理 …………………………………………………（189）
第二节　知识产权的会计管理与内部审计 ……………………………………（200）
第三节　知识产权资本运营 ……………………………………………………（205）

第十章　知识产权证券化 ………………………………………………………（216）
第一节　概述 ……………………………………………………………………（216）

第二节　知识产权证券化的发展历程及启示 …………………………………（222）
　　第三节　知识产权证券化的会计处理 ………………………………………（238）

第十一章　知识产权交易管理及价值评估 …………………………………（244）
　　第一节　概述 …………………………………………………………………（244）
　　第二节　知识产权交易模式及选择 …………………………………………（247）
　　第三节　知识产权价值评估 …………………………………………………（249）

第十二章　知识产权价值报告 …………………………………………………（266）
　　第一节　财务报表的定义和构成 ……………………………………………（266）
　　第二节　资产负债表中的知识产权信息 ……………………………………（270）
　　第三节　利润表中的知识产权信息 …………………………………………（272）
　　第四节　现金流量表中的知识产权信息 ……………………………………（273）
　　第五节　所有者权益变动表与附注 …………………………………………（275）
　　第六节　知识产权信息列报与披露 …………………………………………（277）

主要参考文献 ……………………………………………………………………（286）

第一篇　知识产权与会计
——向知识产权要生产力

《半月谈》杂志2016年第8期陈诺、杨绍功等以"向知识产权要生产力，翘盼知识产权大手笔"为题阐述了知识产权对经济发展的重要作用。该文指出：创新是引领发展的第一动力，坚持创新发展，必须摆在国家发展全局的核心位置，深入实施创新驱动发展战略。创新与知识产权相伴而生，发挥创新的引领作用，就一定要用好知识产权，向优质自主知识产权要生产力！该文认为，不容忽视的问题是，目前知识产权存在大而不强、多而不优，核心专利少、品牌价值小，文化创意和设计服务增加值偏低等亟待解决的问题。知识产权一头连着创新，一头连着市场。当前，企业越来越意识到知识产权的重要性，在竞争激烈的创新路上，知识产权管理无疑会为企业发展起到护航、助力的重要作用，也是经济高质量发展的动力与使命（吴珂，2018）[①]。

同时，创新也是党的二十大报告中的高频词之一，报告明确指出："我国一些关键核心技术实现突破，战略性新兴产业发展壮大，载人航天、探月探火、深海深地探测、超级计算机、卫星导航、量子信息、核电技术、大飞机制造、生物医药等取得重大成果，进入创新型国家行列。"

在人类活动的大部分领域中，包括商业，人们总会从过去吸取教训，用以指

---

① 吴珂："知识产权：经济高质量发展的动力与使命"，《中国知识产权报》，2018年07月03日。

导将来。同样，财务报表从根本上讲，也是对过去的回顾。对企业资产进行估价是为了评估企业未来的表现，而财务报表则更多地反映过去的成就。会计应如实反映，财务报表应该提供客观信息。但针对管理层和市场及其利益相关者提供的财务报表，却在很大程度上被有形资产所左右。在世界范围内，目前的会计准则几乎没有表述知识产权（Intellectual Property, IP）价值的空间。要反映一家公司/企业所拥有的知识产权与公司/企业收入的关系，特别是那些由公司/企业内部开发出来的知识产权与公司收入的关系，几乎是不可能的。因此，尽管财务报表中都是些精确的数字或事实，却没有什么实际意义[1]。这也产生了深远的影响：由于人们几乎完全忽略了知识产权，所以在管理决策、进行资产配置或者追求市场份额的时候，很少考虑到知识产权[2]。

当然，在经济发展越来越受知识驱动的时代，在创新驱动发展战略的引领下，上述情形发生了重大变化，因为能够创造财富的关键经济资源不再依赖于获得或使用土地、劳动力或资本等竞争优势，而是依赖于获得并使用新的或原创的无形资产（知识产权）。因此，企业除了发布现行会计准则规定的财务报表外，还应该发布知识产权报告[3]。

---

[1] 本书在后面章节将介绍财务报表的改进，此处不再赘述。
[2] Roya Ghafele：" 认识会计学与知识产权 "。资源下载：人人文库网（https://www.renrendoc.com/d-201585551.html）。
[3] 同[2]。

第一章

会计的功能：提供决策有用的信息

会计自产生以来，其基本目标是为信息使用者提供决策有用的信息[①]。当然，其间也能评价和解除受托责任。会计具有明显的技术性、社会性、政治性和国家利益性等特性。会计在一定程度上关系到国家的经济安全、资本市场的正常运作、公司治理结构以及公司的正常经营。实践证明，"办经济离不开会计。经济越发展，会计越重要"[②]。因此，建立健全以产权明晰、权责明确、政企分开、管理科学为特征的现代企业制度，改进和强化宏观调控体系，建立法制严明、公平竞争的市场体系，都离不开会计。

第一节 经济发展与会计演进

会计发展的直接动力是会计实践，而会计实践是人类社会经济活动的一个有机组成部分[③]。因此，会计发展的最终动力是人类的社会经济活动，会计学则是有关会计实践的理论升华和总结。伴随社会经济的发展，会计环境发生了深刻的变化，会计在这种变化中不断创新，以适应变化了的社会经济环境，而会计创新又反过来进一步推动经济的不断发展，会计演进与经济发展两者之间相互促进，从而形成一种互动循环效应。杨时展教授（1998）从会计发展与经济发展的关联角度指出：经济的发展，推动了会计的发展；而会计的发展，又反过来促进经济的发展。世界各国的发展，莫不如此。没有一个经济发达的国家，而会计不发达的；也没有一个会计不发达的国家，而经济能发达的。并得出了"天下未乱计先乱，天下已治计乃治"的著名论断[④]。郭道扬教授（1999）则从会计实践空间拓展的角度论证了会计发展与经济发展的这种关联关系。并认为：一部会计发展史表明，自有天下之经济，便

[①] 在会计学术界，关于会计的目标主要有两大学派：一是"决策有用观"；二是"受托责任观"。本书主要以"决策有用观"为理论基础。至于这两派观点有何区别和联系，请参阅刘凯："论'受托责任观'和'决策有用观'的变迁——1930年以后经济环境变化对会计目标演进的影响"，载《经济视角》（下），2011年第2期。我国《企业会计准则——基本准则》则是将决策有用观和受托责任观两种观点予以结合。即：财务会计报告的目标是向财务会计报告使用者提供与企业财务状况、经营成果和现金流量等有关的会计信息，反映企业管理层受托责任履行情况，有助于财务会计报告使用者作出经济决策。

[②] 1962年，中央在批转全国会计工作会议报告中明确指出："办经济离不开会计。经济越发展，会计越重要。"会议认为，这是一个经过多年实践证明的科学论断。在当前的经济调整和四化建设中，会计的地位和作用比以往任何时候都更重要。其中的"经济越发展，会计越重要"来源于马克思在《资本论》中对会计的著名论断。

[③] 本节内容主要参阅赵凌云："经济史视野中的会计演进"一文，载《会计论坛》，2004年第1期，特此致谢。

[④] 杨时展：《1949~1992年中国会计制度的演进》，中国财政经济出版社，1998年版，第4页。

必有天下之会计,世界经济有多大,会计世界也便会有多大。①

一、经济发展与会计演进的互动关系

从整个人类历史上经济发展与会计演进的关联角度观察,可以发现,经济发展与会计演进呈现为互动过程。

从整体上考察,可以发现,人类社会经济活动的发展不仅推动了会计实践的发展,而且推动了会计理论的发展;反过来,会计实践与理论的发展也推动了人类社会经济的发展与进步。

人类的社会生产活动是会计产生和发展的根本前提。如果将原始的结绳记事、刻契记事等图形记事作为会计雏形的话,会计的产生可以追溯到旧石器时代。那时,生产的发展使得"物满足直接需要的效用和物用于交换的效用的分离固定下来"②。伴随着剩余物品的出现,对剩余物品的储存、分配等问题也随之而来。于是,在旧石器时代,人们就通过在洞壁上绘出简单的动物图形,在骨片上或鹿角上雕刻条纹等"简单刻记"和"图画符号"来记载劳动成果、反映劳动耗费和劳动成果的分配。当人类进入新石器时代后,人们有了数的概念,于是就产生了结绳记事。而当人类创造文字之后,一种更为先进的记录经济事项的方法便应运而生,这就是"书契"记录。不过,那时人们所采用的会计记录方法,还不是真正意义上独立的会计,而是一种综合性的经济记录行为,它集原始的会计、计算、统计以及其他行为于一身。原始社会的记录虽然经历了图形记事、结绳记事和书契记事三个阶段,但都是简单的记事行为,人类经济生活的简单性决定了原始社会人类会计行为的简单性。

随着原始经济的解体,农业经济时代的来临,会计方法中出现了为自然经济服务的单式簿记③。随着经济的发展,产生了货币经济、商业和信贷。由于社会经济生活中占据主导地位的是自给自足的自然经济,经济结构以自给自足的小农业为主,工业处于手工业阶段,而商业处于简单的物资贩运阶段,这种社会经济结构制约了当时的经济管理水平和会计发展水平,使单式簿记成为这一历史阶段会计发展的主要形式。伴随自然经济的发展,单式簿记不断向前发展,由简单到复杂,由低级形态到成熟形态,以致于形成一个固定的、完善的会计方法体系。但单式簿记的整个方法体系仅适应于反映自然经济,其自身缺乏科学的内在联系,而且当时的簿记缺乏理论指导,簿记知识的传授仅处在自然教育阶段。

正是由于单式簿记所存在的上述局限性,"当商品货币经济的发展逐渐在封建社会内部取得优势的时候,当资本主义作为一种政治力量显露头角的时候,'资本'来到人间,资本主义经济关系便成为催生复式簿记④产生的最为关键、最为积极的要素。"⑤ 由自然经济向资

---

① 郭道扬:《会计史教程》(第1卷),中国财政经济出版社,1999年版,第21页。
② 马克思、恩格斯:《马克思恩格斯全集》(第23卷),北京:人民出版社,1974年版,第106页。
③ 从现有的文献资料可知,我国的会计称谓和单式簿记等会计基本问题产生于西周。西周《周礼·天官》"司会掌邦之六典、八法、八则……而听其会计"。我国清代焦循在《孟子正义》中明确指出:零星算之为计,总和算之为会。简称会计。
④ 复式簿记,在西方是以卢卡·帕乔利(Luca Pacioli,1445~1517)1494年出版的《数学大全》(Summa de Arithmetiea, Geometria, Pro - Portioni et Proportionalita)(也译为算数、几何、比与比例概要)为标志;我国在唐、宋时期,以"三柱结算法"和"四柱结算法"的产生为标志。
⑤ 郭道扬:《会计发展史纲》,北京:中央广播电视大学出版社,1984年版,第384页。

本主义经济转变时，随着资本主义早期市场经济的迅速滋长与发展，会计必然要发生一场深刻的变革。在此情况下，既出现了复式簿记实践，又同时产生了相应的会计理论，推动了会计科学的发展，并提高了会计在社会经济中的地位和作用。

随着工业经济时代的到来，工业生产从手工作坊时代进入机器大生产时代，技术的不断涌现以及生产规模和生产效率大大提高，市场竞争加剧，股份公司等新的企业组织形式迅速发展。所有这些对会计实践的发展提出了新的要求，特别是在固定资产折旧、成本计算、资本运作等方面提出了越来越多的亟待解决的问题，这些问题已突破了簿记工作与簿记学的研究范围，原有的复式簿记已无法满足资本主义发达市场经济发展所提出的新要求，会计实践相应地迅速发展。由于会计内部分工迅速发展，于是导致成本会计、管理会计等新会计门类开始出现，从而使会计发展进入现代会计时代。与此相适应，会计理论也得到迅速发展。在信息经济、数字经济方兴未艾的今天，三式簿记、三维会计①等新的会计理念与方法开始出现，预示着会计理论与实践将面临一次新的变革。1949年10月1日，中华人民共和国成立，新中国成立初期，会计制度的统一推进了整个财经管理制度的统一，推进了国民经济宏观管理的统一和整个国民经济的恢复。"一五"时期采用前苏联式会计制度无疑为计划经济体制的确立和运行奠定了微观制度基础。而"大跃进"时期的会计"虚无主义"的泛滥则助长了国民经济的混乱。"文革"时期受到政治动荡冲击的会计反过来加剧了微观经济运行中的无政府主义。

改革开放以来，中国会计开始走上健康发展的轨道并与国际会计准则逐步协调与趋同，无疑也是这一时期经济快速健康发展的微观基础和技术保证。近年来，随着中国特色社会主义市场经济体制的不断完善，会计对社会、经济的促进作用表现得更加明显。我们可以从我国资本市场30余年的发展历程，总市值由1991年的31亿元到2021年末的91.2万亿元中管中窥豹，充分说明了会计对社会、经济的促进作用。

二、经济发展与会计演进互动的基本规律

从上述分析可知，古今中外的经济发展与会计演进总是有关联的。在会计演进与经济发展互动的历史分析中，可以抽象出两者关联的一些基本规律。

（一）社会经济发展阶段决定着会计发展的水平

社会经济发展阶段直接决定着会计发展的水平。同任何事物一样，会计演进呈现出明显的阶段性。从方法上看，由原始记事、单式簿记到复式簿记；从门类上看，自单一行业的会计向多个部门会计分化；从功能上看，从纯粹核算与反映功能发展到参与管理与决策等。这种阶段性特征从根本上说是由社会经济发展的阶段性所决定的。

1. 生产力发展水平决定会计发展阶段

人类社会生产力的发展经历了原始生产、手工生产为主的农业经济，机器大生产为主的工业经济和现代科技为主的知识经济、数字经济的发展。与之相适应，会计也同样经历了原始记事、单式簿记到复式簿记这样一个循序渐进的发展过程。人类社会生产力的发展阶段，也决定了会计技术手段演变的历史过程，它促使会计计量的方法从原始社会的简单刻记与结

---

① 三式簿记、三维会计等内容，请参阅［日］井尻雄士著，娄尔行译：《三式簿记和收益动量》（上海人民出版社，1983年版）和徐国君著《三维会计研究》（中国财政经济出版社，2003年版）等著作的论述，此处不再赘述。

绳记事，发展到近代的手工簿记系统、机器穿孔卡片系统以及现代社会的电子数据处理系统（EDP）、企业资源计划系统（ERP）和智能财务机器人等。

从功能上看，伴随着生产力水平和社会的发展，会计从提供经济活动记录发展到进行财务活动分析，再发展到成为整个社会的控制中心、决策中心和信息中心的一个基本环节。

2. 专业化与社会分工决定会计行业的分化

在传统的社会分工下，统治阶级为实现经济集权的要求，需要会计建设朝着逐级控制、分工明确及各司其职的方向发展，从而产生了官厅会计和政府会计。而民间会计则局限于逐本求利的范围，会计建设即朝着着眼于计量、记录企业与家庭的私有财产增减，以及应得红利的多少等方向发展。随着工业化的发展，出现了股份公司这种现代企业组织形式，所有权与经营权的分离，迫切要求独立的第三者对企业的财务状况和经营成果进行审查和监督，而相关经济立法又将注册会计师的地位法定化，于是产生了现代意义上的审计，从而导致会计执业服务的职业化以及现代审计技术的发展。随着社会分工的进一步发展，作为经济管理重要组成部分的会计将越来越重要，亦愈益受到人们的尊重，其社会地位日益提高，并将在社会经济管理和公共管理中发挥越来越大的作用。

（二）会计制度演进受到社会经济和政治文化等因素的综合影响

会计演进决定于经济发展的阶段，这是一般规律。对于一个国家和地区来说，会计演进则会出现差异性。之所以如此，除了社会经济发展的差异性以外，还有政治、经济、科技、文化和教育等方面的因素。这一点，我们可以从西方近代会计发展简要历程的分析中得到诠释。

1. 经济发展直接决定了会计演进的速度

对复式簿记的理论总结最早产生在意大利，而非别国，最早在意大利北部，而非南部，这是由其当时在经济发展中的地位所决定的。迈克尔·查特菲尔德在《会计思想史》一书中指出：复式簿记是伴随着十字军东征（1096～1291年）和后来地中海贸易的繁荣而诞生的。[①] 意大利优越的地理位置，使得意大利北部城市如威尼斯等成为东西方商品流通的中介地以及资本主义的萌芽地。这里的商品交换和货币兑换频繁，在商业经营活动、手工业生产与银行业三者之间产生了一种相互依赖的关系。为了盈利，他们不得不加强管理，并不断改进会计记录与分析方法。总的来讲，意大利工商业、银行业的迅猛发展，为复式簿记的产生与发展奠定了经济基础，也为复式簿记在意大利北部的产生创造了先决条件。同时，企业家在会计演进中的作用也是应该予以重视的。企业家在资本主义经济增长中扮演了关键角色，他们引入了一些新的商业办法以及其他各种新的意识，他们在企业融资中引入"把所有者权益作为负债的补充方法，以及复式记账法。"[②] 这些都发生在工业革命前的几个世纪，中世纪晚期的工业革命以及相伴而生的商业革命是被诸如借贷记账法和汇票的发明而点燃的（Raymond，1953）。

会计的长足发展最先发生在西方工业化国家，这也是工业革命的结果。第一次工业革命发生于18世纪60年代的英国，完成于19世纪中期。工业革命"不仅意味着资本主义手工

[①] 迈克尔·查特菲尔德著，文硕、董晓柏等译：《会计思想史》，北京：中国商业出版社，1990年版，第43页。
[②] 威廉·鲍莫尔：《资本主义的增长奇迹》（中译本），北京：中信出版社，2004年版，第77页。

业向资本主义的大工业的过渡，而且也引起广泛而深刻的社会变革。"① 产业革命使分散的手工业生产转变为集中的机器生产，工厂制在工业中逐渐占据统治地位。这样，以市场需求为动力、以机器大生产为特征、以工业化为中心的资本主义生产方式建立并发展起来。这种生产方式的变迁势必引起会计活动也发生变化。簿记工作的重心开始向工业生产转移，企业的生产、销售和分配等经济活动开始进入会计核算的范围，明晰产权和利润计算等难题成为会计需要迫切解决的问题，使会计在发展中实现了其功能上向管理职能的扩充，故在资本主义生产方式下较早产生了工业会计、商业会计、银行会计等会计部门的分野，较早产生了财务会计、管理会计等会计功能上的分野。

2. 科学文化对会计制度演进具有深远的影响

科学文化对会计制度演进的影响主要体现在如下两个方面。

一是数学精神对会计制度演进具有深远影响。会计与数学有着千丝万缕的联系，数学知识是会计学的基础知识之一，同时也是会计最起码的运算工具之一。我国早在周代就将"数"作为"六艺"之一。② 在卢卡·帕乔利对簿记进行系统研究之前，数学家们一直把簿记包容于数学之内，将其作为数学的一个分支学科。卢卡·帕乔利在对簿记进行系统化和理论化后，将其作为1494年出版的《算术、几何、比与比例概要》（又译为《数学大全》）一书的重要篇章，它是会计摆脱实务进入理论的标志，是单式簿记向复式簿记转变的标志。该书同时又是一部数学著作，它体现了数学精神（包括精确精神和推导精神）和经济实践的结合，反映出数学精神与会计制度的历史渊源关系。此后，数学精神与会计制度的发展始终是相互影响的。1605年，荷兰人西蒙·斯蒂文（Simon Stevin）出版的《数学惯例》，也是集数学与簿记于一体的，它与卢卡·帕乔利的著作并驾齐驱，成为数学和簿记学结合的典范。威廉·配第（William Petty）发现，正是精于计算的精神，构成了荷兰经济发展并超过意大利的精神支撑。他曾明确指出：这一民族必须进行艰苦的劳动，尽全力从事工作，不论贫、富、老、少都必须学会有关数量、重量以及长度的技艺。晚期重商主义者托马斯·孟（Thomas Mun, 1664）在其《英国得自对外贸易的财富》一书中，根据其从商的经验，概括出"一个全才的对外贸易商人所必须具备的各种品质"共有12种，其中排第一的就是要擅长算术和会计。

二是工程精神对会计制度演进具有深远的影响。任何技术工作都存在经济问题，都有经济性要求。无论是作为工程界的工程师还是作为经济界的会计师，都必须具备一定的工程技术和经济知识。

1911年，美国工程师弗雷德里克·泰罗（Frederick Winslow Taylor）出版了《科学管理原理》一书，提出了计件工资和标准化原理，用来控制生产工人的工作效率。之后，工程师哈林森·埃默森（Harrington Emerson）提出标准人工成本，亨利·甘特（Henry Laurence Gantt）又把标准成本推广到材料和制造费用，制定标准材料成本和标准制造费用。此后，工程师卡特·哈里逊（G. Charter Harrison）第一次提出标准成本概念。1919年，美国全国

---

① 刘祚昌等：《世界通史》（近代卷，上），北京：人民出版社，1997年版，第2页。
② 《周礼·地官司徒·保氏》：养国子以道。乃教之六艺：一曰五礼，二曰六乐，三曰五射，四曰五御，五曰六书，六曰九数。即人们常言道的通五经贯六艺的"六艺"。

成本会计师协会（National Association of Cost Accountants，NACA）成立[①]，该协会由工程师和会计师共同组成。该协会成立之后准备推广标准成本，但这时的标准成本并没有与会计结合。直到1930年以后，工程师和会计师才获得一致看法，将标准成本计算与复式簿记结合起来，从而使标准成本法的运用纳入会计核算体系。20世纪以来，会计学与工程师结缘促进了管理会计理论的发展，如联合创立了标准成本会计理论，发展了预算控制、创立了价值工程、发明了作业成本制度（ABC成本法）等。如今，在大智移云物[②]的时代，会计更需要将工程精神与会计结合或融合。

3. 经济人的理性精神在会计演进中发挥了重要作用

经济人的理性精神，即在特定条件下追求利益最大化的精神，由此派生出追求成本最小化的成本精神、追求精确计算的核算精神、追求尽可能规避风险的风险精神。这些精神正是会计实践与会计理论发展的精神动力，有些甚至直接内化为会计精神，诸如成本精神、核算精神、预算与决策精神等。

（三）会计发展是社会全面进步的有机组成部分

对会计演进和经济发展互动过程的历史分析，带给我们许多深刻的启示，其中重要的是：会计的发展本身就是社会全面进步的有机组成部分；会计文明是社会文明的有机组成部分；只有会计和社会进步协调发展，才能切实提高整个国家整体的经济实力和社会文明水平；在现代市场经济的建设中，会计发展和社会全面进步两者相辅相成，必须协调发展，不可偏废。

因此，会计发展不仅是会计领域的事情，而且取决于整个社会经济的发展是否形成了有利于会计发展的经济环境，是否形成了有利于会计发展的文化氛围，以及是否形成了有利于会计发展的精神环境。会计的发展过程，实际上是整个社会发展和文明程度提高的过程。

就我国而言，要真正实现会计的全面发展，应该做到：首先，要全面形成会计核算的体制条件，即形成完善的市场经济体制，将市场机制引入所有社会资源的配置过程；其次，要形成接受会计与审计监督的社会环境，即民主与法制以及有效制约公权的环境；最后，要充分形成全民族的会计精神与会计文化，特别是要弘扬诸如核算精神和成本精神等会计精神[③]。

三、会计与经济高质量发展的关系

经济高质量发展是创新驱动型经济的增长方式，是创新、高效、节能、环保、高附加值的增长方式，是以智慧经济为主导、高附加值为核心、质量主导数量、GDP无水分、使经济总量成为有效经济总量、推动产业不断升级，推动经济建设、政治建设、文化建设、社会

[①] 现为美国管理会计师协会（The Institute of Management Accountants，IMA）。

[②] 大智移云物，是指大数据、人工智能、移动互联网、云计算和物联网的简称。

[③] 会计精神是指在长期的会计实践活动中所形成的由会计性质所决定并贯穿于会计行为之中的为会计人员所特有的最基本的性情、人格、意识、观念、感觉、思维活动和一般心理状态等内在抽象的总和。它是会计人内在的精神要素，是凝结在会计行为中的思想与理念。它受制于会计行为规律，但同时又是会计行为产生的主观条件。会计精神是对会计行为中蕴涵的价值、方法论原则和会计行为规范的高度抽象与概括，它是作为会计理念和会计传统文化之精华而与我们同在。淡化会计精神教育势必将会制约会计学的发展。会计精神主要包括：诚实守信、客观公正、公平正义、超然独立、勇于创新等。参见360百科（https://baike.so.com/doc/1442375-1524720.html）。

建设、生态文明建设五位一体全面可持续发展的增长方式。创新性、再生性、生态性、精细性、高效益，是经济高质量发展的本质特征①。叶康涛（2019）认为，高质量发展离不开高质量的会计信息。党的十九大报告明确提出：要使市场在资源配置中起决定性作用，更好发挥政府作用。而市场机制能够有效发挥作用的前提之一，就是存在决策相关、公允可靠的会计信息。否则，市场机制有可能因为柠檬市场效应而失效。具体而言，会计与经济高质量发展主要体现在会计与资本市场高质量发展、会计与产品市场发展、会计与劳动力市场、会计与企业内部的价值发现问题、会计与企业内部激励问题、会计与经营业绩预测、会计与可持续发展、会计与宏观经济管理、会计与新发展理念等方面②。

四、知识产权：经济高质量发展的重要驱动力

（一）创新：引领发展的第一动力

党的十八届五中全会明确指出：坚持创新发展，必须把创新摆在国家发展全局的核心位置，不断推进理论创新、制度创新、科技创新、文化创新等各方面创新，让创新贯穿党和国家的一切工作，让创新在全社会蔚然成风。必须把发展基点放在创新上，形成促进创新的体制架构，塑造更多依靠创新驱动、更多发挥先发优势的引领型发展。培育发展新动力，优化劳动力、资本、土地、技术、管理等要素配置，激发创新创业活力，推动大众创业、万众创新，释放新需求、创造新供给，推动新技术、新产业、新业态蓬勃发展。同时，"十三五"规划提出了要坚持创新、协调、绿色、开放、共享的发展理念，将创新放在首位。习近平总书记明确指出：创新是引领发展的第一动力。创新发展注重的是解决发展动力问题。我国创新能力不强，科技发展水平总体不高，科技对经济社会发展的支撑能力不足，科技对经济增长的贡献率远低于发达国家水平，这是我国这个经济大个头的"阿喀琉斯之踵"③。新一轮科技革命带来的是更加激烈的竞争，如果科技创新上不去，发展动力就不可能实现转换，我们在全球经济竞争中就会处于下风④。

（二）创新发展：创新型国家建设的必然选择

实施创新驱动发展战略，是我们党在关键时期、攻坚阶段作出的重大抉择。2006年1月26日，中共中央 国务院发布《关于实施科技规划纲要 增强自主创新能力的决定》，提出全面提升国家竞争力，创新体制机制，走中国特色自主创新道路，为建设创新型国家而奋斗。总体目标是：到2020年，使我国的自主创新能力显著增强，科技促进经济社会发展和保障国家安全的能力显著增强，基础科学和前沿技术研究综合实力显著增强，取得一批在世

---

① 请参阅：经济高质量发展，360百科。
② 限于本书的篇幅，其具体内容不再赘述。有兴趣的读者可参阅：叶康涛："会计与经济高质量发展"，载《会计之友》，2019年第22期。
③ 阿喀琉斯之踵（Achilles' Heel），是指致命的弱点，要害。古希腊神话中的阿喀琉斯是海神之子，荷马史诗中的英雄，传说他的母亲曾把他浸在冥河里使其能刀枪不入。但因冥河水流湍急，母亲捏着他的脚后跟不敢松手，所以脚踵是最脆弱的地方，一个致命之处。阿喀琉斯长大后，作战英勇无比，但还是被人发现了弱点，在特洛伊战争中，阿喀琉斯杀死了特洛伊王子赫克托耳，因而惹怒了赫克托耳的保护神阿波罗，于是太阳神用箭射中了阿喀琉斯的脚后跟，送了这位勇士的命。
④ 习近平："以新的发展理念引领发展""中国共产党第十八届中央委员会第五次全体会议公报""中共中央关于制定国民经济和社会发展第十三个五年规划的建议"，《中共中央办公厅通讯》（学习贯彻党的十八届五中全会精神专刊），2015年第11期。

界上具有重大影响的科学技术成果，进入创新型国家行列，为全面建设小康社会提供强有力的支撑①。

1. 知识产权与创新驱动发展

知识产权不仅是现代社会重要的财产资源，而且是科学技术革新的基础要素。作为创新经济的强烈信号，知识产权具有广泛的经济与社会功能。它不仅折射出国家技术实力和社会专业化水平，亦是经济规模和产业发展潜力的体现。

为深入实施知识产权战略，有效发挥知识产权制度支撑创新驱动发展的保障作用，国务院明确提出要细化知识产权会计制度，推动企业加强知识产权资产核算和管理。2015年12月，国务院印发《关于新形势下加快知识产权强国建设的若干意见》（国发〔2015〕71号），明确提出"细化会计准则规定，推动企业科学核算和管理知识产权资产"的要求。2016年7月，国务院办公厅印发《〈国务院关于新形势下加快知识产权强国建设的若干意见〉重点任务分工方案的通知》（国办函〔2016〕66号），进一步明确由财政部、知识产权局负责此项工作。2018年11月，国务院知识产权战略实施工作部际联席会议办公室发布《2018年深入实施国家知识产权战略 加快建设知识产权强国推进计划》，要求"制定加强知识产权会计信息披露的会计处理规定"。

2. 我国知识产权发展总体态势

为了更好地反映我国的知识产权发展历程及现状，通过国际间横向对比，可以更清晰地展现我国知识产权发展状况在世界上所处的位次，从而指导我们更好地促进知识产权发展。根据世界五大知识产权局（IP5）2021年1月发布的《2019年世界五大知识产权局统计报告》，分别选取中国、美国、日本、韩国以及德国，对其2011～2020年的发明专利、实用新型、外观设计与商标权等知识产权发展状况进行比较。

（1）发明专利申请量与授权情况。专利权是创新发展成果的直接体现，也是知识产权的重要组成部分。一段时间内区域发明专利申请量可以体现研发创新的态势，而授权量则可以衡量发明专利产出的效率与质量。通过研究2011～2020年中、美等国的发明专利申请量与授权比重情况，可展现我国发明专利发展态势，如图1-1所示。

图1-1中，中国、美国、日本、韩国及德国的发明专利申请量情况以柱状表示，折线则为申请量与授权量的比重。

从发明专利申请量上看，我国自2012年开始发明专利申请数量已位居世界第一，并基本呈现逐年上升趋势，另外4个发达国家历年的发明专利申请量则相对稳定。

从发明专利申授比上看，我国历年发明专利申请量虽然逐年增多，但发明专利授权量比例偏低，2019年以前基本处于30%以下。其他代表性国家近年来这一数据则维持在60%～70%。

虽然我国发明专利申授比低于另外4个发达国家，然而，自2015年开始我国发明专利授权量绝对值反超美国位居世界第一。

简言之，我国发明专利发展态势整体呈快速增长态势，申请量与授权量均居世界第一。

---

① 前已述及，党的二十大报告明确指出：我国一些关键核心技术实现突破，战略性新兴产业发展壮大，载人航天、探月探火、深海深地探测、超级计算机、卫星导航、量子信息、核电技术、大飞机制造、生物医药等取得重大成果，进入创新型国家行列。

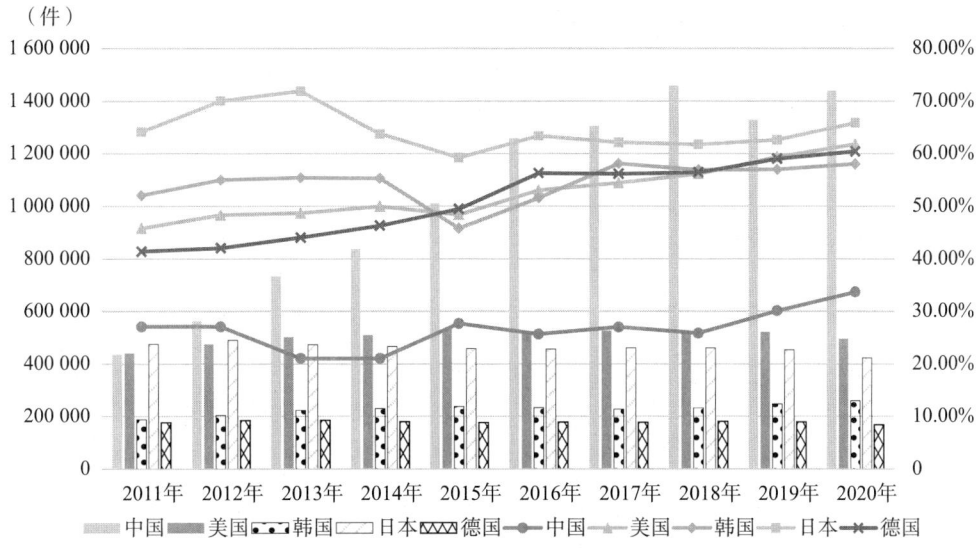

图 1-1　2011~2020 年知识产权申请量及授权比例国际对比

数据来源：世界知识产权组织（WIPO）数据库。

但是从申授比来看，我国发明专利质量、配套服务及审查等方面仍然存在一些值得进一步分析和改进的问题。

（2）实用新型与外观设计。实用新型是指对产品的形状、构造或者其结合所提出的适于实用的新的技术方案。相对于发明专利，其创造性和创新性要求较低。而外观设计是指对产品的整体或者局部的形状、图案或者其结合以及色彩与形状、图案的结合所作出的富有美感并适于工业应用的新设计。虽然二者都与形状有关，但实用新型服务于技术路线，外观设计则更注重美感设计。

①实用新型申请量。由于美国专利制度中没有设计实用新型分类，故该部分只分析四个国家的相关数据。

表 1-1　　　　　2011~2020 年实用新型专利申报数量国际对比　　　　　单位：件

年份	中国	韩国	日本	德国
2011	582 152	11 773	7 955	13 410
2012	735 556	12 328	9 082	12 765
2013	886 613	10 795	9 262	12 649
2014	862 498	9 176	8 738	12 125
2015	1 121 298	9 095	8 300	11 366
2016	1 470 006	8 367	7 358	11 105
2017	1 681 656	7 408	6 881	10 613
2018	2 066 921	6 889	6 395	9 967
2019	2 262 072	6 067	6 471	9 515
2020	2 924 010	5 593	6 814	9 925

数据来源：世界知识产权组织（WIPO）数据库。

由表 1-1 可知,历年我国实用新型专利申请数量均超出其他国家,2020 年中国知识产权局受理了超过 290 万件申请,较上年增长 29%。

②外观设计申请量。

2011~2020 年外观设计专利申请数量对比情况如图 1-2 所示。

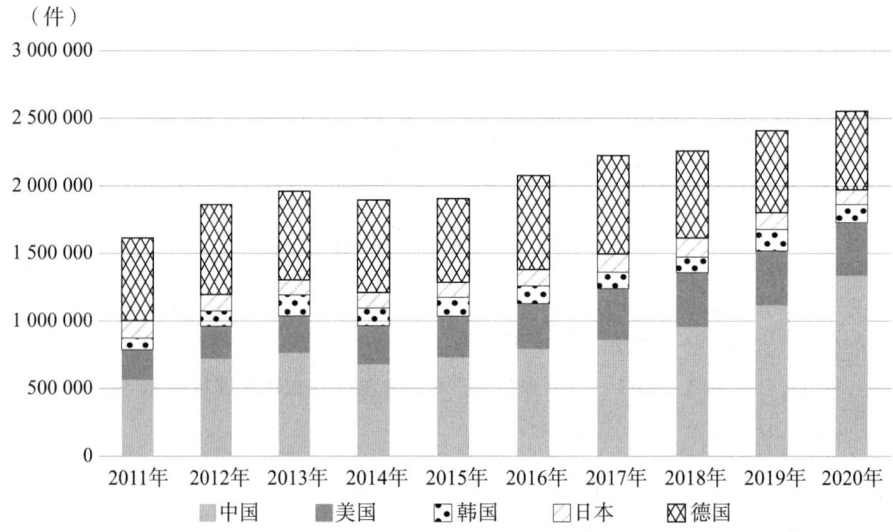

图 1-2　2011~2020 年外观设计专利申请数量对比

数据来源:世界知识产权组织(WIPO)数据库。

③商标申请量。

2011~2020 年商标申请量对比情况如图 1-3 所示。

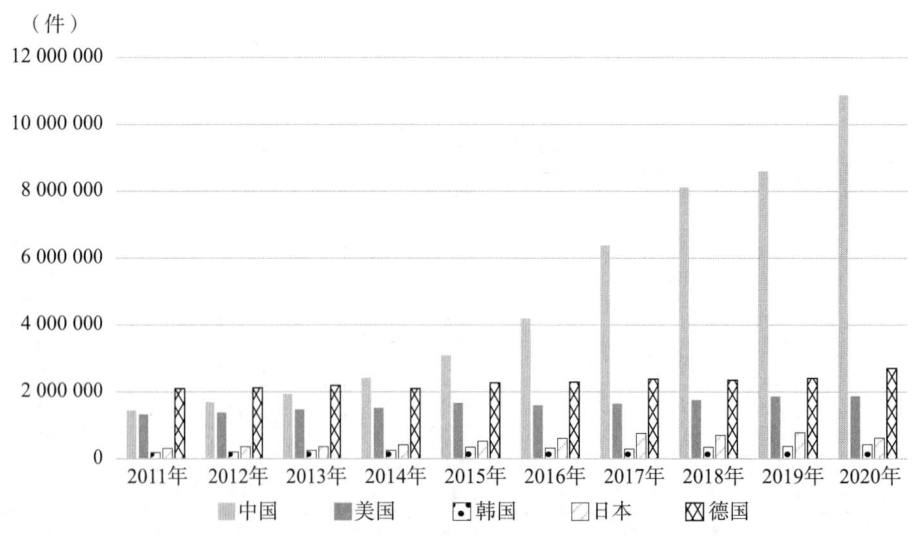

图 1-3　2011~2020 年商标申请量对比

数据来源:世界知识产权组织(WIPO)数据库。

(三) 历史承载：创新驱动发展的现实选择

前已述及，传统的经济发展模式已经难以为继，欲可持续发展，实现两个"百年梦想"，必须走创新驱动发展之路。有数据表明：前几年，我们出口一台 DVD，售价 32 美元，专利费 18 美元、制造成本 13 美元、中国企业赚 1 美元；出口一台 MP3，售价 79 美元、专利费 45 美元、制造成本 32.5 美元、中国企业赚 1.5 美元①。iPod 从中国出口到美国，售价为 300 美元，中国只从中获得 2 美元的组装费用。苹果、三星智能手机瓜分手机市场 95% 利润。2014 年苹果公司利润为 370 亿美元，尽管比上年减少了 11%，但在世界 500 强中依然可以排第五。2012 年中国手机出口总量超过 10 亿部，中国手机出口量占全球市场近八成，却换不来 1% 的利润②？另外，有报道：中国至少 15% 企业商标在境外被抢注③；老字号们衰落：从 16 000 家缩减至 1 129 家④；南京每年无形资产流失 1000 多亿元人民币⑤；中国上市公司至少有两万亿元的无形资产流失于会计账外，没有进入经营程序⑥；等等。

再看科技对经济的贡献，中国科技创新贡献率只有德国、美国的一半⑦，当然，我国科技对经济的贡献率 2018 年已达到 58.5%，2020 年建成创新型国家的目标有望基本实现（陈竺，2019）⑧。创新型国家科技创新对 GDP 的贡献率高达 70% 以上，美国和德国甚至高达 80%，而中国现在科技创新对 GDP 的贡献率只有 40% 左右。包括美国、日本、韩国、德国、瑞士、瑞典在内的二十个国家已经率先进入创新型国家的行列。我国也在 2022 年进入创新型国家的行列。因此，继续坚持创新驱动发展战略，实施《知识产权强国建设纲要（2021—2035 年）》，充分发挥知识产权制度在社会主义现代化建设中的重要作用实属必要和紧迫。

(四) 知识产权有力支撑经济高质量发展

2022 年 12 月 27 日，国家知识产权局等 17 部门联合印发了《关于加快推动知识产权服务业高质量发展的意见》（以下简称《意见》），这是在我国面对经济高质量发展转型、高水平对外开放加快推进、数字技术加速动能转换的背景下，对未来一个时期我国知识产权服务业发展的顶层设计和系统谋划，将为推动实现知识产权服务业高质量发展转型提供有力支持。《意见》包括六大部分，共二十七条。《意见》的指导思想是：坚持以习近平新时代中国特色社会主义思想为指导，全面贯彻党的二十大精神，立足新发展阶段，完整、准确、全面贯彻新发展理念，构建新发展格局，落实全国统一大市场建设部署要求，加强知识产权法治保障，支持全面创新，以推动实现知识产权"两个转变"为主线，以打通知识产权创造、运用、保护、管理、服务全链条为目标，以满足创新主体和市场主体服务需求为导向，坚持专业化、市场化、国际化发展方向，优化发展环境，培育服务主体，拓宽服务领域，提升服

---

① 一台出口 DVD 仅赚 1 美元利润 中国造能走多远。华强电子网（https：//tech.hqew.com/news_349251）。
② 出口占全球市场八成 手机 10 亿部换不来 1% 利润？搜狐苏州（http：//sz.sohu.com/20121024/n355598823.shtml）。
③ 新浪财经（http：//finance.sina.com.cn/leadership/mroll/20120426/104311930336.shtml/2012 年 4 月 26 日/2016 - 01 - 06）。
④ 新浪财经（http：//finance.sina.com.cn/leadership/mroll/20120426/104311930336.shtml/2015 年 8 月 14 日/2016 - 01 - 06）。
⑤ 叶征潮：新浪博客（http：//blog.sina.com.cn/s/blog_471f72e20100b289.html）。
⑥ 佚名：无形资产流失的原因分析，捷迅论文网（http：//www.jiexunlunwen.com/ 2014 - 07 - 24/2016 - 01 - 06）。
⑦ 2011 南湖知识产权论坛透露数字令人汗颜，2011 年 04 月 26 日《法制日报》。当然，这种情形已大为改观，特此说明。
⑧ 陈竺：我国科技对经济贡献率已达 58.5%（https：//zj.zjol.com.cn/news/1207165.html）。

务能力，加快推动知识产权服务业高质量发展，为加快知识产权强国建设和经济高质量发展提供有力支撑①。截至 2022 年年底，我国发明专利有效量达 421.2 万件，每万人口高价值发明专利拥有量达 9.4 件；有效商标注册量达 4 267.2 万件；累计批准地理标志产品 2 495 个，核准地理标志作为集体商标、证明商标注册 7076 件；集成电路布图设计累计发证 6.1 万件。国家知识产权局申长雨（2023）认为，2022 年我国牢固确立了知识产权大国地位，知识产权有力支撑了经济高质量发展。

第二节 会计的含义、特征与目标

一、会计的含义

前已述及，会计作为人类管理经济的一项活动，是随着社会生产的发展和经济管理的要求而产生、发展并不断完善起来的②。会计按其服务的对象分为财务会计和管理会计两大分支。当然，还可以根据其具体研究对象不同，分出多个会计分支，如：国际会计、社会责任会计、人力资源会计、物价变动会计、绿色会计（环境会计）、资源会计、行为会计、人本会计、法务会计、计算机会计、网络会计、无形资产会计、智力（智慧）资本会计、商誉会计、企业核心竞争力会计、资产减值会计、养老金会计、用益物权会计、进入型会计、反倾销会计、纳米会计、数理会计、质量会计等 144 个会计分支③。

财务会计是以提供会计信息和提高经济效益为目标，以货币作为主要计量单位，运用专门的程序和方法，对会计主体的经济活动和经济行为进行连续、系统、全面、综合地反映和控制的价值管理活动④。

二、会计的主要特征

会计，作为"过程控制"与"观念总结"的管理活动⑤，其主要特性包括如下六个方面：

---

① 具体内容可参阅：国家知识产权局等 17 部门发布《加快推动知识产权服务业高质量发展的意见》，2022 年 12 月 27 日。限于篇幅，本书不过多介绍。

② 1980 年，我国著名会计学家杨纪琬、阎达五两位教授创新性地提出了"会计管理"的概念，并创立了"会计活动论"学术流派。可参阅《会计研究》1980 年第 1 期和《会计研究》1982 年第 6 期"论会计管理"一文。本书在内容设计等方面遵从了这一学术流派。

③ 参见许家林：《会计学原理》，北京：科学出版社，2000 年版有关内容。当然，本书将知识产权与会计结合，创立知识产权会计学这一分支学科。

④ 对会计的定义，在我国主要有三大学派：信息系统论（余绪缨、葛家澍等）、管理活动论（阎达五、杨纪琬等）和会计控制论（杨时展、郭道扬等），除此之外，还有"工具论""艺术论""语言论"等。本书不对这些观点进行过多的评述。有兴趣的读者可参阅郭道扬："论会计的职能与本质"，[日]《经济学研究》，1998 年第 5 期有关内容，本书不再赘述。

⑤ 会计的"过程控制"与"观念总结"来源于马克思对会计本质的论断。马克思在其《资本论》第二卷第 152 页（人民出版社，1975 年版）有如下论述："过程越是按社会的规模进行，越是失去纯粹个人的性质，作为对过程的控制和观念总结的簿记就越是必要。簿记对资本主义生产比对手工业和农业的分散生产更为必要，对公有生产比对资本主义生产更为必要。"

（一）以货币作为主要计量单位

会计上对经济活动过程和结果的反映，可以采用货币量度、实物量度和劳动量度三种量度。由于经济活动的复杂性，只有货币量度可以综合反映和比较不同类别的经济活动及其结果。因此，在会计核算中，将货币作为主要计量单位。

（二）会计记录要有真凭实据

为了会计资料的真实可靠，明确相关人员的经济责任，在会计核算过程中，一切会计记录都要有真凭实据，记录经济业务的发生过程及其结果。财务报表需要根据账簿记录编制，账簿记录需要根据记账凭证登记，记账凭证需要根据原始凭证填制。除结账、差错更正、账项调整等特殊情况外，记账凭证都要根据审核无误的原始凭证来填制，原始凭证则是真实交易的载体。

（三）会计反映应当连续、系统、全面和综合

会计对交易或事项的反映必须遵循连续、系统、全面和综合的要求。"连续"要求对交易或事项的记录应按发生的顺序依次进行，自始至终不能中断；"系统"要求会计记录应建立在科学分类的基础上，对各类交易与事项进行分门别类的整理与记录，以提供系统化的会计信息；"全面"要求会计记录应当充分完整，没有遗漏。只要是引起资金运动的交易或事项，不管金额大小，都要反映；"综合"要求提供会计信息时，应当对会计记录进行适当的整理、归纳和提炼，以便产生总括和有用的信息，满足不同信息使用者的需求。

（四）会计的基本职能是反映与控制

职能是事物本身所具有的功能，会计职能就是会计本身所具有的功能。至20世纪70年代末80年代初，对会计职能的研究成为会计理论研究的热门话题之一并逐渐形成高潮。从"一职能说"：提供信息，会计职能是统一的，也是唯一的，到"七职能说"等多种不同认识[1]。但"反映"与"控制"是会计的基本职能[2]。

1. 反映职能

会计的反映职能是指通过确认、计量、记录、报告，从数量上反映会计主体已经发生或完成的经济活动，为信息使用者提供经济信息的功能。

2. 控制职能

会计的控制职能是指通过必要的控制手段，使企业的经济活动过程遵循经济活动规律及其经济活动规范运行，以适应市场竞争环境变化，强化企业内部管理，参与企业经营决策，增强企业竞争能力的职能。

（五）需要运用专门的程序和方法

为了完成反映与控制的会计职能，会计上设计并运用了许多专门的方法和程序。如填制和审核凭证、复式记账方法、设置和运用账户、成本计算等。这些方法和程序只有会计才使用，也是会计与统计等相关学科相区分的重要依据。

---

[1] 鉴于此书的读者对象并非专门研究会计理论问题，故此处予以简化。特此说明。
[2] 我国《会计法》（1999）第五条规定，会计的职能是核算与监督。它与反映与控制并无实质性区别，至于两者之间有何具体的联系与区别，此处不再赘述。

（六）会计的本质是一种价值管理活动

会计的本质是会计本身所固有的、决定其性质和发展的根本属性。会计是经营管理的核心，是反映和控制经济活动并使之达到一定目的的一种能动行为，是有组织、具有管理职能的一种管理活动。

三、会计目标

目标是个人、部门或组织所期望实现的成果。会计目标亦称会计目的[①]，是要求会计工作完成的任务或达到的标准，是会计系统所应达到境地的抽象范畴，是沟通会计系统与会计环境的桥梁，是连接会计理论与会计实践的纽带。会计目标的研究一直是会计理论界的一个热点问题并逐渐将其视为会计理论研究的起点，20世纪70年代后逐渐形成了两大流派：受托责任学派和决策有用学派。

在受托责任学派看来，由于社会资源（主要是资本）所有权和经营权的两权分离，资源的受托者负有对资源的委托者解释、说明其活动及结果的义务。因此，会计的目标就是向资源的提供者报告资源受托管理的情况。受托责任学派认为，为了有效地协调委托和受托的关系，客观、公正地反映受托责任的履行情况，首先，在会计信息质量方面应强调客观性，在会计确认上只确认企业实际已发生的经济事项；其次，在会计计量上，由于历史成本具有客观性和可验证性，因此坚持采用历史成本计量模式以有效反映受托责任的履行情况；最后，在会计报表方面，由于经营业绩是委托者最关心的一个方面，因此利润表（损益表）的编制和信息提供显得尤为重要。

1966年，美国会计学会（American Accounting Association，AAA）发表了《基本会计理论报告》，初步提出了将会计信息的使用者、会计信息的用途、会计信息的质量要求和经济决策联系起来的会计目标思想，即决策有用观。在该报告中，会计的第一项具体目标被描述为：为了"作出关于利用有限资源的决策，包括确定重要的决策领域以及确定目的和目标"而提供有关的信息。

1978年，美国财务会计准则委员会（Financial Accounting Standards Board，FASB）在其《财务会计概念公告》中，对财务报告的目标作出了进一步的阐述：（1）财务报告应提供对现在和可能的投资者、债权人以及其他使用者作出合理的投资、信贷及类似决策有用的信息；（2）财务报告应提供有助于现在和可能的投资者、债权人以及其他使用者评估来自销售、偿付到期证券或借款等的实得收入的金额、时间分布和不确定的信息；（3）财务报告应能提供关于企业的经济资源、对这些经济资源的要求权（企业把资源转移给其他主体的责任及业主权益）以及使资源和对这些资源要求权发生变动的交易、事项和情况影响的信息。

在决策有用学派看来，会计的目标就是向信息使用者提供有利于其决策的会计信息，它强调会计信息的相关性和有用性。从会计确认方面来看，决策有用学派认为在会计上不仅应确认实际已发生的经济事项，还要确认那些虽然尚未发生但对企业已有影响的经济事项，以

[①] 会计目标，亦称财务报告目标或财务会计目标，是指会计信息应该为谁提供和为其提供什么样的信息。参见陆正飞编著《财务报告与分析》（第二版），北京大学出版社，2014年9月版，第43页。至于它们之间的联系与区别，本书不再赘述。但为了行文的方便，本书将会计目标和财务报告目标分为两个问题阐述。特此说明。

满足信息使用者决策的需要;从会计计量方面来看,决策有用学派认为会计报表应反映企业财务状况和经营成果的动态变化,在会计计量上虽然主张以历史成本为主,但鼓励在物价变动情况下多种计量属性的并行;在会计报表方面,决策有用学派认为会计报表应尽量全面提供对决策有用的会计信息,由于会计信息使用者需求的多样性,因此,在会计报表上强调对资产负债表、利润表及现金流量表一视同仁,不存在对某种会计报表的特殊偏好[①]。但在收益确认的资产负债表观下,人们更多地关注资产负债表的信息含量。

在资本市场发达的情况下,决策有用观可以使会计信息和信息使用者紧密相连,并能促进会计理论研究更具有针对性和方向性以及密切会计理论和实践的联系。

四、财务报告目标

前已述及,就决策有用观而言,会计的目标就是为各利益相关者提供决策有用的信息,财务会计报告作为会计信息的载体,其目标必须体现会计的目标。早在1973年,美国特鲁布拉德委员会(Trueblood Committee)就发布了《会计报表的目标》研究报告,该报告提出会计报表的不同层次目标。其中,基本目标是制定经济决策;四个特殊目标是会计报表必须满足企业外界不同报表使用者(包括股东、债权人、政府机构和社会公众)的要求;两个一般目标指出,会计报表必须能够反映企业盈利能力和受托责任的履行情况[②]。美国财务会计准则委员会(FASB)1978年11月发布第1号财务会计概念公告——企业财务报告的目标,其财务报告的目标及层次如图1-4所示:

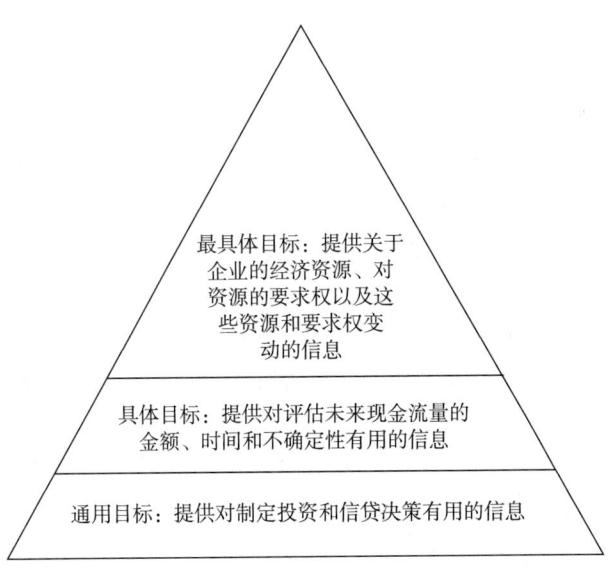

图1-4 财务报告目标层次

---

① 我国现行财务报表包括资产负债表、利润表、现金流量表和所有者权益变动表四张基本报表。至于其具体内容,在后面章节将详细介绍。同时,本书将重点介绍知识产权的信息披露问题。

② 陆正飞:《财务报告与分析》(第二版),北京:北京大学出版社,2014年9月版,第43页。

从图 1-4 可知，财务报告目标至少可以分为三个层次①。

第一层次：通用目标。就是提供在制定投资和信贷决策时有用的信息，即投资者和债权人是对外报告的重心。因此，可以说，能够满足投资者和债权人的信息需求，也在一定程度上提供了对其他财务报表使用者有用的信息。

第二层次：具体目标。就是提供对评估未来现金流量的金额、时间和不确定性有用的信息。因为投资者和债权人关心他们未来的现金流量，因此，财务报告的一个重要目标是提供能进行这种分析的信息。

第三层次：最具体目标。对外财务报告最具体的目标是提供关于企业的资源、对资源的要求权以及这些资源和要求权如何随时间而变化的信息。

我国《企业会计准则——基本准则》第四条明确规定：财务会计报告的目标是向财务会计报告使用者提供与企业财务状况、经营成果和现金流量等有关的会计信息，反映企业管理层受托责任履行情况，有助于财务会计报告使用者作出经济决策。

综上所述，会计环境决定会计目标，会计目标决定财务报告的目标。会计环境不仅包括经济环境，而且还包括政治环境、法律环境、社会环境、文化环境、科技环境与教育环境等方面。会计环境的变化，必然会影响会计信息的输出方式与质量，还将影响会计实务。因此，努力创造一个正常、宽松、和谐的会计环境，是推进会计实务变革、发展会计理论的需要②。总体而言，为利益相关者提供决策有用的信息，是会计的基本目标。

五、知识产权会计

从会计学视角去界定知识产权会计，目前相关文献较少，除了张爱珠（2005）的《知识产权会计》（中国物资出版社）外，尚未有类似的著作出版。闫邹先、张立颖（2021）认为③，现行知识产权在会计中的核算被并入无形资产之中，确认为无形资产的知识产权，应是企业拥有或控制的、预期会给企业带来经济利益的知识产权，包括专利权、商标权、著作权等。

1985 年，《中华人民共和国专利法》开始施行，刘炳基（1985）对专利权成本的确定和后续摊销等进行了研究。他指出，确定专利权的成本可以以不同渠道取得和形成的专利权的成本构成为标准，并提出由于专利权一旦超过预计有效使用时期即丧失使用价值，所以摊销时无需考虑残值因素，专利权在有效期内按照直线法摊销入账。韩敏、严雪（1998）进一步细化了专利权计量和会计处理的过程，增加了对专利权的转让和披露的说明。冯宏（2003）针对研发支出（Research and Development，R&D）型企业无法用会计信息反映它们拥有的知识产权实力和创新活动过程的现状，提出以知识元为基本单位进行会计账务处理，即从会计科目归类开始设置知识元分类，知识元的成本为企业或部门的沉淀成本，表示知识投入量。林爱梅、张腾龙（2006）将 2006 年版《企业会计准则第 6 号——无形资产》与 2001 年版《企业会计准则——无形资产》进行了对比，分析了自主知识产权在 2006 年版准

---

① 罗伯特·F. 迈格斯等著，冯正权译：《会计学——企业决策的基础》（第 11 版），北京：机械工业出版社，2000 年版，第 8 页。
② 许家林：《会计理论》，北京：中国财政经济出版社，2008 年版，第 79 页。
③ 闫邹先、张立颖："知识产权会计相关文献综述"，《国际商务财会》，2021 年第 2 期。

则中初始计量与后续计量方面的优化。张爱珠（2007）对知识产权的会计确认和计量进行了更细致的研究，具体到知识产权会计核算的基本假设、原则、确认标准、初始确认、再确认，并按成本构成不同对会计计量方法进行了分类计量说明。在此基础上，谢铁山（2009）归纳并细化了知识产权的入账与摊销，总结出摊销的永久保留法、立即冲销法、逐期摊销法，并创新了知识产权财务报表的编制。李秋蕾（2010）从概念、主题和时间、初始计量和持有期间处理、处置等五个方面对比了知识产权在会计和税法上的处理差异。李辰澍（2013）指出，小微企业多注重传统的实物商品交易，忽略企业知识产权的投资和保护，致使小微企业在市场竞争中处于不利地位，损失了大量的潜在经济利益。张秀慧、曹晓枫（2015）建议科技企业优化知识产权会计科目设置、知识产权账务处理、转让和投资账务处理并完善知识产权会计报表体系。Dosso M、Vezzani A（2019）利用2005~2012年超过1250家上市跨国公司及其知识产权——专利和商标所申请的样本，通过研究不同知识产权的交互使用所产生的溢价，确认了知识产权与市场估值关系中具有和产业特性的相关性。李东艳（2020）针对上市公司知识产权会计信息披露范围狭窄、披露形式不恰当、披露内容不规范、计量方式不当等问题，提出我国应对研发支出资本化部分进行阶段性披露，方便信息使用者以完工百分比判断资本化部分的可信度，在提高信息使用者决策准确性的同时也可较为清晰地披露研发费用资本化信息。

我们认为，知识产权会计作为会计学的一个分支，除应满足会计的一般概念和特征外，核心问题是如何将知识产权进行会计确认、计量、记录和报告。为此，需要对目前的会计科目、会计报表项目等进行必要的修正。

第三节 会计规范与会计准则

一、会计规范及其构成内容

时至今日，会计规范仍然是一个颇有争议的术语。一般认为，会计规范是指对会计业务处理与生成信息过程中的各种会计行为所做的限定和约束，或者说是会计业务处理与信息生成过程中应当遵循的各种规范的总称。其内容涵盖一切对会计运行具有影响的要求，这些要求不仅影响到会计运行本身，而且影响到会计人员、会计内部监管机构等。会计规范的形式包括会计原则、会计准则、会计法规、会计条例和道德守则等。[①] 在我国，会计规范受国家统一会计制度的制约。《会计法》第50条规定：国家统一的会计制度，是指国务院财政部门根据本法制定的有关会计核算、会计机构和会计人员以及会计工作管理的制度。

二、会计规范的层次

从企业会计的实务来看，其会计规范是由专业法律、法规、规章等多个层次所构成。我国会计规范体系如图1-5所示[②]。

---

① 刘燕：《会计法》，北京：北京大学出版社，2001年版，第15页。
② 中国注册会计师教育教材编审委员会编：《中级财务会计》，中国财政经济出版社，2002年版，第15页。

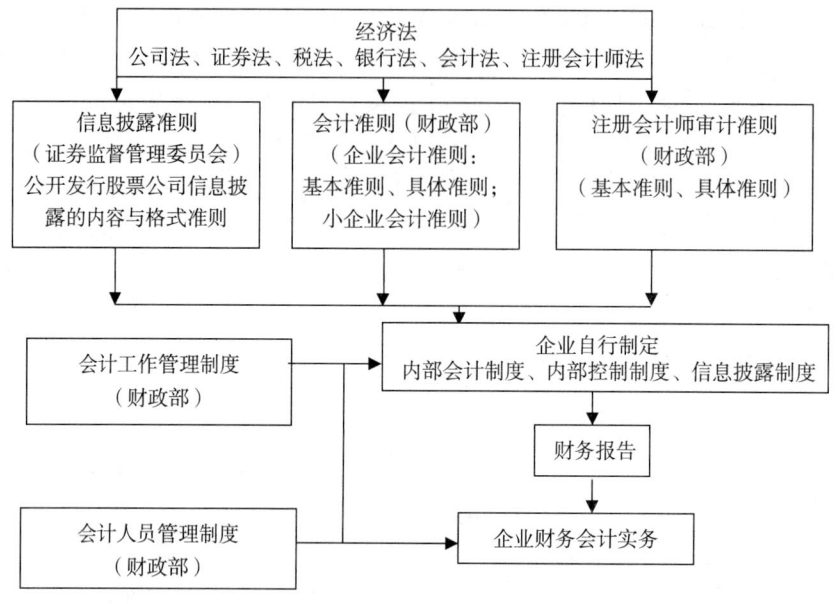

图 1-5 我国会计规范体系图

由图 1-5 可知，我国的会计规范包括三个层次[①]。

第一层次：经济法及会计法。从法律层面上看，除《会计法》是会计工作的根本大法外，其他诸如《公司法》《证券法》《税法》《银行法》《票据法》《合同法》《担保法》《注册会计师法》等，都从不同的方面对企业财务会计作出了法律上的规定，共同形成了会计规范的第一层次。

第二层次：专业法规与规章，包括三套准则。即：企业会计准则、注册会计师审计准则、信息披露准则。

（1）企业会计准则。对会计实务而言，企业会计准则是会计规范的核心，是会计实务的指南，是进行会计处理、编制财务报告的准绳和标准。我国的企业会计准则由财政部负责制定和发布，并由基本准则和具体准则两部分组成。基本准则规定了会计工作的前提条件，一般原则，会计要素及其确认、计量和报告原则，财务报告的内容等。具体准则是对各个会计要素和具体的、特殊经济业务或会计事项的会计处理所作的规范。

（2）注册会计师审计准则。注册会计师审计准则是由中国注册会计师协会制定、财政部发布，用来规范注册会计师的审计行为，但它对企业财务会计的实务会产生间接影响。至于注册会计师审计准则的具体内容，请参阅有关《审计学》著作，此处不再赘述。

（3）信息披露准则。公开发行股票公司信息披露的内容与格式准则（简称信息披露准则）是中国证券监督管理委员会（简称证监会）制定和发布，用来规范公开发行股票公司信息披露业务的行为。虽然它不直接规范财务会计业务的具体处理，但会对公司财务会计实务产生一定的影响。因为它对公司信息披露的规定和要求中，涉及财务报告等会计信息披露的内容、格式、时间和媒体等。信息披露准则主要涉及四个方面的问题：一是入市公告书准

[①] 也有学者认为：会计法规体系由会计法、行政法规、会计规章和会计制度四个层次构成。此处，我们所讨论的是会计规范体系，其范围比会计法规体系要更广些。特此说明。

则（如招股说明书准则、上市公告书准则等）；二是定期报告准则（如年报准则、中报准则等）；三是临时或重大事项报告准则（如配股说明书准则、股份变动报告准则等）；四是有关文件处理报告准则（如法律意见书准则、验证笔录准则等）。

第三层次：企业内部会计制度。企业内部会计制度是各个企业根据第一层次和第二层次有关法律、法规、准则和制度的规定，结合本企业生产、经营和管理的实际情况的特殊要求，设计和制定的本企业的会计制度，并成为整个会计规范体系的组成部分。

三、《企业会计准则》（2006~2022年）

2006年2月15日，财政部以财会〔2006〕3号文件发布了1项基本会计准则和38项具体会计准则，2014年1~3月又陆续发布了3项具体会计准则，2017年又发布了第42号具体会计准则。具体会计准则主要包括三类：一是会计要素处理准则；二是财务报告准则；三是特殊业务准则。具体会计准则的名称等简要信息如表1-2所示。

表1-2　　　　　　　　《企业会计准则——具体准则》（2022）一览表

准则编号	准则名称	准则编号	准则名称
1	存货	22	金融工具确认和计量
2	长期股权投资	23	金融资产转移
3	投资性房地产	24	套期保值
4	固定资产	25	原保险合同
5	生物资产	26	再保险合同
6	无形资产	27	石油天然气开采
7	非货币性资产交换	28	会计政策、会计估计变更和差错更正
8	资产减值	29	资产负债表日后事项
9	职工薪酬	30	财务报表列报
10	企业年金基金	31	现金流量表
11	股份支付	32	中期财务报告
12	债务重组	33	合并财务报表
13	或有事项	34	每股收益
14	收入	35	分部报告
15	建造合同	36	关联方披露
16	政府补助	37	金融工具列报
17	借款费用	38	首次执行企业会计准则
18	所得税	39	公允价值计量
19	外币折算	40	合营安排
20	企业合并	41	在其他主体中权益的披露
21	租赁	42	持有待售的非流动资产、处置组和终止经营

第四节 财务会计的系统结构

财务会计作为一个经济信息系统,是由确认、计量、记录和报告等一系列元素(或环节)所构成的[①]。每一个元素(或环节)都有其特定的职能、标准和方法,系统中的各个元素(或环节)既各司其职又相互配合,形成一个有机的整体,共同履行财务会计的职能,实现财务会计的目标。

一、确认

确认是指会计将交易或事项中的某一项目作为一项会计要素加以记录和列入财务报表的过程。财务会计上的确认包括三层含义:一是应否确认,即决定是否应该对交易、事项或情况中的某一项目进行记录;二是如何确认,即决定以什么会计要素予以记录;三是何时确认,即决定在什么时间予以记录。

确认是指在交易或事项发生时,决定将某一项目确定为资产、负债、所有者权益、收入、费用和利润等会计要素加以记录;以及将已确认的项目计列为财务报表中的某一项要素。例如,对于一项资产或负债,不仅要记录该项目的取得或发生,还要记录其后所发生的变动,包括在财务报表中的出现、消除和转移等。

对每一项目的确认,需要由相关的会计准则加以规范。也就是说,按照相关会计准则规定的确认标准予以确认。

美国财务会计准则委员会(FASB)在《企业财务报表项目的确认和计量》中要求,确认一个项目和有关的信息,要符合四个基本的确认标准:一是符合某项要素的定义;二是可计量性;三是相关性;四是可靠性[②]。

国际会计准则理事会(International Accounting Standards Board,IASB)在其发布的《编制和呈报财务报表的结构》中确定的确认标准是:其一,与该项目有关的任何未来利益可能会流入或流出企业;其二,该项目具有能够可靠计量的成本或价值。[③]

无论是美国财务会计准则委员会,还是国际会计准则理事会,它们所提出的确认标准有两个共同的特点:一是符合要素的定义和能够可靠地计量是确认标准中最基本或最重要的标准;二是目前所提出的确认标准给实务操作留有较大的选择余地。因此,确认程序需要会计人员的专业判断。

[①] 确认、计量、记录和报告是财务会计工作的基本环节,其中,确认是关键、计量是核心、记录是过程、报告是目的。从运用会计信息的视角而言,解读财务报告是会计信息使用者的必备修炼。有兴趣的读者还可参阅刘顺仁:《财报就像一本故事书》(修订版),(山西人民出版社,2007年版)。对于会计计量,其核心地位毋庸置疑。会计其实就是一个计量过程。美国著名会计学家查特菲尔德曾明确指出:会计理论的根本改善将始于资产计价程序的变革。日本会计学家井尻雄士(1979)也认为:会计计量是会计系统的核心职能。当然,还可参阅赵德武:《会计计量理论研究》(西南财经大学出版社,1997年)等著述。对上述四个概念的关系,可参阅吕均刚:"关于会计确认、计量、记录、报告与列报、披露的含义辨析",载《商业经济》(2008年第13期)。

[②] 汤云为、钱逢胜著:《会计理论》,上海:上海财经大学出版社,1997年版。

[③] 同②。

确认之所以重要，是因为它代表会计行为中的识别、判断及决策阶段，只有正确地进行确认，才能正确地记录和报告，也才能产生对会计信息用户决策有用的信息。正确的确认还要依靠会计人员的专业判断水平[①]。

二、计量

计量是会计为了在账户记录和财务报表中确认、计列有关财务报表要素，而以货币或其他度量单位确定其货币金额或其他数量的过程。计量主要是解决如何对会计要素在记录时和在报表中进行数量描述的问题。

计量主要由计量单位和计量属性两个要素所构成，这两个要素之间的不同组合形成了不同的计量模式。

财务会计在计量过程中主要是以货币为基本计量单位，而在采用货币计量单位时又有两种选择：一是采用名义货币，即不考虑货币币值（购买力）的变动，一律按不同时期同种货币的面值作为计量单位；二是采用货币的不变购买力，即以某个时期货币的购买力为不变价格货币，以折算后的不变价格货币作为计量单位。按照国际惯例，计量单位通常采用各国法定的名义货币作为计量单位；而当一国发生恶性通货膨胀时（如三年累计的通货膨胀率接近或超过100%），也可采用不变购买力作为计量单位，以消除货币购买力的变化对企业财务信息产生的影响。

计量属性也称计量基础，是指会计要素可用货币计量的各种特性。根据《企业会计准则——基本准则》，可用于计量的属性有历史成本、可变现净值、重置成本、现值（未来现金流量的贴现值）和公允价值。

1. 历史成本

历史成本，又称实际成本，是指取得或制造某项财产物资时所实际支付的现金或者现金等价物。在历史成本计量下，资产按照其购置时支付的现金或者现金等价物的金额，或者按照购置资产时所付出对价的公允价值计量。负债按照其承担现时义务而实际收到的款项或者资产的金额，或者承担现时义务的合同金额，或者按照日常活动中为偿还负债预期需要支付的现金或者现金等价物的金额计量。

2. 重置成本

重置成本，又称现行成本，是指按照当前市场条件，重新取得同样一项资产所需支付的现金或现金等价物金额。在重置成本计量下，资产按照现在购买相同或者相似资产所需支付的现金或者现金等价物的金额计量。负债按照现在偿付该项债务所需支付的现金或者现金等价物的金额计量。

3. 可变现净值

可变现净值，是指在正常生产经营过程中，以预计售价减去进一步加工成本和销售所必需的预计税金、费用后的净值。在可变现净值计量下，资产按照正常对外销售所能收到现金或者现金等价物的金额扣减该资产至完工时估计将要发生的成本、估计的销售费用以及相关税金后的金额计量。

[①] 葛家澍：会计确认、计量与收入确认，《会计论坛》，2002年第1期。对于知识产权的具体会计确认等问题，后文再详细阐述。

4. 现值

现值是指对未来现金流量以恰当的折现率进行折现后的价值，是考虑货币时间价值因素等的一种计量属性。在现值计量下，资产按照预计从其持续使用和最终处置中所产生的未来净现金流入量的折现金额计量。负债按照预计期限内需要偿还的未来净现金流出量的折现金额计量。

5. 公允价值

公允价值，是指市场参与者在计量日发生的有序交易中，出售一项资产所能收到或者转移一项负债所需支付的价格。

由于历史成本在使用中具有可靠性、简便性和可验证性等优点，所以，长期以来，财务会计一直把历史成本作为其基本的计量属性。然而，由于历史成本在相关性方面具有明显缺陷，近年来，越来越受到会计职业界的批评。会计界陆续提出了重置成本、可变现净值、现值、公允价值等其他计量属性。我国《企业会计准则——基本准则》要求，企业在对会计要素进行计量时，一般应当采用历史成本。如果采用重置成本、可变现净值、现值或者公允价值的，应当保证所确定的会计要素的金额能够取得并可靠计量。

三、记录

记录是指会计将经过确认与计量的项目在账户中正式予以记载的过程。记录作为一个过程，由若干个程序所组成，一般包括：第一，根据对交易或事项确认与计量的结果编制会计分录；第二，将会计分录记载的内容登记有关账户；第三，期末按照权责发生制的要求编制调整分录，调整某些账户记录的内容；第四，期末编制结账分录，将损益类账户的余额减至为零。

四、报告

报告是指以财务报表或其他财务报告的形式汇总日常确认、计量和记录的结果向会计信息使用者提供反映企业财务状况、经营成果和现金流量信息的过程。报告作为一个过程，包括编制财务报告和对外报送或公告财务报告两项内容，前者是生成以财务信息为主的经济信息，后者是提供以财务信息为主的经济信息。

综上所述，财务会计的确认、计量、记录和报告四个环节共同构成财务会计的系统结构，其相互之间的关系可概括为：确认是关键、计量是核心、记录是过程、报告是目的。财务会计的系统结构如图 1-6 所示。

由图 1-6 可知，在产生关于企业财务状况及其运行结果信息的过程中，财务会计系统具有如下功能：第一，解释并记录企业经营业务的结果；第二，对相似业务的结果进行分类，从而确定对会计信息使用者有用的信息；第三，总结并向决策者传递系统所包含的信息。

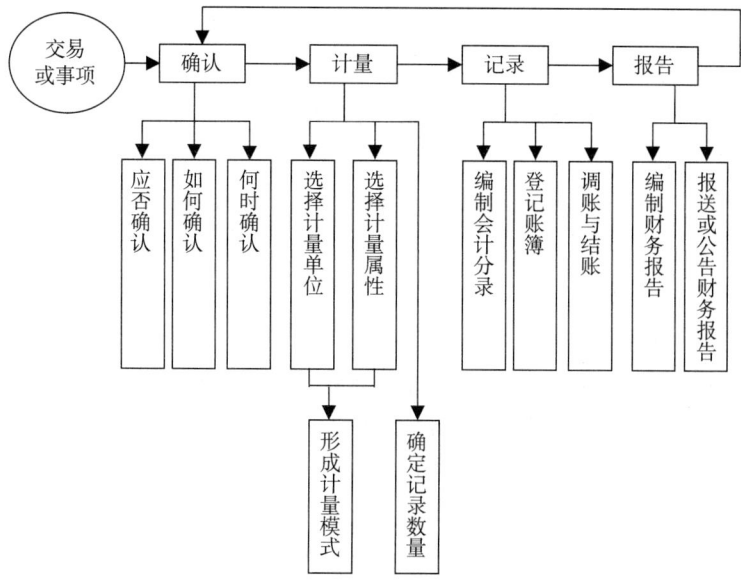

图1-6 财务会计的系统结构

第二章

会计要素与复式记账

前已述及，会计的目标是反映企业管理层受托责任履行情况、提供决策有用的信息。为了实现这一目标，企业必须对发生的各种经济活动进行连续、全面、系统的反映。但由于企业经济活动的复杂多样性，使会计所核算和监督的内容（即会计对象）也纷繁庞杂，因此，需要对会计对象的具体内容进行适当分类。对会计对象的具体内容进行适当分类而形成的基本项目，就构成了会计要素。此外，由于会计所处的社会经济环境极为复杂，其反映的经济活动也具有一定的不确定性，因此必须对会计实务中尚未确知或无法正面论证的先决条件及其环境，根据客观的或经常的情况作出合理的推断和规定。这些合理的推断和规定，就构成了会计核算的基本前提。同时，会计分期的存在，使企业必须采用合适的方法确定收入和费用的收支期间和应归属期间问题，进而形成了会计确认的时间基础，即会计核算的基础。基于会计要素的分类、会计核算的前提和基础，企业为了向会计信息使用者提供决策有用的会计信息，企业还将根据经济业务的不同内容，采用科学、简明的记账方法把日常发生的经济业务及时、正确地记录下来。而复式记账法则是我国法定的企业会计记账方法。会计要素、会计核算的前提和基础、复式记账构成了实现会计目标的重要保障。

第一节 会计要素及其确认与计量

凡是特定单位能以货币表现的经济活动，即资金运动及其过程都是会计所核算和监督的内容。但由于企业经济活动的复杂多样性，使会计对象的内容也纷繁庞杂，这就给会计信息的提供带来了诸多不便。为了使会计核算工作能科学地反映会计对象的内容，并便于会计信息使用者的理解和阅读，需要对会计对象的具体内容进行适当的分类。这些对会计对象的具体内容进行适当分类而形成的基本项目，就构成了会计要素。因此，会计要素是对会计对象的基本分类项目，是对会计核算对象的具体化，也是财务报表的基本构成要素。在现代经济社会中，企业的经营活动是多种多样的，而每天所发生的业务事项更是不胜枚举。为了便于将这些业务事项在会计上加以记录，同时提高会计资料的效用，必须将其按性质分别归纳。我国《企业会计准则——基本准则》将企业会计要素分为资产、负债、所有者权益、收入、费用和利润六项。

一、资产负债表会计要素及其确认条件

（一）资产

资产是指企业过去的交易或事项形成的、由企业所拥有或者控制的，预期会给企业带来经济利益的资源。资产具有以下特征：(1) 资产是企业过去的交易或者事项形成的，这里的交易或者事项包括购买、生产、建造等活动，但不能根据预计将要发生的交易或者事项来确认资产；(2) 资产是为企业所拥有的，即企业享有某项资源的所有权；或者企业虽然不享有某项资源的所有权，但该资源能够被企业所控制，即企业具有对某项资源的实际控制支配权；(3) 资产能够为企业带来经济利益，是指直接或者间接导致现金和现金等价物流入企业的潜力。比如，货币资金可以用来购买商品、房屋等，原料、机器设备可以用来制造产品，而商品、产品可以通过出售变现。

企业的一项经济资源必须同时具备下列条件，才能确认为资产：(1) 该资源符合资产的定义；(2) 与该资源有关的经济利益很可能流入企业；(3) 该资源的成本或者价值能够可靠地计量。

资产按照流动性，通常可分为流动资产和非流动资产。所谓资产的流动性，是指资产的变现能力。所谓流动资产，是指现金以及其他能在一年或一个营业周期以内变现或被耗用的资产。所谓营业周期，是指企业自投入现金→购买原料→制成产品→销售产品→再收回现金的过程。大部分行业一年有几个营业周期，则其资产按年划分为流动资产和非流动资产；而某些特殊行业，如造船、重型机械等，其营业周期往往超过一年，则其资产按营业周期划分。流动资产通常包括库存现金、银行存款、交易性金融资产、应收票据、应收账款、合同资产、预付款项、存货等。非流动资产包括债权投资、其他债权投资、其他权益工具投资、长期股权投资、固定资产、无形资产、递延所得税资产等。

按流动性质分类并排列各项资产，可以充分揭示企业资产变现能力的信息，以便投资者作出正确的投资决策；可以全面反映企业的经济活动，及时提供企业财务成果的信息；可以预测企业现金流动的趋势，并有助于不同计量属性的应用。

(二) 负债

负债是指企业过去的交易或者事项形成的，预期会导致经济利益流出企业的现时义务。负债具有以下特征：(1) 负债是一种现时义务，它是由于过去发生的交易或事项引起的、企业目前实际所承担的经济责任。企业预计将来会发生的交易或事项形成的义务，不属于现时义务，不应当确认为负债。比如，企业接受银行的贷款后就形成银行借款这项负债，反之，如果企业仅仅是计划向银行借款，实际上还没有付诸行动，则企业就不存在负债；(2) 负债的清偿会导致企业经济利益的流出，企业目前所承担的负债必须在将来某一个时日以转移资产或者提供劳务来偿付，也可以将债务转为所有者权益。

一项义务必须同时具备下列条件，才能确认为负债：(1) 该义务符合负债的定义；(2) 与该义务有关的经济利益很可能流出企业；(3) 未来流出的经济利益的金额能够可靠地计量。

负债按其流动性划分，可分为流动负债和长期负债。而负债的流动性是指负债的偿还期。流动负债是指偿还期在一年或一个营业周期以内，预期需动用流动资产或以新的流动负债偿还的债务，通常包括短期借款、交易性金融负债、应付票据、应付账款、预收款项、合同负债、应付职工薪酬、应交税费、其他应付款等。长期负债是指偿还期在一年或一个营业周期以上的各种债务，通常包括长期借款、应付债券、租赁负债、长期应付款等。对负债按照流动性进行详尽分类，可以分情况组织会计核算，以保证会计信息的准确、可靠。

(三) 所有者权益

所有者权益是指企业资产扣除负债后，由所有者享有的剩余权益。公司的所有者权益在股份有限公司又称为股东权益。所有者权益是所有者对企业资产的剩余索取权，它是企业资产中扣除债权人权益后应由所有者享有的部分，既可反映所有者投入资本的保值增值情况，又体现了保护债权人权益的理念。

所有者权益具有以下特点：（1）所有者权益是投资者参与企业决策以及获得利润分配的依据；（2）所有者权益是投资者享有的剩余权益，表现为在企业清算时，只有在清偿所有的负债后，所有者才能获偿。

所有者权益的来源包括所有者投入的资本、直接计入所有者权益的利得和损失（其他综合收益）、留存收益等，通常由股本（或实收资本）、其他权益工具、资本公积（含股本溢价或资本溢价、其他资本公积）、其他综合收益、盈余公积和未分配利润构成。

以上资产、负债和所有者权益是反映企业财务状况的会计要素，它体现了资金运动过程中某一特定时点上的资产分布、权益结构状况。三者间的关系为：资产 = 负债 + 所有者权益。

这一会计基本方程式，既明确了企业产权关系，又能使企业会计核算信息满足多方面的需要，它是会计核算中设置账户、复式记账和编制资产负债表等专门方法的理论依据，也是构成资产负债表结构的基本要素。

二、利润表会计要素及其确认条件

（一）收入

收入是指企业日常活动中形成的、会导致所有者权益增加、与所有者投入资本无关的经济利益的总流入。收入具有以下特征：

1. 收入是企业在日常活动中形成的经济利益的流入

日常活动是指企业为完成其经营目标而从事的经常性活动以及与之相关的其他活动。例如，生产制造企业生产并销售产品、商品流通企业销售商品、交通运输企业提供运输服务等。由于企业性质不同，每个企业的日常活动其内容也不尽相同，但总体上而言，企业的日常活动主要涉及销售商品、提供劳务及将本企业资产提供他人使用等。

随着商品的销售、劳务的提供、资产使用权的转让，这些日常活动必定会给企业带来经济利益的流入，表现为一定期间现金的流入、其他资产的增加或负债的清偿。因此，只有因日常活动而流入的经济利益，才属于收入范畴。这就将非日常活动产生的、所有者投入资金产生的经济利益的流入排除在收入之外。

2. 收入是与所有者投入资本无关的经济利益的总流入

收入应当会导致经济利益的流入，从而导致资产的增加。例如，企业销售商品，应当收到现金或者在未来有权收到现金，才表明该交易符合收入的定义。但是在实务中，经济利益的流入有时是所有者投入资本的增加所导致的，所有者投入资本的增加不应当确认为收入，应当将其直接确认为所有者权益。

3. 收入最终会导致所有者权益的增加

与收入相关的经济利益的流入最终应导致所有者权益增加。反之，日常活动产生的经济利益的流入，如果不会导致所有者权益增加，则不属于收入的范畴。如企业在日常活动中所收取的各种代收款，就属于企业的负债，而不是企业的收入。

企业收入的来源渠道多种多样，不同收入来源的特征有所不同，其收入确认条件也往往存在差别。一般而言，收入只有在经济利益很可能流入从而导致企业资产增加或者负债减少，且经济利益的流入额能够可靠计量时才能予以确认。即收入的确认至少应当符合以下条件：（1）与收入相关的经济利益应当很可能流入企业；（2）经济利益流入企业的结果会导致资产的增加或者负债的减少；（3）经济利益的流入额能够可靠计量。

收入按其性质划分，可分为商品销售收入，如生产制造企业的商品销售收入；劳务收入，如运输业务收入；本企业资产提供他人使用而取得的资产使用费收入，如租金收入等。

按照企业经营业务的主次，收入还可分为主营业务收入和其他业务收入。

（二）费用

费用是指企业在日常活动中形成的、会导致所有者权益减少、与向所有者分配利润无关的经济利益的总流出。费用具有以下特征：

1. 费用是企业在日常活动中流出的经济利益

费用是获取收入的必要代价。例如，商业企业在营业时，为了获取商品售价，即营业收入，首先必须买进商品，再转手售出，其费用包括买进商品的成本以及其他各种费用，包括推销费用、人工费用、利息费用等。由于收入发生在企业日常活动中，因此，与之相匹配的费用也一定是发生在日常活动中，与向所有者分配利润导致的经济利益的流出无关。

2. 费用是与向所有者分配利润无关的经济利益的总流出

费用的发生应当会导致经济利益的流出，从而导致资产的减少或者负债的增加（最终也会导致资产的减少）。其表现形式包括现金或者现金等价物的流出，存货、固定资产和无形资产等的流出或者消耗等。鉴于企业向所有者分配利润也会导致经济利益的流出，而该经济利益的流出显然属于所有者权益的抵减项目，不应确认为费用，应当将其排除在费用的定义之外。

3. 费用最终会导致所有者权益的减少

费用表现为企业在经营过程中发生的各种支出或耗费。费用的发生，其中一方面必然是资产的减少或负债的增加，从而导致所有者权益减少。如果经济利益的流出最终不会导致所有者权益减少，则不属于费用的范畴。无论是何种行业，企业能否以最小的费用换取最大的收入，是衡量其经营绩效最有效的尺度。

费用的确认除了应当符合定义外，也应当满足严格的条件，即费用只有在经济利益很可能流出从而导致企业资产减少或者负债增加且经济利益的流出额能够可靠计量时才能予以确认。因此，费用的确认至少应当符合以下条件：（1）与费用相关的经济利益应当很可能流出企业；（2）经济利益流出企业的结果会导致资产的减少或者负债的增加；（3）经济利益的流出额能够可靠计量。

（三）利润

利润是企业在一定会计期间的经营成果。通常情况下，如果企业实现了利润，表明企业的所有者权益将增加，业绩得到了提升；反之，如果企业发生了亏损（即利润为负数），表明企业的所有者权益将减少，业绩下滑了。因此，利润往往是评价企业管理层业绩的一项重要指标，也是投资者等财务报告使用者进行决策时的重要参考。

利润包括收入减去费用后的净额、直接计入当期利润的利得和损失等。其中收入减去费用后的净额反映的是企业日常活动的业绩，直接计入当期利润的利得和损失反映的是企业非日常活动的业绩。直接计入当期利润的利得和损失，是指应当计入当期损益、最终会引起所有者权益发生增减变动的、与所有者投入资本或者向所有者分配利润无关的利得或者损失。企业应当严格区分收入和利得、费用和损失，以更加全面地反映企业经营业绩。

利润反映的是收入减去费用、利得减去损失后的净额，因此，利润的确认主要依赖于收入和费用以及利得和损失的确认，其金额的确定主要取决于收入、费用、利得和损失金额的计量。

三、会计要素之间的基本关系

企业的主要目的是获取经营利益。为了获取利润，必须具有供经营活动使用的各种资产。企业的资产必有其来源。最初的资产都是由投资者投资而来，投资者投入多少价值的资产，就可以获得被投资企业相应金额的权利。因此，企业全部资产代表投资者的权益，表示投资者对企业资产的求偿权。

除了从投资者处获得经营所需的资产外，企业也可以通过向债权人借款等方式取得所需资产，那么，债权人对企业的资产同样拥有求偿权，而且债权人的权益是优先于投资者的。

显而易见，企业的资产不外乎来自投资者的投资和向债权人的借款等，因此，投资者和债权人对企业的资产均拥有权益，这种权益代表了资产的来源。资产与权益乃是同一事项的两个方面，所以，两者的金额必定相等。用公式表示，即：

资产 = 权益

这里的权益包括债权人的权益和投资者的权益，债权人的权益称为企业的负债，则上述公式可改写为：

资产 = 负债 + 所有者权益（股东权益）[①]

这一方程式即会计等式，它表达了资产、负债和所有者权益三项会计要素之间的基本关系，表明了企业在某一特定时点所拥有的资产及债权人和投资者对企业资产要求权的基本状况。这一会计等式是会计中设置账户、复式记账和编制财务报表的依据。如果利用数学上的移项规则，则会计等式可有几种变化形式。从投资者对企业净资产的要求权角度来看，则：

所有者权益 = 资产 - 负债

而资产总额超过负债总额的部分为净资产，即：

资产 - 负债 = 净资产

因此，所有者权益的金额又等于净资产的金额。

企业运用债权人和投资者所提供的资产，经过生产经营而获取收入，并以支付费用为代价。将一定期间实现的收入与支付的费用比较后，就能确定该期间企业的经营成果。当收入大于费用时，表示企业实现利润；当收入小于费用时，则意味着企业发生亏损。收入、费用和利润的关系，用公式表示如下：

收入 - 费用 = 利润（亏损）

如上所述，凡是企业取得的收入，会使企业资产增加或负债减少，同时，相应地增加所有者权益；凡是企业发生的费用，会使企业资产减少或负债增加，同时，相应地减少所有者权益。对于因收入、费用而发生的所有者权益的增减变化，应先在收入、费用两大会计要素

[①] 对于股份有限公司而言，其所有者权益称为股东权益。

中进行记载，然后在特定的结账日，将收入与费用比较的结果，即利润，最终转化为所有者权益。

综上所述，企业资金运动与会计要素之间的相互关系是：从资金运动静态表现看，在任何时点上都体现为"资产＝负债＋所有者权益（股东权益）"的平衡关系；从资金运动的动态表现看，随着企业生产经营活动的进行，会计要素体现为"收入－费用＝利润"。因此，会计的对象可以概括为企业资金的运动过程及其结果，其具体组成部分则是资产、负债、所有者权益、收入、费用和利润等会计要素。

第二节 会计核算的前提与基础

一、会计核算的基本前提

会计核算的基本前提是指进行会计核算工作必须具备的前提条件。由于会计所处的社会经济环境极为复杂，其反映的经济活动也具有一定的不确定性。为了使会计能够连续、系统、综合地反映企业的生产经营活动，提供信息使用者所需的有用信息，必须对会计实务中那些尚未确知或无法正面论证的先决条件及其环境，根据客观的或经常的情况作出合理的推断和规定。这些合理的推断和规定，就构成了会计核算的基本前提。因此，会计核算的基本前提有时也称为会计假设或会计假定。

会计核算的基本前提反映了会计环境对会计的影响和制约。离开这些前提条件，会计工作就不可能正常地进行，更不能保证会计信息的质量。因此，确立会计核算的基本前提是有效地组织会计工作的先决条件，其目的是保证会计信息的可靠性和相关性。

会计核算的基本前提包括会计主体、持续经营、会计分期、货币计量四项。

（一）会计主体

会计主体通常也称为会计个体，是指会计为之服务的特定单位。会计主体这一前提界定了会计核算的空间范围，明确了会计人员为谁核算以及核算哪些经济业务等问题。它要求会计工作应当区分会计主体自身的经济活动和其他企业单位的经济活动以及经营者或所有者个人的财务活动。会计人员只能站在为之服务的特定主体的立场上来核算企业本身发生的各项经济业务，不应包括其他企业的经济活动，更不能包括所有者或经营者个人的财务收支活动。只有这样，会计才能独立地反映某一特定主体的经营活动，才能准确地提供该主体的财务状况和经营成果等信息，使之满足信息使用者的需要。

会计主体不同于企业法人。所有的企业法人都是会计主体，但有些会计主体不一定是法人。例如，一些企业集团下属若干子公司，这些子公司都是法人，但出于经营管理的需要，为全面考核和反映集团公司的经营成果和财务状况，就要将所有子公司连同母公司作为一个会计主体，编制合并财务报表，以全面分析和评价整个集团公司的经营情况。而这里的企业集团是会计主体，但通常不是一个独立的法人。

（二）持续经营

持续经营是指企业的生产经营活动可以按照既定的目标无限期地延续下去。这一前提是假定在可以预见的未来，企业不会因破产、倒闭、解散等而中断经营、停业清算，它所拥有或控制的资产将按既定的用途去使用，所承担的债务也将按承诺予以清偿或履行。

持续经营这一前提界定了会计核算的时间范围，它与会计主体前提密切相关。从一般道理上讲，在任何一个时点上，企业的前景只有持续经营和停业清算两种可能。而在市场经济体制下，企业经营必然存在竞争，必然会优胜劣汰，个别企业甚至关闭、破产而无法继续经营。企业在激烈的市场竞争中或胜或败，在实际发生之前往往难以预料。但从会计角度来说，无论将来会遇到什么情况，其结果如何，都要假设它在一定的时期内会持续经营下去。只有这样，才能选择和确定相对稳定的核算程序和方法，才能对会计主体的生产经营活动客观地予以计量、记录和报告，提供连贯的、具有可比性的会计信息。否则，一些公认的资产计价、收益确定原则，乃至会计处理方法等就将缺乏存在的基础而无法采用。

具体而言，在会计实务中，持续经营前提具有以下三方面的作用：（1）由于假定企业的持续经营，才要求企业的资产通常按历史成本计价，而不是采用现行市价；（2）持续经营前提为采用权责发生制奠定了基础，才使资本性支出和收益性支出的划分成为必要；（3）由于这一前提的存在，才产生了资本保全问题。

（三）会计分期

会计分期也称会计期间，是指对企业持续进行的生产经营活动根据需要划分为一定的期间，据以结算该期间的账目，编制财务报告，从而及时地向会计信息使用者提供会计信息。

在持续经营前提下，企业的生产经营活动将周而复始地进行，要计算企业的净收益，反映其经营成果，从理论上说，只有等到经营活动全部结束，清理完各项资产，并偿付全部债务后，才能准确地结算出企业在整个经营期间的损益。但企业的投资者、债权人、国家有关部门及企业经营者都需要及时了解企业的经营情况，要求企业定期提供决策和征税依据等方面的会计信息，因而不可能等到经营活动全部结束时才进行结算并编制财务报告。这就需要将企业持续进行的生产经营活动人为地划分成若干相等的较短期间，以便及时地向会计信息使用者提供所需的信息，这样就产生了会计分期。

我国的会计分期是以年为单位，并以日历年度作为企业的会计年度。同时，根据管理和信息使用者决策的需要，还可以将会计年度划分为若干较短的期间，如季度和月份等。季度和月份的起止日期也采用公历日期。

从某种意义上讲，会计分期与持续经营是联系在一起的，两者互为补充，不可分离。只有设定一个会计主体能够持续地、无期限地经营下去，才有必要和可能进行会计分期。因此，会计分期依赖于持续经营，持续经营又需要会计分期。

会计分期这一前提对确定会计核算程序和方法具有重要的意义。由于有了会计分期前提，才产生了本期与非本期的概念，进而产生了权责发生制和收付实现制这两种可供选择的会计核算基础，也才产生了收入与费用的期间配比原则以及跨期间经济业务的应计、递延、摊销、预提等一系列特殊的会计处理方法。

（四）货币计量

货币计量是指在会计核算过程中采用货币作为计量单位来记录、计量与报告企业的经济活动过程及其结果。

在企业生产经营过程中，各项财产物资具有不同的使用价值，实物计量单位也不尽相同。不同实物计量单位的财产物资在数量上无法直接加总，因而不能提供企业财产物资总括的价值信息；对生产经营过程中发生的各项物料消耗也无法直接计量其成本，这在管理上积弊甚多，更不能全面、综合地提供企业财务状况和经营成果等方面的有用信息。由于货币具有价值尺度、支付手段和流通手段等特殊的使用价值，可以充当一般等价物，因此在财务会计核算过程中，采用货币作为统一量度，就可以有效地解决上述各种问题。这样就有必要确立货币计量前提。同时，货币计量这一前提的确立，使会计从原始的计量方法中脱胎出来，强化了会计计量属性的基本特征。

在我国，人民币是法定的货币，因此，会计核算应以人民币为记账本位币。业务收支以外币为主的企业，也可以选定某种外币作为记账本位币，但编制的财务报表应当折算为人民币反映。

货币计量这一前提是建立在货币本身的价值稳定不变基础之上的，它奠定了历史成本会计模式的基础。但货币作为一种特殊的商品，其价值（币值）也并非固定不变，这就使建立在币值不变基础上提供的会计信息难以准确地反映企业经济活动的实际情况，为了简化会计计量，保证会计信息的可比性，在币值变动幅度不大的情况下，一般可以不考虑币值变动的影响。因此，在货币计量前提基础上还需假设币值不变，故货币计量前提有时也称为"货币计量与币值不变假设"。

在会计实务中，货币计量前提也有一定的局限性。它使会计只能反映企业经济活动中能够用货币表现并计量的方面，而不能反映其无法用货币计量的方面，如人员素质等有助于决策的相关信息。为弥补这一缺陷，企业可在财务报告中以适当形式加以补充说明，以便全面反映企业的经济活动。

会计核算的四项基本前提，分别界定了会计核算的空间、时间、期间和度量单位，四者相互联系，缺一不可。但这些基本前提只是根据会计实务中客观的或经常的情况，以有限的事实或观察为基础而作出的一些合理推论，并假设它们符合会计活动的规律和社会经济环境。随着社会经济的发展和会计环境的变化，会计的这些基本前提也可能不断拓展或修正。如在发生恶性通货膨胀情况下，货币计量与币值不变前提将会受到冲击，与此相适应的某些前提或会计业务可能应运而生。再如，在知识经济时代，网络公司的大量出现，在按不同交易事项自由组合经营主体的情况下，使会计主体的界限变得模糊起来；同时，随着信息高速公路的全球化发展，企业可将各种信息在网络上直接提供，使用者各取所需，对持续经营和会计分期假设也产生了较大的冲击；等等。

二、会计核算的基础

会计核算的基础是指会计确认的时间基础。由于会计分期的存在，每一会计期间都要确定该会计期间的收入及费用，然后计算企业该期间的利润。这就需要确定：究竟哪些经济业务所产生的结果归属于本会计期间？是根据现金的流入及流出确定为本期的收入和费用，还是根据经济业务所产生的权责来确定本期收入和费用？这就需要研究收入和费用的收支期间和应归属期间的问题。

收入和费用的收支期间是指收入收到现款（库存现金或银行存款）和费用用现款（库存现金或银行存款）支付的会计期间[①]。收入和费用的应归属期间是指应获得收入和应负担

[①] 现行会计实务中，直接收支现金的业务已经非常少。主要是通过"电子支付平台"或者数字实现。特此说明。

费用的会计期间。在市场经济条件下，由于各种原因，使经济业务发生的时间与相应的现金收支行为的发生时间不一致，往往会发生一些应收未收、应付未付的经济事项，如本期销售商品款项尚未收到、本期发生的水电费尚未支付等。因此，在选择确认收入和费用的时间基础时，就产生了一种是以收入和费用的收支期间为标准确认收入和费用的方法，这种方法称之为收付实现制；另一种是以收入和费用的应归属期间为标准确认收入和费用的方法，这种方法称之为权责发生制。

（一）收付实现制

收付实现制又称现金制或实收实付制，它是以款项的实际收付为标准来确定本期收入和费用的一种会计核算基础。按照收付实现制，凡本期内实际收到的款项或本期内实际支付的各项费用，不论其是否应归属本期，都作为本期收入或费用处理。反之，凡本期内未曾实际收到款项的收入或未曾实际支付的费用，即使应当属于本期，也不作为本期收入或费用处理。由此可见，收付实现制所强调的是"是否实际收付款项"，而不考虑与现金收支行为相连的经济业务实质上是否发生，即应否归属于本期的问题。

（二）权责发生制

权责发生制又称应计制或应收应付制。权责发生制顾名思义，是权利与责任同时发生并紧密配合之意。在会计中，它是指以应收应付为标准来确认本期收入和费用的一种会计处理基础。按照权责发生制要求，凡是应属本期的收入，不论款项是否已经实际收到，都作为本期收入处理；凡是不应归属于本期的收入，即使款项已经实际收到，也不作为本期收入处理；凡是本期应当负担的费用，不论款项是否实际支付，都作为本期费用处理；凡是不应属于本期负担的费用，即使款项已经实际支付，也不作为本期费用处理。由此可见，权责发生制所强调的是"应该"或"不应该"，而不是看款项是否已经实际收付。因此，权责发生制通常也称为应计制。

在会计核算中，由于权责发生制是根据经济业务的发生与否来确认本期收入和费用，因此会形成应计、预收、预付、摊销等会计事项，这些是在收付实现制基础下不曾采用的特殊会计程序。

1. 应计

应计是指不论款项是否实际收到或付出，只要其权责属于本期，就应对收入和费用予以确认，具体包括应计收入和应计费用两个方面。比如，甲公司 2022 年 12 月耗用水电费 2 000 元，其费用将于 2023 年 1 月支付。这部分应由本期负担但尚未支付的费用，就是本月的应计费用。

2. 预收

预收是指款项已经实际收到，但与此相应的义务尚未履行（如尚未交付产品或提供劳务等），该笔款项就不能作为已实现的收入予以确认，只有在以后期间，企业实际履行了相应的义务时，才能作为收入正式予以确认。企业在预收时只能作为负债项目记录，只有在企业交付产品后，再把已确认的负债冲转，并作为一项收入来确认。例如，甲公司 2022 年 12 月份销售商品 10 000 元，款项尚未收到，但商品已提供、合同已履行显然应属于 12 月份的收入。这部分已经获得但尚未收到款项的收入，就是 12 月份的应计收入。再如，甲公司 2022 年 12 月份收取 2023 年 1～6 月份的租金 120 000 元，虽然租金已经收到，但是收入尚未取得（因其资产使用权尚未提供）。120 000 元租金收入需要在以后 6 个月才能获得，甲公司就 2022 年 12 月而言，这是预收款项，是一项负债，而非收入。

3. 预付

预付是指款项已实际支付，但与此相应的费用尚未发生，则该笔现金流出就不能作为费用来确认。如预付保险费、预付租金等。例如，甲公司 2022 年 12 月份支付 2023 年度的保险费 240 000 元，保险公司在 2022 年 12 月份尚未提供保险服务，因而在 2022 年不确认此项费用，这笔费用应由 2023 年负担。这部分已经支付但应由以后月份负担的费用，就 2022 年而言，这是预付费用，是一项流动资产。

4. 摊销

摊销是指处理预付项目和递延项目的分配程序。对预付项目，如果企业已经受益，就应按实际受益期限对预付项目进行分期摊销；同理，对递延项目（包括递延收入和递延费用）也应按实际情况，把应属于各期间的收入和费用在各期间予以确认。例如，甲公司 2022 年 12 月份支付了 2023 年度的保险费 240 000 元，2023 年甲公司应按月摊销保险费。

权责发生制基础下产生的这些特殊会计处理程序，不仅对正确地反映企业各期间的经营成果具有重要意义，而且可以极大地提高会计信息的决策有用性。正因为如此，企业会计一般都以权责发生制作为会计确认的时间基础，我国《企业会计准则——基本准则》第九条规定"企业应当以权责发生制为基础进行会计确认、计量和报告"。

（三）两种会计核算基础的比较

权责发生制和收付实现制在收入与费用的确认时间上不同，因而对企业财务成果有直接影响。就权责发生制而言，企业提供了产品或劳务，就可以收到一笔款项或取得收取款项的权利，企业的费用是为了取得收入而发生的耗费，应当由获得有关收入的会计期间来负担。这样可以使相关的收入和相关的费用或成本进行比较，并计算出盈亏。这种将相关收入、费用相互配合和相互比较的计算程序，就称为"配比"。也就是说，权责发生制能合理配比会计期间的收入和费用，比较正确地计算和反映企业的经营成果。采用权责发生制，在会计期间要确定本期的收入和费用，就要根据账簿的记录，对上面所涉及的预收收入、预付费用、应计收入和应计费用进行账项调整，因而工作量相对较大。收付实现制下不存在预收收入、预付费用、应计收入、应计费用等，而是根据实际收到和付出的款项入账，所以期末不需要进行账项调整，因此，就会计处理手续而言，较为简便。但计算出来的企业盈亏，因不讲究配比原则，其结果不够合理。

在会计核算中，如果同一会计事项的权责发生制与收付实现制处于同一会计期间时，两种基础确认的收入与费用是一致的。但许多会计事项往往涉及不同的会计期间，那么，不同时间基础的选择就会有不同的会计业务处理方法，也会得出不同的结果。

第三节 复式记账原理及其运用

一、会计账户与会计科目

（一）账户的设置

会计要素是对会计对象的基本分类，而前述的六项会计要素仍显得过于粗略，难以满足有关方面对会计信息的需要。为了使会计核算工作能够顺利进行,并为会计信息使用者提供有用的会计信息,还必须对会计要素作进一步的分类。这种对会计要素的具体内容进行分类核算的载体就是账户,而账户的名称就是会计科目。

账户按提供信息的详细程度不同,可分为总分类账户和明细分类账户。前者是对会计要素具体内容进行总括分类、提供总括信息的账户,如"应收账款""应付账款""原材料"等。后者是对总分类账户的进一步分类,提供详尽、具体会计信息的账户。如"应收账款"账户按债务人名称设置明细账户,反映应收账款的具体对象。对于明细账户较多的账户,可在总分类账户和明细分类账户之间设置二级或多级账户。

我国企业常用的总分类科目如表2-1所示。

表2-1　　　　　　　　　　　常用总分类科目表

科目代码	科目名称	备注
一、资产类		
1001	库存现金	
1002	银行存款	
1012	其他货币资金	
1101	交易性金融资产	
1121	应收票据	
1122	应收账款	
1123	预付账款	
1131	应收股利	
1132	应收利息	
1221	其他应收款	
1231	坏账准备	
1321	受托代销商品(代理业务资产)	
1401	材料采购	
1402	在途物资	
1403	原材料	
1404	材料成本差异	
1405	库存商品	
1406	发出商品	
1407	商品进销差价	
1408	委托加工物资	
1411	周转材料	
1471	存货跌价准备	
1473	合同资产	
1474	合同资产减值准备	
1475	合同履约成本	

续表

科目代码	科目名称	备注
1476	合同履约成本减值准备	
1477	合同取得成本	
1478	合同取得成本减值准备	
1481	持有待售资产	
1482	持有待售资产减值准备	
1485	应收退货成本	
1501	债权投资	
1502	债权投资减值准备	
1503	其他债权投资	
1504	其他权益工具投资	
1511	长期股权投资	
1512	长期股权投资减值准备	
1521	投资性房地产	
1531	长期应收款	
1532	未实现融资收益	
1601	固定资产	
1602	累计折旧	
1603	固定资产减值准备	
1604	在建工程	
1605	工程物资	
1606	固定资产清理	
1701	无形资产	
1702	累计摊销	
1703	无形资产减值准备	
1711	商誉	
1801	长期待摊费用	
1811	递延所得税资产	
1901	待处理财产损溢	
二、负债类		
2001	短期借款	
2101	交易性金融负债	
2201	应付票据	
2202	应付账款	
2203	预收账款	
2205	合同负债	
2211	应付职工薪酬	

续表

科目代码	科目名称	备注
2221	应交税费	
2231	应付股利	
2232	应付利息	
2241	其他应付款	
2314	受托代销商品款	
2401	递延收益	
2245	持有待售负债	
2501	长期借款	
2502	应付债券	
2701	长期应付款	
2702	未确认融资费用	
2711	专项应付款	
2801	预计负债	
2901	递延所得税负债	
三、共同类		
3101	衍生工具	
3201	套期工具	
3202	被套期项目	
四、所有者权益类		
4001	实收资本	
4002	资本公积	
4003	其他综合收益	
4101	盈余公积	
4103	本年利润	
4104	利润分配	
4201	库存股	
4301	专项储备	
五、成本类		
5001	生产成本	
5101	制造费用	
5201	劳务成本	
5301	研发支出	
六、损益类		
6001	主营业务收入	

续表

科目代码	科目名称	备注
6051	其他业务收入	
6101	公允价值变动损益	
6111	投资收益	
6115	资产处置损益	
6117	其他收益	
6301	营业外收入	
6401	主营业务成本	
6402	其他业务成本	
6403	税金及附加	
6601	销售费用	
6602	管理费用	
6603	财务费用	
6604	勘探费用	
6701	资产减值损失	
6711	营业外支出	
6801	所得税费用	
6901	以前年度损益调整	

（二）会计账户的基本结构

账户在记录各项经济业务时，应当依据会计要素增减变动的基本特点与规律。任何经济业务的发生所引起的会计要素变动，从数量方向上看，无非是增加和减少两个方面，因而账户也应分为左方、右方两方，一方登记增加，另一方登记减少。至于哪一方登记增加，哪一方登记减少，取决于所记录经济业务和账户的性质。其中，登记本期增加的金额合计，称为本期增加发生额；登记本期减少的金额合计，称为本期减少发生额；增减相抵后的差额，称为余额。余额按照表示的时间不同，分为期初余额和期末余额，其基本关系如下：

期末余额 = 期初余额 + 本期增加发生额 − 本期减少发生额

上述四个部分称为账户的四个金额要素，每个账户都是如此。从账户的核心部分看，账户的基本结构如图2−1所示。

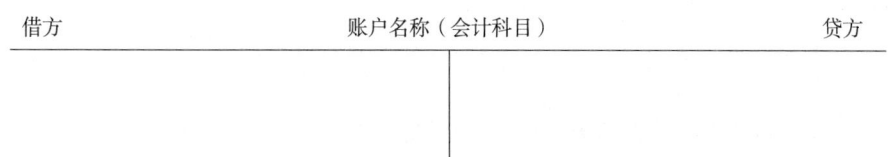

图2−1 账户基本结构示意图

二、借贷复式记账法

(一) 复式记账

在会计实务中,为了提供会计信息使用者所需要的会计信息,除设置账户外,还应根据经济业务的不同内容,采用既科学又简明的方法,把日常发生的经济业务及时、正确、完整地记录下来。这种在账户上记录经济业务的方法就是记账方法。

复式记账,是指对发生的每一项经济业务,都要以相等的金额,在相互关联的两个或两个以上账户中进行记录的一种记账方法。例如,用银行存款购买专利权业务,按照复式记账的要求,则应以相等的金额,一方面在银行存款账户中记录银行存款的付出,另一方面在无形资产账户中记录专利权的增加业务。由此可见,复式记账与单式记账相比较,具有以下两个明显的特点:一是能够全面清晰地反映出各项经济业务的来龙去脉;二是便于核对账户记录,进行核算平衡,以检查账户记录是否正确。

(二) 借贷记账法的内容

借贷记账法是指以"借"和"贷"作为记账符号的一种复式记账方法。

这里所说的"借"和"贷"是历史上沿袭下来的一对会计用语,在会计中运用借、贷二字最初是为了适应借贷资本的记账需要而产生的,仅仅表示债权债务的增减变动。随着经济和会计的发展,记账对象不断扩大,由人推及到物,由银钱往来的借贷拓展到财物增减及费用损益的结算等,这样借、贷二字就失去了本来的含义,成为会计上纯粹的记账符号了,以此表示账户记录的方向。

借贷记账法最早产生于意大利。15 世纪后,随着借贷记账法的广泛传播,逐渐成为世界通用的记账方法。借贷记账法于 20 世纪初传入我国,目前成为我国法定的会计记账方法。

1. 借贷记账法的记账符号

借贷记账法以"借"和"贷"为记账符号,分别表示账户的左方和右方。至于借方(左方)表示增加,还是贷方(右方)表示增加,取决于账户的性质及结构。

2. 借贷记账法的账户结构

由于借贷记账法中,"借""贷"二字均具有双重含义,因而不同性质的账户,其结构也不尽相同。

(1) 资产类账户结构。由于资产负债表的左方反映资产项目,所以习惯上,对资产类账户以借方表示资产的增加,贷方表示资产的减少。一定时期结账时,如果借方数额(增加数)大于贷方数额(减少数),则表现为借方期末余额。本期借方期末余额结转下期,也就形成了下期的期初余额。对资产类账户来说,贷方登记的减少数必然要受到借方登记的增加数的制约,因此,这类账户如果有余额必定在借方。

在账户记录中,将一定时期借方所登记数额加以合计,就称为借方发生额;贷方所登记数额加以合计,就称为贷方发生额。

本期借方发生额和贷方发生额统称为本期发生额。发生额中不包括期初余额,因此资产账户期末余额的计算方法是:

期末余额(借方) = 期初余额(借方) + 本期借方发生额 - 本期贷方发生额

这里所说的"期",是指会计分期,一般为月份、季度和年度。资产类账户的基本结构如图 2-2 所示。

借方	资产类账户名称	贷方
期初余额		
本期增加额		本期减少额
……		……
本期借方发生额		本期贷方发生额
期末余额		

图 2-2　资产类账户基本结构示意图

（2）负债与所有者权益类账户结构。由于借贷记账法是以"资产＝负债＋所有者权益"为理论依据，资产与负债和所有者权益之间客观上存在着恒等的关系。如果资产的增加记入账户的借方，则负债与所有者权益的增加就应记入账户的另一方，只有这样，才便于通过借方和贷方记录的金额是否一致来检查账户记录的正确性。因此，负债和所有者权益账户的结构与资产类账户结构相反，以贷方表示增加，借方表示减少。一定时期结账时，如果有期末余额，必在贷方。其期末余额的计算方法是：

期末余额（贷方）＝期初余额（贷方）＋本期贷方发生额－本期借方发生额

负债与所有者权益类账户的基本结构如图 2-3 所示。

借方	负债与所有者权益类账户名称	贷方
		期初余额
本期减少额		本期增加额
……		……
本期借方发生额		本期贷方发生额
		期末余额

图 2-3　负债与所有者权益类账户基本结构示意图

由以上内容可以看出，资产类账户的期末余额反映在借方，负债与所有者权益类账户期末余额反映在贷方。或者说，期末余额若为借方，则表明该账户属资产类账户；若为贷方，则表明属负债或所有者权益类账户。根据账户余额的方向判定账户的类别，这是借贷记账法的重要特点之一。

（3）成本（费用）类账户结构。企业在生产经营过程中发生的费用或物化在对象上的成本，实质上是企业资产价值的一种转化形态。如车间一般消耗材料，表现为制造费用的增加，但与此同时也表现为原材料存货的减少。由于资产的减少记在账户的贷方，因而制造费用的增加必定记在借方。由此可以看出，成本（费用）类账户的结构与资产类账户的结构相似，即借方登记成本（费用）的增加，贷方登记其减少。对费用账户来说，无论是计入成本还是计入损益，期末结账时均应一次结转，因此费用类账户一般无余额。成本（费用）类账户基本结构如图 2-4 所示。

借方	成本（费用）类账户名称	贷方
本期增加额		本期减少额
……		……
本期借方发生额		本期贷方发生额

图 2-4　成本（费用）类账户基本结构示意图

但对某些成本类账户，如生产成本账户，在连续生产情况下，期末可能存在尚未完工的产品（在产品），因而账户可能有余额。在此情况下，期末余额也必定反映在借方，表示在产品的实际生产成本。这是成本（费用）类账户结构中的一种例外。

（4）收入（利润）类账户结构。收入（利润）类账户反映的是生产经营过程中取得的各项收入和实现的财务成果。企业取得的收入是费用成本的价值补偿来源，以收抵支后的财务成果，分配完成之后形成所有者权益。因此，收入（利润）类账户的结构与权益类账户的结构相似，即贷方反映收入（利润）的增加，借方反映其减少。会计期末实现的收入要转入本年利润，据以计算财务成果。所以收入类账户期末无余额。收入（利润）类账户基本结构如图2-5所示。

借方	收入（利润）类账户名称	贷方
本期减少额		本期增加额
……		……
本期借方发生额		本期贷方发生额

图2-5 收入（利润）类账户基本结构示意图

根据以上各类账户结构的说明，账户借方和贷方所反映的经济业务可概括如图2-6所示。

借方	账户名称	贷方
资产的增加		资产的减少
负债与所有者权益的减少		负债与所有者权益的增加
成本（费用）的增加		成本（费用）的减少
收入（利润）的减少		收入（利润）的增加

图2-6 经济业务在账户中反映的结构示意图

3. 借贷记账法的记账规则

任何经济业务的发生，都会引起资产和负债与所有者权益的变化。但无论发生何种经济业务，它们对资产和权益（含债权人权益和所有者权益）的影响不外乎以下四种类型：

（1）资产与权益同时增加，总额增加；
（2）资产与权益同时减少，总额减少；
（3）资产内部有增有减，总额不变；
（4）权益内部有增有减，总额不变。

无论哪一种类型的经济业务，都将以相等的金额记入有关账户的借方，同时记入有关账户的贷方。现举例说明如下：

【例2-1】甲公司收到投资者以银行存款100 000元投资并存入银行。此项业务中，一方面使资产类中的"银行存款"账户增加100 000元，记入该账户借方；另一方面使权益类中的"实收资本"账户增加100 000元，记入该账户贷方，借贷金额相等。

【例2-2】乙公司用银行存款20 000元偿还短期借款。此项业务中，一方面使资产类中的"银行存款"账户减少20 000元，记入该账户贷方；另一方面使权益类中的"短期借款"账户减少 20 000 元,记入该账户借方,借贷金额相等。

【例 2-3】丙公司以银行存款 3 000 元购买材料。此项业务中,一方面使资产类中的"原材料"账户增加 3 000 元,记入该账户借方;另一方面使资产类中的"银行存款"账户减少 3 000 元,记入该账户贷方,借贷金额相等。

【例 2-4】丁公司从银行借入短期借款 30 000 元,直接偿还应付账款。此项业务中,一方面使权益类中的"短期借款"账户增加 30 000 元,记入该账户贷方;另一方面使权益类中的"应付账款"账户减少 30 000 元,记入该账户借方,借贷金额相等。

综上所述,借贷记账法的记账规则可概括为:有借必有贷,借贷必相等。

4. 借贷记账法的试算平衡

为了检验一定时期内所发生经济业务在账户中记录的正确性,在一定会计期末应进行账户的试算平衡。所谓试算平衡,是指根据资产与权益的恒等关系以及借贷记账法的记账规则,检查所有账户记录是否正确的过程,包括发生额试算平衡法和余额试算平衡法两种方法。

(1) 发生额试算平衡法。它是根据本期所有账户借方发生额合计与贷方发生额合计的恒等关系,检验本期发生额记录是否正确的方法。公式为:

全部账户本期借方发生额合计 = 全部账户本期贷方发生额合计

在借贷记账法下,根据"有借必有贷,借贷必相等"的记账规则,每一笔经济业务都要以相等的金额,分别记入两个或两个以上相关账户的借方和贷方,借贷双方的发生额必然相等。推而广之,将一定时期内的经济业务全部记入有关账户之后,所有账户的借方发生额合计与贷方发生额合计也必然相等。现将上述四项业务的账务处理,编制发生额试算平衡表,如表 2-2 所示。

表 2-2　　　　　　　　　　　　**本期发生额试算平衡表**　　　　　　　　　　　　单位:元

会计账户	借方发生额	贷方发生额
银行存款	100 000	23 000
原材料	3 000	
短期借款	20 000	30 000
应付账款	30 000	
实收资本		100 000
合计	153 000	153 000

(2) 余额试算平衡法。它是根据本期所有账户借方余额合计与贷方余额合计的恒等关系,检验本期账户记录是否正确的方法。根据余额时间不同,又分为期初余额平衡与期末余额平衡两类。期初余额平衡是期初所有账户借方余额合计与贷方余额合计相等,期末余额平衡是期末所有账户借方余额合计与贷方余额合计相等,这是由"资产 = 负债 + 所有者权益"的恒等关系决定的。其公式为:

全部账户的借方期初余额合计 = 全部账户的贷方期初余额合计

全部账户的借方期末余额合计 = 全部账户的贷方期末余额合计

实际工作中,借贷记账法的试算平衡可以通过编制试算平衡表来进行,如表 2-3 所示。

表 2-3　　　　　　　　　　　　　试算平衡表　　　　　　　　　　　　　单位：元

会计账户	期初余额		本期发生额		期末余额	
	借方	贷方	借方	贷方	借方	贷方
合计	A	A	B	B	C	C

上述试算平衡表根据有关账户的期初余额、本期发生额和期末余额填列。应当说明的是，在试算平衡表的期初余额、本期发生额和期末余额三组数字中，如果借贷不相等，表明账户记录有错误。但即便实现了有关三栏数字的平衡，也并不能说明账户记录绝对正确。因为有些错误并不影响借贷双方的平衡关系。如重记或漏记某项经济业务，会使本期借贷双方的发生额等额增加或减少，但借贷仍然平衡。再如，某项经济业务在账户记录中，颠倒了借贷方向，借贷仍然平衡，等等。因此，在编制试算平衡表之前，应认真核对有关账户记录，以消除上述错误。

（三）借贷记账法的应用

1. 会计分录及其编制

运用借贷记账法记录和反映经济业务时，要把各项业务准确、及时地登记到账户中去。但如果根据原始凭证直接记入各有关账户，不仅记账工作量大，而且难以保证账户记录的正确性，更不便于事后查考。因此，在把经济业务记入账户之前，应先采用一种比较简明的形式把经济业务所涉及的账户名称、记账方向与金额等记录下来，再据以登记入账。这种用来指明经济业务应记账户的名称、登记方向和金额的记录，就是会计分录（实务中一般以记账凭证体现）。由此可见，编制会计分录是记账工作的第一步，也是保证账户记录正确性的重要基础。

一般而言，编制会计分录要经过如下思维过程：首先，根据发生的经济业务，确定应记入哪个账户；其次，要判断所涉及账户的性质；再次，根据增减变化的方向和各类账户的结构确定记入借方还是贷方；最后，计算填列金额。

【例 2-5】甲公司以银行存款采购原材料 10 000 元入库。此项经济业务涉及"银行存款"账户和"原材料"账户，二者均属资产类账户，根据资产类账户的结构，银行存款的减少应记入贷方，原材料的增加应记入借方。因此，应在"原材料"账户的借方和"银行存款"账户的贷方各记 10 000 元，编制会计分录如下：

借：原材料　　　　　　　　　　　　　　　　　　　　　　　　10 000
　　贷：银行存款　　　　　　　　　　　　　　　　　　　　　　　10 000

为更好地掌握会计分录的编制方法，现以本节前述四项经济业务为例，编制会计分录如下：

（1）【例 2-1】编制的会计分录如下：

借：银行存款　　　　　　　　　　　　　　　　　　　　　　　100 000
　　贷：实收资本　　　　　　　　　　　　　　　　　　　　　　　100 000

（2）【例 2-2】编制的会计分录如下：

借：短期借款　　　　　　　　　　　　　　　　　　　　　　　20 000
　　贷：银行存款　　　　　　　　　　　　　　　　　　　　　　　20 000

（3）【例 2-3】编制的会计分录如下：

借：原材料　　　　　　　　　　　　　　　　　　　　　　　　3 000

　　　　贷：银行存款　　　　　　　　　　　　　　　　　　　　　　　　　　3 000

（4）【例2-4】编制的会计分录如下：

　　借：应付账款　　　　　　　　　　　　　　　　　　　　　　　　　30 000
　　　　贷：短期借款　　　　　　　　　　　　　　　　　　　　　　　　30 000

　　会计分录有简单会计分录和复合会计分录之分。像这样只有两个账户，即一借一贷组成的会计分录就是简单会计分录。有时一项经济业务的处理可能同时涉及两个以上账户，例如，甲公司采购原材料50 000元，用银行存款支付10 000元，其余暂欠。这项经济业务发生后，一方面使企业原材料增加50 000元，应记入"原材料"账户的借方；另一方面使企业银行存款减少10 000元，应记入"银行存款"账户的贷方，同时也使甲公司的应付账款增加了40 000元，应记入"应付账款"账户的贷方。根据借贷记账法的记账规则，甲公司应编制的会计分录如下：

　　借：原材料　　　　　　　　　　　　　　　　　　　　　　　　　　50 000
　　　　贷：银行存款　　　　　　　　　　　　　　　　　　　　　　　　10 000
　　　　　　应付账款　　　　　　　　　　　　　　　　　　　　　　　　40 000

　　像这样由两个以上（不含两个）账户所组成的会计分录，即一借多贷或一贷多借的会计分录，就是复合会计分录。但在会计实务中应当注意的是，不能把不同业务的分录拼为一笔复合会计分录，否则就不能清晰地反映经济业务的来龙去脉，混淆了不同业务的界限，势必造成核算上的混乱；也不能把一笔复合会计分录分拆成若干笔简单会计分录，否则就无法反映经济业务的全貌。

　　在编写会计分录时，习惯上先标借方，后标贷方，每一个会计科目占一行，借方与贷方错位表示，以便醒目、清晰。

2. 账户对应关系和对应账户

　　根据编制的会计分录登记入账以后，有关账户之间就客观上存在着应借应贷的相互关系，这种有关账户之间发生的相互关系，在会计上称为账户对应关系。发生对应关系的账户就互为对应账户。如用银行存款购买材料的业务，使"原材料"和"银行存款"账户发生了对应关系，登记入账时，"原材料"和"银行存款"就互为对应账户。但账户对应关系一般说来不是固定的，它由经济业务的内容所决定。

　　账户对应关系的意义在于，通过账户对应关系可以了解经济业务的内容。如前述"原材料"账户的借方和"银行存款"账户的贷方相对应，相互对照，就可以知道这笔经济业务的内容是用银行存款采购原材料。

第三章

知识产权：创新、创造的价值显示

知识产权（Intellectual Property，IP）是指智力创造成果：发明、文学和艺术作品，以及商业中使用的符号、名称、图像和外观设计。知识产权可以分为工业产权与版权两类，工业产权包括发明（专利）、商标、工业品外观设计和地理标志，版权则包括文学和艺术作品。知识产权被概括为一切来自知识活动领域的权利，始于17世纪中叶法国学者卡普佐夫（Gapzov）的著作，后由比利时法学家皮尔第（Picadie）所发展。到1967年《成立世界知识产权组织公约》签订后，知识产权的概念得到世界上大多数国家所认可[①]。

第一节 知识产权的价值创造机理

一、知识产权及其基本特征

知识产权源于何时、何地，目前尚未定论[②]。其中一种说法是起源于意大利的威尼斯，中世纪（约公元476~1453年），威尼斯的商业企业允许交易技术与纺织的图样，并且于取得专利权之后独家贩售。其后，推广至艺术作品也可以交易，视为代表作者人格权之一的权利。艺术品因为作者而有不同的价值。例如，法国收藏艺术作品时特别强调艺术家身份，以强调艺术品的价值。我国在13世纪前期，南宋就有比较成熟的著作权和版权保护法规，那就是两浙转运司于嘉熙二年（1238年）为祝穆《方舆胜览》所发布的《榜文》，以及淳祐八年（1248年）在国子监发给段昌武开雕《丛桂毛诗集解》的《执照》。[③] 不管知识产权产生于何时、何地，但就已有的资料来看，是一个源远流长的基本概念，它强调了专有性和保护性。

（一）知识产权的主要类别

对于知识产权的分类，不同的学科有其不同的分类标准和方法，现简要列示如下，目的在于如何进行会计的确认、计量、记录和报告。

[①] 知识产权（Intellectual Property），也有学者认为，其翻译欠妥，按照其英文的本来含义，最好译为智慧财产权。因为知识并不一定等于智慧。真正具有价值创造能力的，不一定是知识而是智慧。当然，本书不对概念上的细节作过多的探究。对于知识产权的一些具体问题，后文再述。特此说明。

[②] 对于知识产权的产生、分类等问题，本书不作过多的探究，有兴趣的读者可以参阅有关知识产权法学等方面的著作。特此说明。

[③] 参阅百文网：保护知识产权的法律意义（https://www.oh100.com/zhishi/684987.html）。

1. 狭义的知识产权分类

一类属于"文学产权"（Literature Property），包括著作权和邻接权。

另一类则是"工业产权"（Industrial Property），主要包括专利权和商标权。

2. 广义的知识产权分类

包括著作权（Copyright）、邻接权（Neighboring Rights）、商标权（Trademark Right）、商号权（Trade Name）、商业秘密（Trade Secret）、地理标志（Geographical Indication）、专利权（Patent Right）（一般就是Patent）集成电路布图设计权（The Right of Layout – Designs of Integrated Circuits）、植物新品种权（Plant Variety Rights）、反不正当竞争权（Anti – Unfair Competition Right）等。

3. 世界知识产权组织（WIPO，1967）的界定

WIPO界定的知识产权包括：文学、艺术和科学作品，表演家的演出、录音和广播，人类在一切领域的发明，科学发现，工业设计，商标、服务商标、厂商名称和标记，制止不正当竞争以及在工业、科学、文学或艺术领域的一切来自知识活动的权利。

4. 世界贸易组织（WTO）的界定

《与贸易有关的知识产权协议》（Trade Related Aspects of Intellectual Property Rights，TRIPs，1994）认为，知识产权包括版权与邻接权、商标权、地理标志权、工业品外观设计权、专利权、集成电路布图设计权、未披露过的信息保护。

5. 我国《民法典》对知识产权的界定

2021年1月1日实施的《民法典》第一百二十三条规定：民事主体依法享有知识产权。知识产权是权利人依法就下列客体享有的专有的权利：（1）作品；（2）发明、实用新型、外观设计；（3）商标；（4）地理标志；（5）商业秘密；（6）集成电路布图设计；（7）植物新品种；（8）法律规定的其他客体。包括：著作权、商标权、专利权、地理标志、商业秘密、集成电路布图设计权和植物新品种权等。[①]

（二）知识产权的法律特征[②]

1. 客体具有非物质性

知识产权的客体是具有非物质性的作品、创造发明和商誉[③]等，它具有无体性，必须依赖于一定的物质载体而存在。这就意味着，首先，获得了物质载体并不等于享有其所承载的知识产权；其次，转让物质载体的所有权不等于同时转让了其所承载的知识产权；最后，侵犯物质载体的所有权不等于同时侵犯其所承载的知识产权。

2. 特定的专有性

专有性又称排他性，是指非经知识产权人许可或法律特别规定，他人不得实施受知识产权专有权利控制的行为，否则构成侵权。知识产权的专有性与物权的专有性存在诸多差异，表现在：

一是专有性的来源不同。由于作品、发明创造等非物质性的客体无法像物那样被占有，人们难以自然形成对知识产权利用应当由创作者或创造者排他性控制的观念。相反，知识产

---

① 本书后面的相关会计处理，将遵循我国民法典对知识产权的界定。特此说明。

② 知识产权（法治概念），百度百科（https://baike.baidu.com/）。

③ 此处的商誉与会计上的商誉并非同一概念。请注意区别，特此说明。

权的专有性来自法律的强制性规定；

二是侵犯专有性的表现形式不同，保护专有性的方法不同。对物权专有性的侵犯一般表现为对物的偷窃、抢夺、损毁或以其他方式进行侵占，而对知识产权专有性的侵犯一般与承载智力成果的物质载体无关，而是表现为在未经知识产权人许可或缺乏法律特别规定时，擅自实施受知识产权专有权利控制的行为；

三是专有性受到的限制不同。知识产权受到的限制远多于物权，如著作权法就规定了"合理使用""法定许可"，均构成对著作权专有性的限制。此外，还有时间性、地域性的限制等。

3. 时间性

知识产权的时间性是指多数知识产权的保护期是有限的，一旦超过法律规定的保护期限就不再受保护了。创造成果将进入公有领域，成为人人都可以利用的公共资源；商标的注册也有法定的时间效力，期限届满权利人不续展注册的，也进入公有领域。

4. 地域性

除非有国际条约、双边或多边协定的特别规定，否则，知识产权的效力只限于本国境内，其原因在于知识产权是法定权利，同时也是一国公共政策的产物，必须通过法律的强制规定才能存在，其权利的范围和内容也完全取决于本国法律的规定，而各国有关知识产权的获得和保护的规定不完全相同，所以，除著作权外，一国的知识产权在他国不能自动获得保护。

二、知识产权的价值创造

随着经济的转型发展，企业价值的增长在很大程度上取决于无形资产抑或知识产权的增长。在工业经济时代，企业价值主要由占主导地位的有形资产和金融资产决定。但在经济全球化的今天，人类已经步入知识经济时代或数字时代，全球经济已从以工业为基础的经济转入以知识为基础的经济，此时企业的价值不仅由有形资产、金融资产决定，更多地取决于企业的无形资产或者知识产权。无形资产还具有规模报酬递增性的特点，并且随着时间的推移，由于知识的可累积性和无形资产的可升级性（Lev，2001），无形资产的价值可能会随之增加，而不是发生减损。

知识产权作为重要的无形资产，正日渐成为衡量公司生存能力和未来业绩的尺度以及价值创造的源泉。根据巴鲁·列弗（Baruch Lev，2001）的研究，标准普尔500（S&P 500）企业的市场价值相当于其账面价值的六倍多。中村（Nakamaura，2001）研究发现，企业对知识产权等无形资产的投资已超过1万亿美元。据美国知识产权资本化综合性服务集团Ocean Tomo公司统计，S&P 500 企业无形资产价值占企业总市场价值的比例已从1975年的17%提高到2010年的80%，欧盟企业无形资产价值占企业市场价值的比例2003年为70.3%，2005年为71.4%，2007年为74.3%，2009年为70%，日本的这一比例在2003年、2005年、2007年与2009年分别为65.7%、61.6%、69.1%和35.8%，中国的这一比例2003年、2005年、2007年和2009年分别为53.5%、32.2%、79.5%和73.5%[①]。从总体发展趋势

---

① 数据来源：Ocean Tomo 公司网站（http://www.oceantomo.com/）。

看，企业无形资产价值占企业市场价值的比重呈上升趋势，这足以说明知识产权对当今经济发展的重要性。很多企业的主要市场价值都体现于知识产权，如沃特·迪斯尼公司、微软公司和保洁公司，它们约80%的价值都与知识产权等无形资产相关。知识产权已经成为企业竞争优势的关键驱动因素，企业逐渐从以有形资产投资为主转向以知识产权等无形资产投资领域。

知识产权等无形资产的价值信息对资本市场优化资源配置的作用日益增强。在当今经济发展趋势下，对知识产权等无形资产的价值确定显得尤为重要。由于知识产权等无形资产本身具有价值不确定性以及其数据可获得性较低，即相关信息数据缺乏，许多企业都明确表示知识产权等无形资产具有价值，能为企业创造价值，但是却不能清楚地确定其价值创造机理。根据信号传递理论，如果企业不能向投资者等利益相关者传递相关和可靠的信息，则市场就不能作出正确的反应。

知识产权的价值创造，简言之，就是指知识产权人为使其智力成果创造最大的经济效益和社会效益的经营活动，诸如专利的利用、技术的转移、产权的交易、版权的授权等。实现知识产权从"权利"向"价值"的转化进而为企业带来现实价值的关键过程。

三、创新、知识产权与经济高质量发展

江泽民同志（1995）指出，"创新是一个民族进步的灵魂，是一个国家兴旺发达不竭的动力，建设创新型国家是我国的基本方略之一"[①]；胡锦涛同志（2012）提出，"2020年我国将进入创新型国家的行列"[②]；习近平同志（2017）更是明确指出，创新是引领发展的第一动力，是建设现代化经济体系的战略支撑[③]。尤其是在党的十八大后，创新驱动发展战略大力实施，创新型国家的建设取得了卓越的成效，天宫、蛟龙、天眼等重大科技成果相继问世。创新作为未来发展全局的核心、基点和"五大"发展理念之首[④]，将其贯穿到企业、产业和国家各个层面，利于形成依靠创新驱动，发挥先发优势的引领型发展，不断向知识产权要生产力。数据表明，我国创新指数从2005年的100上升到2014年的158.2，2015年又上升至171.5（位列全球第25位，增速创十年来新高），2016年该指数上升至181.2，2019年更上升至228.3，显示出我国具有强大的创新能力。如图3-1所示。

Dr. John Turner（2002）明确指出：现代商业市场价值的50%~80%来自其知识产权[⑤]。历史证明，企业无形资产价值占企业市场价值的比重一直不断上升，许多著名企业的市场价值都体现在知识产权上，比如前已提及的微软公司、宝洁公司等。专利权作为知识产权的重要组成部分，亦即创新的代表或基础，在经济发展过程中起着极为关键的作用，在一定程度

---

① 江泽民同志在1995年全国科学技术大会上的讲话。
② 胡锦涛同志2012年7月6日在全国科技创新大会上的讲话。
③ 习近平总书记2017年10月18日在中国共产党第十九次全国代表大会上的报告。
④ 五大发展理念，即创新、协调、绿色、开放、共享。2016年3月5日，习近平总书记在参加上海代表团审议时强调，在五大发展理念中，创新发展理念是方向、是钥匙，要瞄准世界科技前沿，全面提升自主创新能力，力争在基础科技领域作出大的创新、在关键核心技术领域取得大的突破。同时，创新发展居于首要位置，是引领发展的第一动力。
⑤ 参见2002年，第二次世界知识产权组织创造力与发明国际论坛上，澳大利亚Flinders技术产权公司执行总裁Dr. John Turner先生的发言。载《中国新技术新产品精选》，2002（10）。

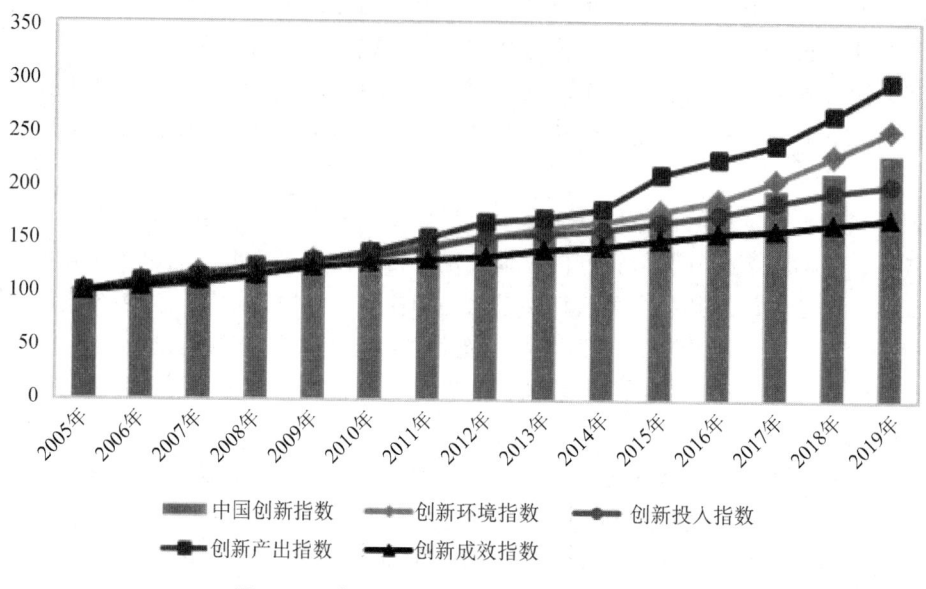

图 3-1 我国 2005~2019 年创新指数趋势图

上促进了生产效率的显著提高。2016 年，我国有效发明专利拥有量就突破 100 万件，成为世界上第三个国内发明专利拥有量突破百万件的国家，2018 年，恰逢我国实施《国家知识产权战略纲要》十周年。中国经济网的"'数'看 2022 中国知识产权半年'成绩单'"显示①，截至 2022 年 6 月底，我国有效注册商标已超 4 000 万件，同比增长 20.9%，有效维护了公平竞争的市场秩序，为经济社会全面协调可持续发展发挥了积极作用；发明专利有效量为 390.6 万件，同比增长 17.5%；累计批准地理标志产品 2 493 个，地理标志是促进区域特色经济发展的有效载体，也是推进乡村振兴的有力支撑。

另据国家统计局和国家知识产权局（2021）公告，经核算，2020 年全国专利密集型产业增加值为 121 289 亿元，比 2020 年增长 5.8%（未扣除价格因素，下同），比同期国内生产总值（GDP）现价增速高 3.1 个百分点；占 GDP 的比重为 11.97%，比 2020 年提高 0.35 个百分点。②

从内部结构看，新装备制造业规模最大，增加值为 34 194 亿元，占专利密集型产业增加值的比重为 28.2%；其次是信息通信技术服务业，增加值为 26 415 亿元，所占比重为 21.8%，由上年总量第三位上升到第二位；再次是信息通信技术制造业，增加值为 24 177 亿元，所占比重为 19.9%；规模最小的是环保产业，增加值为 2 748 亿元，所占比重为 2.3%。具体构成如表 3-1 所示。

---

① "数"看 2022 中国知识产权半年"成绩单"（https://baijiahao.baidu.com/）。

② 国家统计局：2020 年全国专利密集型产业增加值数据公告，2021-12-30。专利密集型产业，指发明专利密集度、规模达到规定的标准，依靠知识产权参与市场竞争，符合创新发展导向的产业集合。专利密集型产业增加值，指我国专利密集型产业所有常住单位一定时期内生产活动所创造的增加值。另外，对知识产权密集型产业及其划分，可参阅：汤湘希等：《知识产权与经济增长统计指标设定与赋值问题研究》，经济科学出版社，2016 年版有关著述。此处不再赘述。

表 3-1　　　　　　　2020 年全国专利密集型产业增加值　　　　　　单位：亿元、%

分类名称	增加值	增速	构成
专利密集型产业	121 289	5.8	100.0
信息通信技术制造业	24 177	5.0	19.9
新装备制造业	34 194	0.6	28.2
新材料制造业	14 064	0.6	11.6
医药医疗产业	10 984	10.1	9.1
环保产业	2 748	5.7	2.3
信息通信技术服务业	26 415	15.7	21.8
研发、设计和技术服务业	8 708	5.9	7.2

注：①增速为现价增长速度，未扣除价格因素。②若数据分项合计与总计不等，是由于数据修约误差所致。

从增长速度看，信息通信技术服务业增长 15.7%，增长最快。受国内外防疫产品需求旺盛、企业加大安排生产等因素拉动，医药医疗产业增速加快，增长 10.1%，比上年提高 4.7 个百分点。

第二节　知识产权对经济高质量发展的贡献测度

前已述及，知识产权是经济高质量发展的重要驱动力或引擎，为此，本部分选取 1996~2020 年全国 31 个省、直辖市、自治区（不含香港、澳门特别行政区和台湾地区）的 GDP、固定资产投资、就业人数、专利授权量等 25 年的数据①，基于柯布—道格拉斯函数的基本原理②，运用岭回归方法，测度固定资产投资、就业人数、专利等要素对经济增长的贡献，为国家进一步落实创新驱动发展战略提供理论支持和经验借鉴。

为了保证研究结论的准确性，本书在进行总体测度的基础上，再分 1996~2008 年和 2009~2015 年两个阶段分别进行回归③，以验证国家知识产权战略的实施效果。

为了进一步验证研究结论的科学性，本书选取广东省、湖北省和贵州省三个不同地区的省份，测度其 20 余年来创新（专利）对经济增长的贡献份额，验证创新驱动发展战略是切实有效的。④

一、理论支持与测度模型构建

经济发展的基本现象是创新，创新活动既包括知识创新，也包括制度创新、管理创新和商业模式的创新，知识产权制度是创新发展的基本保障。为此，本书将专利的授权量作为创

---

① 之所以检验时间段从 1996~2020 年，是因为 1995 年江泽民同志提出："建设创新型国家是我国的基本方略之一"的著名论断，数据截止到 2020 年，前后共 25 年时间。
② 该方法与李志军："提高专利对经济增长的贡献率"所采用的方法类似。特此说明。
③ 因为《国家知识产权战略纲要》是 2008 年发布。为此，分别"纲要"发布前后进行分析，以检验"纲要"实施的效果。
④ 本部分后面以 1996~2020 年的数据再次验证知识产权对经济增长的贡献。

新、知识产权的替代变量,主要以新经济增长理论、新经济地理理论和竞争优势理论等为理论基础来测度固定资产投资、就业人数和专利等要素对经济增长的贡献。

(一)新经济增长理论与经济增长要素

新经济增长理论亦称"内生经济增长理论",由保罗·罗默(Paul. M. Romer. P)和罗伯特·卢卡斯(Robert Lucas. R)等经济学家于20世纪80年代中期创立。罗默(1986)认为企业是经济增长的最终推动力,知识积累过程中会出现内在与外在效应,知识溢出可以带动劳动力及资本投入的报酬递增,促进经济长期稳定增长。卢卡斯(1999)将人力资本作为技术进步的另外一种增长动力,认为个人的、专业的人力资源积累是经济增长的源泉之一。由此可见,企业加大研发力度,并不断创造、推广、运用、保护新知识,将对国家经济增长产生积极贡献。知识经济正逐渐成为国际经济的主导,测度专利对经济增长的贡献将有利于我国总结经验,推动社会经济进步。

(二)新经济地理理论与地区经济增长

新经济地理理论由保罗·克鲁格曼(Paul R. Krugman)等人创立于20世纪90年代,该理论对知识溢出的空间效应进行了强调,研究"报酬递增规律"对产业空间集聚的影响。该理论认为,一个区域的经济增长会受到其他地区经济增长的影响,隐性知识溢出的空间局域性特征会促进人才、产业空间集聚,进而促进区域经济增长。整体而言,我国知识空间溢出对于区域增长有显著的正向影响,知识溢出显现出局部聚集性。同时,知识产权制度与地区创新激励的发挥、资源的配置、政府的管理紧密相关,并通过它们影响城市竞争力。因此,专利对于经济增长的贡献可能存在空间聚集性,本部分将按照省际数据对专利等要素对经济增长的贡献进行测度。

(三)竞争优势理论与持续经营

迈克尔·波特(Michael Porter)1985年创立的竞争优势理论是测度创新对经济发展贡献的重要理论。竞争优势理论认为,判定并保持竞争优势的关键在于如何把握价值链,通过对经济活动予以分解,分离出构成竞争优势的基础活动,并确定对竞争优势起关键作用的基础活动之间的联系,利用价值链的调整创造出竞争优势,通过开发服务于不同市场、产业或地理区域的价值链之间的相互关系来增强竞争优势。该理论进一步指出,技术分布在价值链的各个环节,且对建立核心竞争优势发挥着关键作用。创新是经济主体持续经营且获得长期竞争优势的关键,而知识产权是创新的原动力,是创新成果向现实生产力转化的纽带与桥梁。

二、理论贡献和实践意义

目前,从整体上看,我国科学技术发展对国家发展的贡献能力还需进一步提升,创新发展是创新型国家建设的必然选择。前已述及,创新型国家应具备如下四个特征:一是创新投入高,国家的研发投入,即R&D(研究与开发)支出占GDP的比例一般在2%以上;二是科技进步贡献率达70%以上;三是自主创新能力强国家的对外技术依存度指标通常在30%以下;四是创新产出高。因此,测度创新、知识产权对经济增长的贡献就显得非常必要。从技术层面而言,测度创新(专利)等对经济增长的贡献是一个非常复杂的问题,但我们认为,根据已有理论研究成果并结合我国部分省、市、区的实际情况,可以采用修正的柯布—道格拉斯函数来对固定资产投资、就业人数和专利对经济的贡献予以测度,检验创新、知识产权及创新驱动发展战略的实施效果。

三、测度模型的构建与初步试验

（一）测度模型构建的思路：对经济增长贡献各要素的分割

我们认为，测度各要素对经济增长的贡献，主要分为两大部分：知识产权等无形资产形成的经济贡献和其他来源形成的经济贡献，具体实施阶段如下：①

第一阶段，以经济地理理论等为基础衡量某地区总的经济增长水平，并明确经济增长中属于无形资产贡献的份额。

第二阶段，为了凸显创新、知识产权对经济发展的贡献，将无形资产的贡献再区分为知识产权类无形资产的经济贡献和非知识产权类无形资产的经济贡献。

第三阶段，分专利密集型、商标密集型、版权密集型和文化创意四大类分别计算各自对经济增长的贡献。基本思路如图 3-2 所示。

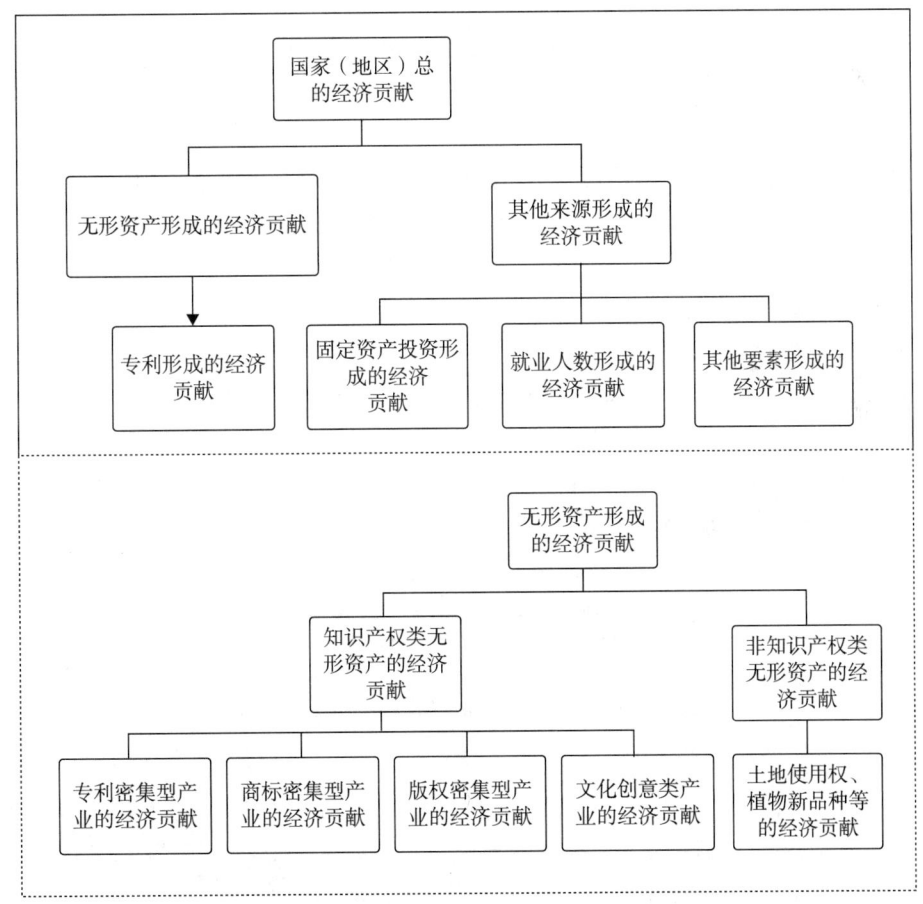

图 3-2 经济贡献来源路径分析图

---

① 具体的逻辑分析还可参阅：汤湘希、陈金勇等著：《知识产权与经济增长统计指标设定与赋值问题研究》，北京：经济科学出版社，2016 年版有关内容。此处只进行简要介绍。特此说明。

本部分主要处于第一阶段,即衡量经济增长的全部影响因素中固定资产投资、就业人数、专利及其他要素的贡献,即图3-2中上半部分的实线区域;第二阶段和第三阶段将在后续研究中逐步展开,即图3-2中下半部分的虚线区域。

(二)测度模型的构建:对柯布—道格拉斯函数模型的修正

本部分以专利授权量作为替代变量测算知识产权对经济增长的贡献度①,引入包含技术资源的柯布—道格拉斯生产函数,研究各要素对经济增长的贡献份额。柯布—道格拉斯生产函数的基本形式为:

$$Y = A(t) L^{\alpha} K^{\beta} \mu \tag{3.1}$$

式(3.1)中:Y 代表工业总产值或国内生产总值 GDP,$A(t)$ 是综合技术水平,L 是投入的劳动力数量(可用就业人数代替,单位:万人),K 是投入的资本,一般为固定资产净值(本书用全社会固定资产投资,单位:万元,与劳动力数量的单位万人相对应),α 是劳动力产出的弹性系数,β 是资本产出的弹性系数,μ 表示随机干扰的影响,$\mu \leq 1$。

根据式(3.1)可知,影响 GDP 的主要因素有综合技术水平、投入的劳动力和固定资产,其中知识产权(专利)对经济发展的影响就包含在综合技术水平中,因此,需要将知识产权从 $A(t)$ 中剥离出来,则式(3.1)就可以转化为:

$$Y = A(t) L^{\alpha} K^{\beta} IP^{\gamma} \tag{3.2}$$

式(3.2)中,IP 表示知识产权,以专利授权量来表示,γ 表示知识产权的产出弹性,此时 $A(t)$ 代表除了知识产权、就业人数以及固定资产投资以外导致经济增长的因素。对式(3.2)两边求对数,则有式(3.3):

$$\ln Y = \ln A(t) + \alpha \ln L + \beta \ln K + \gamma \ln IP \tag{3.3}$$

(三)初步试验结果显示

本部分采用 SPSS 软件对式(3.3)进行总体分段回归分析,表3-2至表3-6分别列示了全国1996~2015年以及1996~2000年、2001~2005年、2006~2010年、2011~2015年每五年一段时间②的国内生产总值(gdp)、全社会固定资产投资(gdzc)、就业人数(jyrs)和专利授权量(zlsqu)的数据处理结果。

表3-2　　　　　　　　全国1996~2015年20年数据岭回归结果

variables	B	SE(B)	Beta	B/SE(B)
gdzc	0.2409	0.0113	0.3444	21.3104
jyrs	5.4774	0.4879	0.2457	11.2269
zlsqu	0.2110	0.0103	0.3216	20.3875
Constant	-54.5465	5.4181	0.0000	-10.0674

① 本书以专利作为知识产权的替代变量,在理论上可能还存在一定的瑕疵,但从数据的可获得性以及研究的结论来看,在一定程度上体现了一个地区的创新能力及其对经济的贡献份额。其基本理论依据来源于克里斯汀·格林哈尔等著,刘劭君等译:《创新、知识产权与经济增长》,知识产权出版社,2017年版。特此说明。

② 根据我国社会经济发展每五年一个规划的时间段分段进行初步检验。后续用2016~2020年的数据再检验一次,以验证其研究结论的科学性。特此说明。

续表

	F value	Sig F	Adj R²
	286.5355	0.0000	0.9783
	Df	SS	MS
Regress	3.000	11.220	3.740
Residual	16.000	0.209	0.013

注：Ridge Regression with k = 0.3。

回归方程为：

$$\ln Y = -54.546 + 0.241\ln K + 5.477\ln L + 0.211\ln IP \tag{3.4}$$

$R^2 = 0.9783$

结合式（3.2）中各指标的含义可知，式（3.4）中，0.241、5.477、0.211分别代表了固定资产投资、就业人数和专利三要素对国内生产总值GDP的产出弹性。先测算出各要素的年均增长率，再乘以各自产出弹性，即可得出各因素在经济增长中的贡献份额。1996~2015年全国固定资产投资、就业人数、专利及其他要素对经济增长的贡献份额分别为36.28%、26.83%、35.70%、1.19%。

上述计算结果表明，固定资产投资、就业人数和专利三要素中，专利的产出弹性最小，但由于专利的增长速度较快，因此专利对GDP增长的贡献达到了35.70%，仅次于固定资产投资对经济增长的贡献。在一定程度上也说明，我国经济增长的驱动因素除固定资产投资外，创新（专利）对经济增长的贡献日趋明显。

为了观察创新（专利）对经济增长贡献的趋势，检验创新及创新驱动发展战略的实施效果，本部分再分四个阶段（九五至十二五）按所属时间对应的回归方程测度固定资产投资、就业人数、专利对经济增长的贡献份额。如表3-3~表3-6所示。

表3-3　全国"九五"期间（1996~2000年）数据岭回归结果

variables	B	SE（B）	Beta	B/SE（B）
gdzc	0.2981	0.2187	0.3396	1.3626
jyrs	5.9576	1.9064	0.8300	3.1249
zlsqu	-0.0652	0.0715	-0.1898	-0.9112
Constant	-57.4920	19.4566	0.0000	-2.9548
	F value	Sig F	Adj R²	
	60.4250	0.0942	0.9780	
	Df	SS	MS	
Regress	3.000	0.064	0.021	
Residual	1.000	0.000	0.000	

注：Ridge Regression with k = 0.01。

表 3-4 全国"十五"期间 (2001~2005 年) 数据岭回归结果

variables	B	SE (B)	Beta	B/SE (B)
gdzc	0.3839	0.0845	0.6376	4.5413
jyrs	8.7162	2.9126	0.4133	2.9925
zlsqu	-0.0614	0.1457	-0.0664	-0.4215
Constant	-89.3096	31.4405	0.0000	-2.8405
	F value	Sig F	Adj R²	
	90.7796	0.0769	0.9854	
	Df	SS	MS	
Regress	3.000	0.179	0.060	
Residual	1.000	0.001	0.001	

注: Ridge Regression with k = 0.02。

表 3-5 全国"十一五"期间 (2006~2010 年) 数据岭回归结果

variables	B	SE (B)	Beta	B/SE (B)
gdzc	0.1305	0.2662	0.1838	0.4902
jyrs	34.6491	15.4197	0.8272	2.2470
zlsqu	-0.0120	0.2014	-0.0225	-0.0597
Constant	-377.9856	170.4260	0.0000	-2.2178
	F value	Sig F	Adj R²	
	83.1174	0.0126	0.9601	
	Df	SS	MS	
Regress	3.000	0.233	0.078	
Residual	1.000	0.002	0.002	

注: Ridge Regression with k = 0.01。

表 3-6 全国"十二五"期间 (2011~2015 年) 数据岭回归结果

variables	B	SE (B)	Beta	B/SE (B)
gdzc	0.2628	0.0302	0.4582	8.6850
jyrs	12.3089	1.3442	0.4850	9.1570
zlsqu	0.0386	0.0247	0.0581	1.5583
Constant	-129.1558	14.7200	0.0000	-8.7741
	F value	Sig F	Adj R²	
	1083.5862	0.0223	0.9988	
	Df	SS	MS	
Regress	3.000	0.074	0.025	
Residual	1.000	0.000	0.000	

注: Ridge Regression with k = 0.01。

回归方程为:

$$\ln Y = -57.492 + 0.298\ln K + 5.958\ln L - 0.065\ln IP \quad (3.5)$$

$R^2 = 0.9780$

根据上述回归方程,测算得出全国"九五"期间(1996~2000年)固定资产投资、就业人数、专利及其他要素对经济增长的贡献比例分别为32.45%、76.5%、-15.76%、6.81%。

测度结果表明,在"九五"期间,对经济增长贡献最多的是就业人数,达76.5%,其次是固定资产投资32.45%,专利的贡献则是负15.76%,其他要素贡献了6.81%。这在一定程度上说明了创新(专利)在此阶段对经济增长的贡献实在太弱。

回归方程为:

$$\ln Y = -89.310 + 0.384\ln K + 8.716\ln L - 0.061\ln IP \tag{3.6}$$

$R^2 = 0.9854$

根据上述回归方程,测算得出全国"十五"期间(2001~2005年)固定资产投资、就业人数、专利及其他要素对经济增长的贡献比例分别为66.54%、39.15%、-6.39%、0.7%。

测度结果表明,经过五年的发展,固定资产对经济增长的贡献比"九五"期间有所上升(上升34.09个百分点),就业人数的贡献则有严重下降(下降37.35个百分点),专利的贡献虽然仍为负数,但上升态势非常显著(上升9.38个百分点),说明创新(专利)对经济增长的贡献已经开始凸显,也导致其他要素的贡献明显下降。[①]

回归方程为:

$$\ln Y = -377.986 + 0.131\ln K + 34.649\ln L - 0.012\ln IP \tag{3.7}$$

$R^2 = 0.9601$

根据上述回归方程,测算得出全国"十一五"期间(2006~2010年)固定资产投资、就业人数、专利及其他要素对经济增长的贡献比例分别为17.45%、75.59%、-2.38%、9.34%。

测度结果表明,在"十一五"期间,全国固定资产投资、就业人数、专利及其他要素对经济增长的贡献有重要的变化,专利对经济增长的贡献虽然还是负数,但已经明显提升,由上一个五年的-6.39%,提升为-2.38%,提升4.01个百分点,证明了创新(专利)对经济增长的贡献已经开始显现。

回归方程为:

$$\ln Y = -129.156 + 0.263\ln K + 12.309\ln L + 0.039\ln IP \tag{3.8}$$

$R^2 = 0.9988$

根据上述回归方程,测算得出全国"十一五"期间(2011~2015年)固定资产投资、就业人数、专利及其他要素对经济增长的贡献比例分别为46.79%、46.23%、6.81%、0.17%。

测度结果表明,在"十二五"期间,全国固定资产投资、就业人数、专利及其他要素对经济增长的贡献趋于合理,尤其是专利对经济增长的贡献突出,不仅已经为经济增长作出了正的贡献,而且占比达到了6.81%,比"十一五"期间增长了9.18个百分点。结果进一

---

① 具体变化原因,后文再作深入分析。

步验证了创新（专利）对经济增长具有明显的贡献，也印证了创新驱动发展战略的实施具有显著效果。

四、代表性省份 1996~2015 年不同要素对经济增长的贡献测度

为更好地对不同要素对经济增长的贡献进行比较，本部分按照国家统计局的经济地带划分标准，选取广东省、湖北省和贵州省作为代表性省份进行进一步深入分析，主要原因如下：

广东省是我国经济大省、省域经济综合竞争力强省，也在努力创建引领型知识产权强省。广东省的高新技术企业数量、年度专利申请受理量、年度专利授权量居全国第一；PCT国际专利申请量连续 15 年居全国第一；有效发明专利量连续七年保持全国第一。广东省的经济发展以及知识产权产出呈现出的"数量增长、质量提高、结构优化"的特征，值得其他地区学习和借鉴。

湖北省位于我国中部，是承东启西、连南接北的重要纽带。从 2011~2015 年的五年间，湖北省地区生产总值在全国 31 个省市中处于第九名左右，国内专利申请授权量保持在第十一名、第十二名，国内专利申请受理量围绕第 12 名上下浮动，湖北省处于我国中等偏上水平，将其作为中部地区代表性省份较为合理。

贵州省位于我国西南地区，山地和丘陵占全省总面积的 92.5%，是典型的山区省份。2015 年后贵州省经济发展呈现"稳中有进、稳中有新、稳中向好"的发展态势，多项经济指标增速位居全国前列。贵州省的发展状况反映了西部地区的发展现状，也具代表性。

（一）广东省 1996~2015 年固定资产投资、就业人数、专利对经济增长的贡献

根据广东省 1996~2015 年的国内生产总值 GDP、固定资产投资、就业人数和专利授权量对式（3.3）进行回归分析[①]。经 SPSS 软件计算得出：广东省固定资产投资、就业人数、专利及其他要素对国内生产总值的贡献比例分别为 31.74%、28.15%、35.89%、4.22%。[②]

测度结果表明，对于广东省而言，固定资产投资、就业人数和专利三因素中，专利的产出弹性最小，这与全国的情形类似，但同样由于专利的增长速度较快，因此，专利对经济增长的贡献达到了 35.89%，超过了固定资产投资、就业人数等对经济增长的贡献。

再按照五年一段时间测度，有关结果如表 3-7 所示：

表 3-7　1996~2015 年广东省固定资产投资、就业人数、专利等对经济增长的贡献份额

广东省	全社会固定资产投资	就业人数	专利	其他
1996~2015	31.74%	28.15%	35.89%	4.22%
1996~2000	2.61%	49.74%	44.59%	3.06%
2001~2005	34.58%	39.16%	22.17%	4.09%
2006~2010	29.28%	41.08%	28.5%	1.14%
2011~2015	48.36%	23.20%	28.87%	-0.43%

---

① 采用的仍然是多重线性回归之岭估计，限于篇幅，岭回归实证结果并未列出。
② 代表性省份固定资产投资、就业人数和专利等要素对经济增长的贡献测度方法与全国类似，限于篇幅，具体测算过程略。特此说明。

从表 3-7 可知，20 年来，广东省固定资产投资对经济的贡献平均为 31.74%，除"九五"期间外，都在 30% 左右，而且呈增长态势；就业人数对经济增长的贡献平均为 28.15%，有下降的趋势，专利对经济增长的贡献平均为 35.89%，除"九五"期间达 44.59% 外，呈稳步上升的态势，说明广东省专利对经济增长的贡献明显。

（二）湖北省 1996~2015 年固定资产投资、就业人数、专利对经济增长的贡献

根据湖北省 1996~2015 年的国内生产总值 GDP、全社会固定资产投资、就业人数和专利授权量对式（3.3）进行回归分析。湖北省固定资产投资、就业人数、专利及其他要素对国内生产总值的贡献比例分别为 48.7%、18.93%、32.29%、0.08%。

测度结果表明，固定资产投资、就业人数和专利三要素中，专利的产出弹性最小，同样由于专利的增长速度较快，因此专利对国内生产总值增长的贡献达到 32.29%，仅次于固定资产投资增长的贡献。

再按照五年一段时间测度，有关结果如表 3-8 所示：

表 3-8　1996~2015 年湖北省固定资产投资、就业人数、专利等对经济增长的贡献比例

湖北省	全社会固定资产投资	就业人数	专利	其他
1996~2015	48.7%	18.93%	32.29%	0.08%
1996~2000	55.03%	44.91%	-7.17%	7.24%
2001~2005	42.29%	21.68%	15.09%	20.94%
2006~2010	27.55%	38.79%	31.35%	2.31%
2011~2015	69.03%	-0.97%	34.53%	-2.59%

从表 3-8 可知，湖北省固定资产投资对经济增长的贡献波动较大，从 1996~2000 年的 55.03% 下降至 2006~2010 年的 27.55%，但 2011~2015 年又上升至 69.03%；就业人数对经济增长的贡献与固定资产投资对经济增长的贡献类似，也呈波动态势。但专利对经济增长的贡献则呈明显的上升趋势。从 1996~2000 年的 -7.17% 上升至 2011~2015 年的 34.53%，反映出湖北省创新驱动发展战略实施的效果非常明显。

（三）贵州省 1996~2015 年固定资产投资、就业人数、专利对经济增长的贡献

根据贵州省 1996~2015 年的国内生产总值 GDP、全社会固定资产投资、就业人数和专利授权量对式（3.3）进行回归分析。贵州省固定资产投资、就业人数、专利及其他要素对国内生产总值的贡献比例分别为 86.31%、-2.62%、21.84%、-5.53%。

再按照五年一段时间测度，有关结果如表 3-9 所示：

表 3-9　1996~2015 年贵州省固定资产投资、就业人数、专利等对经济增长的贡献比例

贵州省	全社会固定资产投资	就业人数	专利	其他
1996~2015	86.31%	-2.62%	21.84%	-5.53%
1996~2000	56.58%	3.15%	44.06%	-3.78%
2001~2005	82.58%	2.79%	16.33%	-1.71%
2006~2010	61.57%	32.23%	2.67%	3.53%
2011~2015	77.77%	18.10%	7.28%	-3.15%

从表 3-9 可知，贵州省的经济增长主要驱动要素是固定资产投资，20 年时间平均达到 86.31%；就业人数对经济增长的贡献波动较大，2006~2010 年达到 32.23%，而 1996~2000 年只有 3.15%，20 年的平均值为负数，就业人数对贵州经济的贡献较为有限。专利对贵州经济增长的贡献总体为下降态势，在 1996~2000 年，贡献份额达到 44.06%，2006~2010 年则只有 2.67%，2011 年以后有所上升。总体来看，专利对贵州省经济增长的贡献乏力，需要进一步提升创新驱动发展战略的实施效果。

五、固定资产投资、就业人数、专利对经济增长贡献的综合比较

前文已将全国和三个代表性省份固定资产投资、就业人数、专利对经济增长的贡献予以测度和展示，本部分再进行比较分析，以进一步探寻创新驱动发展的影响因素。

（一）横向对比

根据表 3-2~表 3-9 的统计结果，以图示的方式横向比较全国、广东省、湖北省和贵州省 1996~2015 年固定资产投资、就业人数、专利及其他要素对经济增长的贡献份额。如图 3-3 所示：

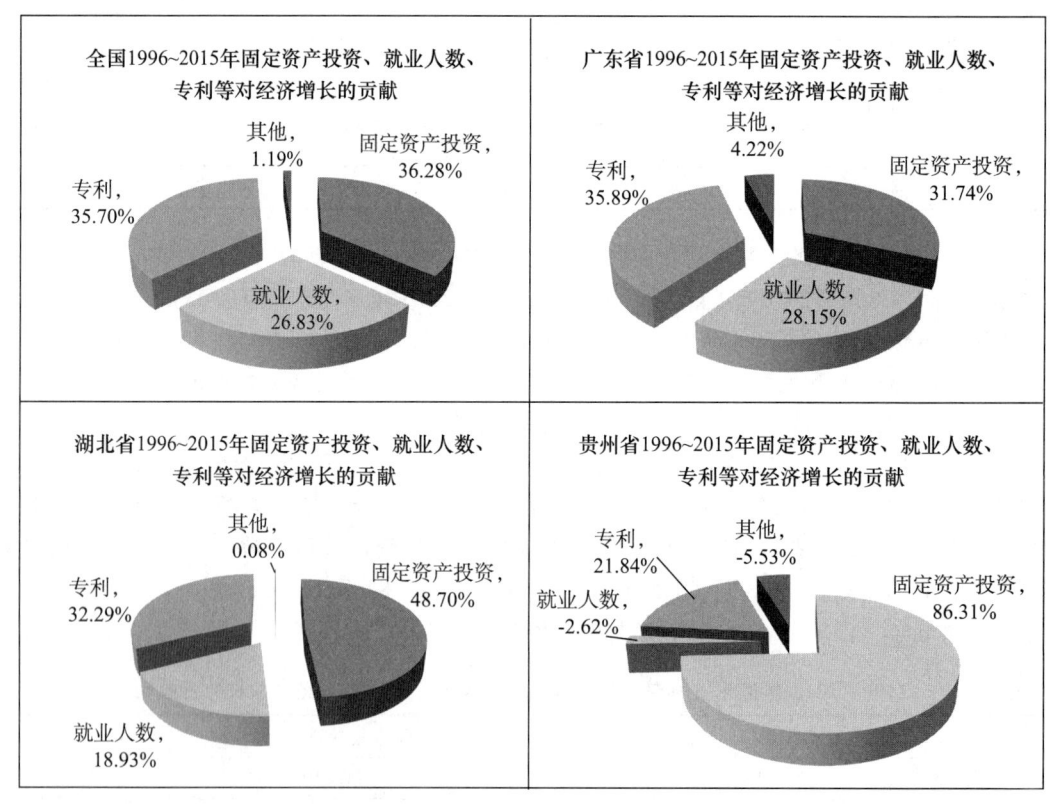

图 3-3 1996~2015 年全国及代表省份固定资产投资、就业人数、专利等对经济增长贡献的对比图

（二）纵向对比

同样以表 3-2~表 3-9 的统计结果，再纵向比较分析全国以及代表性省份 1996~2015 年固定资产投资、就业人数、专利等对经济增长的贡献。

统计结果显示，全国 1996～2015 年间固定资产投资、就业人数、专利及其他要素对经济增长的贡献比例分别为 36.28%、26.83%、35.70%、1.19%。其中，固定资产投资对经济增长的贡献度最大，达到了 36.28%。投资和经济增长是相互促进和相互制约的关系，一方面投资对经济增长有着重要且不可替代的贡献，是经济增长的主要动力之一，另一方面经济增长又强烈影响和决定着投资行为。此外，专利对经济增长的贡献达到了 35.70%，仅次于固定资产投资，可见，知识产权对经济发展的重要影响不容小觑。全国就业人数对经济增长的贡献仅次于广东省。

广东省的固定资产投资、就业人数、专利及其他要素对国内生产总值的贡献比例分别为 31.74%、28.15%、35.89%、4.22%。我们认为主要原因有：

第一，广东省作为知识产权大省，其专利对经济增长的贡献份额 35.89% 是最高的，远高于全国、湖北省和贵州省，这与广东省对知识产权十分重视密不可分。2017 年广东区域创新综合能力排名和国家级高新企业数更是位居全国第一。

第二，广东省就业人数对经济增长的份额显著高于全国及其他地区，表明作为我国经济发展前沿地区的广东省，以劳动密集型企业为主，较多的就业机会促进了其经济增长，但这种经济增长方式需向"机器换人"、信息化与工业化融合的方向转型。

第三，固定资产投资在广东省的经济增长中仍扮演重要角色。

湖北省的固定资产投资、就业人数、专利及其他要素对国内生产总值的贡献比例分别为 48.7%、18.93%、32.29%、0.08%。这主要是因为：

第一，专利对国内生产总值增长的贡献达到了 32.29%，仅次于固定资产投资的贡献，专利是促进湖北省经济转型升级的强大动力。2017 年通过的《湖北省专利条例》，对湖北省建立健全专利创造、运用、保护、管理和服务等制度，深入实施知识产权战略起到更加积极的作用。

第二，固定资产投资对经济增长的贡献达到了 48.7%，固定资产投资在湖北省经济增长中仍然发挥着主要作用。

贵州省的固定资产投资、就业人数、专利及其他要素对国内生产总值的贡献比例分别为 86.31%、-2.62%、21.84%、-5.53%。通过对贵州省要素投入贡献的分析表明：

第一，贵州经济增长主要是依靠固定资产投资，增长方式明显以粗放型为主，需加快经济增长方式的转变。

第二，贵州省专利对经济增长的贡献达到了 21.84%，仅次于固定资产投资的贡献，近年来，贵州省在促进知识产权创造和运用、强化知识产权保护和管理两方面做了大量工作，其集聚要素资源、因地制宜发展大数据产业也取得了明显成效。

第三，就业人数对贵州经济增长的贡献是负数，主要原因在于贵州省劳动力的弹性系数为负，这是因为长期存在着剩余劳动力，由于要素的边际收益递减规律，劳动力对国内生产总值的产出弹性系数为负值，导致对经济增长的贡献率是负数。

第四，贵州省其他要素对经济增长的影响也呈现出负值，原因在于贵州省经济增长是主要依靠固定资产投入来实现的，其他要素的边际产出为负，需要进行产业结构的调整。

（三）按照五年一段时间间隔分析各要素对经济增长的贡献

为了更清晰地观察专利对经济增长的贡献随时间变化的趋势，我们把 1996～2015 20 年间的数据按照我国"五年规划"的划分归为四组，分别是：1996～2000 年、2001～2005

年、2006~2010年、2011~2015年。分析五年规划的实施，不仅能描绘20年来经济发展的大体脉络，也能从中探索中国经济发展的规律，通过对比与检视过去，可以从历史的发展中获得宝贵的经验，从而指导未来的经济发展。

仍然以表3-2~表3-9的统计结果，分省描述固定资产投资、就业人数、专利等对经济增长的贡献。

1. 广东省1996~2015年固定资产投资、就业人数、专利等对经济增长贡献的比较

广东省对知识产权的管理起步较早，发展也较为迅猛，在"九五"期间，专利对经济增长的贡献率高达44.59%，表明广东省在转变经济增长方式方面取得了重大进展。"十五"期间，广东省专利对经济增长的贡献有所放缓，仅为22.17%，但是整体的产业结构更趋于合理，经济发展趋于稳定。"十一五"和"十二五"期间，专利对经济增长的贡献表现出稳中有升的态势，贡献率维持在28%~29%。就业人数一直在广东省的经济增长中发挥着重要作用，但四个"五年规划"期间就业人数对经济增长的贡献整体呈下降趋势，从"九五"期间的49.74%下降至"十二五"期间的23.20%。与之相反，固定资产投资对广东省经济增长的贡献在逐步上升，"十二五"期间达到48.36%。

2. 湖北省1996~2015年固定资产投资、就业人数、专利等对经济增长贡献的比较

湖北省对知识产权的管理主要从"十五"期间起步，专利对经济增长的贡献率为15.09%，"十一五"期间进步较大，高达31.35%，此后基本保持平稳，并且在"十一五"后赶超广东省，表明近年来湖北省知识产权发展势头较为强劲，也与湖北省提出的"知识产权是第一竞争力，建设知识产权强省"发展目标相呼应。固定资产投资一直在湖北省的经济增长中扮演重要角色，四个"五年规划"期间对经济增长贡献率分别达55.03%、42.29%、27.55%和69.03%。而湖北省就业人数对经济增长贡献整体呈下降趋势，与湖北省的经济转型相呼应。

3. 贵州省1996~2015年固定资产投资、就业人数、专利等对经济增长贡献的比较

贵州省对知识产权的管理起步较早，在"九五"期间，专利对经济增长的贡献率竟然高达44.06%，随后下降的态势较为明显，只在"十一五"后有上升的趋势，"十二五"期间对经济增长的贡献率为7.28%，贵州省仍需深入对创新政策的落实工作。"十五"期间固定资产投资对贵州省的经济增长贡献一度高达82.58%，而就业人数的贡献仅为2.79%。"十二五"期间这种结构有所缓和，固定资产投资和就业人数对经济增长的贡献率分别为77.77%和18.10%。

六、全国31个省、区、市1996~2015年不同要素对经济增长的贡献

前文对全国以及三个代表性省份不同要素对经济增长的贡献进行了分析，虽然不同地区的结果不尽相同，但初步验证了创新（知识产权）对经济增长的贡献是明显的，国家创新驱动发展战略的实施是有效的，为此，再对全国31个省、区、市不同要素对经济增长的贡献予以测度和展现。

（一）31个省、区、市1996~2015年固定资产投资对经济增长贡献的横向对比

前已述及，全国1996~2015年固定资产投资对经济增长的平均贡献比例为36.28%，但全国31个省、自治区和直辖市固定资产投资对于经济增长的贡献则有较为明显的差异，贡献率最高的甘肃省，达到88.15%，贡献率最低的辽宁省，只有22.75%。固定资产投资对

经济增长贡献最高的前五个省区,分别是甘肃省、贵州省、广西壮族自治区、新疆维吾尔自治区和山西省,其经济增长仍主要依赖于投资驱动。固定资产投资对经济增长贡献低于全国水平的为北京市、广东省、吉林省、上海市和辽宁省。北京市、广东省、上海市分别作为华北、华南、华东的区域经济中心,其产业转型速度加快,经济增长模式进入"新时期";吉林省和辽宁省作为我国传统的资源基地和重工业基地,传统的资源型产业结构和粗放型经济增长方式,使其已经形成了较为单一的产业结构。近年来,东三省经济整体下滑、产能日趋过剩,有效投资不足、投资效应递减等问题凸显,固定资产投资对其经济增长的贡献已经不再突出,其正处于对发展模式转型的不断探索之中。

(二) 31个省、区、市1996~2015年就业人数对经济增长贡献的横向对比

前已述及,1996~2015年全国就业人数对经济增长的贡献率为26.83%。全国各地区的就业人数对经济增长的贡献中,安徽省位居首位,贡献率达37.71%,贡献率最低的为贵州省,为-2.62%。全国排名前四的省份均为内陆省份,江苏省、浙江省等经济较为发达的省份就业人数对于经济增长的贡献率均低于全国水平,这在一定程度上体现出劳动密集型产业逐渐向内陆转移的倾向。而就业人数对经济增长贡献为负数的情况,主要存在于重庆市、天津市、甘肃省和贵州省,是因为这些地区劳动力的弹性系数为负,由于剩余劳动力的存在,以及要素的边际收益递减规律,劳动力对国内生产总值的产出弹性系数为负值,导致对经济增长的贡献率是负数。

(三) 31个省、区、市1996~2015年专利对经济增长贡献的横向对比

前已述及,全国1996~2015年专利对经济增长的平均贡献比例为35.70%,知识产权,尤其是专利对经济发展有明显的正向作用。而在各省、自治区和直辖市中,专利对经济增长贡献最高的为上海市,达到53.14%;贡献最低的为河北省,只有8.59%,这与河北省科技投入不足、科技转化能力尚待提高和科技人才的不足有关,制约了创新驱动发展战略的实施效果。同时,不同地区专利对经济增长的贡献差异显著。专利对经济增长贡献高于全国平均水平的有上海市、重庆市、天津市、湖南省和广东省,其中直辖市占据三个席位,湖南省、广东省相对而言也是华南地区较为发达的省份;而专利对经济增长贡献率较低的前十个省份和自治区分别为河北省、海南省、青海省、宁夏回族自治区、西藏自治区、山西省、新疆维吾尔自治区、甘肃省、云南省和贵州省。具体贡献份额如表3-10所示。

表3-10　　　　　　　　专利对经济增长贡献率排名前五的地区

地区	贡献率	排名
上海市	53.14%	1
重庆市	49.22%	2
天津市	47.29%	3
湖南省	37.93%	4
广东省	35.89%	5
全国	35.70%	6

从表3-10可知,上海市以53.14%的专利对经济增长的高贡献拔得头筹。自从《国家

知识产权事业发展"十二五"规划》和《专利工作"十二五"规划》发布实施以来，上海市知识产权工作全面贯彻落实两个"规划"的总要求，不断增强其国际竞争力，引领产业升级，重点促进战略新兴产业的发展。上海市作为我国的经济中心，以知识产权服务体系建设为基础，全面提升知识产权的创造、运用、保护、管理能力，其专利对经济增长的贡献排名全国首位符合社会预期。

作为我国地处西部的第四个直辖市——重庆市，其 1996~2015 年专利授权量的年均增长率达到 29.98%，而上海市此项指标仅有 21.04%。重庆市专利授权量 2006~2010 年的年均增长率达到了 37%。知识产权"十二五"规划实施后，重庆市不断完善知识产权法规政策体系，提高知识产权创造水平和运用能力，健全知识产权保护体系和管理及服务体系，打造西部知识产权高地。重庆市专利对经济增长贡献率排名全国第二名，显示出中西部地区产业升级的步伐不断加快。

天津市 1996~2015 年专利对经济增长的贡献达 47.29%，其专利授权量年均增长率达到 21.67%，与上海基本持平。近年来，天津市以促进科技型中小企业发展为重点，以加强知识产权运营为核心，通过实施"自主知识产权倍增计划"，为打造知识产权运用强市打下了基础。

近年来，湖南省积极营造有利于知识产权事业发展的政策环境，有效引导创新成果的产权化。2006 年，湖南省知识产权"十一五"规划首次纳入全省国民经济和社会发展五年规划；2008 年，湖南省委、省政府把企业专利授权纳入全省新型工业化考核指标体系；"十二五""十三五"规划以来，湖南省更是以长株潭城市群知识产权示范工程为抓手，打造知识产权示范城市群，开创知识产权发展新局面。2017 年，重庆、上海、湖南等长江经济带十一省市共建专利联合执法与协作执法工作机制，将国家知识产权局《〈关于严格专利保护的若干意见〉任务分工和工作进度方案》落到实处，共同为长江经济带各省市协同发展和创新驱动工作的推进营造知识产权保护的良好环境，这些省市专利对经济增长的贡献程度有望进一步提升。

广东省作为知识产权大省，其专利对经济增长的贡献份额为 35.89%，这与广东省坚持把促进知识产权和经济融合作为主攻方向、以促进经济发展方式转变的战略密不可分。广东省致力于实现由知识产权大省向知识产权强省的跨越，其 1996~2015 年专利授权量年均增长率达到 22.29%。得益于珠江三角洲高新技术产业的发展，近年来，广东省知识产权事业发展也取得显著进步，其"知识产权服务经济社会科技发展"的理念值得其他地区借鉴。

（四）31 个省、区、市 1996~2015 年其他要素对经济增长贡献的横向对比

除固定资产投资、就业人数和专利要素对经济增长的贡献外，其他要素对经济增长的贡献迥异，其中东三省的此项指标排名靠前，尤其是辽宁省和吉林省分别高居第一位、第二位，这是因为在一定程度上东三省的经济增长还主要依赖于资源密集型产业带动，尚未完全实现经济增长的转型。另有相当一部分地区的其他要素对经济增长的影响呈现出负值，原因在于其经济增长可能存在一至二个主要拉动因素，其他要素的边际产出为负，产业结构的调整仍需继续进行。

第三节 《国家知识产权战略纲要》实施的效果检验

为了进一步对我国1996～2015年不同因素对经济增长的贡献进行纵向比较，本部分根据2008年国务院发布《国家知识产权战略纲要》前后（1996～2008年、2009～2015年）两个阶段，将固定资产投资、就业人数、专利等要素对经济增长的贡献进行对比研究。以检验国家知识产权战略纲要的实施效果。

"国家知识产权战略"于2007年在党的十七大报告中明确提出，2008年6月5日，国务院正式发布《国家知识产权战略纲要》（以下简称"纲要"）。纲要明确，到2020年把我国建设成为知识产权创造、运用、保护和管理水平较高的国家，5年内自主知识产权水平大幅度提高，运用知识产权的效果明显增强，知识产权保护状况明显改善，全社会知识产权意识普遍提高。有关测度结果如图3-4所示。

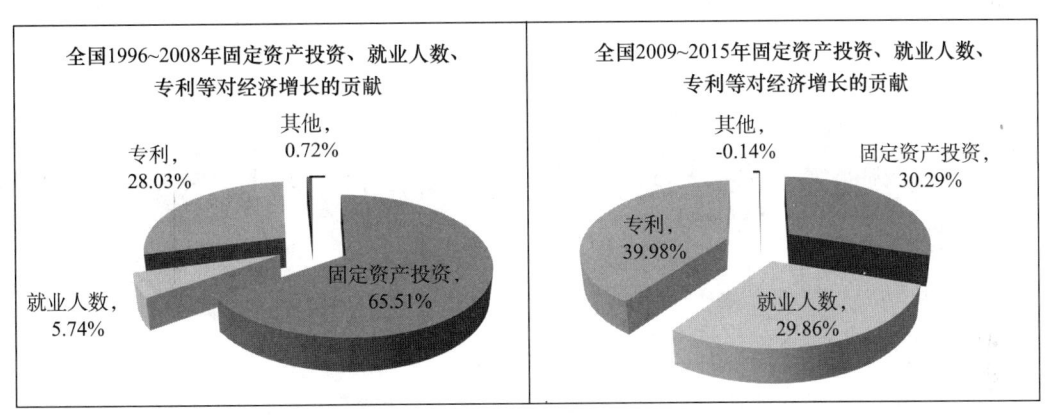

图3-4 全国固定资产投资、就业人数、专利及其他要素贡献的对比研究

一、全国固定资产投资、就业人数、专利及其他要素贡献的总体对比

从图3-4可知，1996～2008年，全国固定资产投资对经济增长的贡献占65.51%，2008年以前我国经济增长主要是由投资拉动，2009年后固定资产投资对经济增长的贡献下降至30.29%，反映出我国产业转型加快，第三产业所占比重不断上升；但这并不代表固定资产投资对经济增长的贡献变得不够重要，贡献率是相对于就业人数、专利和其他要素而言的，现阶段我国固定资产投资仍旧是经济增长过程中不可或缺的一环，尤其是对于欠发达省份。专利的贡献率由28.03%增长到39.98%，提高了10个百分点，表明知识产权战略的实行使我国知识产权创造、运用、保护和管理的能力有相当程度的提升，创新型国家的建设在一定程度上提高了我国的竞争力。同时我们可以看出，就业人数对经济增长的贡献由5.74%上升到29.86%，这一方面可能是由于城市化进程加快，发达城市为外来务工人口提供了较多的就业机会，我国年就业人数不断增加；另一方面由于2008年后劳动密集型产业从发达城市向劳动力成本较低的城市转移，为相比较而言欠发达的地区提供了新的就业机会和经济增长动力。

再以前述广东、湖北、贵州三个代表性省份的数据分段进行测度,进一步检验国家知识产权战略纲要的实施效果。

二、广东省固定资产投资、就业人数、专利及其他要素贡献对比

广东省作为我国经济发展前沿地区和劳动力就业大省,2008年后专利和就业人数对经济增长的贡献都有一定程度的提升。近年来,广东省不断贯彻落实就业优先的政策,在调整产业结构和产业布局时,优先考虑扩大就业规模、改善就业结构,培育新的就业增长点,2009~2015年就业人数对经济增长的贡献较前一阶段增长了10多个百分点。同时广东省注重扶持战略性新兴产业,促进智力密集型产业的发展,积极推动拥有知识产权的创新成果商品化、产业化,加强粤港澳、泛珠三角区域知识产权合作,专利对经济增长的贡献由28.68%增长到34.25%。固定资产投资对广东省经济增长的贡献率有所下降,这主要是由于广东省近年来大力发展第三产业,着力提高服务业就业比重所致。如图3-5所示。

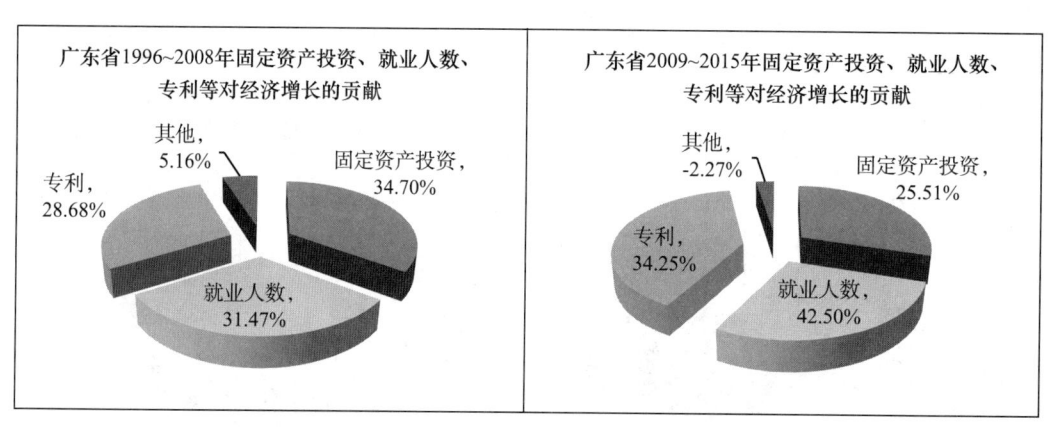

图3-5 广东省固定资产投资、就业人数、专利及其他要素贡献的对比研究

三、湖北省固定资产投资、就业人数、专利及其他要素贡献的对比

湖北省作为我国中部省份的代表,并不处于我国经济增长的最前沿。固定资产投资对经济增长的贡献由56.42%增长到59.34%,与近年来湖北省固定资产投资不断增大密不可分,这使湖北省在全国经济增速放缓的趋势下"稳中有进"。同时湖北省固定资产投资结构也在不断优化,从2012年到2015年,第三产业占固定资产投资总额的比重逐年递增,2015年第三产业贡献率较2014年提升5.3个百分点,促进了该省的产业结构调整和升级。专利的贡献由15.1%增长到34.62%,显示出湖北省知识产权战略的实施,促进了湖北省科教优势向知识产权优势和经济增长优势的转变。同时湖北省以东湖高新区建设国家自主创新示范区为契机,不断吸引人才、激励创新,从图3-6可以看出,湖北省知识产权战略的实施取得了较为良好的效果。湖北省就业人数对经济增长的贡献率由25.46%下降到6.91%,这在一定程度上是湖北省知识产权战略实施的"副作用",湖北省劳动密集型产业对经济增长的贡献渐渐逊色于知识产权密集型产业。

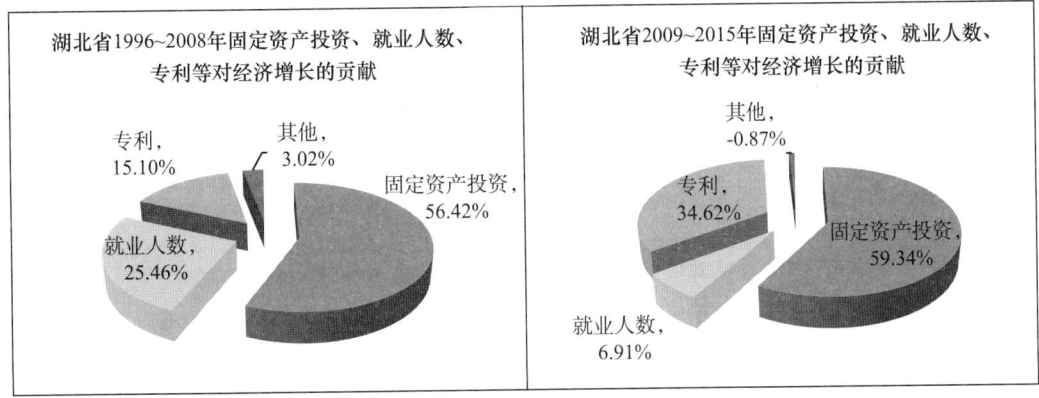

图 3-6　湖北省固定资产投资、就业人数、专利及其他要素贡献的对比研究

四、贵州省固定资产投资、就业人数、专利及其他要素贡献的对比

贵州省作为我国西部相对欠发达的省份，其固定资产投资对经济增长的贡献较全国、广东省和湖北省而言均为最高，表明贵州省的经济增长仍旧需要资本密集型产业的支撑。不过从图 3-7 可以看出，2009～2015 年固定资产投资对经济增长的贡献较 2008 年以前下降了 20 个百分点，而专利对经济增长的贡献上升了近 20 个百分点，两者的一降一升，显示了贵州省实施知识产权战略的积极效果。贵州省知识产权战略围绕重点产业的发展，形成一批具有市场竞争优势的知识产权。贵州实行"技术知识产权和品牌知识产权并举"的方针，在资金技术密集型产业，更加侧重于创造技术知识产权；在劳动密集型产业，则侧重于创造品牌知识产权，从而促进其重点产业的发展，将知识产权转化为经济增长动力。

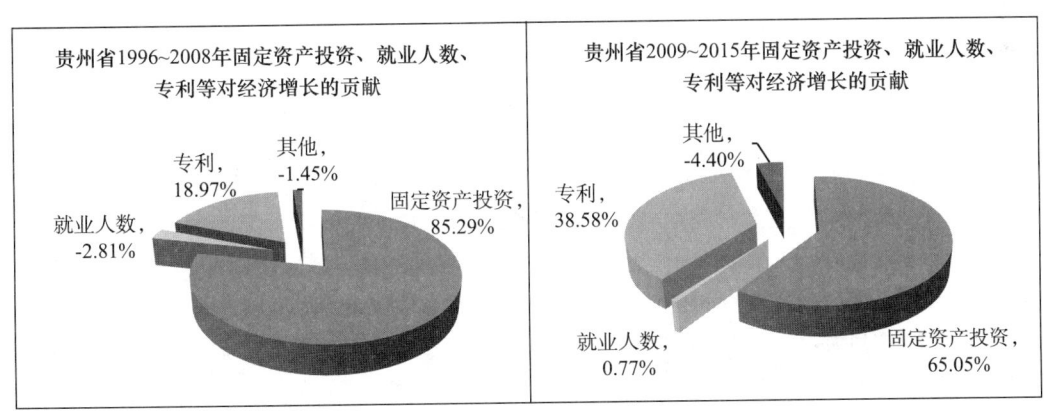

图 3-7　贵州省固定资产投资、就业人数、专利及其他要素贡献的对比研究

五、纲要颁布前后固定资产投资、就业人数、专利等要素对经济增长贡献的横向与纵向对比

为了更直观、方便地观察和研究全国各省份知识产权战略纲要实施前后，固定资产投资、专利、就业人数三要素对经济增长贡献的差异，将纲要颁布前后各要素对经济增长贡献大小进行对比，如表 3-11 所示。

表 3-11 纲要颁布前后各要素对经济增长贡献大小比较表①

省份	固定资产对经济增长的贡献		就业人数对经济增长的贡献		专利对经济增长的贡献	
	2009~2015 年	1996~2008 年	2009~2015 年	1996~2008 年	2009~2015 年	1996~2008 年
安徽	29.15%	41.98%	27.04%	43.87%	46.69%	14.23%
北京	21.21%	48.15%	39.74%	5.44%	39.89%	39.56%
重庆	27.77%	96.31%	33.89%	0.06%	38.37%	1.74%
福建	48.47%	30.21%	30.85%	34.06%	24.02%	32.23%
甘肃	72.75%	85.62%	-13.90%	2.66%	48.14%	14.66%
广东	25.51%	34.70%	42.50%	31.47%	34.25%	28.68%
广西	73.86%	69.11%	-0.20%	24.02%	29.60%	5.62%
贵州	65.05%	85.29%	0.77%	-2.81%	38.58%	18.97%
海南	80.90%	47.64%	21.17%	34.46%	-6.14%	18.79%
河北	8.05%	39.02%	64.67%	43.79%	20.30%	16.83%
河南	12.00%	76.19%	42.62%	11.96%	47.33%	14.78%
黑龙江	12.51%	86.42%	41.17%	22.24%	32.30%	16.66%
湖北	59.34%	56.42%	6.91%	25.46%	34.62%	15.10%
湖南	56.25%	53.06%	5.11%	28.74%	40.59%	13.04%
吉林	25.78%	57.44%	23.57%	1.94%	51.53%	34.62%
江苏	74.72%	34.62%	5.94%	28.58%	18.92%	34.92%
江西	8.70%	42.77%	69.15%	19.65%	20.57%	36.03%
辽宁	10.60%	56.98%	15.38%	4.39%	53.56%	33.12%
内蒙古	37.36%	74.43%	8.79%	7.25%	48.03%	16.66%
宁夏	92.79%	94.01%	17.88%	0.53%	-16.72%	1.53%
青海	85.57%	93.03%	18.50%	-2.84%	-5.23%	10.25%
全国	30.29%	65.51%	29.86%	5.74%	39.98%	28.03%
山东	54.16%	39.03%	39.78%	41.55%	7.22%	15.96%
山西	12.52%	64.02%	43.42%	12.21%	37.95%	41.43%
陕西	61.76%	58.05%	-6.62%	20.26%	47.88%	19.98%
上海	4.90%	27.61%	35.44%	6.72%	59.94%	55.25%
四川	34.73%	44.69%	38.03%	38.66%	25.07%	16.46%
天津	26.07%	62.86%	43.60%	-2.42%	33.44%	41.83%
西藏	53.75%	59.57%	43.57%	22.84%	3.47%	15.87%
新疆	86.55%	67.67%	21.53%	15.70%	-11.38%	13.48%
云南	35.02%	50.18%	43.11%	42.55%	23.29%	5.35%
浙江	27.26%	35.17%	55.52%	28.68%	13.63%	32.59%

① 按照省份的拼音先后顺序排序。

六、各要素对经济增长的贡献对比

本部分继续将各省份数据进行横向与纵向对比,按照2009~2015年各省份的研究要素对经济增长的贡献由小到大进行排序。具体分析如下:

(一) 固定资产投资对经济增长的贡献

2008年后固定资产投资对经济增长贡献较小的是上海市,上海市作为我国的经济中心,其结果与我们的预期相符。同时,通过我们的观察发现,从总体上来说,2009~2015年固定资产投资对经济增长的贡献率越大,其与1996~2008年固定资产投资贡献率的差异就越小。固定资产投资在两个阶段内对经济增长都有着不可替代的作用。如图3-8所示:

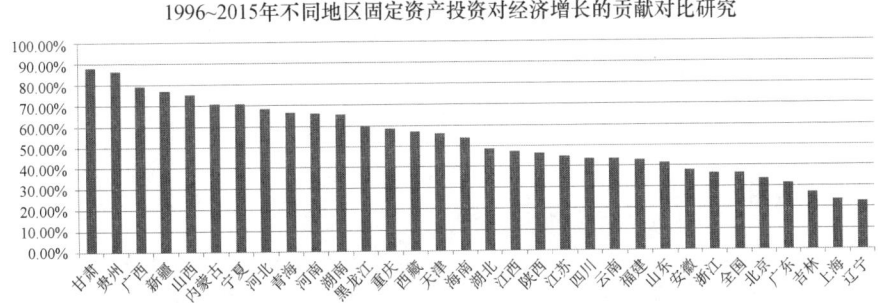

图3-8　31个省、直辖市和自治区固定资产投资对经济增长的贡献份额图

(二) 就业人数对经济增长的贡献

1996~2008年、2009~2015年两阶段就业人数对经济增长的贡献率之差为正且差异较大的省份包括重庆市、北京市、天津市、上海市、江西省、河南省等,其中四个直辖市就业人数对经济增长贡献的大幅增长主要是由于外来务工人员的不断增多,直辖市提供了较多的就业机会;而江西省和河南省就业人数贡献率的增长主要是由于劳动密集型产业向内地转移,为中部省份提供了较多的就业机会。两阶段贡献率之差为负且差异较大的省份包括广西壮族自治区、湖南省、江苏省等,江苏省作为经济发达省份之一,其就业人数贡献率可能受到劳动密集型产业向内地转移的负向影响以及人口老龄化的影响;而广西壮族自治区、湖南省可能主要是受到知识产权战略实施的正向影响,专利对经济增长贡献的大幅度上升,产业结构不断升级,知识密集型产业得到迅速发展。如图3-9所示:

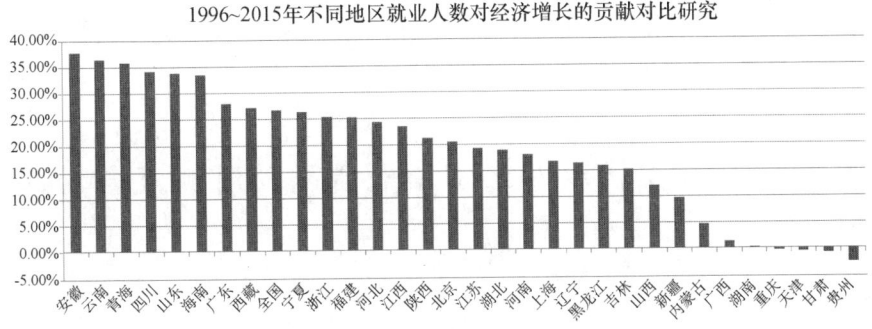

图3-9　31个省、直辖市和自治区就业人数对经济增长的贡献份额图

(三) 专利对经济增长的贡献

我国大部分省、直辖市、自治区专利对经济增长的贡献在 2009~2015 年都实现了较高增长，部分省份如安徽省、河南省、甘肃省增幅较大，知识产权战略的实施在总体上产生了良好的效果。上海市 1996~2008 年、2009~2015 年两个阶段专利对经济增长的贡献都位居全国首位。辽宁省、吉林省 2009~2015 年专利贡献分别位于第二、第三，显示出东北新一轮振兴发展中，创新是其第一驱动力，但东北创新产业的发展基础与国内先进地区相比仍较为薄弱，其创新潜能需不断开发和释放。仍有部分省份专利对经济增长的贡献，在战略实施后出现增幅较小甚至负增长的现象，如宁夏回族自治区、新疆维吾尔自治区、海南省和青海省等，虽然这些省份专利数量不断增长，但专利的总体创新含量的提高却并不与之相称，专利转化效率仍需进一步提高。少数经济较为发达的省份，如浙江省和江苏省，专利对经济增长贡献率的负增长与预期不甚相符，结果值得进一步研究。如图 3-10 所示：

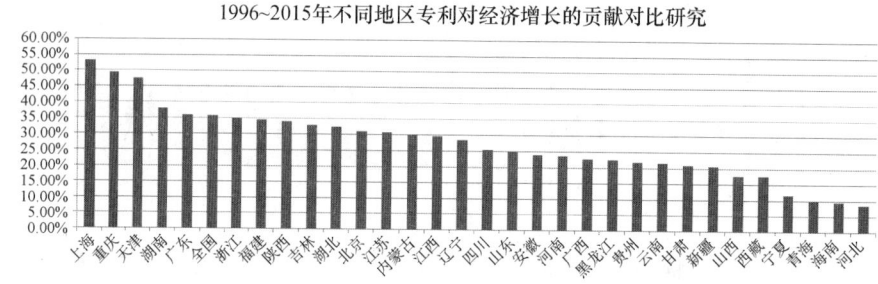

图 3-10　31 个省、直辖市和自治区知识产权（专利）对经济增长的贡献份额图

基于以上分析，我们认为：首先，进一步推进创新驱动发展战略和知识产权战略的实施，发挥知识积累过程中外溢效应的积极作用，深化科技体制改革，提升专利授权质量，促进科技成果转化及绿色经济增长；其次，实现区域的协调发展，不仅要利用知识产权的空间集聚效应，促进区域经济带的发展，还要强化知识产权的创造、保护和运用，让创新引领东部地区的优化发展，推动中部地区的快速崛起，实现东北老工业基地的振兴以及西部的进一步开发；再次，凝聚创新人才，实现更高质量和更充分的就业，培养高水平创新人才，最大化发挥人力资本对行业平均技术水平的外部效应，实现人才强国；最后，正确认识固定资产投资对经济发展的作用，注重资源的合理分配，根据地区经济发展状况，协调固定资产投资、就业人数和专利对经济增长的贡献，同时调整投资结构，提升固定资产投资效率。从微观层面来讲，引导企业制定合理的创新投入和产出战略，合理配置企业内部生产要素资源，从而提高自身竞争力，更多向知识产权要生产力。

第四节　知识产权对经济增长贡献的再测度与补正

一、数据说明

（1）不同时期发布的同一年的 GDP 数据往往不一样，这是因为 GDP 核算数据有个不断向客观性、准确性调整的过程。本研究在进行数据分析时，1996~2020年，2016~2020年采用的是2020年7月下载于中国统计年鉴的数据。

（2）各省、市、自治区全社会固定资产投资的数据只更新到2017年，所以各省份2018年的全社会固定资产数据等于"各省份2017年的全社会固定资产投资数据"乘以"[1+各省份2018年固定资产（不含用户）增速]"计算得到，以此类推。

二、回归结果

表3-12为1996~2020年的回归结果。

表3-12　　　　　　　　1996~2020年全国数据岭回归结果

Variables	B	SE（B）	Beta	B/SE（B）
gdzc	0.3041	0.0138	0.3747	21.9591
jyrs	4.8207	0.8136	0.1622	5.9251
zlsqu	0.2470	0.0122	0.3711	20.1643
Constant	-48.2871	9.0048	0.0000	-5.3624
	F value	Sig F	Adj. R²	
	265.7715	0.0000	0.9707	
	Df	SS	MS	
Regress	3.000	19.059	6.353	
Residual	21.000	0.502	0.024	

注：Ridge Regression with k = 0.3。

回归方程为：

$$\ln Y = -48.287 + 0.304\ln K + 4.821\ln L + 0.247\ln IP \quad (3.9)$$

1996~2020年全国固定资产投资、就业人数、专利及其他要素对经济增长的贡献比例分别为：36.36%、14.66%、42.84%、6.15%。

上述计算结果表明，固定资产投资、就业人数、专利三要素中，专利的产出弹性最小，但由于专利的增长速度较快，因此专利对GDP增长的贡献比例达到了42.84%，高于固定资产投资和就业人数对经济增长的贡献。这一结果说明创新（专利）对经济增长的贡献日趋明显。

三、"十三五"期间（2016~2020年）回归结果

在前述分析中，主要分析了1996~2015年20年固定资产投资、就业人数和知识产权（专利）对经济增长的贡献。表3-13列示了"十三五"期间（2016~2020年）三大要素对经济增长的贡献。

表3-13　　　　"十三五"期间（2016~2020年）全国数据岭回归结果

Variables	B	SE（B）	Beta	B/SE（B）
gdzc	2.0382	0.0532	1.2733	38.3141

续表

Variables	B	SE (B)	Beta	B/SE (B)
jyrs	7.0582	1.1407	0.3497	6.1879
zlsqu	0.0277	0.0176	0.0646	1.5691
Constant	−92.6793	13.5169	0.0000	−6.8565
	F value	Sig F	Adj. R^2	
	4497.0166	0.0110	0.9997	
	Df	SS	MS	
Regress	3.000	0.064	0.021	
Residual	1.000	0.000	0.000	

注：Ridge Regression with k = 0.015。

回归方程为：

$$\ln Y = -92.6793 + 2.0382\ln K + 7.0582\ln L + 0.0277\ln IP \tag{3.10}$$

根据上述回归方程，测算得到全国"十三五"期间固定资产投资、就业人数、专利及其他要素对经济增长的贡献比例分别为：127%、−34.31%、7%和0.31%。[①]

四、1996~2020年代表性省份各要素对经济增长贡献份额的修正结果

（一）1996~2020年广东省固定资产投资、就业人数、专利对经济增长的贡献份额（见表3-14）

表3-14　　1996~2020年广东省固定资产投资、就业人数、专利对经济增长的贡献比例

广东省	固定资产投资	就业人数	专利	其他
1996~2020年	30.61%	29.76%	36.44%	3.19%
2016~2020年	51.12%	39.98%	12.59%	−3.69%

（二）1996~2020年湖北省固定资产投资、就业人数、专利对经济增长的贡献份额（见表3-15）

表3-15　　1996~2020年湖北省固定资产投资、就业人数、专利对经济增长的贡献比例[②]

湖北省	固定资产投资	就业人数	专利	其他
1996~2020年	39.11%	−0.11%	53.57%	7.42%
2016~2020年	11.41%	−3.18%	54.84%	36.93%

---

① 全国2016~2020年计算各指标贡献时，有的指标贡献率超过了100%，其合理性还有待进一步研究。

② 湖北省2016~2020年计算各指标贡献率时，F值没有通过显著性检验，需要进一步研究。但整体来看，并不影响其研究结论，即创新、知识产权对经济增长的贡献越来越突出。

（三）1996~2020年贵州省固定资产投资、就业人数、专利对经济增长的贡献份额（见表3-16）

表3-16　1996~2020年贵州省固定资产投资、就业人数、专利对经济增长的贡献比例

贵州省	固定资产投资	就业人数	专利	其他
1996~2020年	52.06%	-1.21%	50.23%	-1.08%
2016~2020年	9.36%	27.59%	70.75%	-7.69%

（四）不同省份不同要素对经济增长贡献的图示（见图3-11）

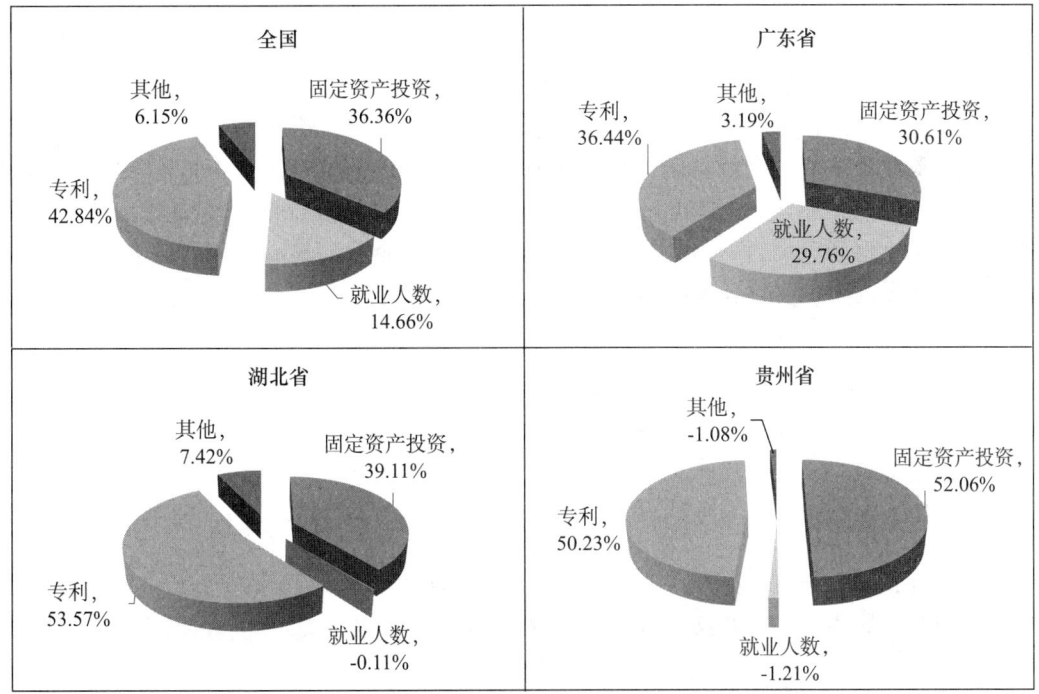

图3-11　1996~2020年全国代表性省份固定资产投资、就业人数、专利对经济增长贡献对比

第四章

知识产权相关概念界定及其相互关系

本书第三章已经对知识产权的基本概念及其涵盖的内容进行了简要介绍,本章将对与知识产权相关的概念予以界定,以进一步明确会计上对知识产权的反映与控制,以及如何运营好知识产权,为经济高质量发展作出应有的贡献。知识产权的客体是知识财产或智力成果,是创造性的智力劳动所创造的劳动成果。知识产权资产与机器设备、房屋厂房等有形资产一样,受到国家法律的保护,都具备价值和使用价值。但是随着市场竞争愈发激烈,知识产权已然成为企业中最核心的资源。正如彼得·德鲁克(Peter F. Drucker,1999)在《21世纪的管理挑战》一书中指出,"真正具有控制力的资源与绝对决定性的生产要素,现在既不是资本,也不是土地和劳动力,而是知识。"某些情况下,企业的核心专利、驰名商标或知名版权的价值远远高于厂房设备等有形资产。

第一节 研发支出与知识产权

一、知识产权的界定

前已述及,知识产权,亦称"知识所有权""精神产权""无形财产权""智慧财产权""知识财产权"或"智力成果权"等。1986年,我国开始在立法中正式使用"知识产权"一词。

基于法学视角,知识产权是一种权利,是一种关于智力成果和知识财产的权利,是自然人、法人和其他组织对其在科学技术、艺术文化、经济贸易等领域基于脑力劳动创造完成的智力成果所依法享有的专有权利。世界知识产权组织将知识产权定义为"人类智力创造的成果所产生的权利"。吴汉东(2014)将知识产权定义为"人们对于自己的智力活动创造的成果和经营管理活动中的标记信誉依法享有的权利"。[①]

法学追求的是"公平、正当、秩序"等价值理念,研究对象是社会规范,具有普适性、概括性以及稳定性等特点。从法学角度,企业知识产权工作内容重在法律授权和权利保护,重点在于将企业所获得或创造的知识产权得到法律授权,相关产权的权利范围尽量广泛,以及当企业知识产权受到侵权或企业因侵权被起诉时,帮助企业取得官司的胜诉或避免法律赔偿、行政处罚等。

---

① 吴汉东:《知识产权法》(第五版),北京:法律出版社,2014年版。

与法学视角不同，管理学更加强调价值、效用、效率。从管理学视角，知识产权的本质是一种资源，是指一种在现代管理活动中可供支配、使用和增值的资本性资源。作为资源，企业需要解决的问题是如何提高管理效率、配置效率，企业最终目标是利用知识产权来增加价值创造，实现企业价值的最大化。企业的知识产权活动不仅包括占有并使用知识产权，还包括许可、质押、使用权入股等支配方式。为了实现资源的最优配置，企业必须加强知识产权管理，选择最适合的配置方式。

知识产权在资本形态上表现为无形资产，从会计学的视角，知识产权是无形资产的重要组成部分。但是，法律意义上的知识产权并不一定是会计主体的账面无形资产。这是因为，知识产权并不一定被企业拥有或控制，也并不一定能为企业带来经济利益的流入。换言之，认定知识产权作为会计上的无形资产必须满足资产的两个条件：即由企业拥有或者控制的、预期会给企业带来经济利益的资源。[1] 会计学对知识产权的定义，是在法律认定的基础上，更强调知识产权的经济资源维度，强调知识产权能够切实地带来经济效益。

二、知识产权的类型

前已述及，狭义上，知识产权包括工业产权和版权及相关邻接权。工业产权是指工业、商业、农业、林业和其他产业中具有经济意义的一种无形财产权，主要包括专利权和商标权。版权是指自然人、法人或者其他组织对文学、艺术和科学作品依法享有的财产权利和精神权利的总称，主要包括著作权及与著作权有关的邻接权。

具体而言，知识产权可以分为以下几个类型：

（一）著作权

著作权又称版权，指作者对其创作的文学、科学和艺术作品依法享有的某些特殊权利。著作权包括作品署名权、发表权、修改权和保护作品完整权，还包括复制权、发行权、出租权、展览权、表演权、放映权、广播权、信息网络传播权、摄制权、改编权、翻译权、汇编权以及应当由著作权人享有的其他权利。

著作权人包括作者和其他依法享有著作权的公民、法人或者其他组织。著作权属于作者，创作作品的公民是作者。由法人或者其他组织主持，代表法人或者其他组织意志创作，并由法人或者其他组织承担责任的作品，法人或者其他组织视为作者。作者的署名权、修改权、保护作品完整权的保护期不受限制。公民的作品，其发表权、复制权、发行权、出租权、展览权、表演权、放映权、广播权、信息网络传播权、摄制权、改编权、翻译权、汇编权以及应当由著作权人享有的其他权利的保护期，为作者终生及其死亡后 50 年，截止于作者死亡后第 50 年的 12 月 31 日；如果是合作作品，截止于最后死亡的作者死亡后第 50 年的 12 月 31 日。[2]

（二）专利权

专利权是发明创造人或其他专利权人对其发明创造在法定期间内所享有的一种专有权利[3]，包括发明专利权、实用新型专利权和外观设计专利权。发明，是指对产品、方法或者

---

[1] 张爱珠："对知识产权会计确认与计量的探讨"，《经济管理》，2007 年第 8 期。
[2] 中华人民共和国著作权法（2020 年修正）。
[3] 吴汉东：《知识产权法》，北京：法律出版社，2021 年版，第 308 页。

其改进所提出的新的技术方案。实用新型,是指对产品的形状、构造或者其结合所提出的适于实用的新的技术方案。外观设计,是指对产品的整体或者局部的形状、图案或者其结合以及色彩与形状、图案的结合所作出的富有美感并适于工业应用的新设计。[①]

专利权具有"技术公开"和"权利垄断"两大基本属性:(1)以"技术公开"为授权条件。发明人要想取得专利权,必须向社会公开其技术方案。"技术公开"是专利授予权利的前置条件,而著作权的取得不以"公之于众为必要"。此外,"技术公开"必须在专利申请文件中充分说明,具有公开发明的法定形式和有效形式要求。其"技术公开"的宣示作用和界定作用,表明了权利的存在及其边界,这是作为非专有权利的技术秘密所不具有的法律特征。(2)以"权利垄断"为权能内容。专利权与其他知识产权都具有独占性、排他性的基本属性,但其权能内容和排他效力有所不同,"垄断"性表现了专利权取得的唯一性和专利权效力的确定性,出于巧合而各自独自发明的相同发明,则只能将专利权授予最先申请的发明人。同时,专利权"垄断"的范围,以专利申请文件中的权利要求为准。在授权前,权利要求书是申请人意欲获取的权项请求;在授权后,它是主管部门和司法机关确定权利范围的保护依据。[②]

(三)商标权

商标是用来辨认特定的商品或劳务的标记。商标权指专门在某类指定的商品或产品上使用特定的名称或图案的权利。经商标局核准注册的商标为注册商标,包括商品商标、服务商标和集体商标、证明商标;商标注册人享有商标专用权,受法律保护,注册商标的有效期为10年,自核准注册之日起计算。注册商标有效期满,需要继续使用的,应当在期满前12个月内申请续展注册;在此期间未能提出申请的,可以给予6个月的宽展期。每次续展注册的有效期为10年,自该商标上一届有效期满次日起计算。宽展期满仍未提出申请的,注销其注册商标。[③]

商标作为商标权的客体,具有以下法律特征:第一,商标是一种识别性标志,不限于可视性标志。可作为商标申请注册的标志不限于"可视性标志",可以包括"声音"等不可为视觉感知的要素。第二,商标是区别商品来源的标志。商标应当具有显著特征,便于识别,是能够把"自然人、法人或者其他组织的商品与他人的商品区别"的标志。第三,商标不是强制性标志,市场主体基于经营需要自主申请商标注册,取得注册商标专用权。商标识别商品来源,但并不表明商品品质。国家管理商标使用行为,但这不是监督管理产品质量。[④]

(四)地理标志

地理标志是将生产的产品与产品产地的地理环境或人文环境结合后形成的,是鉴别原产于一成员国领土或该领土的一个地区或一地点的产品标志,标志产品的质量、声誉或其他确定的特性主要决定于其原产地。常见的地理标志主要有两种表现形式,一种是将产地和产品名称组合而成,如"金华火腿""库尔勒香梨";另一种是直接将产地名称作为该产品的标

[①] 中华人民共和国专利法(2020年修正)。
[②] 吴汉东:《知识产权法》,北京:法律出版社,2021年版,第308~309页。
[③] 中华人民共和国商标法(2019年修正)。
[④] 何怀文:《商标法:原理规则与案例讨论》,杭州:浙江大学出版社,2015年版,第3~5页。

志,如"香槟"既是法国的一个省的名称,又是一种白葡萄酒的品牌。① 地理标志在我国主要通过以下三种模式进行保护:一是通过注册为证明商标或集体商标进行保护,二是通过地理标志保护产品(PGI)进行保护,三是通过农产品地理标志(AGI)进行保护。

信息经济学理论认为,生产者和消费者之间存在信息不对称,生产者掌握着产品质量信息,而消费者无法了解。在信息不对称的情况下,信誉可以起到表示产品质量的作用,而识别性标记可以传递这种信誉。商标和地理标志都是识别性标志,并且从历史上看地理标识是最早的商标类型。首先,地理标识可以作为买卖双方信息沟通的渠道。地理标志不仅表示产品来源于特定的地理区域,还表明产品具有可归因于其他地理来源的质量、声誉或其他特征。对于处于掌握产品信息的弱势地位的消费者,地理标志的使用为消费者提供了获取这些产品信息的渠道,在一定程度上缓解了信息不对称性。其次,地理标志体现了特定地理区域生产者为建立该地理标志的投入。与商标相比,地理标志的形成除了需要经济投入,还需要地理环境、自然条件、人文因素乃至历史传统的投入,体现了该区域的文化价值。因此,地理标志作为一种属于特定地理区域生产者集体所有或国家所有的重要无形资产,能使该地区或国家的自然、人文资源获得经济增值。②

(五)集成电路布图设计权

集成电路,是指半导体集成电路,即以半导体材料为基片,将至少有一个是有源元件的两个以上元件和部分或者全部互连线路集成在基片之中或者基片之上,以执行某种电子功能的中间产品或者最终产品。集成电路布图设计,是指集成电路中至少有一个是有源元件的两个以上元件和部分或者全部互连线路的三维配置,或者为制造集成电路而准备的上述三维配置。③

集成电路布图设计权是一项独立的知识产权,是权利持有人对其布图设计进行复制和商业利用的专有权利。布图设计权的主体是指依法能够取得布图设计专有权的人,通常称为专有权人或权利持有人。集成电路布图设计保护的是布图设计的全部或者其中任何具有独创性的部分。对布图设计的保护,不延及思想、处理过程、操作方法或者数学概念等。

(六)植物新品种权

植物新品种,是指经过人工培育的或者对发现的野生植物加以开发,具备新颖性、特异性、一致性和稳定性并有适当命名的植物品种。④ 新颖性,是指申请品种权的植物新品种在申请日前该品种繁殖材料未被销售,或者经育种者许可,在中国境内销售该品种繁殖材料未超过1年;在中国境外销售藤本植物、林木、果树和观赏树木品种繁殖材料未超过6年,销售其他植物品种繁殖材料未超过4年。特异性,是指申请品种权的植物新品种应当明显区别于在递交申请以前已知的植物品种。一致性,是指申请品种权的植物新品种经过繁殖,除可以预见的变异外,其相关的特征或者特性一致。稳定性,是指申请品种权的植物新品种经过反复繁殖后或者在特定繁殖周期结束时,其相关的特征或者特性保持不变。⑤

---

① 吕国强、吴登楼:"地理标志的知识产权司法保护",《人民司法》,2006年第9期。
② 王笑冰:"地理标志的经济分析",《知识产权》,2005年第5期。
③ 参见《集成电路布图设计保护条例》第二条。
④ 参见《中华人民共和国植物新品种保护条例》(2014年修订)第二条。
⑤ 参见《中华人民共和国植物新品种保护条例》(2014年修订)第二条、第十四至十七条。

植物新品种权是工业产权的一种类型，是指完成育种的单位或个人对其授权的品种依法享有的排他使用权。任何单位或者个人未经品种权所有人许可，不得为商业目的生产或者销售该授权品种的繁殖材料，不得为商业目的将该授权品种的繁殖材料重复使用于生产另一品种的繁殖材料；但是，法律另有规定的除外。

（七）商业秘密

商业秘密是指不为公众所知悉、具有商业价值并经权利人采取相应保密措施的技术信息、经营信息等商业信息。[①] 技术信息是指与技术有关的结构、原料、组分、配方、材料、样品、样式、植物新品种繁殖材料、工艺、方法或其步骤、算法、数据、计算机程序及其有关文档等信息。经营信息是指与经营活动有关的创意、管理、销售、财务、计划、样本、招投标材料、客户信息、数据等信息。[②]

根据《企业会计准则第6号——无形资产》，非专利技术属于企业的无形资产。非专利技术是指不为外界所知，在生产经营活动中已采用了的、不享有法律保护的、可以带来经济效益的各种技术和诀窍。非专利技术一般包括工业专有技术、商业贸易专有技术、管理专有技术等。非专利技术并不是专利法的保护对象，而是用自我保密的方式来维持其独占性。目前学术界与实务界存在将非专利技术与商业秘密概念混用的情况。《中华全国律师协会律师办理商业秘密法律业务操作指引》（2015年修订版）中指出，"专有技术、非专利技术等名词概念与技术秘密略有不同，"专有技术在狭义范围上是指技术秘密，广义范围包括不符合法定要件，仅为相对范围内知悉的独有或特有的技术；而非专利技术则是指获得专利授权技术以外全部技术的统称。因此，不能将非专利技术直接等同于商业秘密，只有符合《反不正当竞争法》中对商业秘密定义的非专利技术才能够获得法律保护。

三、研发支出与知识产权

企业取得知识产权的手段有多种，主要包括外购、自创、投资者投入、债务重组、非货币性资产交换、接受捐赠等。其中，企业内部研究与开发自创知识产权是最重要的获取手段。亦即研发支出（Research and Development，R&D）是知识产权"之母"。

（一）我国研发支出现状

根据国家统计局、科学技术部、财政部于2022年8月31日联合发布的《2021年全国科技经费投入统计公报》显示，2021年，全国共投入研究与试验发展（R&D）经费27 956.3亿元，R&D经费投入强度（与国内生产总值之比）为2.44%。其中，重点领域R&D经费投入强度稳步提高，为关键核心技术攻关和产业基础能力提升创造了条件。

R&D是指为增加知识存量（也包括有关人类、文化和社会的知识）以及设计已有知识的新应用而进行的创造性、系统性工作，包括基础研究、应用研究和试验发展三种类型。国际上通常采用R&D活动的规模和强度指标反映一国的科技实力和核心竞争力。

其中，基础研究是指一种不预设任何特定应用或使用目的的实验性或理论性工作，其主要目的是获得（已发生）现象和可观察事实的基本原理、规律和新知识。应用研究是指为获取新知识，达到某一特定的实际目的或目标而开展的初始性研究。应用研究是为了确定基

[①] 参见《中华人民共和国反不正当竞争法》（2019年修正）第九条。
[②] 参见《最高人民法院关于审理侵犯商业秘密民事案件适用法律若干问题的规定》第一条。

础研究成果的可能用途,或确定实现特定和预定目标的新方法。试验发展是指利用从科学研究、实际经验中获取的知识和研究过程中产生的其他知识,开发新的产品、工艺或改进现有产品、工艺而进行的系统性研究。

分活动类型看,2021年,全国基础研究经费1 817.0亿元,应用研究经费3 145.4亿元,试验发展经费22 995.9亿元。其中,基础研究经费所占比重为6.50%,应用研究和试验发展经费所占比重分别为11.3%和82.3%。

从研发活动的主体看,2021年,我国各类企业研究与试验发展(R&D)经费支出21 504.1亿元,政府属研究机构经费3 717.9亿元,高等学校经费2 180.5亿元。企业、政府属研究机构、高等学校经费所占比重分别为76.9%、13.3%和7.8%。

分产业部门看,高技术制造业研究与试验发展(R&D)经费5 684.6亿元,投入强度(与营业收入之比)为2.71%。在规模以上工业企业中,研究与试验发展(R&D)经费投入超过千亿元的行业大类有通用设备制造业、专用设备制造业、汽车制造业、电气机械和器材制造业以及计算机、通信和其他电子设备制造业,这5个行业的经费占全部规模以上工业企业研究与试验发展(R&D)经费的比重为51.2%。①

我国研究与试验发展(R&D)经费总体上呈大体量和高增长两大显著特点。2016~2021年,我国研究与试验发展(R&D)经费年均增长12.3%,连续6年保持两位数增长。而在这6年里,我国R&D经费增速也明显高于美国、韩国、德国、日本等发达国家。但是同时也要看到,与美国、日本等发达国家相比,我国的研发投入依然不足。在投入规模方面,虽然我国研发经费规模多年稳居世界第二位,但这个投入总量却仅相当于美国的一半。在投入强度方面,虽然我国超过了法国和荷兰等创新型国家,但是仍低于美国、德国、日本和韩国等发达国家。②

(二)研发支出的划分及其不同的会计处理

根据《企业会计准则》,企业内部产生的知识产权不能被确认为无形资产,例如,企业内部产生的品牌、报刊名等。企业会计准则将企业的研究开发活动区分为两个阶段,即研究阶段与开发阶段。

1. 研究阶段

研究阶段是指为获取新的技术和知识等进行的调研活动,有关研究活动的例子包括:为获取知识而进行的活动;研究成果或其他知识的应用研究、评价和最终选择;材料、设备、产品、工序、系统或服务替代品的研究;新的或经改进的材料、设备、产品、工序、系统或服务的可能替代品的配制;设计、评价和最终选择等。

研究阶段的特点在于:

(1)计划性。研究阶段建立在有计划的调研基础之上,即研发项目已经董事会或者相关管理层的批准,并着手收集相关资料、进行市场调查等。例如,某药品公司为研究开发某药品,经董事会或者相关管理层的批准,有计划地收集相关资料,进行市场调查、比较市场中相关药品的药性、效用等活动。

---

① 2021年全国科技经费投入统计公报(http://www.gov.cn/xinwen/2022-08/31/content_5707547.htm)。
② 2021年全国科技经费投入统计公报:R&D经费投入达2.8万亿元,基础研究经费同比增长24%(https://mp.weixin.qq.com/s/vclAgYzTzKR-pp2TndsXHw)。

（2）探索性。研究阶段基本上是探索性的，为进一步的开发活动进行资料及相关方面的准备，在这一阶段不会形成阶段性成果。

从研究活动的特点看，其研究是否能在未来形成成果，即通过开发后是否会形成无形资产均具有很大的不确定性，企业也无法证明其能够带来未来经济利益的无形资产的存在，因此，研究阶段的有关支出在发生时，应当予以费用化计入当期损益。[①]

2. 开发阶段

开发阶段是指在进行商业性生产或使用前，将研究成果或其他知识应用于某项计划或设计，以生产出新的或具有实质性改进的材料、装置、产品等。有关开发活动的例子包括：生产前或使用前的原型和模型的设计、建造和测试；含新技术的工具、夹具、模具和冲模的设计；不具有商业性生产经济规模的试生产设施的设计、建造和运营；新的或经改造的材料、设备、产品、工序、系统或服务所选定的替代品的设计、建造和测试等。

开发阶段的特点在于：

（1）具有针对性。开发阶段建立在研究阶段基础之上，因而，对项目的开发具有针对性。

（2）形成成果的可能性较大。进入开发阶段的研发项目往往形成成果的可能性较大。由于开发阶段相对于研究阶段更进一步，相对于研究阶段来讲，进入开发阶段，则很大程度上形成一项新产品或新技术的基本条件已经具备，此时如果企业能够证明满足无形资产的定义及相关确认条件，所发生的开发支出可以有条件地资本化，确认为无形资产的取得成本。当然，这种会计处理无论是从理论层面还是准则层面，都还存在着争议。[②]

3. 研究阶段与开发阶段区别

（1）目标不同。研究阶段一般目标不具体，不具有针对性；而开发阶段多是针对具体目标、产品、工艺等。

（2）对象不同。研究阶段一般很难具体化到特定项目上；而开发阶段往往形成对象化的成果。

（3）风险不同。研究阶段的成功概率很难判断，一般成功率很低，风险比较大；而开发阶段的成功率较高，风险相对较小。

（4）结果不同。研究阶段的结果多是研究报告等基础性成果；而开发阶段的结果则多是具体的新技术、新产品等。

简言之，研发支出是知识产权形成的基础，但研发支出是否真正能够形成知识产权具有较大的不确定性。

[①] 按照现行企业会计准则的规定，研发支出还需在利润表中单独列示。至于具体的会计处理，后文再述，特此说明。

[②] 研究与开发的划分，在会计（无形资产、知识产权）上是一难题，虽然会计处理必须遵循划分收益性支出和资本化的原则，但对于研究和开发的划分具有一定的难度。一旦研究与开发划分得不合理，会严重影响会计的如实表述（反映）。

第二节 无形资产与知识产权

一、无形资产的定义与特征

根据《企业会计准则第 6 号——无形资产》，无形资产是指企业拥有或者控制的没有实物形态的可辨认非货币性资产。作为一项资产，无形资产由企业拥有或控制，预期能够为企业带来经济利益的流入，但它为企业带来经济利益的方式与固定资产不同，后者是通过实物价值的磨损和转移为企业带来经济利益，而无形资产在很大程度上是通过某些权利、技术等优势为企业带来经济利益。除了具备资产的本质特征外，无形资产还具有以下主要特征。[①]

（一）无形资产不具有实物形态

无形资产通常表现为某种权利、某项技术或是某种获取超额利润的综合能力。与原材料、厂房建筑、机器设备等有形资产相比，这些权利或技术一般看不见、摸不着，没有实物形态。因此，不具有实物形态是无形资产区别于其他资产的特征之一。

需要指出的是，无形资产的无形性，并不等于非物质性。某些无形资产的存在依赖于实物载体。比如，计算机软件需要存储在相关介质中，但这并不改变无形资产本身不具有实物形态的特征。

无形资产的无形性主要表现在以下两个方面。

第一，无形资产存在形式的无形性。无形资产是一种特殊的经济资源，它以知识形态存在于企业中，它的具体表现形式是各种计算公式、文字、图纸、图案、图表、配方等以及企业生产经营者在长期的实践中摸索的不成文的经验、技巧、诀窍等。这些资源存在于企业中，不容易使人们感觉到它的存在，也因此往往被人们所忽视。

第二，无形资产作用的无形性。无形资产在企业的生产经营过程中并不直接作用于劳动对象而发挥作用，而是以特殊的方式将其作用体现在有形资产中和企业的经营过程中。通过它们的使用，可能在相当程度上提高固定资产使用效率、节约原材料消耗、提高产品质量、减少产品生产工时、扩大产品销售量等，能够降低产品成本，增加企业的利润。但是，无形资产的这些作用在一定程度上是无形的，往往被人们所忽视，正是由于无形资产作用的无形性，使人们对它的认识不够，对它的作用发挥不够。

（二）无形资产具有可辨认性

现行企业会计准则要求无形资产是能够区别于其他资产可以单独辨认，这就将无形资产与商誉等能够清楚地区分开来。由于商誉是与企业整体价值联系在一起的，无法与企业自身分离，不具有可辨认性，虽然商誉也是没有实物形态的非货币性资产，但不构成无形资产。符合以下条件之一的，则认为其具有可辨认性。

第一，能够从企业中分离或者划分出来，并能单独用于出售或转让等。而不需要同时处置在同一获利活动中的其他资产，则说明无形资产可以辨认。某些情况下无形资产可能需要

[①] 对于无形资产的特征，可以参阅汤湘希：《无形资产价值确认与估价》，武汉大学出版社，1995 年版，或者汤湘希：《无形资产会计问题研究》，经济科学出版社，2009 年版有关著述。此处只作简要介绍。特此说明。

与有关的合同一起用于出售、转让等，这种情况下也视为可辨认无形资产。

第二，产生于合同性权利或其他法定权利，无论这些权利是否可以从企业或其他权利和义务中转移或者分离。如一方通过与另一方签订特许权合同而获得的特许使用权，通过法律程序申请获得的商标权、专利权等。

通常情况下，企业对其无形资产应当拥有所有权，若没有所有权，但有权获得一项无形资产产生的未来经济利益，并能约束其他方获得这些利益，则说明企业控制了该项无形资产，或者说控制了该无形资产产生的经济利益。例如，对于会产生经济利益的技术知识，若其受到版权等法定权利或雇员保密法定职责的保护，那么说明该企业控制了相关资产，应将其确认为无形资产。

客户关系、人力资源等，由于企业无法控制其带来的经济利益，不符合无形资产的定义，不应将其确认为无形资产。此外，企业内部产生的品牌、报刊名、客户名单和实质上类似项目的支出不能与整个业务的开发成本区分开来。因此，这类项目在会计上也不确认为无形资产。

（三）无形资产属于非货币性资产

非货币性资产，是指企业持有的货币资金或将以固定或可确定的金额收取的资产以外的其他资产。无形资产由于没有活跃的交易市场，一般不容易转化成现金，在持有过程中为企业带来未来经济利益的情况不确定，不属于以固定或可确定的金额收取的资产，属于非货币性资产。货币性资产主要包括库存现金、银行存款、应收账款、应收票据和短期有价证券等，它们的共同特点是直接表现为固定的货币数额，或在将来收到一定货币数额的权利。应收款项等资产也没有实物形态，其与无形资产的区别在于无形资产属于非货币性资产，而应收款项等资产则不属于非货币性资产。另外，虽然固定资产也属于非货币性资产，但其为企业带来经济利益的方式与无形资产不同，固定资产是通过实物价值的磨损和转移来为企业带来未来经济利益，而无形资产很大程度上是通过某些权利、技术等优势为企业带来未来经济利益。

二、知识产权的无形性

无形性是知识产权最重要的特征，也是知识产权与一切有形财产权的根本区别所在。知识产权作为一种无形财产权，其客体具有无形性。例如，机器设备是一项有形财产，它的所有者可以转卖、出借或出租，无论如何行使权利，权利的客体或标的物均是机器设备。对于知识产权而言，例如，图书的所有权是指对特定有体物图书的排他性支配权，而图书的作品版权是对图书中所承载的文字作品的专有权利，该权利所附的客体文字作品可以体现在图书中，也可以体现在其他载体上，但不是载体本身。

知识产权的客体本质上是智力信息，知识产权的无形性是指其客体——即智力信息的无形，而并非信息载体的无形。信息的载体具有多样性，可能是有形的，也可能是无形的，例如，随着科学技术的进步，数字化的信息普遍存在，这种信息存在形式是无形的。但是要注意的是，信息载体是否无形并不影响知识产权是无形的这一特点。

智力信息被普遍理解为无形的东西，其可以借助于人的大脑或其他载体而显现和被感知。这一特征也通常被理解为无形性特征的表现，进而引申出知识产权客体的可无限复制性。法律赋予知识产权的核心权能即在于控制他人对智力信息未经授权的复制行为。[1]

具体而言,知识产权的无形性有以下特征:

(1) 知识产权客体具有的无形性。知识产权不像有形资产的使用会发生损耗。通常来讲,物权的客体是有体物,在使用或储存过程中不可避免地会发生损耗。而利用和转移知识产权并不会导致其发生任何损耗,但是知识产权权利通常是有时间制约的。例如,自然人对著作权的拥有期限是作者生前加上去世后 50 年,法人作者的权利期限是第一次发表后的 50 年。[2]

(2) 知识产权的标的具有可分别利用的特点。即在同一时间、不同地点可由多人分别按各自的方式加以利用。对于有形财产权的同一有形标的物而言,则不具有可利用性。

(3) 知识产权的权利受到侵害和被侵害较为隐匿。对有形财产权的侵害行为比较直观、明显易辨,但是对于知识产权的侵害行为往往不直观、不明显,既有直接侵害的,也有间接侵害的。知识产权的无形性无疑加大了侵权的判定难度,也给知识产权的损害赔偿价值评估工作带来了困难。

三、无形资产与知识产权的关系

无形资产与知识产权之间既相互联系又相互区别。它们之间的联系表现在,知识产权是无形资产的重要组成部分,知识产权在资本形态上具有为无形资产的基本特征:

(1) 知识产权是以知识形态存在的独占性经济资源。知识产权为特定主体所控制,且具有非实物资产的特征。《企业会计准则第 6 号——无形资产》界定的无形资产包括:专利权、非专利技术、商标权、著作权、特许权和土地使用权等。其中,专利权、非专利技术、商标权、著作权都是知识产权。此外,国际上有关规则还提出诸多无形资产要素,如智力资本、职工队伍、劳动力组合、优惠融资、优惠合同、生产和销售系统、失业评价、电磁频率使用权等,这些未必都具有知识形态。管理学认为,无形资产主要是以知识形态存在的经济资源,这种知识形态资源就是知识产权。

(2) 知识产权是能够长期使用并且预期带来经济效益的非货币资产。非货币性资产是指货币性资产以外的资产。前已述及,所谓货币性资产,是指企业拥有的现金、银行存款,以及将来可以固定或可确定金额收到的资产,如应收账款等。无形资产不仅具有非实物形态,且不具备货币性资产形式;无形资产受益期长,可在一年或一个经营周期以上使企业获得预期经济效益,但这些未来经济利益具有不确定性。由此可以认为,无形资产具备非实物形态,但又区别于货币性资产,后者依会计惯例视为长期资产,是企业在一定经营周期中获取经济利益,因而不是流动资产;知识产权虽能提供未来经济利益,但利益预期具有不确定性,其收益额及收益期会基于各种原因产生波动。

(3) 知识产权是一种具有独占性质的法定无形资产。在国内外会计惯例中,无论是采取概括主义方法定义无形资产,还是采取列举主义方法给出无形资产范围,无形资产的构成要素主要是一种法定权利,或者说知识产权的资本形态表现为一种法定无形资产。知识产权作为一种独占性无形资产,不同于有形资产。在市场上,可以有许多相同内容、相同功能、

---

[1] 喻伟泉:《实用知识产权法学新词典》,长春:吉林人民出版社,2004 年版,第 2~3 页。
[2] 吕晓芳:"论知识产权的无形性",《法制博览》,2019 年第 6 期。

相同性质的有形资产,但不可能存在着内容、功能、性质相同的无形资产。换言之,在两个或两个相同的有形财产之上,可以拥有各自独立的财产所有权;而对于两个或两个以上相同的知识产权,权利只能授予其中一个。总之,在管理学的视角下,知识产权是"以专属支配权为本质的知识资产"。①

当然,并非所有的无形资产都是知识产权,如现行企业会计准则中的土地使用权、特许经营权等就不属于知识产权。无形资产与知识产权的区别主要体现在以下几个方面:②

(1) 概念范畴不同。知识产权主要是指法学概念,其核心强调的是主体对知识产权客体的所有权以及与此相关的专有权、署名权、收益权等,知识产权主体可以是自然人,也可以是法人。无形资产是经济学、管理学、资产评估学、会计学等学科的概念,其核心强调的是未来能给企业带来经济利益的能力,并且要求资产可辨认、成本能够可靠地计量。同样地,无形资产必须是特定会计主体拥有或者控制的,这里的会计主体通常是企业法人。因此,无形资产与知识产权在概念范畴上不同,知识产权更强调权属和所有权,而无形资产要求具有较稳定的获利能力,无形资产比知识产权具有更强的现实性。

(2) 涵盖范围不同。无形资产包括符合条件的知识产权,但不局限于知识产权。虽然无形资产的重要组成部分是知识产权资产,但无形资产还包括特许经营权、土地使用权等具有无形性的资产,这些资产不符合知识产权的定义,并不是知识产权资产。因此,只有一项知识产权具有获利能力时才是企业的无形资产,但是具有无形性的一些非知识资产,也可能是无形资产的构成内容。

(3) 并非知识产权都可以转化为无形资产。知识产权资产是无形资产,但不是所有的知识产权都是无形资产。无形性是知识产权的特征之一,这符合无形资产"不具有实物形态"的定义,所以当企业确认知识产权资产时要列示为无形资产。但是大量的知识产权并不能被会计确认为资产。首先,不被企业拥有或控制的知识产权不符合资产的定义,不能被确认为企业的资产。其次,知识产权不一定预期能为企业带来收益。例如,一项商标权,是企业依法注册后产生的一项专属权利,无论是否具有创利能力都是知识产权,但只有商标权能够在未来带来收益时才能确认为无形资产。③

前已述及,对于内部自创的知识产权应注意分为研究与开发两个阶段,只有开发阶段的耗费符合条件时才能资本化为无形资产。即自创知识产权具备以下条件时会计上才予以确认:①项目支出必须是可辨认的知识产权的支出;②产品或工艺的技术可行性,存在的市场或对企业的有用性能够论证;③有足够的资源来完成该项目并销售或使用该产品或工艺等。

从上述无形资产与知识产权的关系中,我们可以看出:第一,企业取得的知识产权并不一定能够被确认为无形资产,为企业带来经济利益的流入,对于智力成果不能止步于知识产权阶段,必须重视知识产权的资产化,促进知识产权为企业注入新的生产力;第二,知识产权是无形资产的重要组成部分,企业应当构建完善的知识产权管理体系,推动知识产权的有效开发、保护和运营,并注重知识产权战略管理,促进知识产权战略与企业整体战略高度融合。

---

① 吴汉东:"试论知识产权的无形资产价值及其经营方略",《南京理工大学学报(社会科学版)》,2013 年第 1 期。
② 权小梅:"会计中的无形资产与知识产权的关系探析",《中国乡镇企业会计》,2017 年第 7 期。
③ 张爱珠:《知识产权会计》,北京:中国物资出版社,2005 年版,第 56~57 页。

四、知识产权的资本化

财产与资产的关系,是研究知识产权无形资产属性的理论起点。前已述及,知识产权并不一定是企业的无形资产,如果企业能够在生产经营活动中运用知识产权,将其转化为现实生产力,这些知识产权才能成为企业的无形资产。如何将企业拥有的知识产权财产资源转化为企业的知识产权资产是值得研究的问题,而这一过程可以被称为知识产权的资本化过程。

目前,知识产权存在严重资本化不足的问题,会计报表在很大程度上都被有形资产所占据。企业投入人力、资本、技术、数据要素创立的知识产权却未能纳入企业财务报表,知识产权价值难以体现。我们认为有以下原因:

第一,我国知识产权经营中出现了普遍的"有产权无价值"及"有价值无利用"现象,知识产权对企业价值的贡献份额较小,这与我国知识产权大国的地位不相匹配。根据国家知识产权局发布的《2020年中国专利调查报告》,2015年至2020年,我国国内有效发明专利实施率在48.6%~52.9%。中国社科院发布的《法治蓝皮书(2017)》披露,2017年中国专利申请量为138.2万件,同比增长14.2%。中国受理发明专利数量连续多年居世界首位,但专利许可实施率仅占授权专利的2%。有关情况如表4-1所示:

表4-1　　　　　　　　　2020年我国企业专利运用情况

项目	专利实施率	专利产业化率	专利许可率	专利转让率
有效发明专利	50.7%	34.7%	7.9%	6.2%
有效实用新型	58.7%	42.0%	5.4%	4.0%
有效外观设计	65.0%	51.6%	8.0%	3.1%
合计	57.8%	41.6%	6.3%	4.4%

数据来源:国家知识产权局《2020年中国专利调查报告》。

表4-1的数据表明,"我国已是专利大国而非强国"。知识产权的资本化要求知识产权能够在未来为企业带来经济利益,如果知识产权想要确认为无形资产,必须要求知识产权本身能够为企业带来价值增值,具有相对稳定的获利能力。因此,加强企业的知识产权管理是当前的迫切要求,也是解决我国企业知识产权资产不足最根本的途径。

第二,基于谨慎性原则考虑,会计准则并没有给企业过多表述知识产权价值的空间。企业内部研发的知识产权往往被作为费用化支出对待,只有满足相对苛刻的条件才允许资本化。但是与企业自创的知识产权不同,从外部购买的知识产权因为成本相对可以更可靠地计量,可以在资产负债表上反映出来。

第三,从企业方面来看,企业也缺乏将知识产权纳入资产核算和管理的积极主动性。从实践来看,较多企业在管理中对如何创造知识产权资产与提升知识产权价值的认知水平不足,更不了解如何管理这些资产的关键因素来促进知识产权资产价值的效益与效率。因此,我国企业应加强对自有知识产权资产的价值评估,通过优化配置和市场流转来保护和扩大知识产权资产。如果解决了企业知识产权资产会计化这一基本问题,将会从根本上解决我国知识产权对经济贡献的测度问题,有利于企业加强知识产权资产管理,运用知识产权获得收益。[①]

第三节 数据资产与知识产权

一、数据、数据资源与数据资产

数据(Data)是对客观事物的逻辑归纳,是具有一定意义的数字、字母、符号和模拟量等的通称,用于表示客观事物的未经加工的原始素材。党的十九届四中全会明确提出"健全劳动、资本、土地、知识、技术、管理、数据等生产要素由市场评价贡献、按贡献决定报酬的机制。"这是将数据增列为一种重要的生产要素,体现了知识经济背景下,数据对生产经营的作用日益凸显。

数据作为一种新的生产要素,与技术生产要素最大的区别在于:数据本身不参与生产效率的提升,本身不产生价值,而是以"赋能"的形式体现在收益创造上。数据要素的价值在于重建了人类对客观世界的理解、预测、控制的新体系与新模式,它不仅能提高单一生产要素的价值,更重要的是提高了传统要素之间的资源配置效率,推动革命性聚变与裂变(安筱鹏,2020)。企业在投入同等的劳动力、资本和土地,采取同等技术水平的生产条件下,投入更大的数据资源,可以创造出更大的价值。[②]

数据资源(Data Resources)是与数据相关的资源,是有意义的数据集结到一定规模后形成的资源。企业获得数据资源主要通过两种方式:一是内部采集,企业主动收集或基于业务的被动储存;二是外部获取,企业购入数据资源或通过与其他会计主体的数据共享获取。企业的数据资源需要专业人员进行收集、管理、治理,才能提升企业管理和运营效率,发挥数据资源的价值。数据资源从价值形态上看仍处于"潜在价值"阶段,只有对数据资源进行主动管理和有效控制,才能创造出数据资源的价值,形成数据资产(李海舰、赵丽,2021)。

数据资产(Data Asset)作为拥有数据权属(勘探权、使用权、所有权)、有价值、可计量、可读取的网络空间中的数据集[③],必须是已经过归集、整理的数据集,明确了数据资产的基本法律属性、经济属性和技术属性。本书参考中国信息通信研究院在 2021 年发布的《数据资产管理实践白皮书》(5.0 版),将数据资产定义为由企业拥有或者控制的,以电子或其他方式记录的,可以进行计量或交易,能够给企业带来价值或潜在价值的数据资源,例如,文本、图像、语音、视频、网页、数据库、传感信号等结构化或非结构化数据。按此定义,并非所有的数据都构成数据资产,数据资源要确认为数据资产,一是要能够被企业所确权,二是能够在未来为企业带来价值。在现行的会计核算体系中,数据并未纳入会计核算体

---

① 黄贤涛、王文心:"提升企业知识产权资产管理能力",《求实》,2013 年第 S1 期。
② 安筱鹏:"数据要素创造价值有三个模式",人民网,(http://finance.people.com.cn/n1/2020/0522/c1004-31720064.html)。
③ "数据资产"词条,百度百科(https://baike.baidu.com/item/数据资产)。

系，数据所带来的价值也被其他生产经营活动产生的价值所掩盖，这导致数据资产的价值被忽视。

二、数据资产的分类

企业可以从内部和外部两个维度获取数据资源，根据来源渠道与变现方式的不同，企业的数据资产也可以按照对内和对外来进行划分。参考戴理达（2022）的研究，本书将数据资产分为交易型数据资产和赋能型数据资产，前者是企业对外交易的数据产品，而后者则主要应用于企业内部为主营业务赋能。

（一）交易型数据资产

交易型数据资产是指信息服务商对数据进行采集、整合、储存、分析、可视化等行为后，生成的具有经济价值的数据产品。交易型数据的生成目的是通过市场交易获利，本质上是一种具有经济价值的商品，并非企业自身的"数智转型"。

2022年1月，国务院印发《"十四五"数字经济发展规划》，提出"充分发挥数据要素作用"，明确"加快数据要素市场化流通"。想要实现数据要素的市场化配置，其中的关键在于数据流通、数据交易，让数据资产流向需求企业。有学者通过构建基准经济（Benchmark Economy）模型发现，企业共享数据能够提高消费者剩余和社会总福利，但是竞争会减少该主动分享数据企业的经济利润，因此对每个企业而言，不共享拥有的数据资产才是"上策"。如果数据资产交易双方同时都是数据资产的消费者时，卖方没有主动共享数据的动机，交易能否达成取决于交易双方风险偏好。数据持有者越厌恶风险，其越倾向于出售数据资产，以分摊承担的风险。而引入独立收集、处理数据的第三方"数据服务商"能够促进企业、消费者之间的数据流通。数据服务商拥有更广泛的数据收集渠道，提供更综合的数据产品，并且能够降低交易成本，帮助买方中和风险、增加激励（熊巧琴、汤珂，2021）。

数据资产自身的特点导致数据交易存在难度，体现在数据难以进行标准化交易、难以实现所有权和使用权的统一、缺少合规保护时数据资产难以具有稀缺性等（陈舟等，2022）。数据交易中心的出现在一定程度上缓解了这一问题，数据资产作为衔接数据提供者、需求方的核心载体，为大数据市场规范了安全标准、交易数据格式、交易管理方法等标准体系，有效推动了数据资产交易的标准化建设和市场化运作。目前我国已成立多个大数据交易平台，例如，北京国际大数据交易所、贵阳大数据交易所、华中大数据交易所等。数据交易促进了数据资产的互联互通，增强了各个企业更多元化数据的可得性，促进了数据资产的交换流通，打破了以往"数据孤岛"的困境。

（二）赋能型数据资产

赋能型数据资产通常是源自企业内部采集，企业在日常运营中会主动或被动地收集数据，通过专业数据处理和分析人员的加工，数据资源会被整理成企业的数据资产。随着物联网技术的不断推广与普及，越来越多的设备与云端互联，每个终端都是"数据生成器"。只要业务在不断运转，企业的数据资产就会连续不断地增长，不断为企业提供决策支持的增量信息。

有效运用和管理企业内部数据资产是实现数字化转型的关键（崔永梅等，2020），赋能型数据资产能为企业解决管理方面的若干问题，具有较高的管理决策价值。信息技术高度发达的今天，企业利用大数据能够搭建实时准确的业务分析体系，而不再单单依靠个人的经验主义。在产品决策方面,企业可以使用赋能型数据资产来洞察用户需求、分析消费者行为、推动产品服务供应创新。例如,网约车平台可以根据以往海量出行订单,预测用车高峰时刻与地点,精准控制网约车流量并规划最佳上车点、出行路线,缩短用户等待时间、优化出行体验。在经营管理方面,运用赋能型数据资产可以帮助企业优化业务流程、完善管理体系、提高生产效率。例如,制造业企业利用生产设备以及各类传感器生成的数据,将各作业流程再进一步划分为多个细节进行分析。管理人员通过分析各产品、各环节的生产状况以识别潜在改进点,能够实现多个环节共同提升生产运营效率的效果,进而整体提高企业的经营效率。

在"大智移云"背景下,企业将更容易打通、融合业务与财务,数据资产的赋能将不仅体现在供应、生产、销售核心环节,更将延伸至融资、投资、研发、运营、公关等各个领域。赋能型数据资产为企业赋能涵盖面将越来越广,优化场景会扩展到各行各业,彰显了数据生产要素在赋能经济社会高质量发展方面的重要作用。

三、数据资产的经济属性

数据资源往往是企业过去的交易或事项形成的,交易型数据资产是企业从外部购买的数据资产,数据已经被信息服务商打包成"商品"的形式在市场上流通与交易,其产品形态和数据容量是固定的,自然满足这一条件。虽然赋能型数据资产往往是不断积累的数据,但是这些数据都是企业过去主动收集或基于业务被动储存获得的,即数据的"实时更新性"与"数据资源是由过去交易或事项形成的"并不冲突。因此,判断经确权的数据资源是否能够确认为数据资产,重点在于是否满足"与该资源有关的经济利益很可能流入企业"的条件。

本书认为,数据资产是预期能为企业带来经济利益流入的经济资源。交易型数据资产能够在公平市场上公开合法交易,其经济效益是显而易见的,其公允价值容易观察与获取,成本能够可靠地计量。赋能型数据资产应用于企业内部,变现模式相较于交易型数据资产不显著,但是赋能型数据资产具有极高的决策导向价值,能帮助企业精准市场定位、降低交易成本、优化业务流程,最终实现企业价值增值。因此,赋能型数据资产也具备为企业带来经济利益流入的能力。以互联网企业为例,这些公司的主要商业模式是通过为用户提供服务并收集用户数据,通过个性化定向广告获取收入,这些基于海量数据的业务促使互联网企业价值日益提升。

根据《企业会计准则第6号——无形资产》,无形资产是指企业拥有或者控制的没有实物形态的可辨认非货币性资产。许宪春等(2022)指出,数据资产具有知识产权的非竞争性、非消耗性等特征,但同时也有价值融合增值、非货币交易模式等特有属性。那么,数据资产是否属于无形资产?此处将从数据资产是否具备无形资产的三个主要特性来阐述这一问题。

首先,数据资产不具有实物形态。数据资产通常是以电子形式储存于计算机系统中,数据以二进制的形式储存在硬件介质中。虽然数据载体具有物理属性,但是实物载体并没有改变数据资产不具有实体形态的特性。数据资产的价值在于数据资源本身而非储存介质,使用数据资产不会导致物理磨损或价值损耗(阮咏华,2020)。数据资产为企业带来经济利益的方式与有形资产不同,是通过数据资源所具有的挖掘个体习惯、分析个体偏好、预测个体行为等优势为企业带来经济利益。

其次，交易型数据资产具有可辨认性，赋能型数据资产在现行法律下不具有可辨认性。张俊瑞等（2020）认为，确认为企业资产的数据资源应该有着对外交易的价值，并能够与企业经营模式带来的经济价值明确区分，因此企业的数据资产能够从企业分离并出售或转让，是可辨认资产。但是我们不完全赞同这一观点，认为应该分别讨论交易型数据资产和赋能型数据资产。交易型数据资产通常是企业单独购买或共享取得的，它能够与主营业务相互分离或从企业中划分出来，并不需要同时处置在同一获利活动中的其他资产。因此，对于交易型数据资产而言，它是具有可辨认性的资产。而对于赋能型数据资产，它常常与企业特定的商业生态、组织流程、经营模式紧密相关，因此难以判定它是否能够单独从企业中分离出来单独出售。但是如果赋能型数据资产产生于合同性权利或其他法定权利，那么这部分赋能型数据资产也可被认为具有可辨认性，无论这些权利是否可以从企业或者其他权利和义务中转移或者分离。在未来随着数据权属相关知识产权法律不断完善，对于获得法律保护的赋能型数据资产被赋予一定的法定权利，此时可以认为赋能型数据资产也是可辨认的。

最后，数据资产是非货币性资产。区别于数字资产（Digital Asset）、央行数字货币（Central Bank Digital Currencies，CBDC），数据资产具有非货币性。数字资产本质上是一种金融资产，指基于某种被认可的规则制度（共识机制）所产生的数字化、可供交易的要求权。根据美国证券交易委员会（SEC）数字资产证券化框架，数字资产以基于区块链而产生的"虚拟货币"为主要代表，与数据资产的概念截然不同。而央行数字货币则本质上仍然是货币，是独立于实体货币的数字化货币。截至2022年1月，我国的数字人民币已在多个省市（区域）开展试点，数字人民币是由中国人民银行发行的数字形式的法定货币。数据资产不同于数字资产和央行数字货币，属于非货币性资产，不属于企业持有的货币资金和以固定或可确定的金额收取的资产。

根据上述描述，数据资产符合无形资产的定义及特性。除了上述经济属性，数据资产还具有以下特性：

（1）数据资产具有累积性。数据资产单次使用成本很低，不会因为多次使用而磨损、消耗。与其他无形资产不同，数据是持续产生的，数据库随着时间不断完善，对于数据的分析也是一个持续的过程。而数据资产本身并不消耗，随着新增数据的产生，数据规模和数据维度不断积累，企业的数据资产不断更新、扩大。

（2）数据资产具有融合价值的特征。单一数据可能不具有高额价值，但如果将多个数据资源融合，它们能够带来更多信息，数据资产的整体价值也会增加（Li et al., 2019）。将不同的数据进行整理、融合、分析，能够为企业带来更高的信息价值。

（3）数据资产具有价值易变性。虽然数据不会被损耗，但是数据资产价值受到数据容量、数据时效、应用场景等因素的影响，特别是赋能型数据资产的价值时时刻刻都在变化。数据资产的及时性体现在，随着算力和算法的不断发展，数据的及时处理、分析和反馈能力显著提升，数据资产能够提供动态、快速、灵活的反馈（李海舰、赵丽，2021）。数据资产的价值还与应用场景密切相关。与无形资产不同，在不同的场景下运用数据会产生不同的价值（OECD，2013）。这些特征与一般资产稳定的特点截然不同，即使是无形资产的价值一般也处于稳定状态。因此，数据资产价值易变，具有高度不确定性。

四、数据确权——构建数据知识产权保护规则

根据《企业会计准则——基本准则》对资产的定义，数据资产要成为一项经济资源并为会计主体带来经济利益，必须由企业拥有或控制，必须有能力主导数据资源的使用，并获得其产生的经济利益数据，只有满足了此条件，数据资源才可能资产化，成为企业的数据资产。

数据资产权利的归属是数据资产化首先应解决的问题，然而，在现阶段，数据资产权属界定问题在全球范围内都面临巨大挑战，各国或地区的现行法律都尚未对数据确权进行立法规制，借助隐私保护法、知识产权法以及合同法等不同法律机制，普遍采取个案处理的方式。

鉴于网络数据进行知识产权保护是新生事物，目前，美国对网络数据的知识产权保护主要是通过版权法进行。美国版权法将数据库视为一种"编辑作品"，但并不对数据本身进行版权保护，只对企业原始数据的原创性汇编、编辑和处理等活动给予一定的版权保护（唐要家，2021）。而对于没有原创性的数据集合，法律并不授予企业版权法意义上的保护。对于企业数据所有权属性可能面临多重归属问题（某些数据也可能属于用户个人数据），美国理论界与实务界仍在激烈探讨中。脱敏化、匿名化后的数据是否不属于个人数据，赋予企业数据财产权是否会导致与个人数据保护的利益冲突，这些问题都还需要进一步明确（丁晓东，2020）。

除美国外，日本和德国也就网络安全构建了自己的法律体系。2014年11月，日本通过《网络安全基本法》，为日本的网络安全工作开展奠定了法律基础，也为其进一步健全数据知识产权保护提供了重要的法律依据。德国并未针对网络数据的知识产权保护出台专门法律，而是通过不断修订其现行知识产权保护法律来实现。实际上，德国的知识产权法律保护思路中并无线上或线下之分，只要侵犯了他人的知识产权，无论线上还是线下，其现行知识产权保护法律都同样适用。

作为英美法系国家中具有重大影响的国家，英国对网络数据的规制值得借鉴。英国与德国一样，对数据知识产权保护并未采取单独立法形式，而是默认其知识产权保护法律同样适用于网络空间。

我国已多次明确了对数据确权的要求，《"十三五"国家信息化规划》提出，加快推动"数据权属、数据管理"的立法；中共中央 国务院印发的《知识产权强国建设纲要（2021~2035年）》提出，"加快大数据、人工智能、基因技术等新领域新业态知识产权立法"，首次明确了"研究构建数据知识产权保护规则"。2021年10月，国务院印发了《"十四五"国家知识产权保护和运用规划》，进一步对数据知识产权保护工程提出了更具体、更明确的要求。

数据知识产权立法将是数字经济时代立法的核心工作之一，构建数据知识产权保护规则将会有效解决数据权利归属问题。未来，随着数据确权和权益分配问题的逐步解决，市场主体参与数据资产交易的活跃性将会更高，数据要素市场化进程将会得到有效推进。

五、数据资产价值分析

（一）数据价值链理论——数据创造价值的机理

数据价值链（Data Value Chain）是描述数据价值创造的理论创新，它将数据价值创造活动分为基本价值活动和增值性活动,通过这些价值活动,实现数据的价值创造以及在传递过程中的价值增值。2017年,大数据战略重点实验室首次在《中国大数据发展报告》中提出数据价值链,数据价值链理论与传统价值链理论不同,其强调通过对价值链各节点上数据的采集、传输、存储、分析以及应用,实现数据的价值创造以及在传递过程中的价值增值。

单纯的数据或数据集并不能给企业带来价值,只有当数据经过采集、传输、储存,进入分析阶段后,才具有创造价值的潜力。对数据进行分析,通过获取和利用数据处理结果来预测和理解行动,形成有意义的洞察和有用的信息。企业对数据分析的能力,直接影响数据资产的价值,这是因为分析阶段是企业最有潜力进行发展、创新知识产权的阶段。

应用阶段则是实现彻底价值增值的阶段,将数据分析所产生的信息应用到实践层面,提高生产经营效率,进而为消费者带来更大的效用,发挥数据资产的价值。数据资产的应用除了供企业决策自用外,还可能是进行数据交换,即对外出售数据以及对外提供数据服务。

根据《企业会计准则——基本准则》对资产的定义,数据资源要确定为数据资产,必须能为会计主体带来经济利益。根据数据价值链框架,未经处理的数据并不具有经济效益,只有当数据进入分析阶段后才具有创造大部分价值的潜力,可能发展成数据资产,在应用阶段发挥其作为经济资源的作用。因此,从数据价值创造角度来看,只有进入分析阶段的数据或数据集才具有产生经济利益的潜力,才具有一定的商业价值。数据的采集、传输、存储阶段只是数据的准备阶段,这些阶段的数据尚需处理,经济价值难以预见。

(二)数据资产价值影响因素

数据资产的价值由数据量与数据质量、数据分析能力两方面决定。简单来说,数据资产所包含的数据量越多,企业能够通过整合所得到的数据资产越多;数据质量越高,其信用度越高,企业对其利用率也越高。面对相同的原始数据,不同企业能够挖掘和分析出的内容不一定相同,这与企业的数据分析能力密切相关。往往,互联网企业拥有较强的数据分析能力,与传统企业相比,其能够将不同的原始数据进行融合,形成新型的数字信息供企业或市场利用,拥有的数据资产也更多。因此,数据量与数据质量、数据分析能力是数据资产价值最主要的影响因素。如图4-1所示:

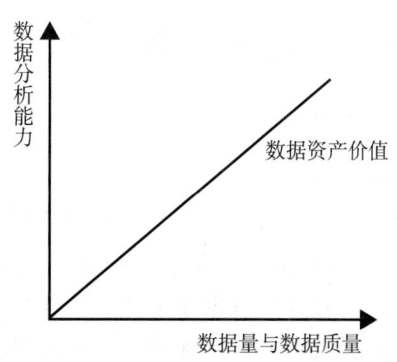

图4-1 数据量与数据质量及其价值关系图

1. 数据量与数据质量

企业产生的数据量并不是无限的,并且数据质量有高有低。对于企业而言,影响其数据量与数据质量的因素多种多样,通常包含企业规模、数据覆盖程度、数据完整性、数据外部性、数据时效性、数据相关性等。

2. 数据分析能力

企业的数据分析能力决定着企业挖掘出的数据所包含的信息量。企业的数据分析能力越强，能够获得的信息量越大，数据资产的价值越高。对于数据分析能力而言，影响其数据资产价值的因素有信息系统、人才技能、消费者需求。

(三) 数据资产知识产权的应用

"十四五"规划纲要提出，加快建立数据资源产权、交易流通、跨境传输和安全保护等基础制度和标准规范。数据作为核心资源要素的趋势越来越明显，但数据如何存证、如何质押，目前我国各地还缺乏明确规定。现仅介绍浙江省的做法可以从中得到应有的启示。

2021年9月9日，浙江省知识产权区块链公共存证平台上线，浙江省发出首本"数据知识产权公共存证证书"。浙江省以杭州高新区（滨江）为试点，研发上线知识产权区块链公共存证平台，创造性地开展数据知识产权的价值转化探索，解决了数据存证、数据质押等问题。

浙江凡聚科技有限公司成为首个获得"数据知识产权公共存证证书"的企业，该公司的商业模式是利用可穿戴产品，对某些症状的神经反应进行监测，从而反向研究"数字处方"。该公司将这些数据进行去敏处理后，上传至浙江知识产权区块链公共存证平台，并同步到浙江省知识产权研究与服务中心、浙江省市场监管局、杭州互联网公证处、杭州互联网法院等机构，使数据无法篡改。浙江省知识产权研究与服务中心对数据链验证结果进行确认，并发放"数据知识产权公共存证证书"。

该公司凭着这本"数据知识产权公共存证证书"，将数据资产进行抵押，成功获得了100万元贷款，这是全国首单基于区块链的数据知识产权质押。"数据知识产权公共存证证书"有效解决了数据确权问题，将数据变成了可量化的数字资产。当企业需要进行融资时，可将数据资产转存至浙江省大数据交易中心并进行加密，而银行等机构可以通过数据知识产权公共存证证书，对数据内容是否存证等进行综合判定，符合条件的办理质押并发放贷款。

第四节 人工智能与知识产权

一、人工智能的概念

人工智能（Artificial Intelligence，AI）发端于20世纪50年代，是指由人制造出来的机器所表现出来的智能[①]。ChatGPT的运用更增加了人们对人工智能的依赖及其产生的后果的思考。通常，人工智能是指通过普通计算机程序来呈现人类智能的技术。《辞海》（第七版）对人工智能的定义是，研究、开发用于模拟、延伸和扩展人的智能的理论、方法、技术及应用系统的技术科学，是计算机科学的一个分支，旨在了解智能的实质，并生产出新的能以与

---

① 当前，ChatGPT是人们讨论的热点话题之一。ChatGPT是人工智能技术驱动的自然语言处理工具，它能够通过学习和理解人类的语言来进行对话，还能根据聊天的上下文进行互动，真正像人类一样来聊天交流，甚至能完成撰写邮件、视频脚本、文案、翻译、代码等任务。

人类智能相似的方式作出反应的智能机器。①

传统意义上，机械作为人类创作的辅助工具，替代或减轻人的体力劳动。计算机、互联网、大数据、基因工程、神经学科等科学技术的发展使机械替代或减轻人的脑力劳动成为可能，人工智能时代随之拉开序幕。伴随着三次人工智能发展的浪潮，出现了弱人工智能（Artificial Narrow Intelligence）、强人工智能（Artificial General Intelligence）与超人工智能（Artificial Super Intelligence）的分类，三者的界限以其在各方面能力上是否能与人类比肩甚至超越人类为标准。目前看来，现有技术更多停留在弱人工智能阶段，专注于且只能解决特定领域的问题。

2017年，人工智能首次被列入我国政府工作报告，并出现在党的十九大报告中："加快建设制造强国，加快发展先进制造业，推动互联网、大数据、人工智能和实体经济深度融合，在中高端消费、创新引领、绿色低碳、共享经济、现代供应链、人力资本服务等领域培育新增长点、形成新动能。"2021年9月，中共中央 国务院印发了《知识产权强国建设纲要（2021—2035年）》，明确提出"加快大数据、人工智能、基因技术等新领域新业态知识产权立法"，"研究完善算法、商业方法、人工智能产出物知识产权保护规则"。一方面社会各界需要不断向前推进人工智能技术的发展，让人工智能为人类带来更快捷、便利的生活，另一方面与人工智能相关的知识问题需要加以重视，这是建设创新型国家面临的重要挑战之一。

二、人工智能的知识产权法律保护

人工智能从实验室走向产业化生产，重塑了传统行业模式；从工业生产延伸到日常场景，给人类生活带来了诸多改变。科学家、工程师在人工智能领域的创新为经济发展、社会文化作出了巨大贡献。科技公司在人工智能领域进行创新研究，开发新AI技术、改进已有AI功能、优化完善AI性能，最终形成人工智能技术相关的知识产权。根据《中国人工智能发展报告2020》，随着核心算法的突破、计算能力的迅速提升以及海量数据的支撑，过去十年的人工智能专利申请量呈现逐渐上升态势。想要探讨人工智能与知识产权相关的问题，我们首先要解决人工智能技术本身的法律与会计问题。

（一）人工智能技术法律保护模式

人工智能技术是开发人员的劳动作品，为这项技术申请知识产权是将智力成果进行权利化，最终形成的AI技术知识产权是企业创新成果的应用表现形式。由于人工智能的核心是算法和模型，因而，就人工智能技术创新成果的知识产权保护而言，其本质上仍然离不开涉及计算机程序的发明这一话题②。与计算机程序申请保护类似，公司通常有三种模式为人工智能技术申请保护，即著作权、专利权和商业秘密保护模式。

1. 人工智能技术专利权保护模式

专利是最常见的知识产权保护形式，实现发明人对于核心发明创造的独占，形成企业的无形资产，是企业的核心竞争力。人工智能领域中，从基础支撑层、通用技术层到应用层几

---

① 因人工智能是新生事物，故本书在此处从法律视角适当多做一些阐述。特此说明。当然，对于人工智能如何进行会计处理，也是一难题。智能会计、智能财务等新兴会计学科也在逐步建立和完善之中。

② 洪岩："浅析人工智能技术的专利保护——以医疗领域为例"，《知识产权》，2018年第12期。

乎都可以寻求专利的保护①。申请人工智能专利权考虑的是符合《专利法》《专利法实施细则》和《专利审查指南》的相关规定。人工智能软件著作权保护仅仅是保护软件的"表达形式",而专利能够保护 AI 软件的"创作思想",保护力度更大。但是相较于著作权保护,专利保护要求更高,必须是具有创造性、新颖性、实用性的人工智能技术才能申请专利,而且申请周期也更长。当然,如果公司为 AI 技术申请专利,专利的技术资料就需要公开,有可能会损害公司的利益。

2. 人工智能技术著作权保护模式

公司可以为人工智能产品设计图、计算机软件代码申请著作权保护,保护依据是《著作权法》和《计算机软件保护条例》。著作权保护类型有以下优点:第一是简便易行,保护及时。相比专利法的保护需要经过漫长的专利审查期才能取得专利权,软件从其开发成功之日起就可以自动获得法律保护,履行简便的手续即可完成登记。著作权保护的这一特点正好与人工智能软件的更新换代快、生命周期短的属性相适应。第二是保护广泛,著作权法对作品的保护只要求作品具有"独创性",即作品系由作者独立创作完成,而无专利法的"新颖性、创造性、实用性"的要求,所以采用著作权法保护人工智能软件,可以使不同水平的软件、不同创作阶段的软件都能获得法律保护。但是,著作权法仅能保护人工智能技术的表现形式,不能保护创作思想。如果侵权方按照类似的思路开发技术,而具体的代码和文档表达方式不同,则著作权法并不能保护发明人。

3. 人工智能技术商业秘密保护模式

企业可以把人工智能领域关键核心算法的细节作为商业秘密保护。商业秘密保护模式具有保密性,人工智能技术运用此种产权保护模式,能够很好地将软件开发的核心内容和方法进行使用范围保护,使开发商市场竞争力长期不减,收益更高。但其缺点也十分明显,一旦泄露或公开,该软件就不具备保密性,也无法得到法律的保护。商业秘密保护模式主要是作为著作权保护和专利保护的补充,使人工智能技术产权保护形成三位一体的保障体系。上述三种保护路径中,前两者是对人工智能技术的"外在表达"进行保护,如果企业想对其 AI 技术的思想进行保护,则可以选择直接采取封闭性措施防止信息的泄露,通过商业秘密进行保护②。

(二) 人工智能对知识产权法律的挑战

人工智能技术的飞速发展正在改变甚至颠覆人类现存的生产、生活和交往方式,对现今的伦理标准、法律规则、社会秩序及公共管理体制,尤其是对知识产权法律规则,带来一场前所未有的挑战。它不仅与已有的法律秩序形成冲突,凸显现存法律制度产品供给的缺陷,甚至会颠覆我们业已形成的法律认知。③ 人工智能的发展与已有的法律秩序形成了一定的冲突,人们对于调整人工智能相关社会关系的知识产权法律的担忧多于期待,纷争甚于共识。④ 因此,如何应对快速发展的人工智能技术所带来的社会问题,完善相关法律制度,显

---

① 人工智能的知识产权保护:第二章 主要国家和地区的人工智能产业政策、知识产权的立体保护和专利申请态势(http://www.liu-shen.com/Content-3159.html/2022-4)。
② 姚叶:"多维度解读与选择:人工智能算法知识产权保护路径探析",《科技与法律(中英文)》,2022 年第 1 期。
③ 吴汉东、张平、张晓津:"人工智能对知识产权法律保护的挑战",《中国法律评论》,2018 年第 2 期。
④ 同③。

得极为迫切。

从阿尔法狗（AlphaGo，人工智能）战胜围棋世界冠军，到城市交通调度，人工智能在解决复杂系统问题中显示出超强的智能决策能力。而人工智能在文艺创作、发明创造上的表现可谓令人惊叹。谷歌的 Magenta 使用神经网络模拟"人脑"来编写音乐而无需特定算法或人工输入，IBM 的"沃森"通过分析电影的精彩片段并将其剪辑在一起作为电影预告片，英美传媒巨头已经开始与人工智能研究机构合作，尝试使用人工智能写作新闻。当然，ChatGPT 则更加智能化。

人工智能不仅在各类艺术作品的创作上取得了惊人的成绩，也给科学发明带来了诸多变化。图灵奖得主 Jim Gray（2019）认为，今天在科学的很多领域里，科学家们已不再通过望远镜观察，而是由仪器采集或模拟产生数据，再通过软件处理，将产生的信息或知识存储在计算机里，在数据采集、数据处理、知识存储、知识应用等数据化知识生产的全链条中，人所发挥的作用越来越小，人类智力对科学发明的决定性作用正在消失，许多科学研究已经不再苛求于科学家的亲力亲为和灵光一现，而是更加重视数据系统的硬件和软件建设，进而把知识生产转变为程式化、规范化、智能化的机械流水线。① 深度学习 AI 的运行流程如图 4-2 所示。

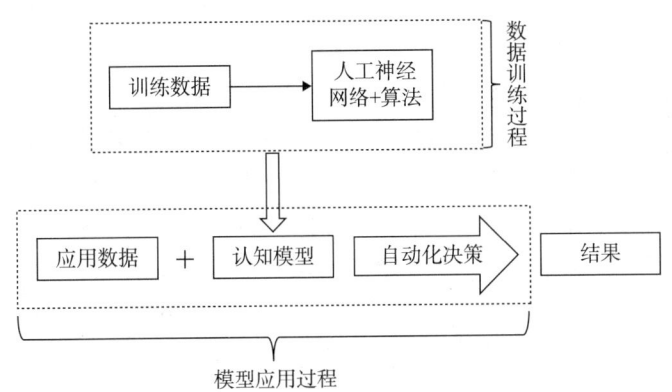

图 4-2　深度学习 AI 的运行流程

人工智能越来越具有类似于人类思维所独有的创造能力。人工智能的创造活动仅仅与程序员的抽象设定相关，无需人类的具体指令，它所制造的产品符合新颖性、创造性等授予知识产权的条件。虽然目前大多数人工智能的创作仍然比不上人的能动性，但是对于人工智能而言，其仅仅是一种机械的延伸吗？或者说，我们应当将人工智能作为一种辅助性工具来看待，还是赋予智能机器人一定的法律主体资格？除此之外，人工智能创造物与人类智力成果真假难分，那么，它们能得到知识产权法的保护吗？下文将对上述问题展开简要讨论。

三、人工智能法律主体问题

由于人工智能是新生事物，相关的知识产权法律制度并未予以规范，因此，此处很有必要对此进行一定的讨论。随着人工智能技术的快速发展，机器人拥有越来越强大的智能，机器人与人类的差别有可能逐渐缩小。未来"超人工智能"时代诞生的机器人将拥有生物大

---

① 苏明、陈·巴特尔："数据驱动下的人工智能知识生产"，《中国科技论坛》，2021 年第 11 期。

脑，甚至可以与人脑的神经元数量相媲美。美国科学家甚至预测，在21世纪中叶，非生物智能将会10亿倍于今天所有人的智慧。① 是否赋予机器人以虚拟的"法律主体资格"，在过去的一段时期，美、英等国的哲学家、科学家包括法学家都为此展开过激烈的争论。

机器人是机器还是人，在法理上涉及主客体二分法是一基本原则，但是主客体之间这种不可逾越的鸿沟现在正发生动摇。② 从基因时代到智能时代的一个重要变化是，传统民法的主、客体框架已然被打破：人的遗传基因物质不能简单作为客观事物看待，没有生命但具有人工智能的机器人也有可能被赋予法律资格。

目前知识产权界对人工智能的主体资格有两派观点：一是赞成派，主张人工智能应被赋予法律人格，是为"有限人格"或"次等人格"。未来世界的人工智能将更多地以"类人主体"的方式出现，即能够表现人类独特性征的拟人化物体。从近代到现代，民事主体范围已不断扩张，具有自然理性的人（自然人）与法律拟制的人（法人）被称为主体意义上的人。同理，人类智慧拟制的机器人也可以成为民事主体之人。二是反对派，认为受自然人、法人等民事主体控制的机器人，尚不足以取得独立的主体地位。机器人无论以何种方式承担责任，最终的责任承担者都是人，这就使人工智能的"法律人格"显得多余。③

（一）现行法律规定及法院的判例

1. 著作权法下智能机器人的法律地位

无论AI有多聪明，从目前各国著作权管理机构的实践来看，非人类不能成为著作权意义下的作者。例如，我国著作权法规定，作者为创作作品的公民、法人或者其他组织。又如，美国著作权法规定，著作权所有权"最初归属于作者或作品的作者"，但对"作者"的定义没有作出明确界定。早在1956年，当克莱恩（Klein）和博莱索（Bolitho）试图注册计算机生成的歌曲"Push Button Bertha"的著作权时，版权局就拒绝了他们的申请，并告知没有人注册过由机器谱写的音乐。到1973年，美国版权局的实践强化了这一做法，即可受著作权保护的作品必须归因于"人类主体"。时至今日，仍为美国版权局所遵循。

目前，我国法院对于"AI生成物是否构成作品"的问题存在不同观点。在"北京菲林律师事务所诉北京百度网讯科技有限公司案"中，北京互联网法院认为，计算机软件智能生成内容不构成作品，软件研发者（所有者）和使用者均不能以作者身份进行署名。在"深圳腾讯诉上海盈讯案"中，涉案文章是由Dreamwriter计算机软件生成的，深圳市南山区人民法院认为涉案文章构成文字作品，是原告主持创作的法人作品，被告未经许可侵害了原告享有的信息网络传播权，应承担相应的民事责任。

2. 专利法下智能机器人的法律地位

发明人或设计人是指对发明创造或外观设计的实质性特点作出创造性贡献的人，但许多国家的专利法并没有对"发明人"作出具体的定义，只是特别强调人类的发展是必要的。如美国发明法案（America Invents Act，AIA）将专利定义为"任何新的或有用的过程、机器、生产或合成物，或任何新的和有用的改进，可以获得专利"。与著作权法不同，专利法明确规定只有自然人可以作为发明人。因此，法人等实体不能作为发明人。事实上，知识产

---

① 人工智能终究是人类设计而非自然孕育，没有自身目的（https://baijiahao.baidu.com/）。
② 人工智能时代，法与人的边界，（一法网）（https://baijiahao.baidu.com/）。
③ 黄程程："人工智能内容下的著作权问题研究"，科学猫（http://www.scicat.cn/）。

权密集型行业的员工通常会通过雇佣协议同意将其工作期间开发的专利转让给雇主。虽然 AI 系统不具备自然人资格，但值得注意的是，专利法要求所有发明人都在专利上署名，否则可能被认定为无效或无法执行。

迄今为止，似乎还没有与 AI 发明者相关的争端或判例。由于各国专利法要求自然人作为发明人，因此 AI 很可能不具备作为唯一发明人的资格，甚至也不可能是联合发明人。[①]

3. 弱 AI 时代下的观点[②]

吴汉东（2018）认为，法律人格之核心，在于自然人和自然人集合体（法人）的意志能力。机器人不是具有生命的自然人，也区别于具有自己独立意志并作为自然人集合体的法人，将其作为拟制之人以享有法律主体资格，在法理上有值得商榷之处。在当下"弱人工智能时代"，人造机器没有自身的目的，其工作目的是特定的，且为人类设计者所设计。换言之，机器人生成的目的行为，与人类有目的、有意识的行为性质完全不同；同时，机器人没有自身积累的知识，其机器知识库的知识属于特定领域，并且都是人类输入的。在这种情况下，机器人虽然具有相当智性，但不具有人之心性和灵性，与具有"人类智慧"的自然人和自然人集合体是不能简单等同的，受自然人、自然人集合体——民事主体控制的机器人，尚不足以取得独立的主体地位。这就是说，在弱人工智能时代，非生物智能尚未取代或超越人类智慧，因而不宜动摇民事主体制度的根基。

日本北海道大学法学院 Branislav Hazucha（2021）认为，依照目前的 AI 水平，其作为版权人至少在不久的将来是不会存在的。实际上，将 AI 作为创作的工具可能是其适应版权法最为可能的路径。AI 及其创作可能类似于百年前的照相机及第一张照片的情况。关于人类对于创作的参与，应区分有监督的机器学习与无监督的机器学习。在第一种情形下，人类参与程度更高，如发出指令作出预选等；在第二种情形下，人类参与主要体现在后期，如营销。就目前 AI 发展的现状以及人类对 AI 创作的参与程度而言，对于目前那些只需人类按键的 AI 创作，或许可为其提供邻接权，从而无需达到创造性也能受到保护。

4. AI 创作工具说

李扬、李晓宇（2018）认为应从哲学的高度，在形而上的层面看待 AI 与人的关系。李扬等（2018）认为无论 AI 发展到什么阶段，都只能作为人的客体和工具对待。哲学家康德认为，理性、自由与自我意识三者是人之为人的根本。人的行动包括人与物的关系以及人与人的关系两个侧面。在人与物的关系上，物只是手段，人才是目的。况且目前 AI 根本没有脱离人类辅助工具的范畴，没有作为主体性和绝对目的性的理性、自由和自我意识。此外，在法律层面，AI 不具备也难以通过拟制被赋予法律主体资格。首先，AI 不具备法律主体资格要件。其次，AI 也无法被拟制为法律主体。具体来说，AI 根本无法像法人一样具备意思能力和行为能力，拥有财产、享有权利、履行义务和承担责任，欠缺拟制为法律主体的基本资格要件。基于以上论述，AI 生成物实质只不过是人的生成物，AI 生成物是否构成著作权法意义上应受保护的作品，应当按照著作权法关于人的创作物是否属于应受保护的作品标准

---

① 曾炜、曾姣玉："知识产权法下人工智能系统的法律地位"，《南昌大学学报（人文社会科学版）》，2019 年第 2 期。

② 具体内容可参阅："大数据、人工智能与知识产权"国际研讨会综述（2021 年 11 月 13～14 日）（http://msjjfxy.cupl.edu.cn/info/1046/7552.htm）。

进行判断，此种观点可简称为"AI 创作工具说"。①

四、人工智能知识产品的归属

除了对人工智能是否具有法律主体资格问题的讨论外，人工智能知识产品的归属问题也十分值得探讨。如果涉及 AI 的作品具有足够的创造性以获得著作权或专利，那么谁应该是这个知识产品的所有者呢？

（一）相关法律规定

目前，英国明确规定了人工智能知识产品的法律地位和归属问题，1988 年的《版权、设计和专利法》规定，对计算机所生成的作品进行必要的程序设计的人员，视为计算机生成作品的作者。该法中的计算机生成是指作品完全由计算机创作，不存在任何人类作者。可以看出，法律设定了一种特殊情况下的人工智能知识产品归属方案，即当人工智能完全自主地进行知识生产的情况下，人工智能知识产品的产权明确归属于程序设计者。

当前的人工智能仍然不具备完全自主的知识生产能力，人总是需要或多或少地参与到人工智能的知识生产过程中，因此，英国法律虽然进行了明确的规定，但是却缺乏实际应用场景。在一般知识产权归属的认定中，人对知识生产的掌控能力是知识产品具有创造性的根本原因，所以，明确谁具有知识产品生产过程的直接掌控能力是确定谁具有该知识产权的关键。例如，当摄影师使用相机拍摄照片时，摄影师对取景、光线等内容的控制对该照片的独创性起决定性作用，那么该摄影师享有该照片的版权，而不是相机的制造者。基于知识生产中的掌控力，按照一般知识产权归属的认定规则，人工智能知识产品的产权应该归属于人工智能的使用者，如果该使用者是被雇佣人员，那么该人工智能知识产品的产权应该归属于雇主。②

有学者认为，在未来的"强人工智能时代"，使用深度学习、神经网络和其他方法的 AI 系统并非机械地进行生产，而应该被视为与人类操作者有所区别的创作者。众所周知，知识产权法的重点是承认创作者的贡献。在 Burrow - Giles Lithographic Co. 诉 Sarony 案中，法院将作者定义为"……任何事物起源的拥有者、创造者、制造者、完成科学或文学作品的人"。如果操作者对知识产权的创作贡献甚少时，该作品的知识产权不应该归属于操作者。③

目前，人工智能知识产品的归属问题尚存争议，而诸如 ChatGPT 等人工智能正在以难以想象的速度发展，并已广泛投入使用，司法界应该尽快明确 AI 知识产品的所有权问题。在将人工智能创造物纳入知识产权制度的基础之上，搭建人工智能产出物的所有者、设计者以及使用者所有权分配机制。人工智能知识生产是多主体的协同过程，如果把人工智能知识产品的产权仅归属于某一个利益相关者，就难以发挥知识产权激励创新的作用，可以按照人工智能程序知识生产的自动化程度划分不同的等级，不同等级下人工智能知识产权的分配比率不同，通过分级共享机制让数据生产者、程序设计者和程序使用者获得与贡献相匹配的产权比率。

---

① 李扬、李晓宇："康德哲学视点下人工智能生成物的著作权问题探讨"，《法学杂志》，2018 年第 9 期。
② 苏明、陈·巴特尔："数据驱动下的人工智能知识生产"，《中国科技论坛》，2021 年第 11 期。
③ 曾炜、曾姣玉："知识产权法下人工智能系统的法律地位"，《南昌大学学报》（人文社会科学版），2019 年第 2 期。

(二) 相关判例实践

本部分将以两个判例来进一步说明知识产权作为资产的现实。

案例1：北京菲林律师事务所诉北京百度网讯科技有限公司案

案件：北京菲林律师事务所诉北京百度网讯科技有限公司侵害文字作品著作权案

案号：（2019）京73民终2030号

基本案情：

原告于2018年9月9日首次在其微信公众号上发表文章《影视娱乐行业司法大数据分析报告——电影卷·北京篇》，文章由文字作品和图形作品两部分构成。2018年9月10日，被告经营的百家号平台上发布被诉侵权文章，该文章内容与涉案文章基本一致，但删除了署名、引言、检索概况等部分。原告主张被告侵害其信息网络传播权和署名权，故诉至法院要求被告承担侵权责任。被告认为涉案文章是采用法律统计数据分析软件智能生成的报告，并非原告通过自己的智力劳动创造所得，不属于著作权法的保护范围。

裁决要点：

1. 关于计算机软件智能生成内容是否构成作品及其署名。作品应由自然人创作完成，在相关内容的生成过程中，软件研发者（所有者）和使用者的行为并非创作行为，相关内容并未传递二者独创性表达。因此，二者均不应成为计算机软件智能生成内容的作者，该内容亦不能构成作品。软件研发者（所有者）和使用者均不能以作者身份进行署名，但是，从保护公众知情权、维护社会诚实信用和有利于文化传播的角度出发，应添加相应计算机软件的标识，表明相关内容系软件智能生成。

2. 关于计算机软件智能生成内容的利益分配。计算机软件智能生成物不构成作品，不意味着其进入公有领域，可以被公众自由使用。软件使用者进行付费和检索，为激励其使用和传播行为，促进文化传播和科学发展，应赋予其相应权益。软件使用者也可采用合理方式在涉及计算机智能生成内容上表明其享有相关权益。

判决结果：

被告刊登声明为原告消除影响，并赔偿原告经济损失1 000元及合理费用560元。一审判决后，原告提起上诉，北京知识产权法院二审判决驳回上诉，维持原判。

典型意义：

本案首次对人工智能软件自动生成内容的著作权保护问题进行了司法回应，在不突破民事主体基本规范的前提下，在现行法律的权利保护体系内对此类内容的智力、经济投入予以肯定和保护，既肯定了计算机智能软件的价值，又谨慎地守住了著作权创作和权利主体的界限，是司法主动应对新技术、新问题的一次有益尝试。本案不仅体现了对现有法律制度的充分挖掘和准确应用，也体现了互联网司法面向未来、拥抱科技创新的鲜明态度。

判决书：https://www.bjinternetcourt.gov.cn/cac/zw/1556272978673.html。

案例2：深圳腾讯诉上海盈讯案

案件：深圳市腾讯计算机系统有限公司与上海盈讯科技有限公司侵害著作权及不正当竞争纠纷案

案号：（2019）粤0305民初14010号

基本案情：

原告腾讯公司的关联企业自主开发了智能写作辅助系统——Dreamwriter计算机软件，

并授权腾讯公司使用。2018年8月20日,腾讯公司首次发表了由该软件撰写的财经报道《午评:沪指小幅上涨0.11%报2671.93点,通信运营、石油开采等板块领涨》,并在文末注明了"本文由腾讯机器人Dreamwriter自动撰写"。同日,被告上海盈讯公司在其运营的网站上发布了与涉案报道标题和内容完全一致的文章。原告腾讯公司遂诉至法院,要求被告上海盈讯公司立即停止侵权、消除影响并赔偿损失。

裁决要点:

法院认为:涉案文章是否构成文字作品的关键在于判断涉案文章是否具有独创性,而判断步骤应当分为两步:

首先,应当从是否独立创作及外在表现上是否与已有作品存在一定程度的差异,或具备最低程度的创造性进行分析判断;

其次,应当从涉案文章的生成过程来分析是否体现了创作者的个性化选择、判断及技巧等因素。在具体认定相关人员的行为是否属于著作权法意义上的创作行为时应当考虑该行为是否属于一种智力活动以及该行为与作品的特定表现形式之间是否具有直接的联系。涉案文章的创作过程与普通文字作品创作过程的不同之处在于创作者收集素材、决定表达的主题、写作的风格以及具体的语句形式的行为也即原告主创团队为涉案文章生成作出的相关选择与安排和涉案文章的实际撰写之间存在一定时间上的间隔。涉案文章这种缺乏同步性的特点是由技术路径或原告所使用的工具本身所具备的特性所决定的。

从涉案文章的外在表现形式与生成过程来分析,该文章的特定表现形式及其源于创作者个性化的选择与安排,并由Dreamwriter软件在技术上"生成"的创作过程均满足著作权法对文字作品的保护条件,法院认定涉案文章属于我国著作权法所保护的文字作品。法院同时认为,涉案文章是由原告主持的多团队、多人分工形成的整体智力创作完成了作品,整体体现原告对于发布股评综述类文章的需求和意图,是原告主持创作的法人作品。被告未经许可,在其经营的网贷之家网站上向公众提供被诉侵权文章内容,供公众在选定的时间、选定的地点获得的行为,侵害了原告享有的信息网络传播权,应承担相应的民事责任。

裁决结果:

一审法院判决,被告赔偿原告经济损失及合理维权费用1 500元。对于被告侵犯原告著作权的行为,法院已经依照《著作权法》的具体条款对原告腾讯公司予以救济,本案不再符合《反不正当竞争法》的适用条件。因此,法院对腾讯公司主张被告的行为构成不正当竞争的诉讼主张不予支持。

典型意义:

本案为全国首例认定人工智能生成的文章构成作品的生效案件,被业内称为"中国AI作品第一案",该案在人工智能生成物的独创性判断步骤和如何分析人工智能生成物的创作过程等方面做出了探索和创新,对于同类案件的审理具有指导意义。将具备独创性的人工智能生成物认定为作品并通过著作权保护符合著作权法激励创作的立法宗旨,有利于激励人们主动利用人工智能进行创作,也有益于人工智能产业的良性发展。

(三) 相关评论

上述两个判例涉及人工智能自动生成的文章是否构成作品的法律问题。人工智能技术和产业的迅猛发展,对现有法律体系特别是著作权保护体系提出了巨大挑战,其中人工智能能否成为著作权主体,人工智能生成的内容能否构成著作权客体的作品,在国内外存在广泛争议。人工智能能否具有独立的法律人格，需要国家法律的明确规定或认可。从国外知识产权法律体系回应人工智能发展情况来看，美国、英国和日本也分别进行了不同的尝试，各有利弊。

我国司法实践对于人工智能自动生成的文章是否构成作品，正在进行相应的探索。一段时间以来，法院的基本观点是，司法争议的人工智能的法律主体资格有待法律予以明确规定，但对于人工智能自动生成的相关内容还需要加以保护。

在判例中，北京互联网法院一审公开宣判北京菲林律师事务所诉北京百度网讯科技有限公司侵害署名权、保护作品完整权、信息网络传播权纠纷案认定，计算机软件智能生成的涉案文章内容不构成作品，但同时指出其相关内容亦不能自由使用。其理由是：根据现行法律规定，文字作品应由自然人创作完成。

但在判例二中，即深圳市腾讯计算机系统有限公司诉上海盈讯科技有限公司侵害著作权及不正当竞争纠纷案，出现了新的发展迹象。2020年3月，深圳市南山区人民法院一审结本案，明确认定人工智能生成的文章构成作品。[①]

五、人工智能技术的会计问题

人工智能技术作为比较特殊的知识产权资产，通常会兼有专利权和著作权的双重性质，相应的会计处理问题值得关注。以人工智能技术中最典型的人工智能软件为例，介绍相应的会计确认、初始计量及后续计量问题。

（一）人工智能软件的确认与初始计量

1. 研发取得的人工智能软件

研发取得的人工智能软件区分研究阶段与开发阶段，按照现行企业会计准则的规定，研究阶段的支出计入当期费用，开发阶段的支出符合资本化条件的计入无形资产。[②]

2. 外购取得的人工智能软件

外购的人工智能软件往往只有一定期限的使用权，通常确认为无形资产，其成本包括购买价款、相关税费以及直接归属于使该项资产达到预定用途所发生的其他支出。如果购入人工智能软件价格的较低，企业也可能选择直接将该支出计入当期费用。

3. 投资者投入的人工智能软件

投资者投入的人工智能软件通常具有较高价值，属于无形资产。企业应当按照投资合同或协议约定的价值确定初始计量价值，但该合同或协议约定的价值不公允的除外。

4. 非货币性资产交换所得的人工智能软件

非货币性资产交换所得的人工智能软件也通常具有较高价值，应确认为无形资产。当该项交换具有商业实质且换入和换出的资产的公允价值都能够可靠计量时，该人工智能软件应当以其公允价值作为初始计量价值。当该项交换不满足以公允价值计量的条件时，企业应当以换出资产的账面价值和应支付的相关税费作为换入的计算机软件的初始计量价值，而不确

---

① 重大奖项！南山法院审结的全国首例认定人工智能生成文章构成作品案获评人民法院2020年度十大案件——专家点评：北京航空航天大学法学院龙卫球教授（https：//nsqfy.chinacourt.gov.cn/article/detail/2021/01）。收入本书时，适当进行了个别文字修改，特此说明。

② 对于软件开发企业，其研究与开发不同阶段的划分具有十分重大的现实意义。对于如何划分及其会计处理，后文再述。

认损益。

（二）人工智能软件的后续计量

1. 人工智能软件的摊销

对人工智能软件进行摊销，首先要确定它的使用寿命，而对于初始取得的人工智能软件，其使用寿命是不确定的。按照现行企业会计准则的规定，对使用寿命不确定的无形资产是不作摊销处理的，但每个会计期间应当对其使用年限进行复核，如果有证据表明有确定的使用年限，企业应当对该计算机软件进行摊销处理，视为会计估计变更。

2. 人工智能软件的减值

当人工智能软件的使用寿命不确定时，因其未来经济利益有较大不确定性，为了避免资产价值高估，应当对使用寿命不确定的人工智能软件每年度末进行减值测试。进行减值测试时，首先要确定人工智能软件的可收回金额。按照规定，资产的可收回价值是其公允价值减去处置费用后的净额与其预计未来现金流量的现值之间较高者。作为无形资产的人工智能软件因其独特性从而不具有活跃市场，公允价值不能可靠获得，所以企业应使用人工智能软件未来现金流量的现值作为其可收回金额。其次，当人工智能软件的可收回价值低于其账面价值时，企业应当确认资产减值损失，并把资产的账面价值减计至可收回金额。

（三）人工智能软件的处置

研发取得的人工智能软件通常可能出售、对外捐赠或使用到报废，而非研发取得的人工智能软件一般会使用到报废。企业出售或对外捐赠，说明企业放弃了人工智能软件的所有权，应当将收到的价款与软件账面价值的差额计入当期损益。当人工智能软件不能为企业带来未来经济利益时，其已报废，账面价值转入当期损益。

需要特别说明的是，如果人工智能软件作为商品对外出售，或者受托开发某种软件，其收入的确认与计量也是会计上必须正视的难题之一。具体内容后文再述。

第五节 其他资产与知识产权

一、人力资本与知识产权

（一）人力资本的含义

人力资本（Human Capital）这一概念最早由美国经济学家、诺贝尔经济学奖获得者西奥多·舒尔茨（Theodore W. Schultz）提出，他认为，人力资本就是人的知识、技能和体力等质量因素的总和。他认为："我们之所以称这种资本为人力的，是因为它已经成为人的一部分，又因为它可以带来未来的满足或者收入，所以将其称为资本"。[1] 经济合作与发展组织（Organization for Economic Co-operation and Development，OECD）将人力资本定义为个人拥有的能够创造个人、经济和社会福祉的知识、技能、能力以及素质（OECD，2001）。根据人力资本理论，社会财富除了自然资源和物质资本之外，人力资本是重要的组成部分。

---

[1] 舒尔茨著，吴珠华等译：《论人力资本投资》，北京：北京经济学院出版社，1990年版，第92页。

从宏观来看，人力资本是经济增长的源泉，是经济社会可持续发展的重要推动因素，也是减少贫困和不平等的重要保证（Keeley，2007）。我国自改革开放以来，经济增长迅速，很多学者认为正是人力资本在"中国经济奇迹"中发挥了主要促进作用（Fleisher 和 Chen，1997；Démurger，2001）。从微观角度看，人力资本是企业的一种战略性资源，具备价值性、稀缺性、难以模仿性与难以替代性等特点，是企业在高度动态竞争环境下竞争优势的一种体现（刘善仕等，2017）。例如，管理型人力资本具有在给定制度条件下对企业各种资源进行协调、配置和组合的能力；而技术创新型人力资本具有提高企业技术水平，从而使企业技术可能性边界外移的创新能力（姚树荣，2001）。

（二）人力资本与知识产权的关系

知识经济时代或者数字经济时代，人力资本在经济增长与社会发展中发挥着越来越大的作用。但是有研究发现，人力资本并不是直接促进经济增长，而是通过影响技术进步而间接作用于经济增长（杜伟等，2014）。知识产权是技术进步的重要体现，而人力资本正是产生知识产权的基础。知识产权通过确认并获取新知识，将人力资本转化成价值。知识产权属于创新资本，后者与人力资本、流程资本和关系资本共同构成智力资本（梁晨曦，2018）。知识产权的客体，无论是专利、商标还是作品，作为由人类产生的物质财富，与创作人、发明人的能力和素质——即其人力资本存量的大小密不可分（何丹，2003）。有学者指出，技术发明建立在前人的知识基础之上，知识存量决定了发明活动的方向（谭崇台，1999）。

人力资本不仅在专利的发明、作品的创作、商标的注册以及植物新品种的开发等知识产权创造过程中起到关键性作用，而且是企业知识产权运用、保护以及管理的核心资本。对于创新型企业而言，首先，需要有人想出能市场化、产业化的创新点，并将这些创意变成现实，创造出适合市场需求的产品，这是创新型企业发展的根本。其次，一项知识产权创造出来后，需要具备专业知识的人员对其进行确认并申请法律保护，结合市场需求对知识产权有效运用，并且按照科学方法开展知识产权管理工作。

（三）企业人力资本与知识产权

企业要想建立自主核心知识产权体系，加强知识产权的价值创造能力，必须关注知识产权的产出源头，重视对企业员工的管理工作。

1. 优化知识产权人力资源管理

企业做好涉及知识产权的人力资源管理工作，重点在于管理人员明确知识产权的重要性，并在整体上完善和优化制度保障，将其与人力资源管理相结合。企业管理人员要完善相关招聘制度，在各个工作环节要细化岗位职责，明确员工的职责与权利限制，重视招聘信息的审核与知识产权背景调查。

对于企业内部已有的员工，人力资源管理人员要注意培养员工的素质和能力。一方面，针对企业特点开展知识产权教育与培训，提高员工的专业能力，加强员工的职责感；另一方面，管理人员要注意在员工日常工作中挖掘有潜力的人才，为企业提供优秀人力储备。[①]

2. 加强知识产权人才激励制度

人力资本是一种主动资产，企业要想发挥人力资本的作用，就要满足人才的利益与权力

---

① 林富华、李钦海、林卡："企业涉及知识产权的人力资源管理"，《人力资源管理》，2016年第6期。

需求，对员工积极实施激励机制（邓玉林、王文平，2009）。早在《实施〈国家中长期科学和技术发展规划纲要（2006—2020年）〉的若干配套政策》中，我国就提出了加快培养一批高层次人才、支持企业培养和吸引创新人才以及建立有利于激励自主创新的人才评价和奖励制度等措施。

企业要明确建立多层次知识产权激励制度，既包括物质奖励，也包括产权激励，还要从员工发展的角度调动其工作积极性。企业可以给予发明人、知识产权成绩突出者一定的现金报酬奖励、股权和股票期权奖励，包括授权后的奖励、实施知识产权获得收益后的奖励、工作年度奖励等。此外，知识产权业绩也要与研发人员的考核制度挂钩，企业应将申请和获得专利等知识产权作为研发人员考核、晋升的重要指标因素。

3. 重视相关员工的保密工作

员工是企业知识产权的创造者、使用者和运营者，但是也可能会是企业知识产权的潜在威胁者。企业应该在采购、生产、研发、营销和管理活动中，做好与知识产权相关员工的保密工作，树立员工的保密意识。尤其是对于商业秘密而言，企业应该在员工招聘时加强防范商业间谍，严格限制商业秘密"知悉人员"的范围以及其知悉范围。

在企业的保密措施中，与员工最为直接相关的是保密协议与竞业禁止协议。与员工签订保密协议是避免知识产权泄露、保护商业秘密的一种重要方式，企业既可以与员工在劳动合同中签订专门的保密协议，也可以在劳动合同之外与员工签订一份保守企业商业秘密的保密协议。竞业禁止协议是要求掌握企业商业秘密的员工，在任职期间或离职后一定时间内不得自营或与他人经营与其所任职的企业同类型的行业，不得泄露用人单位的商业秘密和与知识产权相关的保密事项。[①]

二、市场资源（资产）与知识产权

市场资源（Market Resources）/市场资产（Market Assets）是指企业所控制或拥有的与市场密切相关的资源要素，包括特许经营权（经营许可权）、品牌、销售渠道、顾客以及他们对企业产品或服务的忠诚度和其他各种能够为企业带来竞争优势的合同关系等（赵延宝，2013）。土地、工厂、设备、人力、技术等企业资源均来自企业内部，而市场资源多来自外部市场环境，受多种因素影响，易于变化。市场资源可以分为产品资源、品牌资源、市场需求资源、市场区域资源、渠道资源、市场信息资源、交易模式资源等。

市场资源是企业与市场关系中的价值载体和价值传递载体，承担着双方价值传递与交换的作用。市场资源的资源价值在于促进了企业—市场关系过程的实现，促进了市场交易过程的完成。对企业而言，运用市场资源能够帮助企业更容易将产品传递到消费者手中，市场消费需求更容易被企业获知并利用。因此市场资源对企业和市场都具有重要价值，尤其是对企业的市场竞争优势具有重要影响。[②] 市场资源制约着企业的生产经营活动，关系企业的成败兴衰（丁宪浩，1998）。企业应该重视与知识产权相关的市场资源管理工作，例如，品牌资产管理、市场营销管理等。

（一）品牌资产管理

品牌是销售者向购买者长期提供的一组特定的特点、利益和服务（科特勒，2022）。品

---

① 朱雪忠：《知识产权管理》，北京：高等教育出版社，2010年版，第368~372页。
② 苗锡哲、程浩："市场资源定义及价值分析"，《管理观察》，2009年第10期。

牌权益对企业价值有显著的提升作用，会受到企业的品牌战略和经营环境的影响（韩慧林等，2017）。从财务视角来看，品牌资产体现为通过加快企业增长或提高产品价格而创造价值的能力，即品牌的功能是创造现金流（Doyle，2001）。品牌是企业长期努力经营的结果，如果企业将品牌注册形成商标，那么企业能够获得法律保护，拥有商标的专用权①。

品牌是企业重要的无形资产，需要经历长时间的竞争考验才能被市场和消费者认可（权小锋等，2022）②。企业在创立品牌之初就要把它看成一个确立并充满意义的品牌，并赋予品牌独特鲜明的内涵及意义。品牌管理者要为品牌建立全面的识别系统，而不仅仅为品牌起一个名称或设计一个图标而已。③ 品牌影响力很大程度上取决于顾客在长期经历中对品牌的认知，品牌知识是品牌资产形成的关键（Keller，1993），因此企业要建立与顾客的良好联系，抢占消费者的心智。

（二）知识产权市场营销

市场营销是企业取得销售收入的关键环节，企业在开展市场营销时，要结合知识产权战略，注重知识产权风险因素，设定更加稳健的营销方案。具体而言，企业可以从以下角度优化知识产权市场营销：

1. 知识营销

知识营销是通过有效的知识传播方法和途径，将企业所拥有的对消费者有价值的知识传递给潜在消费者，并逐渐形成对企业品牌和产品的认知，为将潜在消费者最终转化为实际消费者的过程和各种营销行为。④ 企业可以将知识产权战略与知识营销相结合，通过向大众传播企业的核心技术以及其对人们生活的营销，向大众进行科普宣传，重新建立新的产品概念，进而使消费者萌发对新产品的需要，达到拓展市场的目的。

知识营销是用知识来推动企业的营销，这一营销理念能够与知识产权资产深入融合，既帮助消费者学习如何使用产品，又让消费者能够喜爱产品并增强购买意愿。在网络高速发展的时代，市场营销的另一大特点就是信息网络接入商品流通环节。企业应积极运用网络新媒体平台，建立新的商业模式。例如，2022年爆红的"东方甄选"直播带货平台，主播通过对商品进行知识科普的方式开展市场营销。知识类直播带货在让大众感受到知识魅力的同时，也极大提高了观众的购买意愿，有效地结合了知识型人力资本与商品的市场营销。

2. 营销活动中的知识产权风险管理

企业在开展营销活动中必须要注重知识产权的风险管理，可以从品牌命名、商标布局、广告宣传和包装设计等方面重视知识产权的合规使用。企业在品牌命名前应该开展商标风险评估，命名后及时开展商标保护布局、构建品牌体系。在广告宣传中，要注重对宣传口号的知识产权保护工作，避免广告和包装设计的侵权。⑤

---

① 在实务中或者现行的知识产权法律法规体系中，尚无品牌这一概念。更多的是商标或者商标权。至于这二者的区别，此处暂不作过多的讨论。有兴趣的读者可以参阅罗启钧："论企业商标与品牌的关系"，载360文库等。

② 品牌和商誉是两个不同的概念。至于两者的关系，可以参阅李顺德："商标、商誉与品牌"，载豆丁网等。

③ 戴维·阿克（David Aaker）著，吕一林译：《创建强势品牌》，北京：中国劳动社会保障出版社，2004年版，第5页。

④ 邓少灵：《网络营销学》，广州：中山大学出版社，2009年版第5页。

⑤ 国家知识产权局知识产权保护司：《企业知识产权保护指南》，北京：知识产权出版社，2022年版，第96～102页。

3. 知识产权营销渠道管理

知识产权营销渠道是指从知识产权生产者向知识产权消费者转移的过程中,帮助知识产权的所有权转移的机构、企业和个人,包括知识产权中间商、代理商、经纪人以及知识产权的创造者和使用者。知识产权作为可经营性资产,必须注重从生产者向社会转移或产业化的过程,而专业化营销渠道能在这一过程中起重要作用。企业与营销渠道成员之间往往存在成本和报酬的冲突,企业可以选择与渠道成员之间采用签订特许经营合同的方式来进行知识产权的营销。[①]

三、商业模式与知识产权

(一) 商业模式创新理论

商业模式(Business Model)是企业如何创造价值、传递价值和获取价值的原理(Osterwalder 和 Pigneur,2010),是一种把商业构想和科技与经济产出联系起来的框架(Chesbrough,2010)。Johnson 和 Christensen 提出商业模式由四个要素组成,包括客户价值主张、盈利模式、关键资源和关键流程。

1. 客户价值主张(Customer Value Proposition,CVP),即公司通过其产品和服务所能向消费者提供的价值,价值主张确认了公司对消费者的实用意义。

2. 盈利模式(Profit Model),是对公司如何既为客户提供价值,又为自己创造价值的详细计划,包括收入模式、成本结构和利润模式等。

3. 关键资源(Key Resources),是指人员、技术、产品、厂房设备以及品牌等用以向目标客户群体传递价值主张的资源。

4. 关键流程(Key Processes)包括员工培训与发展、生产制造、预算规划、销售和服务等重复性工作以及公司制度、条例和绩效指标等。

这四个要素是所有业务的基石,客户价值主张和盈利模式阐述了客户和公司的价值模式,关键资源和关键流程描述了企业如何将价值传递给客户。[②]

随着互联网和各产业的不断发展,商业要素可以出现无限种组合,新的商业模式也层出不穷,然而,并非所有新的商业模式都属于商业模式创新。从熊比特的经济发展理论角度出发解释商业模式创新,只有各要素的"新结合"引起了社会的真正变化,才能算是商业模式创新(黄晓稣,2017)。

定位创新、营运创新和盈利创新构成商业模式创新的主要内容,而商业模式创新的核心构成驱动技术创新,终极目标激励着技术创新。对于创新型企业而言,为了适应经济、文化和技术环境的快速变化,必须积极主动寻求政策支持,强调技术持续占优,以应对激烈的竞争格局,保证商业模式创新成功(张新香,2015)。

(二) 商业模式的知识产权保护

1. 商业方法专利保护途径

在知识产权语境下,与商业模式最为接近的就是"商业方法专利"。但是也有学者认

---

① 黄鹏、查之玲:"知识产权经营中的营销渠道研究",《研究与发展管理》,2004 年第 2 期。
② Johnson M W, Christensen C M, Kagermann H: Reinventing your business model, Harvard Business Review, 2008 年第 12 期。

为，应该将商业模式和商业方法的概念进行明确区分（李晓秋，2012）。从20世纪70、80年代开始，生物材料、计算机软件和商业方法等逐渐成为专利主题。1998年，美国专门负责专利上诉案件审理的联邦巡回上诉法院在道富银行信托公司诉签记金融集团公司案中判决认为，商业方法并非美国专利法排除的主题，由此揭开美国商业方法专利保护序幕。但是在此后美国的上下级法院对商业方法专利存在不同的态度。2008年美国联邦巡回上诉法院在Bilski案中放弃道富案标准，确立机器或转换标准，借以限制商业方法专利，但最高法院不予认可，商业方法专利判定重新回到不确定状态。[①]

我国有普遍将商业模式与商业方法混用的现象，认为商业方法专利所指就是商业模式。我国早期对商业方法专利采取保守做法，一方面是想通过阻隔域外商业方法在我国获得专利授权，以变相保护我国的产业发展；但另一方面却打击了国内企业的创新积极性。在商业方法专利的问题上，目前我国暂无法律条款明确商业方法是否可以作为可专利客体，其审查形式也尚待进一步科学化，但从学术研究以及现实需求上都反映出对我国发展商业方法专利的支持态度。近年来，我国发布了多个政策文件，要求研究商业模式等新形态创新成果知识产权保护办法，《专利审查指南修改草案（征求意见稿）》也提出不排除对商业模式创新进行专利保护的可能性。[②] 企业需要时刻关注未来我国如何明确商业方法专利及其具体审查规则的细化要求，紧跟相关法律法规的最新动态。

2. 采取分散保护途径

目前，在我国尚不能将商业模式作为一个整体进行保护，企业主要是通过著作权、商标、专利、商业秘密、反不正当竞争法等对其商业模式进行零散的保护。从我国实践中的一些案例来看，企业和法院多用著作权法、商标法、反不正当竞争法上的规定来解释对商业模式创新的保护。

但是，企业采取分散保护商业模式又存在一定的局限性。从专利的角度来看，很多业界和学界人士认为实践中常用的几种保护途径的保护力度和空间没有专利权大。然而，申请商业方法类的专利难度很大，其申请周期也难以顺应如今技术快速更迭的形势，因此仅通过传统的专利来保护商业模式，似乎并不能满足现实需求。从著作权的角度来看，模仿者很容易就可以改变源代码或修改外观，这样既可以使用类似的商业模式并提供同样的产品和服务，又可以规避侵权。从商标的角度讲，商标制度对保护商业模式同样存在问题，《商标法》侧重于对品牌的保护，并且商标变更时都需要按个数收费，在无形中加大了企业商标保护成本。[③] 从商业秘密的角度讲，商业模式创新大多需要公开地在市场中广泛运行，因此，其也无法满足商业模式保护的需求。从不正当竞争的角度讲，我国反不正当竞争法在修订前后，均要求商业秘密"不为公众所知悉"。由于商业经营模式本质上是企业之间、企业的部门之间、企业与服务对象之间、企业与营销渠道之间的各种交易关系和连接方式，而这些连接方式有很大一部分难免会在营销领域中被公开，因而不具备"秘密性"，进而难以主张为商业秘密（袁博，2018）。

[①] 刘银良："美国商业方法专利的十年扩张与轮回：从道富案到Bilski案的历史考察"，《知识产权》，2010年第6期。

[②] 商业模式的知识产权保护制度初探（https://www.cnipa.gov.cn/art/2017/4/6/art_1415_133052.html）。

[③] 同②。

企业在实务中应积极为商业模式创新寻求保护，可以通过将商业模式中的品牌建设、技术创新和其经营管理中的创新要素进行知识产权转化。商业模式的转变，其本质可以看作是资产的转变。企业应该将原先的商业资产转化为法律保护资产，从而实现法律为商业模式创新保驾护航的目的，同时也在这一过程中为知识产权发挥利益平衡作用提供舞台（田树杰，2020）。

第二篇　知识产权的会计确认、计量与记录

前已述及,会计信息系统按照特定的程序,通过对有关经济交易与事项进行会计确认、计量、记录和报告,从而完成有关经济活动原始信息的收集与录入、信息加工与转换、会计信息生成与输出等功能。会计确认与会计计量是会计信息系统的核心环节。会计确认是对经济活动的特定内容是否作为会计要素加以记录和报告所作的判断与认定,而会计计量是对经济活动中内含的价值数量关系予以计算和衡量;会计确认在于认定企业经济活动中资金运动的"质变"内容,而会计计量在于认定企业经济活动中资金运动的"量变"结果。在会计实务中,会计确认与计量的结果需要经常性地记录在账户中,并于每一会计期末以财务报表的形式报告给会计信息使用者。确认、计量、记录、报告既各司其职又相互配合,形成一个有机的整体,共同履行财务会计的职能,实现财务会计的目标[1]。知识产权会计核算,是指运用确认、计量、记录、报告等专门手段,对企业符合资产定义的知识产权进行反映与监督[2]。接下来,我们会详细介绍知识产权的会计确认、计量、记录和报告。

从广义上而言,知识产权属于企业主要的无形资产。无形资产是指企业拥有或控制的没有实物形态的可辨认的非货币性资产。《企业会计准则第6号——无

---

[1] 夏成才:《中级财务会计》,中国财政经济出版社,2015年版,第23页。
[2] 张爱珠:《知识产权会计》,中国物资出版社,2005年版,第59页。

形资产》对无形资产的确认标准进行了明确，即能够被企业拥有或控制，产生的经济利益很可能流入企业，并且成本能够可靠地计量。因此，从会计学角度来看，知识产权是无形资产的重要组成部分。知识产权主要包括专利权、商标权、著作权、计算机软件等；无形资产除知识产权外，还包括特许经营权、土地使用权等。可见，无形资产涵盖的内容更加广泛。知识产权的信息披露要求更高，且随着时间推移，知识产权的价值也会发生变化。鉴于知识产权的重要性和日益增加的对知识产权信息的需求，笔者认为有必要单独对知识产权的会计处理进行介绍。

第五章

知识产权的会计确认

本书第一章对会计确认、计量、记录和报告进行了简要介绍,本章针对知识产权的特点再作进一步较为详细的阐述。

第一节 会计确认的基本理论

一、会计确认的标准

将某经济事项确认为账户记录和财务报表披露的内容需要满足一定的标准。会计要素确认的标准分为会计确认的基本标准和各个会计要素确认的具体标准。会计确认的基本标准是适用于所有会计要素的确认标准,强调在确认不同会计要素时的共性。会计要素确认的具体标准包括资产确认的具体标准、负债确认的具体标准、费用确认的具体标准等,强调的是不同会计要素在确认时的特殊性。

会计确认的基本标准包括可定义性、可计量性、相关性、可靠性。

(1) 可定义性是指被确认的项目必须符合某一会计要素的定义,如将购买原材料但是尚未支付的款项确定为负债必须符合负债要素的定义。

(2) 可计量性是指被确认的项目应当具有可靠的计量属性并能客观地加以计量。可计量性确认标准要求被确认的项目至少具有历史成本、公允价值、重置成本、现值等其中的某项属性。如公司的优秀人才、管理经验能为公司带来经济利益的流入,但是由于难以计量目前尚未记录到会计账户中。

(3) 相关性是指所确认项目的相关信息能够导致决策差别,即项目的相关信息对信息使用者进行有关经济决策有用,能够对使用者的决策行为产生实质性的影响。如果某项信息既不能让决策者坚信其决策,也不能改变其决策,那么该信息就是不相关的。

(4) 可靠性是指所确认项目的相关信息应如实反映经济活动,并且可验证。

一项经济活动必须满足四项基本标准才能够确认①。

美国财务会计准则委员会(FASB)在财务会计概念公告(第5号)——《企业财务报表的确认和计量》中提出会计确认的四个标准,分别是可定义性、可计量性、相关性、可靠性。国际会计准则委员会(IASC,现为IASB)在《编报财务报表的框架》中提出会计确

---

① 按照国际财务报告准则,其可靠性可以理解为如实反映或者如实表述。此处对此不作过多讨论。特此说明。

认的两个标准,分别是与该项目有关的未来经济利益将很可能流入或流出企业;企业能够可靠地计量该项目的成本或价值。前者强调经济实质,后者强调可计量性。由于无形资产具有特殊性,国际会计准则委员会在《国际会计准则第 38 号——无形资产》中认为应附加两个标准,分别是无形资产在促进未来经济利益预期流入企业方面所起的作用以及无形资产有效地发挥这种作用的能力得到证实;存在充足的资源,或者有用性可以证实,使企业能够获得预期的未来经济利益。

二、无形资产、知识产权要素的会计确认

会计要素的确认必须满足前述四个基本标准,同时由于各个会计要素本身具有不同的特点,因此不同会计要素的确认还具有自身的具体标准。如前所述,知识产权在资产形态上表现为无形资产,知识产权是无形资产的重要组成部分。知识产权确认主要涉及的内容是资产尤其是无形资产的确认。资产确认的相关内容已在第二章中介绍,故此处主要介绍无形资产确认的相关内容。

在无形资产理论研究和实务中,不同学科的涵盖范围不同,如经济学所涉及的无形资产具体存在形式已接近 30 种,美国一些评估公司在进行资产评估时涉及的无形资产也达到 23 种,我国在资产评估实务中运用单项评估和整体评估的无形资产目前涉及的有 12 种。[①] 根据《企业会计准则第 6 号——无形资产》的规定,资产满足下列条件之一的,符合无形资产定义中的可辨认性标准:

(1) 能够从企业中分离或者划分出来,并能单独或者与相关合同、资产或负债一起,用于出售、转移、授予许可、租赁或者交换,而不需要同时处置在同一获利活动中的其他资产,某些情况下无形资产可能需要与有关的合同一起出售、转让等,此时也视为可辨认无形资产;

(2) 源自合同性权利或其他法定权利,无论这些权利是否可以从企业或其他权利和义务中转移或者分离。如某公司通过法定程序申请获得的商标权、专利权等。

无形资产同时满足下列条件的,才能予以确认:

(1) 与该无形资产有关的经济利益很可能流入企业。企业在判断无形资产产生的经济利益是否很可能流入时,应当对无形资产在预计使用寿命内可能存在的各种经济因素作出合理估计,并且应当有明确证据支持;

(2) 该无形资产的成本能够可靠地计量。

作为会计上无形资产的一部分,无形性是知识产权最重要的特点,也是知识产权与一切有形财产权的根本区别所在。知识产权的客体本质上是智力信息,通常表现为某种权利、某项技术或某种获得超额利润的综合能力。一方面,虽然知识产权是科技人员复杂劳动的凝结,但知识产权的初始形成具有偶然性和单一性,且难以准确计量其耗费,使得价值计量缺乏可靠的依据,具有不确定性;另一方面,这些权利或技术一般看不见、摸不着,没有实物形态。知识产权在企业生产经营过程中并不是直接作用于劳动对象,而是以特殊的方式将作用体现在企业经营过程中,如产品配方、计算机软件等,通过使用它们可以提高企业的效率

---

① 参阅:"知识经济及其对企业无形资产的影响",百度文库(https://wenku.baidu.com/view/)等文献。

和收益。但这样的收益难以从企业总收益中剥离出来。这样的特征使得知识产权的真实成本和带来的经济利益流入难以完整、准确、可靠地计量,阻碍了知识产权的确认。

第二节 知识产权的初始确认

一、知识产权确认的具体条件和标准

前已述及,初始确认是一个项目的第一次确认。知识产权初始确认是指当一项知识产权交易或事项已经发生并符合确认的基本标准时就应当予以记录,并计入财务报表。比如某公司外购了一项专利权,通过分析,该专利权属于公司的知识产权类无形资产,此时公司外购专利时应该在"无形资产——知识产权"账户中进行记录,此为初始确认。

结合资产的定义,会计上将知识产权确认为资产应满足资产确认的条件,具体包括:

1. 会计主体能够控制知识产权产生的经济利益

一般而言,如果企业有权获得某项知识产权产生的经济利益,同时能约束其他人获得这些经济利益,则说明企业控制了该项知识产权,或者控制了该项知识产权产生的经济利益。具体表现为企业拥有该项知识产权的法定所有权,或企业与他人签订协议,使企业相关权利受到法律的保护。反之,如果没有通过法定方式或合约方式认定企业拥有控制权,则说明相关的知识产权项目不符合资产的定义。例如,对于会产生经济利益的某项技术知识,若其受到版权等法定权利的保护,说明企业控制了相关利益,可确认为知识产权。

2. 产生的经济利益很可能流入企业

作为企业知识产权予以确认的项目,必须具备产生的经济利益很可能流入企业这项基本条件。在实务中,要确认知识产权创造的经济利益是否很可能流入企业,应该考虑相关的因素,如企业是否有足够的人力资源、高素质的管理队伍、相关的硬件设备、原材料供应等来配合知识产权为企业创造经济利益,以及是否存在相关的新技术、新产品冲击与知识产权相关的技术或产品市场等[①]。

3. 成本能够可靠地计量

成本能够可靠地计量是资产确认的一项基本条件。对于知识产权来说,这个条件十分重要。如高新技术企业的科技人才的知识,假定科技人才和企业签订了服务合同,合同规定在一定期限内不能为其他企业提供服务。这些科技人才的知识在规定的期限内预期能够为企业创造经济利益,但这些科技人才的知识难以辨认,加之为形成这些知识所发生的支出难以计量,不满足可计量性的基本标准,因而无法在会计上作为企业的知识产权来确认。

二、知识产权确认的争议

(一)知识产权是否应纳入无形资产下核算

从会计学角度看,现行会计系统中,知识产权在无形资产之下。对于将知识产权纳入无

---

① 夏成才:《中级财务会计》,中国财政经济出版社,2015年版,第191页。

形资产下核算是否符合客观性原则这一问题,我国还存在很大争议。一种观点是知识产权满足一定条件的情况下可以纳入无形资产核算。李秀丽和王淑珍(2012)认为,知识产权是无形资产,但并非所有的知识产权都是无形资产。知识产权虽然符合无形资产定义中没有实物形态的描述,企业在确认知识产权资产时均列示为无形资产。但会计上资产定义的重要要素之一是资产必须能够带来未来的收益,知识产权虽然具有带来未来收益的可能,却并不一定会带来未来的收益。邹蓓和北英(2011)认为知识产权成为会计无形资产还需要知识产权运用到生产经营中,转化为现实生产力;满足会计核算基本原则如配比、及时、经济实质等以及确认条件。

另一种观点是支持把知识产权从无形资产中剥离出来,与未纳入无形资产的知识产权一起进行独立的知识产权会计处理。马玉珍和张国华(2006)指出,在无形资产项目下属于知识产权性质的无形资产和其他项目在取得的方法上、形成的方式上、价值的计量上以及在企业经营中的作用上都存在着本质上的不同。在无形资产项目下核算的无形资产大部分都不是知识和技术再造的智力成果,而是交易之后所形成的一种权利,是企业经营者进行经营运作的结果。如果继续将知识产权与无形资产的其他项目混在一起进行核算和管理,会直接影响企业资源的合理配置。黄贤涛和王文心(2013)也认为,知识产权虽纳入无形资产,但针对知识产权的规定不具体,也缺乏足够的操作性。于玉林(2005)认为,我国发展会计理论要有"自主知识产权"。余丹(2010)认为无形资产会计计量不能全面准确反映知识产权资产信息,独立的知识产权会计是经济发展需要的必然结果。根据《知识产权相关会计信息披露规定》(2018),知识产权包括适用于企业按照《企业会计准则第6号——无形资产》规定确认为无形资产的知识产权和企业拥有或控制的预期会给企业带来经济利益的但由于不满足《企业会计准则第6号——无形资产》确认条件而未确认为无形资产的知识产权两类。这一信息披露规定关注了企业拥有或控制的、预期会给企业带来经济利益的、但由于不满足《企业会计准则第6号——无形资产》确认条件而未确认为无形资产的知识产权,但知识产权本身具有时间性、地域性、法定性等特征;其市场价值随着客观环境的变化而随时变化,难以做出稳定和准确的估计;权利不稳定(知识产权可能被无效或放弃)也会带来预期收益的不确定性,对知识产权的确认存在很大的主观性。由于知识产权的这些特点,要把知识产权从无形资产中剥离出来进行单独的会计处理仍面临不少障碍。

本书持第二类观点,随着科学技术的发展,对于企业尤其是科技型企业来说,知识产权的重要作用日益突出,可能是企业的核心资产,应将知识产权从无形资产中独立出来单独进行会计处理和披露,以满足信息使用者的需求。这也是未来会计准则发展的一个方向。但鉴于目前会计准则尚未修改,本书仍按照现行准则在无形资产下进行知识产权的会计处理。

(二)是否应确认自创知识产权

关于自创知识产权是否确认依然存在争议。一种观点认为不应确认自创知识产权,例如,企业自行开发的专利权或非专利技术,其成本只包括申请过程中发生的注册登记费和律师费。大量研究开发费用在发生时已经全部作为期间费用处理。自创专有技术大多是在科研和生产实践中长期积累、逐步形成的,带有一定的偶然性,所以在会计实务中,一般不确认自创非专利技术。内部生成的知识产权虽然有巨大的额外收益,但如果将这些未来预计可以实现的经济收益作为资产入账,会影响知识产权会计信息的可靠性。随着超额预计收益增减相应调整知识产权账面价值不符合稳健性原则。根据我国《企业会计准则第6号——无形资产》，企业自创商誉以及内部产生的品牌、报刊名等，不应确认为无形资产。

另一种观点认为自创知识产权应该进行确认。一方面会计的目的是为企业会计信息使用者提供与决策有关的会计信息，以未来盈利的资本化现值确认的知识产权，符合相关性的会计信息质量要求。如果对外购知识产权确认，而不确认自创知识产权，导致同一项目采用的确认标准不统一，不符合会计信息可比性要求。另一方面，随着科技的发展，高科技企业的自创知识产权越来越多，是企业的核心竞争力，不确认自创知识产权会使企业反映的会计信息不真实。张爱珠（2007）认为，当自创知识产权具备以下条件时才可确认：①项目支出必须是可辨认的知识产权的支出，②产品或工艺的技术可行性、存在的市场或对企业的有用性能够论证，③有足够的资源来完成该项目并销售或使用该产品或工艺等。

对于这一争议，我们认为，符合资产确认标准的自创知识产权应该确认为资产。由于自创知识产权为企业带来的经济利益具有不确定性而不确认自创知识产权是不恰当的。一方面，计量方法的进步为评估各类知识产权的价值提供了工具，可以更准确地评估自创知识产权为企业带来的经济收益；另一方面，我国在努力建设知识产权强国，创新是影响企业竞争力的重要因素。对有的科技企业来说，知识产权的重要性更胜于其他有形资产。因此当项目支出明确可辨认为知识产权的支出、有技术可行性、对企业的有用性可论证、有足够的资源来完成该项目并销售或使用该产品或工艺时，自创知识产权便应确认为资产。

三、不同类别知识产权的确认

知识产权按取得方式一般分为外购知识产权、自创知识产权、接受债务人用来抵偿债务的知识产权、以非货币性交易换入的知识产权、接受捐赠的知识产权、接受投资者投入的知识产权、企业合并获得的知识产权等。下面分别介绍不同类别的知识产权的确认。

（一）外购的知识产权

外购知识产权包括单项购进的知识产权、与企业整体资产一起购进获得的知识产权。

对于单项购进的知识产权，在企业取得实际所有权时便确认为知识产权。对于一揽子购进的知识产权，是否要单独确认知识产权通常受到两个因素的影响：（1）知识产权占全部资产的比重，如果知识产权的比重较小，则无需单独核算；（2）知识产权是否能与其他资产在使用上相分离。如果一揽子购买的知识产权和其他资产在使用上不可分离，而且在使用年限上基本一致，知识产权也无需单独核算。当知识产权占全部资产比重较大时且在使用上可以与其他资产相分离时，便应单独确认为知识产权。

例如，在2022年"鄂来拍"重点科技成果拍卖交易会光谷科创大走廊鄂州专场上，武汉维视医学影像有限公司以500万元成功拍得"超声断层成像技术"专利的所有权。[①] 这便属于公司通过外购方式获得的知识产权，理应确认为公司的资产。

（二）自行研发的知识产权

企业内部研究开发项目研究阶段的支出，应当于发生时计入当期损益。企业内部研究开发项目开发阶段的支出，进行有条件的资本化，同时满足下列条件的，才能确认为知识产权：

---

① 湖北省知识产权局 http://zscqj.hubei.gov.cn/fbjd/szdt/202207/t20220718_4224765.shtml。

（1）完成该知识产权以使其能够使用或出售在技术上具有可行性。判断知识产权的开发在技术上是否具有可行性应当以目前阶段的成果为基础，并提供相关的证据和材料，证明企业进行开发所需的技术条件等已经具备，不存在技术上的障碍或其他不确定性。比如企业已完成全部计划、设计和测试活动，这些活动是使资产能够达到设计计划书中的功能、特征或技术所必需的活动。

（2）具有完成该知识产权并使用或出售的意图，企业能够说明其开发知识产权的目的，并具有完成该知识产权开发并使其能够使用或售卖的很大可能性；

（3）知识产权产生经济利益的方式，包括能够证明运用该知识产权生产的产品存在市场或知识产权自身存在市场，知识产权将在内部使用的，应当证明其有用性。知识产权能否为企业带来经济利益，应当运用该知识产权生产产品的市场情况进行可靠预计，以证明所生产的产品的确存在市场并能够带来经济利益，或能够证明市场对该知识产权的需求。

（4）有足够的技术、财务资源和其他资源支持，以完成该知识产权的开发，并有能力使用或出售该知识产权。企业能够证明可以取得知识产权开发所需要的技术、财务和其他资源，以及获得这些资源的相关计划。当企业自有资金不足以提供支持的，应当证明存在其他方面的资金支持，如银行等金融机构表示愿意为该知识产权的开发提供后续所需资金等。

（5）归属于该知识产权开发阶段的支出能够可靠地计量。企业对开发阶段的支出应当单独核算，比如研发人员的工资、材料费用以及相关设备的折旧等。同时从事多项研究开发活动的，所发生的支出应当按照合理的标准在各项开发活动之间分配，无法合理分配的，应当计入当期损益。

故自创知识产权的获得分研究阶段和开发阶段。研究支出与新产品或新工艺的生产和试用及给企业带来效益的确定性程度较差，应在支出发生的当期确认为费用。在开发阶段符合资本化条件的支出确认为知识产权的入账价值，不符合资本化条件的进行费用化处理。

（三）企业合并获得的知识产权

企业合并亦称"公司合并"。是指两个或者两个以上的企业通过订立合并协议，依照有关法律法规的规定，将资产合为一体，组成一个新企业的行为过程。企业合并的结果是新企业的资产等于各个合并企业的资产总和。企业合并可分为吸收合并、新设合并和控股合并三种形式。

吸收合并是指两个或两个以上的企业通过订立合并协议，并依照有关法律法规的规定合并后，其中一个企业接收了其他企业的资产负债后继续存在而其他企业被解散的合并方式。在这种方式中，解散的企业称为被合并企业，继续存在的企业称为续存企业。

新设合并，亦称创立合并，是指两个或两个以上的企业通过订立合并协议，并依照有关法律法规的规定合并后，在所有企业都解散的基础上，设立一个新企业的合并方式。

控股合并，是指一家企业购入或取得了另一家企业有表决权的股份，并已达到可以控制被合并企业财务和经营政策的持股比例。通过合并，原有各家公司依然保留法人资格。

当然，企业合并还可以根据合并对象分为同一控制下的企业合并和非同一控制下的企业合并。但无论是哪一种企业合并，在吸收合并和新设合并方式下，相关资产（包括无形资产、知识产权）都需要进行资产转移或者资产加总。

在非同一控制下的吸收合并时，如果是在购买法下，主并企业进行会计处理时，对于获得的知识产权，也应进行初始确认。

（四）非货币性资产交换获得的知识产权

根据《企业会计准则第 7 号——非货币性资产交换》，非货币性资产交换是指企业主要以固定资产、无形资产、投资性房地产和长期股权投资等非货币性资产进行的交换。该交换不涉及或只涉及少量的货币性资产（即补价）。货币性资产是指企业持有的货币资金和收取固定或可确定金额的货币资金的权利。非货币性资产是指货币性资产以外的资产。

企业应当分别按照下列原则对非货币性资产交换中的知识产权进行确认：①对于换入知识产权，企业应当在换入的知识产权符合资产定义并满足资产确认条件时予以初始确认；②对于换出的知识产权，企业应当在换出资产满足资产终止确认条件时终止确认。

换入资产的确认时点与换出资产的终止确认时点存在不一致的，企业在资产负债表日应当按照下列原则进行处理：①换入资产满足资产确认条件，换出资产尚未满足终止确认条件的，在确认换入资产的同时将交付换出资产的义务确认为一项负债。②换入资产尚未满足资产确认条件，换出资产满足终止确认条件的，在终止确认换出资产的同时将取得换入资产的权利确认为一项资产。

（五）股东投资的知识产权

《中华人民共和国公司法》第二十七条规定："股东可以用货币出资，也可以用实物、知识产权、土地使用权等可以用货币估价并可以依法转让的非货币财产作价出资；但是，法律、行政法规规定不得作为出资的财产除外。因此对投资者投入的知识产权也应进行初始确认。

知识产权出资流程包括评估价值、资产验资、产权变更及交付、工商变更登记。

以专利权为例，专利权作价入股是指以专利技术作为财产作价后，以出资入股的形式与其他形式的财产（如货币、实物、土地使用权等）相结合，按法定程序组建有限责任公司或股份有限公司的一种经营行为。股东以专利出资入股的具体流程包括：（1）各股东共同拟订公司章程，约定彼此出资额和出资方式；（2）由专利所有权人依法委托经财政部门批准设立的资产评估机构进行评估，并办理专利权变更登记及公告手续；（3）根据已经出具的资产评估报告，进行注册资本出资审验，并出具验资报告；（4）外国合营者以工业产权或者专有技术作为出资，应当提交该工业产权或者专有技术的有关资料，包括专利证书或者商标注册证书的复制件、有效状况及其技术特性、实用价值、作价的计算根据、与中国合营者签订的作价协议等有关文件，作为合营合同的附件；（5）登录"国家企业信用信息公示系统"完成注册资本实缴变更登记备案。专利权作价入股有很多注意事项，出资人必须是专利的合法权利人；评估结论与拟出资额要保持基本一致，不允许高值低入；有关专利的技术资料交接完成且后续责任约定清晰；在审查专利证书的同时，要提供专利登记簿副本，确认当前专利权人、专利权的有效期、法律状态、无效宣告、处于有效期内的专利实施许可协议等信息。只有保证企业可以控制该专利、该专利是有效的且该专利会给企业带来经济利益的流入时方可进行知识产权的初始确认。

以武汉理工大学为例，燃料电池核心部件膜电极材料的制备、量产技术是由武汉理工大学材料复合新技术国家重点实验室潘牧教授团队经过多年潜心研究取得，并于 2005 年获得发明专利。2006 年 1 月，武汉理工大学以该系列专利经资产评估机构评估作价 2 000 万元，投资入股武汉理工新能源公司。经过 10 多年的经营，该公司已成为全球知名的燃料电池膜电极产品的供应商。2017 年 10 月，深圳雄韬电源科技股份有限公司提出，以现金 9 000 万元全额收购武汉理工新能源公司股份。2018年1月,校企达成股权转让协议,成为湖北校企知识产权合作的典型案例。① 在这个案例中,武汉理工新能源公司在收到投资入股的燃料电池核心部件膜电极材料的制备、量产技术时应将其确认为一项知识产权。2018年,深圳雄韬电源科技股份有限公司全额收购股份时,深圳雄韬电源科技股份有限公司通过合并获得了技术,应确认知识产权的增加。

(六) 接受捐赠的知识产权

接受捐赠的知识产权是企业外部或内部人员以无偿赠与的方式给予企业的知识产权。企业应自获得该知识产权的控制权开始将其确认为资产。

(七) 债务重组获得的知识产权

债务重组涉及债权人和债务人,对债权人而言是"债权重组",对债务人而言是"债务重组",统称为"债务重组"。债务重组是指在不改变交易对手方的情况下,经债权人和债务人协定或法院裁定,就清偿债务的时间、金额或方式等重新达成协议的交易。债务重组不强调在债务人发生财务困难的背景下进行,也不论债权人是否做出让步。

债务重组的方式包括:债务人以资产清偿债务、将债务转为权益工具、修改其他条款或几种方式的组合。债务人以资产清偿债务是债务人转让其资产给债权人以清偿债务的债务重组方式。债务人用于偿债的资产通常是已经在资产负债表中确认了的资产,如现金、应收账款、固定资产、无形资产等。以资产清偿债务或者将债务转为权益工具方式进行债务重组的,债权人应当在相关资产符合其定义和确认条件时予以确认。通过债务重组方式获得的知识产权,通常是债务人以知识产权偿还债务。债权人企业通过债务重组获得知识产权后也应将其确认为资产。

第三节 知识产权的后续确认与终止确认

一、后续确认

(一) 摊销

摊销是指将资产的账面价值按照预计使用年限进行合理分配。目前对于知识产权是否应该摊销有三种不同的观点,分别是永久保留法、立即冲销法、逐期摊销法(谢铁山,2009)。

永久保留法的观点是知识产权入账后,除非有明显证据表明其获利能力变化,否则一直不变,不进行摊销。其理由是知识产权的价值是增加还是减少难以确定,有些知识产权的价值并不会随着使用而降低,反而可能由于市场环境等因素的影响会升值,所以最恰当的方法就是知识产权入账后,不进行摊销,直到有充足证据表明知识产权的价值发生减损,则计提减值准备或者一次性核销。这一处理方式没有考虑到大多数知识产权都会存在贬值或减值迹象,不逐期处理而是一次性核销不符合稳健性的原则。

---

① 湖北省知识产权局 http://zscqj.hubei.gov.cn/fbjd/xxgkml/qtzdgk/hygql/201911/t20191126_1442541.shtml。

立即冲销法的观点是知识产权在获得时便冲销当期损益或资本公积。理由是知识产权一般不易单独变现，需要与企业的其他资产结合起来发挥作用，其带来的经济收益难以合理地估计，出于稳健性原则，应立即冲销。但是当前科技迅速发展，越多越多的公司拥有大量的知识产权，知识产权占总资产的比重越来越大，在获得后的很长一段时间都会发挥作用，立即冲销会导致企业的损益在不同会计周期之间变化很大，反而不符合稳健性原则的要求。

逐期摊销法主张单独确认每一项知识产权，并在预期使用寿命内或者法律规定的最高摊销年限内逐期摊销。其理由是与固定资产类似，知识产权可以在多个会计年度发挥作用，而且其成本也代表企业为获得未来预期收益而发生的支出。知识产权有特殊性，在使用过程中，只存在无形损耗，而不是有形损耗。无形损耗是由于科学技术的发展、市场竞争的加剧、企业管理状况的改变等原因导致知识产权被其他更为先进的知识产权所取代。知识产权成本代表对未来超额收益所付出的代价，但是这个超额收益会随着市场的变化和企业生产的变化而逐渐衰竭。因此知识产权入账之后，根据配比原则，知识产权资产的成本应进行逐期摊销。这种处理方法既符合实际情况，又满足了会计的稳健性原则和收入与成本配比的原则，成为三种方式中最恰当的处理方式。

当前，我国企业会计准则的处理方式是对使用寿命有限的知识产权采用逐期摊销法，对使用寿命不确定的知识产权不摊销，但在期末，需进行减值测试，一旦其账面价值低于可回金额，则应计提资产减值准备。如专利权等知识产权是有存续期限的，其应当进行摊销，摊销价值的确认一般以法定年限为基础，在法定有效期内按确定的预期使用寿命进行摊销。

知识产权的摊销处理应与无形资产类似，区别于固定资产，固定资产是自固定资产投入使用的次月起计算折旧，停止使用的固定资产是自停止使用的次月起停止计提折旧。而企业摊销知识产权，摊销期是自其可供使用时至终止确认时，应当自知识产权可供使用起的当月就要对无形资产摊销，处置知识产权的当月不再摊销，即当月增加的知识产权，当月开始摊销；当月减少的知识产权，当月不再摊销。

（二）减值

由于企业所处环境的变化和技术的发展，知识产权能为企业带来的经济价值可能受到影响，发生减值。为确保企业财务报告能客观反映其财务状况和经营成果，企业需要对其知识产权的减值进行记录。

资产发生减值是指资产的账面价值超过其可收回金额的情形。知识产权减值是指知识产权账面价值超过其可收回金额。知识产权账面价值是指知识产权的摊余价值减去知识产权减值准备后的金额。可收回金额应当根据资产的公允价值减去处置费用后的净额与资产预计未来现金流量的现值两者之间较高者确定。所以当企业使用寿命有限的知识产权存在减值迹象的，应当估计其可收回金额，然后将所估计的资产可收回金额与其账面价值比较，来确定资产是否发生了减值，以及是否需要计提资产减值准备并确认相应的减值损失。例如，专利权在购买时就应该按照交换价值即历史成本进行初始确认，在以后的资产负债表日应当按照账面价值与可收回金额孰低的原则确认是否发生了减值。

对于使用寿命不确定的知识产权在持有期间无需摊销，如果每期末复核后发现使用寿命仍为不确定时，应当在每个会计期间继续进行减值测试。

在对知识产权进行减值测试时，如果发生以下一种或几种情况，企业应该估计知识产权的可回收金额：（1）该知识产权已被其他新技术所替代，使其为企业创造经济收益的能力受到非常不利的影响；（2）该知识产权的当期市价大幅下降，在剩余使用年限预计不会恢复；（3）其他足以表明该知识产权账面价值超过可收回金额的情况，包括预计损失大幅增加，继续使用该知识产权而发生的现金流量需求远高于最初的预算等。

（三）出租（许可或转让除所有权外的其他权利）

知识产权出租是指企业将所拥有的知识产权使用权让渡给其他人，并收取租金。此类交易属于企业让渡资产使用权，相关所得应作为收入处理。

根据《中华人民共和国著作权法》的规定，使用他人作品应当同著作权人订立许可使用合同，法律规定可以不经许可的除外。许可使用合同包括下列主要内容：许可使用的权利种类；许可使用的权利是专有使用权或者非专有使用权；许可使用的地域范围、期间；付酬标准和办法；违约责任；双方认为需要约定的其他内容。转让复制权、发行权、出租权等权利时，应当订立书面合同。权利转让合同包括下列主要内容：作品的名称；转让的权利种类、地域范围；转让价金；交付转让价金的日期和方式；违约责任；双方认为需要约定的其他内容。使用作品的付酬标准可以由当事人约定，也可以按照国家著作权主管部门会同有关部门制定的付酬标准支付报酬。当事人约定不明确的，按照国家著作权主管部门会同有关部门制定的付酬标准支付报酬。按照《计算机软件保护条例》的规定，软件著作权人可以许可他人行使其软件著作权，并有权获得报酬。

二、终止确认

终止确认是把资产和负债从财务报表中注销。如果已确认的资产现已不再为企业所拥有或控制，或者不再为企业带来未来经济利益的流入，就应该终止确认。对于知识产权来说，终止确认分为知识产权出售、对外投资、转销等。

（一）出售、对外投资

企业拥有的知识产权可以依法出售。企业出售知识产权，表明放弃该知识产权的所有权。比如，软件著作权人可以全部或者部分转让其软件著作权，并有权获得报酬。

企业出售知识产权，应当将取得的价款与该知识产权账面价值的差额计入当期损益。如2022年6月，武汉知识产权交易所有限公司将重庆课堂内外杂志社出版有限公司基于《全国各省高考优秀作文报告》的出版融合产品等28项公开转让。某企业成功受让该28项产品。按照《武汉知识产权交易所出版融合产品交易管理办法》等相关制度的规定，采取协议转让的方式转让。项目成交价格为人民币155 897元。这项交易对重庆课堂内外杂志社出版有限公司而言就是出售知识产权，应当在出售后对知识产权进行终止确认。

1. 划分为持有待售资产后出售

根据《企业会计准则第42号——持有待售的非流动资产、处置组和终止经营》的规定，企业主要通过出售（包括具有商业实质的非货币性资产交换）而非持续使用一项非流动资产或处置组收回其账面价值的，应当将其划分为持有待售类别。

非流动资产或处置组划分为持有待售类别，应当同时满足下列条件：

（1）根据类似交易出售此类资产或处置组的惯例，在当前状况下即可出售；

（2）出售极可能发生，即企业已经就一项出售计划作出决议且获得确定的购买承诺，预计出售将在一年内完成。有关规定要求企业相关权力机构或监管部门批准后方可出售的，应当已经获得批准。

其中确定的购买承诺，是指企业与其他方签订的具有法律约束力的购买协议，该协议包括交易价格、时间和足够严厉的违约惩罚等重要条款，使协议出现重大调整或撤销的可能性极小。

企业专为转售而取得的非流动资产或者处置组，在取得日满足"预计出售将在一年内完成"的规定条件，且短期（通常为3个月）内很可能满足持有待售类别的其他划分条件的，企业应当在取得日将其划分为持有待售类别。

因其他无法控制的下列原因之一，导致非关联方之间的交易未能在一年内完成，且有充分的证据表明企业依然承诺出售非流动资产或处置组的，企业应当继续将非流动资产或处置组划分为持有待售类别：

（1）买方或其他方意外设定导致出售延期的条件，企业针对这些条件已经及时采取行动，且预计能够自设定导致出售延期的条件起一年内顺利化解延期因素；

（2）因发生罕见情况，导致持有待售的非流动资产或处置组未能在一年内完成出售，企业在最初一年内已经针对这些新情况采取必要措施且重新满足了持有待售类别的划分条件。

持有待售的非流动资产或处置组不再满足持有待售类别划分条件的，企业不应当继续将其划分为持有待售类别。部分资产或负债从持有待售的处置组中移除后，处置组中剩余资产或负债新组成的处置组依然满足持有待售类别划分条件的，企业应当将新组成的处置组划分为持有待售类别，否则，应当将满足持有待售类别划分条件的非流动资产单独划分为持有待售类别。

2018年3月14日，财政部发布《关于持有待售准则有关问题的解读》，"解读"规定，企业应当设置"持有待售资产""持有待售资产减值准备""持有待售负债""资产处置损益"科目，正确记录和反映持有待售的非流动资产和处置组的相关交易或事项。其中"资产处置损益"反映的是企业出售划分为持有待售的非流动资产（但金融工具、长期股权投资和投资性房地产除外）或处置组（但子公司和业务除外）时确认的处置利得或损失，以及处置未划分为持有待售的固定资产、在建工程、生产性生物资产及无形资产而产生的处置利得或损失，按资产类别或处置组进行明细核算。

2. 直接出售

企业不应当将拟结束使用而非出售的非流动资产或出售组划分为持有待售类别。原因是企业对该非流动资产或处置组的使用实质上几乎贯穿了其整个经济使用寿命期，其账面价值并非主要通过出售收回，而是主要通过持续使用收回，例如，将已经使用至经济寿命几乎结束的某机器报废，并收回少量残值，则不能划分为持有待售类别。对于暂时停止使用的非流动资产，企业不应当认为其拟结束使用，也不应当将其划分为持有待售类别。

企业主要通过出售（包括具有商业实质的非货币性资产交换）而非持续使用一项知识产权收回其账面价值的，且满足将该知识产权划分为持有待售类别的条件，则应当将其划分为持有待售资产再出售，处置利得或损失应确认为"资产处置损益"；若企业对知识产权的使用实质上几乎贯穿了其整个经济使用寿命期，在使用至经济寿命几乎结束时出售则不应划分为持有待售资产，出售利得或损失亦记入"资产处置损益"。

（二）转销

若知识产权预期不能为企业带来经济收益，如该知识产权已被其他技术替代或知识产权不再受法律的保护,企业应当将知识产权的账面价值予以转销。知识产权的转销分为正常转销和非正常转销。

1. 正常转销

正常转销是指一项知识产权的法定有效期满后,法律不再保护知识产权所有者的所有权或持有权,或者外购的知识产权使用权合同期满后,企业无权再使用该知识产权。如专利权、商标权、著作权有限期满未续展。

发明专利权的期限为20年,实用新型专利权的期限为10年,外观设计专利权的期限为15年,均自申请日起计算。

注册商标的有效期为10年,自核准注册之日起计算。注册商标有效期满,需要继续使用的,商标注册人应当在期满前12个月内按照规定办理续展手续;在此期间未能办理的,可以给予6个月的宽展期。每次续展注册的有效期为10年,自该商标上一届有效期满次日起计算。期满未办理续展手续的,注销其注册商标。

对于著作权,作者的署名权、修改权、保护作品完整权的保护期不受限制。自然人的作品,其他所有权利的保护期为作者终生及其死亡后50年,截止于作者死亡后第50年的12月31日;如果是合作作品,截止于最后死亡的作者死亡后第50年的12月31日。法人或者非法人组织的作品、著作权(署名权除外)由法人或者非法人组织享有的职务作品及视听作品,其发表权的保护期为50年,截止于作品创作完成后第50年的12月31日;其他权利的保护期为50年,截止于作品首次发表后第50年的12月31日,但作品自创作完成后50年内未发表的,法律不再保护。

2. 非正常转销

非正常转销是指知识产权未到法定有效期,或合同未到期,就要将其转销。如知识产权被宣告无效或技术发展致使知识产权过时而必须进行终止确认。知识产权更新速度远高于其他资产,当知识产权项目过时失效时应终止确认,将其摊余价值转为费用。具体包括下列情况:(1)新技术使现有的专利或技术秘密失去使用价值;(2)市场竞争,更换新的商标;(3)更换新的外观设计。上述情况发生时,如果知识产权的原值尚未摊销完,需提前转销。

以专利权为例,若有人提出宣告专利权无效的请求,经有关行政部门审查并决定宣告专利无效。宣告无效的专利权视为自始即不存在。宣告专利权无效的决定,对在宣告专利权无效前人民法院作出并已执行的专利侵权的判决、调解书,已经履行或者强制执行的专利侵权纠纷处理决定,以及已经履行的专利实施许可合同和专利权转让合同,不具有追溯力。但是因专利权人的恶意给他人造成的损失,应当给予赔偿。按照规定不返还专利侵权赔偿金、专利使用费、专利权转让费,明显违反公平原则的,应当全部或者部分返还。

以商标权为例,商标权也存在非正常转销的情况。已经注册的商标,违反商标法规定的,或者是以欺骗手段或者其他不正当手段取得注册的,由商标局宣告该注册商标无效;其他单位或者个人可以请求商标评审委员会宣告该注册商标无效。最终被宣告无效的商标视为自始即不存在。商标注册人在使用注册商标的过程中,自行改变注册商标、注册人名义、地址或者其他注册事项的,由地方工商行政管理部门责令限期改正;期满不改正的,由商标局撤销其注册商标。注册商标成为其核定使用的商品的通用名称或者没有正当理由连续三年不使用的,任何单位或者个人可以向商标局申请撤销该注册商标。商标局应当自收到申请之日起9个月内做出决定。注册商标被撤销、被宣告无效或者期满不再续展的,需要进行终止确认，注销对应的会计账户。

如国家知识产权局2022年2月14日发布通告，对恶意抢注北京2022年冬奥会和冬残奥会吉祥物、运动健儿姓名等行为予以坚决打击，依据《奥林匹克标志保护条例》《商标法》第十条第一款第（八）项等规定，对第41128524号"冰墩墩"、第62453532号"谷爱凌"等429件商标注册申请予以驳回；依据《商标法》第四十四条第一款规定，对已注册的第41126916号"雪墩墩"、第38770198号"谷爱凌"等43件商标依职权主动宣告无效①。对这些商标被宣告无效的企业来说，必须对有关商标进行终止确认。

此外，商标权人要提供使用注册商标的证据，包括：（1）生产加工合同、发票、产品包装物、容器、说明书、合格证、质保卡、抽检单、入库单以及产品生产场所的实景、工人的衣物照片等；（2）销售合同、加盟合同、发票、收据、产品检验证明、运输合同、发货单等，含有商标标识和商品形象、商品名称的张贴物、装饰品等，附着于店面内的固定物上以及销售服务人员的衣物等；（3）商标宣传材料（包括在报纸、杂志、网络、电视、电台等媒体上的宣传资料；公司制作的宣传单页、手册等；公司促销或其他推广宣传活动资料）；（4）企业参加各类展会、商业活动等材料，如参展照片、参展证、缴费发票等；（5）带有企业商标标识的资质证明及所获荣誉证书：包括各种奖章、奖状、荣誉及称号等。这是因为常用汉字仅3 000有余。而根据国家知识产权局公布的统计数据，截止到2021年12月15日我国商标有效注册量为35 322 797件。商标资源已经愈发稀缺。商标的本质是使用，如果不使用，在某种意义上就是对资源的浪费。像这类被撤销的商标都需进行终止确认，从知识产权账户中注销。

如"糯米阿姨AUNT及图"商标（以下称争议商标）由张蓉（即本案被申请人）于2013年10月10日提出注册申请，于2017年6月7日获准注册，核定使用在第43类"咖啡馆、饭店、茶馆、流动饮食供应"等服务上。2017年7月28日，杭州博多工贸有限公司（即本案申请人）对争议商标提起无效宣告申请，主要理由为：被申请人与申请人前开发部经理张州丹系夫妻关系，张州丹与申请人存在代表关系。争议商标与申请人在先使用的"阿姨奶茶AUTI及图"商标使用在相同或类似服务上。被申请人申请注册争议商标属于抢注行为。经审定，争议商标的申请注册已构成《商标法》第十五条第一款所指代表人以自己的名义抢注被代表人商标之情形。故争议商标予以宣告无效。②

---

① 国家知识产权局依法打击恶意抢注"冰墩墩""谷爱凌"等商标注册（https://t.ynet.cn/baijia/32202966.html）。
② 国家知识产权局商标局 http://sbj.cnipa.gov.cn/sbj/ssbj_gzdt/201905/t20190513_19359.html。

第六章

知识产权的会计计量

第一节 会计计量模式与选择

一、会计计量含义及内容

会计不仅要对经济活动的经济现象进行确认，同时还要对经济现象内涵的价值数量关系进行计量。计量是指"用一个规定的标准已知量作单位，和同类型的未知量相比较而加以检定的过程。通常利用一种计量器具来测量未知量的大小，用数值和单位表示出来"[①]。

会计计量是对经济交易与事项的价值数量关系进行计算和衡量的过程，其实质是以数量（主要是以货币表示的价值量）关系揭示经济事项之间的内在联系[②]。会计信息的基本特征之一在于它的定量性。没有会计计量的理论和方法，会计目标的实现是难以想象的。[③] 例如，针对企业购入的专利，会计上不仅要确认该项交易所导致的无形资产和银行存款的变化，而且还必须要计算和衡量该项交易中形成的无形资产的价值数量和具体耗用了多少银行存款。对该项交易的会计计量，主要是为了揭示银行存款与无形资产之间的数量交换关系。

前已述及，会计计量以企业经济活动的全部价值变化为客体。会计上将企业的经济活动划分为若干互相关联的会计要素，包括资产、负债、所有者权益、收入、费用和利润。所以会计计量也是对这些要素的计量，其中资产要素的计量是会计计量的核心。从表现形式看，会计计量主要包括资产计价和收益决定，即资产价值计量和利润计量。

如前所述，会计计量主要涉及两个问题，一是计量单位，二是计量属性或计量基础。计量单位是计量尺度的选择问题，计量属性是一个项目要予以计量的方面。计量属性和计量单位的选择与应用，会形成不同的会计计量模式。根据我国《企业会计准则——基本准则》，企业在将符合确认条件的会计要素登记入账并列报于会计报表及其附注时，应当按照规定的会计计量属性进行计量，确定其金额。

[①] 《辞海》，上海辞书出版社，1999年版，第464页。
[②] 唐国平：《会计学原理》，中国财政经济出版社，2007年版，第168页。
[③] 苑泽明：《现代企业无形资产价值管理研究》，东北财经大学出版社，2001年版，第51页。

知识产权计量是会计人员运用一定计量模式，以货币为计量单位，并产生以货币度量信息为主的信息的处理过程。知识产权计价首要是解决知识产权的入账价值问题。知识产权计价要遵循的标准包括可验证性、一致性。可验证性是指不同会计人员对同一项知识产权的计量结果应相近。一致性是指知识产权计量方法要前后一致，不可随意变更，若变更需将变更的原因及其对会计报表的影响等对外披露。

二、会计计量模式类型

会计计量模式是指进行会计计量时所采用的计量属性和计量单位的组合方式。根据会计计量对象的特征和会计信息使用者的需求，会计计量属性主要有历史成本、重置成本、可变现净值、现值、公允价值五种。而会计计量单位包括名义货币单位和不变货币单位。故理论上的会计计量模式如表6-1所示。

表6-1　　　　　　　　　　　　会计计量模式类型

计量属性/计量单位	历史成本	重置成本	可变相净值	现值	公允价值
名义货币单位	√	√	√	√	√
不变货币单位	√	√	√	√	√

选择会计计量模式，除了依据不同的资本保全理论（财务资本保全或实物资本保全）外，主要应当考虑现实经济环境中的物价变动程度以及会计信息使用者的信息需求等因素。主要的会计计量模式是历史成本——名义货币单位模式，即历史成本会计模式、重置成本——名义货币单位模式、历史成本——不变货币单位模式。

三、知识产权计量模式的选择

（一）历史成本

历史成本以实际交易价格或成本为计价基础，不考虑物价变动。其优点是会计信息具有可靠性、可比性和可验证性，且历史成本具有现实可操作性。不足之处在于：一方面，知识产权历史成本可能无法清晰划分；另一方面，用历史成本来计量知识产权无法反映未来的超额收益，不能反映资产入账后随时间变化可能发生的增值，可能出现实际价值与账面价值不符的情况。

（二）重置成本

重置成本否定历史成本计量属性的币值稳定假设和历史成本原则，强调由物价变动引起的持有损益，因此可以准确反映资产的耗费，有利于资产保全，能更准确地反映资产的现时价值。但是用重置成本来计量知识产权必须知晓现在购买相同或者相似知识产权所需支付的现金或者现金等价物的金额，而知识产权是单一生产的，很难有相同或类似的知识产权，所以确定知识产权的重置成本较为困难。这使得用重置成本作为计量方法缺乏现实基础。未来当知识产权交易市场发展成熟时，可考虑用重置成本来计量知识产权。

（三）可变现净值

可变现净值是资产按照其正常对外销售所能收到现金或者现金等价物的金额扣减该资产

至完工时估计将要发生的成本、估计的销售费用以及相关税费后的金额计量[①]。企业持有知识产权的目的是在生产经营中使用并获得收益或超额收益，由于缺乏同类产品，在不销售知识产权的情况下要确定知识产权对外销售能获得的现金或现金等价物较为困难。而且现实中知识产权涉及的多是许可使用或转让除所有权以外的部分权利，也不能以其所得扣除成本及税费作为知识产权的价值。故用可变现净值计量实际可操作性也较低。未来当知识产权交易市场发展成熟时，可获得知识产权可变现价值，并用来计量知识产权。

（四）现值

知识产权价值是它在社会再生产过程中所节约的社会必要劳动量。使用现值作为知识产权的计量属性优势在于：一是因知识产权的使用而节约的劳动时间会转化为企业的超额收益，将知识产权预期寿命内实现的超额收益折现作为知识产权的入账价值既反映了知识产权的经济价值，又考虑了货币的时间价值；二是知识产权所实现的未来超额收益与企业的盈利能力紧密相关，更能为信息使用者提供有效信息。但是，使用现值作为知识产权的计量属性面临很多实际操作的困难，首先，未来经济活动有很大不确定性，要确定知识产权所节约的劳动量转化的企业超额收益很困难；其次，未来现金流入现值会随着时间的变化而变化，若每期根据预期现金流入调整账户，会使知识产权账户价值波动较大；最后，知识产权所带来的超额收益、期限和资本化率的确定具有很强的主观性，可操纵空间太大，此时知识产权的价值信息缺乏可比性和可验证性。故目前以现值作为知识产权计量属性的条件尚未成熟。

（五）公允价值

在公允价值计量下，知识产权按照市场参与者在计量日发生的有序交易中，出售知识产权所能收到的价格计量。目前我国知识产权评估体系尚未完全成熟，知识产权的统一交易市场也未形成，不同知识产权之间价格无法比较，无法确定出售知识产权所能收到的价格。

不变货币单位的应用，以非持续经营状态为前提。结合上述对计量属性的分析，目前知识产权通常按照历史成本——名义货币计量模式，以历史成本为主，辅以现值、公允价值等计量属性。以取得知识产权并使之达到预定可使用状态而发生的一切合理必要的支出，作为知识产权的成本。在后续进行减值判断时需结合公允价值和未来现金流量的现值来确定可收回金额。但自创知识产权成本不完整以及考虑到历史成本的局限，随着计量方式和知识产权评估与交易的发展成熟，知识产权计量必将突破历史成本计量属性，转而更多更灵活使用更能反映知识产权真实价值的现值、公允价值等计量属性。

制约知识产权适用其他计量属性如可变现净值、公允价值等的原因都是因为缺乏知识产权的成熟统一交易市场。知识产权交易市场是提供商标权、专利权、著作权（版权）等知识产权的交易、转让、许可、投融资的综合服务平台，是为科技成果及知识产权转化所搭建的桥梁。打造知识产权交易市场，有利于促进知识产权的商品化、资本化、产业化，为知识产权发展提供推动力。目前，多地建立了知识产权交易机构，如广州知识产权交易中心、上海知识产权交易中心、成都知识产权交易中心、浙江知识产权交易中心、武汉知识产权交易所等。以浙江知识产权交易中心和武汉知识产权交易所为例，浙江知识产权交易中心在知识产权持有人、购买人和投资人之间搭建了一个知识产权交易的公共服务平台、市场化交易平

[①] 现行企业会计准则中只对存货期末计价采用成本与可变现净值孰低计量。其他资产暂时未用到此计量模式。特此说明。

台和投融资平台；中心业务内容包括提供与知识产权运营相关的信息查询服务，开展专利技术交易和转化服务，探索开展专利的单位许可权交易业务，利用各类资本开展知识产权投融资业务，设立专利银行开展反诉讼业务等。武汉知识产权交易所通过与经纪、咨询、评估等专业中介机构合作，为专有技术、知识产权和科技型企业股权以转让、许可、入股、融资、并购等多种形式转移转化的全过程，提供低成本、高效率的专业化服务；为交易双方提供信息披露、组织交易、资金结算等服务，规范交易流程、保障交易双方及技术经纪人的利益，并确保实现交易和价值的最大化。总的来说，目前我国的知识产权交易市场尚处于初创阶段，主要是各地自办的知识产权交易中心。在国家大力支持创新的背景下，未来一定会形成全国统一、信息公开透明度更高、交易量更大的知识产权交易市场，届时，会计对知识产权的计量也可选择公允价值等计量属性。

第二节　知识产权的初始计量

不同来源方式的知识产权，成本构成不同。知识产权按来源可分为自创知识产权、外购知识产权、接受投资的知识产权等。

一、自创知识产权的计量

企业内部研究开发项目的支出，应当区分研究阶段支出与开发阶段支出。研究是指为获取并理解新的科学或技术知识而进行的独创性的有计划调查阶段，该阶段具有计划性和探索性等特点。研究阶段是为进一步的开发活动进行资料及相关方面的准备。已进行的研究活动将来是否会转入开发、开发后是否会形成知识产权具有较大的不确定性。[①] 比如，意在获取知识而进行的活动，研究成果或其他知识的应用研究、评价和最终选择，材料、设备、产品、工序、系统或服务替代品的研究，新的或经改进的材料、设备、产品、工序、系统或服务的可能替代品的配制、设计、评价和最终选择等，均属于研究活动。开发是指在进行商业性生产或使用前，将研究成果或其他知识应用于某项计划或设计，以生产出新的或具有实质性改进的材料、装置、产品等，该阶段具有针对性和形成成果的可能性较大等特点。开发阶段应当是已完成研究阶段的工作，在很大程度上具备了形成一项新产品或新技术的基本条件，如生产前或使用前的原型和模型的设计、建造与测试，不具有商业性生产经济规模的试生产设施的设计、建造和运营等，均属于开发活动。研究与开发阶段的划分，企业根据研究与开发的实际情况加以判断。

企业内部研究开发项目研究阶段的支出，应当于发生时记入"研发支出——费用化支出"，期末再计入当期损益。企业内部研究开发项目开发阶段的支出，进行有条件的资本化，同时满足下列条件的，才能确认为知识产权：

（1）完成该知识产权以使其能够使用或出售在技术上具有可行性，判断知识产权的开发在技术上是否具有可行性应当以目前阶段的成果为基础，并提供相关的证据和材料，证明

[①] 在会计处理时，研究与开发的阶段划分是一难题，如何科学地划分这两个阶段，对会计信息质量和知识产权的价值具有重大影响。

企业进行开发所需的技术条件等已经具备，不存在技术上的障碍或其他不确定性。比如企业已完成全部计划、设计和测试活动，这些活动是使资产能够达到设计计划书中的功能、特征或技术所必需的活动。

（2）具有完成该知识产权并使用或出售的意图，企业能够说明其开发知识产权的目的，具有完成该知识产权开发并使其能够使用或售卖的很大可能性。

（3）知识产权产生经济利益的方式，包括能够证明运用该知识产权生产的产品存在市场或知识产权自身存在市场，知识产权将在内部使用的，应当证明其有用性。知识产权能否为企业带来经济利益，应当运用该知识产权生产产品的市场情况进行可靠预计，以证明所生产的产品的确存在市场并能够带来经济利益，或能够证明市场对该知识产权的需求。

（4）有足够的技术、财务资源和其他资源支持，以完成该知识产权的开发，并有能力使用或出售该知识产权。企业能够证明可以取得知识产权开发所需要的技术、财务和其他资源，以及获得这些资源的相关计划。当企业自有资金不足以提供支持的，应当证明存在其他方面的资金支持，如银行等金融机构表示愿意为该知识产权的开发提供后续所需资金等。

（5）归属于该知识产权开发阶段的支出能够可靠地计量。企业对开发阶段的支出应当单独核算，比如研发人员的工资、材料费用以及相关设备的折旧等。同时从事多项研究开发活动的，所发生的支出应当按照合理的标准在各项开发活动之间分配，无法合理分配的，应当计入当期损益。

自创知识产权的发展分研究阶段和开发阶段。研究支出与新产品或新工艺的生产和试用及给企业带来效益的确定性程度较差，应在支出发生的当期确认为费用。按照会计上的谨慎性原则，在研究阶段发生的支出全部费用化，在开发阶段符合资本化条件的支出确认为知识产权财产的账面价值，不符合资本化条件的进行费用化处理。

自行开发的知识产权，其成本包括：开发该知识产权时耗用的材料、劳务成本、注册费、在开发过程中使用的其他专利权和特许权的摊销以及满足资本化条件的利息费用，以及为使该知识产权达到预定用途前所发生的其他直接费用。对以前已经费用化的开发支出不再调整。

自创知识产权的成本应该包括为创造该项知识产权而发生的全部支出，但是某些成本费用是无法与某项确定的知识产权相联系的。例如，一项专利在申请注册登记前往往有大量研究与开发支出，在研究与开发支出发生时对于是否会形成专利是不确定的。目前的知识产权成本通常只包括与知识产权取得直接相关的成本和注册登记费、法律费、印刷费、制作费，而不包括大量研究与开发费、广告费和市场开拓费等支出。账面上仅仅反映有关的费用，无法得到所支出的费用和相应知识产权的相关性和对应性，必须结合历史成本和评估价值同时计量才能保证知识产权静态和动态信息的准确反映，采用"二元计量"模式能够解决以上问题。

关于研发支出的会计准则及相关配套措施正在逐步细化与完善。在会计准则国际趋同的背景下，我国 2006 年版企业会计准则允许开发阶段的支出有条件的资本化，而研究阶段的支出则在发生时费用化。前已述及，发生的研究支出，先通过"研发支出——费用化支出"科目过渡，期末再转入"管理费用"科目。此时，投资者只能在财务报表附注中获取具体的研发费用信息。2018 年 6 月 15 日，财政部发布《关于修订印发 2018 年度一般企业财务报表格式的通知》（财会〔2018〕15 号），要求在利润表中新增"研发费用"项目，将"研发费用"在利润表单独列报,即将传统的财务费用、销售费用和管理费用"三大费用"拆分成"四大费用",以便投资者能够直接从财务报表内获取研发费用信息,这一列报新规已在上市公司编制 2018 年年报时开始实施(晏超等,2021)。这进一步凸显了研发创新的重要性,可以为信息使用者提供更详细的信息[①]。

需要特别注意的是,对于企业研发项目已进入资本化阶段,项目因故终止(即研发失败),已资本化的开发支出如何处理?《企业会计准则第 6 号——无形资产》及其应用指南没有明确规定。但上海证券交易所《会计监管动态》2021 年第 4 期对此有所介绍:

首先,应判断以前年度已资本化的开发支出是否满足无形资产准则规定的五项条件。

如果实际上在以前年度未满足资本化条件,则以前年度确认开发支出的会计处理存在差错,应按照《企业会计准则第 28 号——会计政策、会计估计变更和差错更正》的相关规定进行差错更正处理。

其次,如果以前年度资本化的会计处理不存在差错的,则应按照无形资产后续计量的相关规定考虑。对于尚未达到可使用状态的无形资产,由于其价值通常具有较大的不确定性,应每年进行减值测试。因此,应进一步判断以前年度计提的减值是否充分。若以前年度已经发生减值,则应按照会计差错更正追溯调整以前年度对开发支出计提的减值,相关损失计入"资产减值损失"项目。

如果以前年度资本化和减值的会计处理均不存在差错,企业决定终止部分在研项目很可能表明这些项目在当期发生了减值,相关损失同样应计入当期资产减值损失,而非转出后计入研发费用。[②]

二、外购知识产权的计量

外购知识产权包括单项购进的知识产权、与企业整体资产一起购进的知识产权。

(一)单项购进的知识产权

对单项购进的知识产权,以取得知识产权所支出的现金或现金等价物及使之达到预定可使用状态前发生的其他所有支出作为知识产权的实际取得成本,具体包括购买价款、手续费、税费以及直接归属于使该项资产达到预定用途所发生的其他支出。其中直接归属于使该项知识产权达到预定可使用状态所发生的其他支出包括使知识产权达到预定用途所发生的专业服务费用、测试知识产权能否正常发挥作用的费用等,不包括为引入新产品进行宣传而发生的广告费、管理费以及其他间接费用,以及知识产权已经达到预定用途后发生的费用。

若购买知识产权的价款超过正常信用条件延期支付,实质上具有融资性质的,知识产权的成本以购买价款的现值为基础确定。实际支付的价款与购买价款现值之间的差额作为未确认的融资费用,在付款期间按照实际利率法确认为利息费用。

(二)"一揽子"购进的知识产权

对于"一揽子"购进的知识产权,各项知识产权的价值分割较为复杂。"一揽子"购入

---

① 当然,在利润表中单独列示"研发支出",是否真正能够提升其会计信息的相关性,有兴趣的读者可参阅:晏超、方晨力、汤湘希:"研发费用单独列报的价值相关性——基于财务报表格式更改的实证分析",载《山西财经大学学报》,2021 年第 5 期。

② "研发失败的研发费会计核算及税前加计扣除",税务网校(https://www.chinaacc.com/)。

是指企业一次取得一组知识产权或既有有形资产又有知识产权。在一揽子购入多项资产的情况下，是否要单独确认知识产权通常受到两个因素的影响：（1）知识产权占全部资产的比重，如果知识产权的比重较小，则无需单独核算；（2）知识产权是否能与其他资产在使用上相分离，如果一揽子购买的知识产权和其他资产在使用上不可分离，而且在使用年限上基本一致，知识产权也无需单独核算。需要单独核算时，应将这种方式购入的资产分为可辨认资产和不可辨认资产。若全是可辨认资产，则按各项资产的公允价值将总支出按比例分配。若既有不可辨认资产又有可辨认资产，则按照各项可辨认资产的公允价值作为可分配成本，将总成本减去可辨认资产已分配成本和预期负债后的差额作为不可辨认资产的价值。

三、非货币性资产交换获得的知识产权的计量

（一）以公允价值为基础计量

非货币性资产交换同时满足下列条件的，应当以公允价值为基础计量：

（1）该项交换具有商业实质，满足下列条件之一的非货币性资产交换具有商业实质：①换入资产的未来现金流量在风险、时间分布或金额方面与换出资产显著不同。②使用换入资产所产生的预计未来现金流量现值与继续使用换出资产不同，且其差额与换入资产和换出资产的公允价值相比是重大的。

（2）换入资产或换出资产的公允价值能够可靠地计量。

换入资产和换出资产的公允价值均能够可靠计量的，应当以换出资产的公允价值为基础计量，但有确凿证据表明换入资产的公允价值更加可靠的除外。

以公允价值为基础计量的非货币性资产交换，对于换入资产，应当以换出资产的公允价值和应支付的相关税费作为换入资产的成本进行初始计量；对于换出资产，应当在终止确认时，将换出资产的公允价值与其账面价值之间的差额计入当期损益。

有确凿证据表明换入资产的公允价值更加可靠的，对于换入资产，应当以换入资产的公允价值和应支付的相关税费作为换入资产的初始计量金额；对于换出资产，应当在终止确认时，将换入资产的公允价值与换出资产账面价值之间的差额计入当期损益。

以公允价值为基础计量的非货币性资产交换，涉及补价的，应当按照下列规定进行处理：

（1）支付补价。以换出资产的公允价值，加上支付补价的公允价值和应支付的相关税费，作为换入资产的成本，换出资产的公允价值与其账面价值之间的差额计入当期损益。

有确凿证据表明换入资产的公允价值更加可靠的，以换入资产的公允价值和应支付的相关税费作为换入资产的初始计量金额，换入资产的公允价值减去支付补价的公允价值，与换出资产账面价值之间的差额计入当期损益。

（2）收到补价。以换出资产的公允价值，减去收到补价的公允价值，加上应支付的相关税费，作为换入资产的成本，换出资产的公允价值与其账面价值之间的差额计入当期损益。

有确凿证据表明换入资产的公允价值更加可靠的，以换入资产的公允价值和应支付的相关税费作为换入资产的初始计量金额，换入资产的公允价值加上收到补价的公允价值，与换出资产账面价值之间的差额计入当期损益。

以公允价值为基础计量的非货币性资产交换，同时换入或换出多项资产的，应当：

（1）对于同时换入的多项资产。按照换入的金融资产以外的各项换入资产公允价值相对比例，将换出资产公允价值总额（涉及补价的，加上支付补价的公允价值或减去收到补价的公允价值）扣除换入金融资产公允价值后的净额进行分摊，以分摊至各项换入资产的金额，加上应支付的相关税费，作为各项换入资产的成本进行初始计量。

有确凿证据表明换入资产的公允价值更加可靠的，以各项换入资产的公允价值和应支付的相关税费作为各项换入资产的初始计量金额。

（2）对于同时换出的多项资产。将各项换出资产的公允价值与其账面价值之间的差额，在各项换出资产终止确认时计入当期损益。

有确凿证据表明换入资产的公允价值更加可靠的，按照各项换出资产的公允价值的相对比例，将换入资产的公允价值总额（涉及补价的，减去支付补价的公允价值或加上收到补价的公允价值）分摊至各项换出资产，分摊至各项换出资产的金额与各项换出资产账面价值之间的差额，在各项换出资产终止确认时计入当期损益。

（二）以账面价值为基础计量

不满足使用公允价值计量的非货币性资产交换，应当以账面价值为基础计量。对于换入资产，企业应当以换出资产的账面价值和应支付的相关税费作为换入资产的初始计量金额；对于换出资产，终止确认时不确认损益。

以账面价值为基础计量的非货币性资产交换，涉及补价的，应当按照下列规定进行处理：

（1）支付补价的。以换出资产的账面价值，加上支付补价的账面价值和应支付的相关税费，作为换入资产的初始计量金额，不确认损益。

（2）收到补价的。以换出资产的账面价值，减去收到补价的公允价值，加上应支付的相关税费，作为换入资产的初始计量金额，不确认损益。

以账面价值为基础计量的非货币性资产交换，同时换入或换出多项资产的，应当按照下列规定进行处理：

（1）对于同时换入的多项资产。按照各项换入资产的公允价值的相对比例，将换出资产的账面价值总额（涉及补价的，加上支付补价的账面价值或减去收到补价的公允价值）分摊至各项换入资产，加上应支付的相关税费，作为各项换入资产的初始计量金额。换入资产的公允价值不能够可靠计量的，可以按照各项换入资产的原账面价值的相对比例或其他合理的比例对换出资产的账面价值进行分摊。

（2）对于同时换出的多项资产。各项换出资产终止确认时均不确认损益。[①]

四、企业合并获得的知识产权的计量

以同一控制下的企业吸收合并方式取得的知识产权按被合并方的账面价值确定其入账价值；以非同一控制下的企业吸收合并方式取得的知识产权按公允价值确定其入账价值。

五、接受投资的知识产权的计量

股东可以用实物、知识产权、土地使用权等可以用货币估价并可以依法转让的非货币财

---

① 具体会计处理，请参阅《企业会计准则第7号——非货币性资产交换》的规定处理。

产作价出资。接受投资知识产权是指投资者以其持有的专利权、商标权、软件等知识产权，对企业作价出资而形成的知识产权。投资者投入知识产权的成本，应当按照投资合同或协议约定的价值确定，但合同或协议约定价值不公允的除外，应按知识产权的公允价值作为知识产权的初始成本入账。比如经专业的评估机构评估后，专利权可以出资入股。

六、接受捐赠的知识产权的计量

接受捐赠的知识产权是企业外部或内部人员以无偿赠与的方式给予企业的知识产权。企业无需支付价款，捐赠方也不会出具发票，只有产权证书或许可声明，此时若同类或类似的知识产权存在活跃的市场，按同类或类似知识产权的市场价格估计的金额加上相关税费作为知识产权的价值；若不存在活跃的市场，则按知识产权的未来现金流入现值确定。

七、债务重组获得的知识产权的计量

根据《企业会计准则第12号——债务重组》的规定，以资产清偿债务方式进行债务重组的，债权人受让无形资产时，应当计入无形资产的成本，包括放弃债权的公允价值和可直接归属于使该资产达到预定用途所发生的税费等其他成本。放弃债权的公允价值与账面价值之间的差额应当计入当期损益。

以多项资产清偿债务或者组合方式进行债务重组的，债权人应当首先按照《企业会计准则第22号——金融工具确认和计量》的规定确认和计量受让的金融资产和重组债权，然后按照受让的金融资产以外的各项资产的公允价值比例，对放弃债权的公允价值扣除受让金融资产和重组债权确认金额后的净额进行分配，并以此为基础分别确定各项资产的成本。放弃债权的公允价值与账面价值之间的差额，应当计入当期损益。

如果债权人与债务人之间的债务重组是在公平交易的市场环境中达成的交易，放弃债权的公允价值通常与受让资产的公允价值相等，且通常不高于放弃债权的账面余额。

第三节 知识产权的后续计量

一、摊销

企业应当于取得知识产权时分析判断其使用寿命。知识产权的使用寿命为有限的，应当估计该使用寿命的年限等类似计量单位数量；无法预见知识产权为企业带来经济利益期限的，应当视为使用寿命不确定的知识产权。使用寿命不确定的知识产权不应摊销。

使用寿命有限的知识产权，其应摊销金额应当在使用寿命内进行系统合理摊销。企业摊销知识产权，应当自知识产权可供使用时起，至不再作为知识产权确认时止，将其摊销额在使用寿命内进行系统合理的摊销。知识产权的应摊销金额为其成本扣除预计残值后的金额。已计提减值准备的知识产权，还应扣除已计提的知识产权减值准备累计金额。故对于需要进行摊销的知识产权，涉及的问题包括摊销方法的选择、摊销年限的确定、知识产权残值的金额。

(一) 摊销方法

企业选择的知识产权摊销方法,应当反映与该项知识产权有关的经济利益的预期实现方式,即知识产权摊销应反映企业消耗该知识产权内含的经济利益的方式。无法可靠确定预期实现方式的,应当采用直线法摊销。知识产权的摊销金额一般应当计入当期损益,但如果某项知识产权是专门用来生成某种产品的,其所包含的经济利益是通过转入所生产的产品中体现的,知识产权的摊销费用应构成产品成本的一部分。

常见的知识产权摊销方法有直线法和加速摊销法。

1. 直线法

直线法是将知识产权的账面价值在其有限经济寿命内均衡地分配于每一会计期间的摊销方法。计算年摊销额的公式如下:

年摊销额 = 知识产权账面价值/预计有限使用年限

直线法的优点是计算简便、易于操作,因此得到普遍的采用。但是对于科技型企业,知识产权在资产中的占比很大,且硬性使用直线法不符合会计的配比原则。与会计界对固定资产折旧方法的争论相似,知识产权摊销应采用加速摊销法,尤其是高科技企业。

2. 加速摊销法

加速摊销法是将知识产权的账面价值在知识产权有限使用期限内前期多摊销,后期少摊销的方法。理由是当前科技迅速发展,技术更新速度非常快,尤其是高科技企业中的知识产权,其无形损耗更快。知识产权前期发挥的作用更大,效益更明显,后期的失效和报废的风险越来越高,根据配比原则,知识产权也必须进行加速摊销。

知识产权加速摊销法也可采用与固定资产类似的计算方法,如年数总和法、双倍余额递减法等。

(1) 双倍余额递减法,是以知识产权年初账面价值和双倍直线法摊销率计算各年摊销额的方法。计算公式如下:

年摊销率 = 2/有效使用年限

年摊销额 = 年初知识产权摊余价值 × 年摊销率

为简化计算,实务中预计有效使用年限最后两年改为平均摊销,即年初知识产权账面价值平均摊销。

(2) 年数总和法,是指用知识产权原值减去预计残值后的净额,乘以一个逐年递减的分数(称为摊销率)计算摊销额的一种加速摊销的方法。逐年递减分数的分子代表知识产权尚可使用的年数;分母代表使用年数的逐年数字之总和,假定使用年限为 n 年,分母即为 $1 + 2 + 3 + \cdots + n = n(n+1) \div 2$,相关计算公式如下:

年摊销率 = 尚可使用年数/年数总和 × 100%

年摊销额 = (知识产权原值 − 预计净残值) × 年摊销率

月摊销率 = 年摊销率/12

月摊销额 = (知识产权原值 − 预计净残值) × 月摊销率

3. 以使用知识产权的经济活动产生的收入为基础进行摊销

企业选择的知识产权摊销方法,应当反映与该知识产权有关的经济利益的预期实现方式。无法可靠确定预期实现方式的,应当采用直线法摊销。根据上述规定,企业也可以使用知识产权的经济活动产生的收入为基础进行摊销。

根据 2018 年 1 月 1 日起施行的《企业会计准则解释第 11 号——关于以使用无形资产产生的收入为基础的摊销方法》的规定，企业在按照《企业会计准则第 6 号——无形资产》的规定选择无形资产摊销方法时，应根据与知识产权有关的经济利益的预期消耗方式作出决定。由于收入可能受到投入、生产过程和销售等因素的影响，这些因素与知识产权有关经济利益的预期消耗方式无关。因此，企业通常不应以包括使用知识产权在内的经济活动所产生的收入为基础进行摊销，但是，下列极其有限的情况除外：

（1）企业根据合同约定确定知识产权固有的根本性限制条款（如知识产权的使用时间、使用知识产权生产产品的数量或因使用知识产权而应取得固定的收入总额）的，当该条款为因使用知识产权而应取得的固定的收入总额时，取得的收入可以成为摊销的合理基础，如企业获得勘探开采黄金的特许权，且合同明确规定该特许权在销售黄金的收入总额达到某固定的金额时失效。

（2）有确凿的证据表明收入的金额和知识产权经济利益的消耗是高度相关的。

（二）摊销年限

1. 确定知识产权预计使用寿命应考虑的因素

一般情况下，知识产权的应摊销金额应在其预计使用寿命内摊销。企业在确定知识产权预计使用寿命时，应考虑的因素包括：（1）运用该资产生产的产品通常的寿命周期；（2）可获得的类似资产使用寿命的信息、技术、工艺等方面的现阶段情况以及对未来发展趋势的估计，如知识经济时代的到来，使知识产权的有效寿命日益变短，尤其是专利权和专有技术这一类科技含量较高的知识产权，贬值的速度日益加快；（3）以该资产生产的产品或提供服务的市场需求情况；（4）当前或潜在的竞争者预期采取的行动；（5）为维持该资产带来经济利益能力的预期维护支出，以及企业预计支付有关支出的能力；（6）企业管理者和员工的年龄和素质；（7）对该资产控制期限的相关法律规定或类似限制；（8）知识产权的具体类别，如著作权、商标权往往在其期限结束时可以申请续延，这样一部分知识产权的有限年限可以认为是无限的；（9）与企业持有其他资产的使用寿命的关联性。总的来说，知识产权的摊销该年限必须是在该年限内知识产权能为企业带来超额收益，即是知识产权的有效经济年限。

2. 法定年限、合同规定年限、经济适用年限

法律法规或合同规定了有关可辨认知识产权最高年限，如我国有关法律规定，发明专利权的期限为 20 年，实用新型专利权的期限为 10 年，外观设计专利权的期限为 15 年，商标权的有效期为 10 年。

若预计使用寿命超过了相关合同规定的收益年限或法律规定的年限，应按如下原则确定摊销年限：（1）按合同规定收益年限。如果某项知识产权的合同规定了受益年限，但法律没有规定有效年限的，其摊销年限不应超过收益年限；（2）按法定有效年限。若某知识产权的合同没有规定收益年限，但法律规定了有效年限的，按不超过法律规定的有效年限摊销；（3）既有合同规定年限，又有法定有效年限，按孰短原则处理。即如果某知识产权既有合同规定的收益年限，又有法定有效年限，则摊销年限按不超过收益年限与有效年限二者之中较短者。即根据国际惯例，凡是有法定年限的知识产权，法定年限就作为摊销年限，若其经济使用年限小于法定年限，则以经济使用年限作为摊销年限。没有法定年限或者法定年限过长的知识产权，则需要会计准则制定机构规定最长摊销年限。

知识产权的摊销年限一经确定，不得随意变更，因客观经济环境改变确需变更的，应将该变更作为会计估计变更处理。

（三）知识产权的残值

使用寿命有限的知识产权，其残值应当视为零，但下列情况除外：（1）有第三方承诺在知识产权使用寿命结束时购买该知识产权。（2）可以根据活跃市场得到预计残值信息，并且该市场在知识产权使用寿命结束时很可能存在。

（四）定期复核

企业应当在每个会计期间对使用寿命不确定的知识产权的使用寿命进行复核。如果有证据表明知识产权的使用寿命是有限的，应当估计其使用寿命，并按使用寿命有限的知识产权进行会计处理。如果期末重新复核后仍为使用寿命不确定的，在每个会计期间继续进行减值测试。

企业至少应当于每年年度终了，对使用寿命有限的知识产权的使用寿命及摊销方法进行复核。知识产权的使用寿命及摊销方法与以前估计不同的，应当改变摊销期限和摊销方法。

【例6-1】甲公司拥有一项专利权A，购入时花费80万元，预计使用寿命为4年，采用直线法摊销，已使用2年。请计算对于专利A，甲公司每年应计提的摊销额是多少？

每年摊销额 = 80 ÷ 4 = 20（万元）

二、减值

资产减值，是指资产的可收回金额低于其账面价值。资产，除特别规定外，包括单项资产和资产组。资产组，是指企业可以认定的最小资产组合，其产生的现金流入应当基本上独立于其他资产或者资产组产生的现金流入。

（一）判断减值

企业应当在资产负债表日判断资产是否存在可能发生减值的迹象。使用寿命不确定的知识产权，无论是否存在减值迹象，每年都应当进行减值测试。

存在下列迹象的，表明资产可能发生了减值：

（1）资产的市价当期大幅度下跌，其跌幅明显高于因时间的推移或者正常使用而预计的下跌。

（2）企业经营所处的经济、技术或者法律等环境以及资产所处的市场在当期或者将在近期发生重大变化，从而对企业产生不利影响。

（3）市场利率或者其他市场投资报酬率在当期已经提高，从而影响企业计算资产预计未来现金流量现值的折现率，导致资产可收回金额大幅度降低。

（4）有证据表明知识产权资产已经陈旧过时或者其创利能力下降或丧失。

（5）资产已经或者将被闲置、终止使用或者计划提前处置。

（6）企业内部报告的证据表明资产的经济绩效已经低于或者将低于预期，如资产所创造的净现金流量或者实现的营业利润（或者亏损）远远低于（或者高于）预计金额等。

（7）其他表明知识产权资产可能已经发生减值的迹象。

（二）资产可收回金额的计量

资产存在减值迹象的，应当估计其可收回金额。

可收回金额应当根据资产的公允价值减去处置费用后的净额与资产预计未来现金流量的

现值两者之间较高者确定。因此要估计知识产权的可收回金额，通常需要同时估计该知识产权的公允价值减去处置费用后的净额和资产预计未来现金流量的现值。若资产的公允价值减去处置费用后的净额与资产预计未来现金流量的现值，只要有一项超过了资产的账面价值，就表明资产没有发生减值，不需再估计另一项金额。

1. 知识产权公允价值减去处置费用后净额的估计

知识产权的公允价值减去处置费用后的净额，通常反映的是资产如果被出售或者处置时可以收回的净现金收入。知识产权的公允价值是指在公平交易中熟悉情况的交易双方自愿进行资产交换的金额；处置费用是指可以直接归属于知识产权处置的增量成本，包括与资产处置有关的法律费用、相关税费以及为使资产达到可销售状态所发生的直接费用等，但是财务费用和所得税费用等不包括在内。

企业在估计知识产权的公允价值减去处置费用后的净额时，应按照如下顺序进行：

（1）应当根据公平交易中知识产权的销售协议价格减去可直接归属于该知识产权处置费用的金额确定知识产权的公允价值减去处置费用后的净额。

（2）在知识产权不存在销售协议但存在活跃市场的，应当按照该项知识产权的市场价格减去处置费用后的金额确定。资产的市场价格通常应当根据资产的买方出价确定。但是如果难以获得知识产权在估计日的买方出价的，企业可以以知识产权最近的交易价格作为其公允价值减去处置费用后的净额的估计基础，其前提是固定资产的交易日和估计日之间，有关经济、市场环境等没有发生重大变化。

（3）在不存在知识产权销售协议和资产活跃市场的情况下，应当以可获取的最佳信息为基础，根据在资产负债表日如果处置知识产权的话，熟悉情况的交易双方自愿进行公平交易愿意提供的交易价格减去处置费用后的净额。该净额可以参考同行业类似资产的最近交易价格或者结果进行估计。

企业按照上述规定仍然无法可靠估计知识产权的公允价值减去处置费用后的净额的，应当以该知识产权预计未来现金流量的现值作为其可收回金额。

2. 知识产权未来现金流量现值的估计

预计知识产权未来现金流量的现值，应当按照资产在持续使用过程中和最终处置时所产生的预计未来现金流量，选择恰当的折现率对其进行折现后的金额加以确定。预计资产未来现金流量的现值，应当综合考虑资产的预计未来现金流量、使用寿命和折现率等因素。

（1）知识产权预计未来现金流量。未来的现金流量具体应包括：①资产持续使用过程中预计产生的现金流入。②为实现资产持续使用过程中产生的现金流入所必需的预计现金流出（包括为使资产达到预定可使用状态所发生的现金流出）。该现金流出应当是可直接归属于或者可通过合理和一致的基础分配到资产中的现金流出。③资产使用寿命结束时，处置资产所收到或者支付的净现金流量。该现金流量应当是在公平交易中，熟悉情况的交易双方自愿进行交易时，企业预期可从资产的处置中获取或者支付的、减去预计处置费用后的金额。

估计资产未来现金流量的现值，首先应当预计资产的未来现金流量，为此企业管理层应在合理和有依据的基础上对资产剩余使用寿命内整个经济状况作出最佳估计，并在资产未来现金流量的预计建立在经公司管理层批准的最近财务预算或预测数据之上，以该预算或者预测期之后年份稳定的或者递减的增长率为基础。企业管理层如能证明递增的增长率是合理的，可以以递增的增长率为基础。但是出于数据可靠性和便于操作等方面的考虑，建立在该预算或预测基础上的预计现金流量最多涵盖 5 年，企业管理层如果可以证明更长的期间是合理的，可以涵盖更长的期间。原因是：通常情况下，要对期限超过 5 年的未来现金流量绩效进行较为可靠的预测比较困难，如果公司管理层以超过 5 年的财务预算或预测为基础对未来现金流量进行预计，企业管理层应当确保这些预计的可靠性，并提供相应的证明，比如根据过去的经验和时间，企业有能力对超过 5 年的期间作出较为准确的预测。在对预算或者预测期之后年份的现金流量进行预计时，所使用的增长率除了企业能够证明更高的增长率是合理的之外，不应当超过企业经营的产品、市场、所处的行业或者所在国家或者地区的长期平均增长率，或者该资产所处市场的长期平均增长率。

预计资产的未来现金流量，应当以资产的当前状况为基础，不应当包括与将来可能会发生的、尚未作出承诺的重组事项或者与资产改良有关的预计未来现金流量。预计资产的未来现金流量也不应当包括筹资活动产生的现金流入或者流出以及与所得税收付有关的现金流量。企业已经承诺重组的，在确定资产的未来现金流量的现值时，预计的未来现金流入和流出数，应当反映重组所能节约的费用和由重组所带来的其他利益，以及因重组所导致的估计未来现金流出数。其中重组所能节约的费用和由重组所带来的其他利益，通常应当根据企业管理层批准的最近财务预算或者预测数据进行估计；因重组所导致的估计未来现金流出数应当根据《企业会计准则第 13 号——或有事项》所确认的因重组所发生的预计负债金额进行估计。

例如：某专利权的剩余使用年限是 4 年，企业预计未来 4 年该专利为企业产生的净现金流量分别为 80 万元、70 万元、40 万元、15 万元。该现金流量通常为最有可能产生的现金流量，企业应以该现金流量为基础计算知识产权的现值。

(2) 知识产权未来现金流量的现值。计算知识产权未来现金流量现值时所使用的折现率是反映当前市场货币时间价值和资产特定风险的税前利率。该折现率是企业在购置资产或者投资时所要求的必要报酬率。在预计资产的未来现金流量时已经对资产特定风险的影响做出调整，估计折现率不需要考虑这些特定风险。如果用于估计折现率的基础是税后的，应当将其调整为税前的折现率以便于与资产未来现金流量的估计基础相一致。实务中，折现率的确定应当首先以知识产权的市场利率为依据。

在预计知识产权的未来现金流量和折现率后，知识产权未来现金流量的现值只需要将该资产的预计未来现金流量按照预计的折现率在预计的资产使用寿命里加以折现即可确定。其一般计算公式为：

知识产权未来现金流量的现值（PV）= $\sum$（未来现金流量 × 折现系数）

预计资产的未来现金流量涉及外币的，应当以该资产所产生的未来现金流量的结算货币为基础，按照该货币适用的折现率计算资产的现值；然后将该外币现值按照计算资产未来现金流量现值当日的即期汇率进行折算。

【例 6-2】甲公司拥有一项专利权 B，购入时花费 100 万元，预计使用寿命为 5 年，采用直线法摊销，已使用 3 年。2020 年年末，由于与该专利有关的经济情况发生变化进行减值测试，该类专利权有活跃的交易市场，价格为 36 万元，处置费用 2 万元。若不处置该专利而是继续使用，该专利尚可使用 2 年，第一年预计为甲公司带来现金流量 25 万元，第二年预计带来现金流量 15 万元，折现率为 5%。要求确定 2020 年年末该专利的可收回金额以及判断是否需要进行减值处理。

每年摊销额 = 100 ÷ 5 = 20（万元）

账面价值 = 100 − 20 × 3 = 40（万元）

公允价值减去处置费用后的净额 = 36 − 2 = 34（万元）

预计未来现金流量的现值 = 25 ×（1 + 5%）$^{-1}$ + 15 ×（1 + 5%）$^{-2}$
= 23.81 + 13.61 = 37.42（万元）

34 < 40，37.42 < 40，故需要进行减值处理。

37.42 > 34，故 2020 年年末该专利的可收回金额为 37.42 万元。

计提减值准备的金额：40 − 37.42 = 2.58（万元）

三、知识产权处置

企业拥有的知识产权可以依法进行出售、投资、交换等。

（一）出售知识产权

企业出售知识产权，表明放弃该知识产权的所有权。企业出售知识产权，应当将取得的价款与该知识产权账面价值的差额计入当期损益（资产处置损益）。

企业出售知识产权分为两种情况：一是企业主要通过出售（包括具有商业实质的非货币性资产交换）而非持续使用一项知识产权收回其账面价值的，则应当先将其划分为持有待售类别。二是企业主要通过持续使用知识产权来收回其账面价值，在其使用寿命快结束时出售回收残值。两种情况的区别是是否需要先划分为持有待售资产。

1. 需划分为持有待售资产

对于主要通过出售收回账面价值的知识产权，企业应先将其划分为持有待售资产。企业将非流动资产或处置组首次划分为持有待售类别前，应当按照相关会计准则规定计量非流动资产或处置组中各项资产和负债的账面价值。企业初始计量或在资产负债表日重新计量持有待售的非流动资产或处置组时，其账面价值高于公允价值减去出售费用后的净额的，应当将账面价值减记至公允价值减去出售费用后的净额，减记的金额确认为资产减值损失，计入当期损益。同时计提持有待售资产减值准备。

对于取得日划分为持有待售类别的非流动资产或处置组，企业应当在初始计量时比较假定其不划分为持有待售类别情况下的初始计量金额和公允价值减去出售费用后的净额，以两者孰低计量。除企业合并中取得的非流动资产或处置组外，由非流动资产或处置组以公允价值减去出售费用后的净额作为初始计量金额而产生的差额，应当计入当期损益。

后续资产负债表日持有待售的非流动资产公允价值减去出售费用后的净额增加的，以前减记的金额应当予以恢复，并在划分为持有待售类别后确认的资产减值损失金额内转回，转回金额计入当期损益。划分为持有待售类别前确认的资产减值损失不得转回。

持有待售的非流动资产或处置组中的非流动资产不应计提折旧或摊销，持有待售的处置组中负债的利息和其他费用应当予以确认。

划分为持有待售类别的非流动资产或处置组，企业应当按照《企业会计准则第 39 号——公允价值计量》的有关规定确定其公允价值。具体来说，如果企业已经获得确定的购买承诺，应当参考交易价格确定持有待售的非流动资产或处置组的公允价值，交易价格应当考虑可变对价、非现金对价、应付客户对价等因素的影响。如果企业尚未获得确定的购买承诺，对于专为转售而取得的非流动资产或处置组，企业应当对其公允价值作出估计，优先使用市场报价等可观察输入值。

非流动资产或处置组因不再满足持有待售类别的划分条件而不再继续划分为持有待售类别或非流动资产从持有待售的处置组中移除时,应按照以下两者孰低计量:

(1) 划分为持有待售类别前的账面价值,按照假定不划分为持有待售类别情况下本应确认的折旧、摊销或减值等进行调整后的金额;

(2) 可收回金额。

企业终止确认持有待售的非流动资产或处置组时,应当将尚未确认的利得和损失计入当期损益。

2. 无需划分为持有待售资产

企业对该非流动资产或处置组的使用实质上几乎贯穿了其整个经济使用寿命期,其账面价值并非主要通过出售收回,而是主要通过持续使用收回,则无需划为持有待售类别,直接将无形资产——知识产权的账面价值、累计摊销额、减值准备注销即可,若将之售出有少许收入,则记入"银行存款"科目。

(二) 用知识产权对外投资或债务重组

企业以知识产权对外投资时,按投出知识产权的公允价值加上应支付的相关税费作为长期股权投资。按长期股权投资与知识产权账面价值及其相关税费的差额计入资产处置损益。

以资产清偿债务方式进行债务重组的,债务人应当在相关资产和所清偿债务符合终止确认条件时予以终止确认,所清偿债务账面价值与转让资产账面价值之间的差额计入当期损益。

(三) 知识产权失效或到期

如果知识产权过时失效或到期,预期不能为企业带来经济利益的,应终止确认,将其账面价值予以转销。判断知识产权是否预期不能为企业带来经济利益时,应根据以下迹象判断:①该知识产权是否已被其他新技术等所取代,且不能给企业带来经济利益;②该知识产权是否不再受法律的保护,且不能给企业带来经济利益。

第七章

知识产权的会计记录

第一节 知识产权会计账户的设置

一、入账时间

入账是指经济业务记入会计账簿的行为。[1] 知识产权因取得方式不同,入账时间也有所差异。

（一）自创知识产权的入账时间

自创知识产权在研究阶段的支出计入当期损益；开发阶段满足资本化条件的，可计入知识产权成本，不满足资本化条件的，则仍计入当期损益。待项目达到预定可使用状态时记入"无形资产——知识产权"账户。

（二）外部取得的知识产权的入账时间

从外部取得知识产权需要花费一定时间，这是因为，一方面，转让对象多种多样，包括样本、图纸、培训资料等；另一方面，可能需要将知识产权与企业的具体实践结合起来，才能适应企业的生产经营需要。只有当知识产权满足买方企业生产和销售的可能性时，才算交易的完成。

此外，不同支付方式的入账时间也不一样，现金支付、钱货两清时，可将付款时间作为知识产权入账的时间。若为分期付款，则按权责发生制要求将已支付款项入账时，未支付款项作为负债记录。接受投资的知识产权和接受捐赠的知识产权在收到技术资料和许可证或形成新增生产能力时入账。

二、知识产权账户的设置

知识产权账户核算内容包括：核算和记录知识产权的历史成本；核算和记录知识产权减值；核算和记录知识产权摊销；核算和记录知识产权的转让和投资；核算和记录知识产权处置和报废等。进行核算的目的是通过知识产权的核算，反映知识产权的取得成本、减值、摊销、出售、对外投资、报废等情况，提供对会计信息使用者有用的知识产权资产情况和对损益的影响信息。

---

[1] 刘峰主编：《会计学基础》，高等教育出版社，2000年版，第49页。

（一）设置知识产权账户的必要性

为进一步细化对企业知识产权的核算，应在无形资产账户下单独设置知识产权明细账户，连续反映知识产权在企业的投入、经营运用和所创收益的情况。

通过登记知识产权账户，把企业知识产权的各项经济业务按不同性质进行分类汇总，把分散的知识产权核算加以系统化和综合化，提供知识产权投入和产出的总括和明细资料。

通过设置知识产权账户，正确核算知识产权的初始价值、减值和摊销、处置和报废等，可以为知识产权的日常管理和监督提供依据，为编制知识产权报表提供源头资料，为知识产权估值提供借鉴资料。

（二）知识产权账户的种类

1. 知识产权总账

现行企业会计准则规定的知识产权总账只有"无形资产"，下设二级科目专利权、非专利技术等，我们建议作出如下改进：

设置"无形资产——知识产权"账户，然后根据需要再下设专利权、商标权、著作权等三级明细账户，这样可以更清晰地核算知识产权的原始价值及其增减情况，还可将无形资产中的知识产权与土地使用权等明确分开。借方反映自创、购买、接受投资、接受捐赠等获得的知识产权，贷方反映知识产权对外投资、对外销售和转销。

设置"累计摊销——知识产权"账户，这是知识产权账户的备抵账户，反映知识产权摊销的情况，借方反映知识产权对外出售、投资或转销时核销的知识产权累计摊销额，贷方反映按期计提的摊销额，期末余额在贷方。"无形资产——知识产权"期末账户余额减去"累计摊销——知识产权"账户余额就是知识产权的摊余价值。

设置"知识产权减值准备"账户，反映知识产权减值情况，借方反映知识产权对外出售、投资或转销时冲销的已计提的减值准备，贷方反映知识产权账面价值高于可回收金额时计提的减值准备，期末余额在贷方。前述的知识产权的摊余价值减去"知识产权减值准备"账户余额就是知识产权的账面净值。

对于研究阶段的支出记入"研发支出——费用化支出"，开发阶段不满足资本化条件的亦记入"研发支出——费用化支出"，开发阶段满足资本化条件的记入"研发支出——资本化支出"。

2. 知识产权明细账户

设置知识产权明细账户，提供各类知识产权的详细信息。

明细账户按要素分类，可分为专利权、商标权等三级明细账户，在三级明细账的基础上还可细分为四级明细账，如专利权明细账下可设专利所有权明细账和专利使用权明细账，在商标权明细账下可设商标所有权明细账和商标使用权明细账。

3. 知识产权登记簿

知识产权登记簿按每一项知识产权设置。与知识产权明细账反映知识产权的价值不同，登记簿登记每项知识产权的取得和变化的详细情况。知识产权登记簿可分设专利权登记簿、商标权登记簿等，还可进一步分为注册登记簿、对外许可登记簿、对外投资登记簿等。对外投资登记簿按每一合作项目设置，对外许可登记簿按每一被许可者设置。

4. 知识产权备查簿

知识产权备查簿是知识产权明细账和知识产权登记簿的必要补充，企业可根据知识产权管理的具体要求和实际情况决定是否设置备查簿。

第二节 知识产权的取得

知识产权的取得包括自创、外购、接受投资、接受捐赠、企业合并等。

一、自行研发的知识产权

企业自创知识产权如专利等往往需要经历较长时间，并且是否成功难以确定。故对于知识产权投入和产出较多的企业，在企业研究与开发阶段的支出，先通过"研发支出"科目进行归集，并分别设置"费用化支出"和"资本化支出"明细账进行明细核算。其他发生的研究开发支出，满足资本化条件的，借记"研发支出——资本化支出"科目；不满足资本化条件的，借记"研发支出——费用化支出"科目，贷记"原材料""应付职工薪酬""银行存款"等科目。月末，把费用化的研发支出作为当期费用处理，借记"管理费用"科目，贷记"研发支出——费用化支出"科目。如果开发项目达到预定用途形成知识产权，满足资本化的条件，则将对应的开发阶段的支出资本化为知识产权，借记"无形资产——知识产权"科目，贷记"研发支出——资本化支出"科目。对于知识产权投入和产出较少的企业，在研究与开发阶段的支出计入管理费用，研发成功后，将申请注册时的支出资本化，借记"无形资产——知识产权"科目，贷记"银行存款"科目。

【例7-1】2020年12月1日，甲公司开始研发A专利，至2020年12月31日完成基础研究工作。研究阶段共发生研发费用10万元，均以银行存款支付。自2021年1月1日转入开发阶段，2021年5月25日开发完成。开发阶段以银行存款支付开发费用30万元、专利申请费4.3万元、律师费2.1万元。甲公司应编制的会计分录如下：

（1）2020年12月发生研究费用时：
借：研发支出——费用化支出　　　　　　　　　　　　100 000
　　贷：银行存款　　　　　　　　　　　　　　　　　　100 000

（2）2020年年末将研发费用转入管理费用时：
借：管理费用　　　　　　　　　　　　　　　　　　　100 000
　　贷：研发支出——费用化支出　　　　　　　　　　　100 000

（3）2021年5月发生开发支出时：
借：研发支出——资本化支出　　　　　　　　　　　　364 000
　　贷：银行存款　　　　　　　　　　　　　　　　　　364 000

（4）2021年5月末，研发成功，转入知识产权时：
借：无形资产——知识产权　　　　　　　　　　　　　364 000
　　贷：研发支出——资本化支出　　　　　　　　　　　364 000

二、企业外购知识产权

企业外购知识产权包括单项购入和"一揽子"购入两种形式。

若企业单项购入知识产权，应以购买价款、相关税费以及直接归属于使该项资产达到预定用途所发生的其他支出作为成本入账,则借方登记"无形资产——知识产权""应交税费——应交增值税(进项税额)"等科目,按照付款方式为库存现金、银行存款、其他货币资金、暂未支付,贷方分别登记"库存现金""银行存款""其他货币资金"和"应付账款"等科目。

若购买知识产权的价款超过正常信用条件延期支付,实质上具有融资性质的,在会计处理时,借记"无形资产——知识产权"科目,"未确认融资费用"科目;贷记"长期应付款"科目。摊销未确认融资费用时,借记"财务费用"科目,贷记"未确认融资费用"科目。

【例7-2】甲、乙公司系增值税一般纳税人,按规定,一般纳税人转让技术、商标权、著作权等的使用权或所有权适用的增值税税率是6%。甲公司2020年7月5日以212万元从乙公司购买一项著作权,取得的增值税专用发票注明价款为200万元,增值税税额为12万元。支付款项同时甲公司办理了产权过户手续。甲公司应编制的会计分录为:

借:无形资产——知识产权　　　　　　　　　　　　　　　2 000 000
　　应交税费——应交增值税(进项税额)　　　　　　　　　120 000
　　贷:银行存款　　　　　　　　　　　　　　　　　　　　2 120 000

若企业从外部"一揽子"购入知识产权,应根据各项可辨认资产的公允价值,将总成本按比例分配,以确定知识产权的入账价值。确定入账价值后,其会计分录与单项购入知识产权相同。

三、非货币性资产交换获得的知识产权

若企业通过非货币性资产交换取得知识产权,则知识产权的入账价值为换出资产的价值加上相关税费再加上应支付的补价或减去收到的补价。借方登记"无形资产——知识产权"科目,表示知识产权的增加。贷方登记换出资产的价值。按照应交税费的金额贷记"应交税费"科目。支付补价则贷记"银行存款"科目,收到补价则借记"银行存款"科目。

【例7-3】甲公司以一栋厂房换入一项专利权,厂房原值1 000万元,累计折旧400万元,公司另外用银行存款支付50万元补价,另相关税费为10万元。交易已完成。有关会计处理如下:

(1) 知识产权的入账价值:(1 000 - 400) + 50 + 10 = 660(万元)
(2) 会计分录:

借:无形资产——知识产权　　　　　　　　　　　　　　　6 600 000
　　累计折旧　　　　　　　　　　　　　　　　　　　　　4 000 000
　　贷:银行存款　　　　　　　　　　　　　　　　　　　　500 000
　　　　应交税费　　　　　　　　　　　　　　　　　　　　100 000
　　　　固定资产　　　　　　　　　　　　　　　　　　　10 000 000①

四、股东投资的知识产权

投资者投入的知识产权的成本,应按照投资合同或协议约定的价值确定,但合同或协议

---

① 一般而言,对于固定资产的处置,应通过"固定资产清理"科目核算,此处是简化处理,特此说明。

约定的价值不公允的除外。收到投资者以知识产权出资时,按确认的无形资产入账价值借记"无形资产——知识产权""应交税费——应交增值税(进项税额)"科目,按形成注册资本的金额贷记"实收资本"或"股本"科目,前者大于后者的差额贷记"资本公积——资本溢价"或"资本公积——股本溢价"科目。

【例7-4】甲公司系增值税一般纳税人,A 和 B 两名股东一起出资组建甲公司,注册资本 400 万元。A 股东以银行存款出资 300 万元,B 股东以一项发明专利权作为投资,双方认可该发明专利的公允价值为 100 万元(计税价格),增值税专用发票注明的增值税额为 6 万元。按出资协议,B 股东享有 20% 的股权。甲公司应进行的会计处理如下:

    借:银行存款   3 000 000
       无形资产——知识产权   1 000 000
       应交税费——应交增值税(进项税额)   60 000
      贷:实收资本   4 000 000
         资本公积——资本溢价   60 000

五、接受捐赠的知识产权

接受捐赠获得的知识产权,按有关规定确定的知识产权价值,借记"无形资产——知识产权"科目,按"待转资产价值"与"应交税金"的差额,贷记"营业外收入——捐赠利得"科目。

六、债务重组获得的知识产权

债权人通过债务重组获得的知识产权,按放弃债权的公允价值加相关税费,借记"无形资产——知识产权"等科目,按增值税专用发票注明的税额借记"应交税费——应交增值税(进项税额)",借记"坏账准备",贷记"应收账款",按支付的直接相关税费贷记"银行存款"科目,按放弃债权公允价值与账面价值的差额记入"投资收益"科目。

【例7-5】2020 年 3 月 1 日,甲公司销售给乙公司一批产品,应收乙公司 80 万元。2020 年 8 月 4 日,甲、乙公司签订债务重组合同,乙公司以一项专利权偿还该欠款。该专利权账面余额 90 万元,累计摊销额 7 万元,已计提减值准备 4 万元。8 月 20 日,甲、乙公司办妥转让手续,为评估该专利权的价值,甲公司支付了 4 万元。当日,甲公司应收款项的公允价值为 72 万元,已计提坏账准备 6 万元,乙公司应付账款的账面价值依然是 80 万元。假设不考虑相关税费。

债权人取得该专利权的成本是债权的公允价值 72 万元加上评估费用 4 万元合计 76 万元,其会计处理如下:

    借:无形资产——知识产权——专利权   760 000
       坏账准备   60 000
       投资收益   20 000
      贷:应收账款   800 000
         银行存款   40 000

债务人的会计处理如下:

    借:应付账款   800 000

累计摊销——知识产权	70 000
知识产权减值准备	40 000
贷：无形资产——知识产权——专利权	900 000
其他收益——债务重组收益	10 000

第三节　知识产权的摊销与减值

一、知识产权的摊销

知识产权入账后，应从入账月份起，按摊销年限将价值分摊到成本费用。按照知识产权在企业生产经营中的作用将摊销金额记入"制造费用""其他业务成本""生产成本""管理费用""销售费用"等科目。若知识产权在产品制造过程中发挥作用，则借记"制造费用"科目；若知识产权在产品销售中发挥作用，则借记"销售费用"科目；若知识产权在经营管理中发挥作用或知识产权用途难以分清，则借记"管理费用"科目；贷记"累计摊销——知识产权"科目。

【例7-6】2022年5月，甲公司的知识产权有关信息如表7-1所示，公司采用的摊销方法为直线法。

表7-1　　　　　　　　　　　知识产权信息表

2022年5月　　　　　　　　　　　　　　　　单位：元

名称	用途	入账价值	使用寿命	残值
A专利权	自用	936 000	6	0
B专利权	对外出租	621 360	5	0
合计		1 557 360	—	—

该公司采用直线法摊销，两项专利权的残值均为0，则A专利的年摊销额为936 000÷6=156 000（元），月摊销额则为156 000÷12=13 000（元）。同理，B专利的年摊销额为621 360÷5=124 272（元），月摊销额则为124 272÷12=10 356（元）。

甲公司进行会计处理时应编制的会计分录如下：

借：管理费用	13 000
其他业务成本	10 356
贷：累计摊销——知识产权	23 356

二、知识产权的减值

《企业会计准则第8号——资产减值》规定，若资产的可收回金额低于其账面价值的，应当将资产的账面价值减记至可收回金额，减记的金额确认为资产减值损失，计入当期损益，同时计提相应的资产减值准备。

具体来说，为了正确核算企业确认的知识产权减值损失和计提的知识产权减值准备，企业应当设置"资产减值损失"账户，按照知识产权类别进行明细核算，反映各类知识产权在当期确认的资产减值损失金额。同时设置"知识产权减值准备"账户,反映企业已计提但尚未转销的知识产权减值准备。

当企业确认知识产权发生了减值时,应当根据所确认的知识产权减值金额,借记"资产减值损失——知识产权"科目,贷记"知识产权减值准备"科目。在期末,企业应将"资产减值损失"账户余额转入"本年利润"账户,结转后该账户应没有余额。

资产减值损失一经确认,在以后会计期间不得转回。以前期间计提的知识产权减值准备,在知识产权处置、出售、对外投资、以非货币性资产交换方式换出等时,才可予以转出。

资产减值损失确认后,减值资产的折旧或者摊销费用应当在未来期间作相应调整,以使该资产在剩余使用寿命内,系统地分摊调整后的资产账面价值(扣除预计净残值)。即确认减值损失后的知识产权,应根据所确定的账面价值和尚可使用寿命重新计算知识产权的摊销额,并按《企业会计准则第28号——会计政策、会计估计变更和差错更正》的要求采用未来适用法进行会计处理。

【例7-7】2020年6月,甲公司A专利权的账面价值为305 000元,但由于市场上出现了替代性的新技术,该专利权的可收回金额仅为200 000元。

可收回金额明显低于账面价值:305 000 - 200 000 = 105 000(元)。

则甲公司应做的会计处理如下:

(1) 2020年6月,确认A专利减值时:

借:资产减值损失——知识产权　　　　　　　　　　　　　　105 000
　　贷:知识产权减值准备　　　　　　　　　　　　　　　　　105 000

(2) 2020年12月,结转资产减值损失的金额时:

借:本年利润　　　　　　　　　　　　　　　　　　　　　　105 000
　　贷:资产减值损失——知识产权　　　　　　　　　　　　　105 000

【例7-8】2015年1月1日,甲公司以100万元的价格购入一项实用新型专利权A,价款以银行存款付清。根据法律,实用新型专利的有效年限为10年,已使用2年。甲公司预计该专利还可使用5年,采用直线法进行摊销,预计净残值为0。2017年12月31日,与A专利有关的经济因素发生不利变化,预计可收回金额变为30万元。2018年12月31日,不利因素消失,预计可收回金额变成25万元。2019年年末该专利使用寿命结束予以转销。不考虑所得税和其他税费的影响。

使用寿命为5年,按直线法摊销,每年应摊销20万元,则2015年、2016年、2017年每年摊销20万元。到2017年年末时,账面价值为100 - 20 - 20 - 20 = 40(万元),但预计可收回金额只有30万元,预计可收回金额低于账面价值,应确认减值10万元。此时账面价值30万元,预计剩余使用寿命2年,每年应摊销15万元。值得注意的是,即使2018年不利因素消失,其可收回金额变成25万元,也不可转回已确认的减值损失。具体摊销计算见表7-2。

表7-2　　　　　　　　　知识产权摊销计算表　　　　　　　　　　　单位:元

时间	项目	金额
2015年1月1日	购得专利A	1 000 000
2015年	摊销	200 000

续表

时间	项目	金额
2015 年 12 月 31 日	账面价值	800 000
2016 年	摊销	200 000
2016 年 12 月 31 日	账面价值	600 000
2017 年	摊销	200 000
2017 年	计提减值准备	100 000
2017 年 12 月 31 日	账面价值	300 000
2018 年	摊销	150 000
2018 年 12 月 31 日	账面价值	150 000
2019 年	摊销	150 000
2019 年 12 月 31 日	账面价值	0

应编制的会计分录如下：

（1）2015 年 1 月 1 日，购买专利权 A 时：

借：无形资产——知识产权　　　　　　　　　　　　1 000 000
　　贷：银行存款　　　　　　　　　　　　　　　　　　　　1 000 000

（2）2015～2017 年每年摊销时：

借：管理费用　　　　　　　　　　　　　　　　　　200 000
　　贷：累计摊销——知识产权　　　　　　　　　　　　　　200 000

（3）2017 年确认减值时：

借：资产减值损失　　　　　　　　　　　　　　　　100 000
　　贷：知识产权减值准备　　　　　　　　　　　　　　　　100 000

（4）2018 年、2019 年摊销时：

借：管理费用　　　　　　　　　　　　　　　　　　150 000
　　贷：累计摊销——知识产权　　　　　　　　　　　　　　150 000

（5）2019 年转销时：

借：累计摊销——知识产权　　　　　　　　　　　　900 000
　　知识产权减值准备　　　　　　　　　　　　　　100 000
　　贷：无形资产——知识产权　　　　　　　　　　　　　　1 000 000

三、知识产权的出租

知识产权出租是指企业将所拥有的知识产权使用权让渡给他人，并收取租金。知识产权使用权转让仅仅是将部分使用权让渡给其他单位或个人，出让方仍保留对该项知识产权的所有权，因而仍拥有使用、收益和处置的权利，受让方仅有使用权。根据《企业会计准则第 14 号——收入》的规定，此类交易属于企业让渡资产使用权，因而相关所得应作为收入处理。企业转让知识产权使用权时，按应收取的款项，借记"其他应收款"或"银行存款"等科目，同时贷记"其他业务收入""应交税费——应交增值税（销项税额）"等科目。结转知识产权的摊销时，借记"其他业务成本"科目，贷记"累计摊销——知识产权"科目。

为履行出让使用权合同规定义务所发生的费用,借记"其他业务成本"科目,贷记"银行存款"等科目。

【例7-9】2020年1月1日,甲公司将专利A出租给乙公司使用,期限1年。出租合同约定,乙公司每月月末支付租金2万元(不含税),该专利每月摊销额为1万元,增值税税率为6%,不考虑其他相关税费,假设甲公司出租专利的收入每月确认一次,每月摊销。甲公司进行会计处理时,应编制的会计分录如下:

(1) 2020年1~12月,每月确认租金收入和增值税时:

借:银行存款　　　　　　　　　　　　　　　　　　　21 200
　　贷:其他业务收入　　　　　　　　　　　　　　　　20 000
　　　　应交税费——应交增值税(销项税额)　　　　　 1 200

(2) 2020年1~12月,每月计提摊销时:

借:其他业务成本　　　　　　　　　　　　　　　　　10 000
　　贷:累计摊销——知识产权　　　　　　　　　　　　10 000

第四节　知识产权的处置

一、出售知识产权

如前所述,企业出售知识产权分为主要通过出售和主要通过持续使用一项知识产权收回其账面价值两种情况,下面分别介绍这两种情况下的会计记录。

(一) 先划分为持有待售资产再出售

根据财政部2018年3月发布的《关于持有待售准则有关问题的解读》,"持有待售资产"科目核算的是持有待售的非流动资产和持有待售的处置组中的资产,该科目按照资产类别进行明细核算。企业将相关非流动资产或处置组划分为持有待售类别时,借记"持有待售资产"科目,按已计提的累计折旧、累计摊销等,借记"累计折旧""累计摊销"等科目,按各项资产账面余额,贷记"固定资产""无形资产""长期股权投资""应收账款""商誉"等科目,已计提减值准备的,还应同时结转已计提的减值准备。"持有待售资产"期末借方余额,反映企业持有待售的非流动资产和持有待售的处置组中资产的账面余额。

【例7-10】甲公司系增值税一般纳税人,2020年5月31日,甲公司从乙公司处购买A专利权,增值税专用发票注明价款为100万元,增值税税额为6万元。支付款项同时甲公司办理了产权过户手续。2021年5月31日,甲公司拟对外出售其拥有的A专利权,A专利权的预计使用寿命为10年,已使用1年。2021年8月31日最终销售完成,开出的增值税专用发票注明价款为95万元,增值税税额为5.7万元,收到银行转账100.7万元。A专利权预计残值为0,使用直线法进行摊销,按月计提摊销,未发生减值。不考虑其他相关税费。甲公司进行会计处理时,应编制的会计分录如下:

(1) 2020年5月31日,购入A专利权时:

借:无形资产——知识产权　　　　　　　　　　　　1 000 000
　　应交税费——应交增值税(进项税额)　　　　　　　60 000

　　　　贷：银行存款　　　　　　　　　　　　　　　　　　　　　　　　　1 060 000
　（2）A专利的账面价值为100万元，预计残值为0，使用寿命为10年，从2020年5月31日到2021年5月31日应计提摊销的金额＝100÷10＝10（万元），计提摊销时：
　　　　借：管理费用　　　　　　　　　　　　　　　　　　　　　　　　　　100 000
　　　　　　贷：累计摊销——知识产权　　　　　　　　　　　　　　　　　　100 000
　（3）2021年5月31日拟出售该专利时，该专利的预期使用寿命为10年，刚使用1年就出售，满足主要通过出售（包括具有商业实质的非货币性资产交换）而非持续使用一项知识产权收回其账面价值的条件，应将该专利划分为持有待售类别：
　　　　借：持有待售资产——知识产权　　　　　　　　　　　　　　　　　　900 000
　　　　　　累计摊销——知识产权　　　　　　　　　　　　　　　　　　　　100 000
　　　　　　贷：无形资产——知识产权　　　　　　　　　　　　　　　　　1 000 000
　（4）2021年8月31日，甲公司出售该专利时：
　　　　借：银行存款　　　　　　　　　　　　　　　　　　　　　　　　　1 007 000
　　　　　　贷：持有待售资产——知识产权　　　　　　　　　　　　　　　　900 000
　　　　　　　　应交税费——应交增值税（销项税额）　　　　　　　　　　　 57 000
　　　　　　　　资产处置损益　　　　　　　　　　　　　　　　　　　　　　 50 000
　（5）2021年12月31日，将资产处置损益结转时：
　　　　借：资产处置损益　　　　　　　　　　　　　　　　　　　　　　　　 50 000
　　　　　　贷：本年利润　　　　　　　　　　　　　　　　　　　　　　　　 50 000

（二）直接出售

企业对知识产权的使用实质上几乎贯穿了其整个经济使用寿命期，其账面价值主要通过持续使用收回，此时企业出售知识产权，无需先划分为持有待售资产，按实际获得的转让收入，借记"银行存款"科目；按该项知识产权已计提的减值准备，借记"知识产权减值准备"；按已计提的累计摊销，借记"累计摊销——知识产权"科目；按处置知识产权的账面价值，贷记"无形资产——知识产权"科目；按应支付的相关税费，贷记"应交税费"科目；其差额借记或贷记"资产处置损益"科目。并在年末将"资产处置损益"科目余额转入"本年利润"科目，"资产处置损益"科目结转后应无余额。

【例7-11】甲公司系增值税一般纳税人，2020年8月31日，甲公司对外出售其拥有的B专利，B专利的预计使用寿命为10年，已使用9年，开出的增值税专用发票注明价款为10万元，增值税额为0.6万元，收到银行转账10.6万元。B专利的账面原值为110万元，已计提摊销95万元，计提减值准备10万元。不考虑其他相关税费。甲公司进行会计处理时，应编制的会计分录如下：
　（1）出售B专利时：
　　　　借：银行存款　　　　　　　　　　　　　　　　　　　　　　　　　　106 000
　　　　　　累计摊销——知识产权　　　　　　　　　　　　　　　　　　　　950 000
　　　　　　知识产权减值准备　　　　　　　　　　　　　　　　　　　　　　100 000
　　　　　　贷：无形资产——知识产权　　　　　　　　　　　　　　　　　1 100 000
　　　　　　　　应交税费——应交增值税（销项税额）　　　　　　　　　　　 6 000
　　　　　　　　资产处置损益　　　　　　　　　　　　　　　　　　　　　　 50 000

(2) 2020 年 12 月 31 日，结转"资产处置损益"科目余额时：
借：资产处置损益　　　　　　　　　　　　　　　　50 000
　　贷：本年利润　　　　　　　　　　　　　　　　　　　　50 000

二、授予知识产权许可

授予知识产权许可是指企业将知识产权授予客户使用。包括软件和技术、影视和音乐等的版权、特许经营权以及专利权、商标权和其他版权。

《企业会计准则第 14 号——收入》第三十六条规定，企业向客户授予知识产权许可的，应当评估该知识产权许可是否构成单项履约义务。对于不构成单项履约义务的，企业应当将该知识产权许可和其他商品一起作为一项履约义务进行会计处理。

（一）不构成单项履约义务的情形

一是该知识产权许可构成有形商品的组成部分并且对于该商品的正常使用不可或缺。比如企业向客户销售设备和软件，该软件安装于设备之内，没有该软件则设备无法正常运行。

二是客户只有将该知识产权许可和相关服务一起使用才能够从中获益。比如企业向客户销售了某软件，但客户没有自行使用软件的能力，需要依赖于企业的技术平台以及工程师的专业服务才能使用该软件。

上述两种情况一个是商品＋知识产权的组合，另一个是服务＋知识产权的组合，但无论是在哪种情况下企业授予客户的知识产权均无法被单独使用，因此也不能被单独确认为一项履约义务。

而对除上述两种情况以外的构成了单项履约义务的知识产权许可，我们还需进一步判断该许可是在某一时段内履行还是在某一时点履行。

（二）时段法和时点法的运用

只有当同时满足下列条件时，才可作为在某一时段履行的履约义务确认收入。

1. 合同要求或客户能够合理预期企业将从事对该项知识产权有重大影响的活动

一是相关活动能够显著改变该项知识产权的形状或功能。这里的形状或功能可以是知识产权的设计、内容、功能性上的持续的、显著的改变。

比如企业授予客户在一段时间内使用其开发的游戏中角色形象的权利，由于合同的规定或者客户对于企业的预估，企业会持续创造新的游戏角色，以及对现有游戏角色更换形象，则企业的该行为属于在合同期内的持续创作，即视为从事了对该项知识产权有重大影响的活动。

二是客户从该项知识产权中获益的能力在很大程度上来源于或者取决于这些活动。这些活动会改变该项知识产权的价值，客户获取的经济利益的多少很大程度上取决于该知识产权是否能持续地维持或提升其使用价值。

比如上述客户从企业处取得的游戏形象使用权，主要用于开发游戏周边产品，客户的这些周边产品是否热卖，取决于企业对于游戏角色的持续创造力能否给游戏带来持续的热度。

2. 该活动对客户将产生有利或不利影响

如果企业的重大活动并不能引起客户在经济利益上的变动，即企业是否实施这项经济活动与客户无关，企业应当在合同开始时即确认全部收入。

比如企业授予客户的游戏角色形象使用权，仅局限于合同签订时固有的游戏角色及其固有的形象,后续企业开发新的游戏角色与现有角色的新形象与客户无关,客户只能使用固有的老角色的老形象,企业的持续开发活动对客户不会产生经济利益的波动,企业的开发行动只是在改变自己拥有的资产,企业在合同开始时确认全部合同收入即可。

再如软件的升级,也是同理。如果企业后续升级软件的行为与客户无关,客户只能使用现有版本的软件,如果客户想获得新版本的软件需要重新购买或者支付升级费(比如客户无法从 Office 2016 升级为 Office 2020,除非其单独购买),那么企业后续对软件的升级只是在改变自己拥有的资产。

3. 该活动不会导致向客户转让商品

如果企业的这些活动导致了向客户销售其他商品或服务的行为,则属于前述商品+知识产权或者服务+知识产权的销售,不属于单项履约义务。

如果不能同时满足上述三项条件,则属于在某一时点的履约义务并确认收入。

【例 7 – 12】财莱公司是一家服装设计公司,华乾公司是一家服饰生产企业。财莱公司与华乾公司签订合同,允许华乾公司从 2020 年 1 月 1 日开始的 4 年内使用其某款服装及其漫画形象生产服装。根据惯例,财莱公司会定期创作新角色,且现有角色的形象也可能会发生改变。但根据合同规定,华乾公司仅可以使用在合同签订日之前已经被创作出的漫画角色及形象生产服装,无权使用新的角色及原有角色的新形象。在授权期内,财莱公司于每年开始时向华乾公司收取 1 200 万元的许可费。

简要分析:

(1) 财莱公司除了授予华乾公司知识产权外不存在其他履约义务,因此属于单项履约义务。

(2) 授予知识产权的行为属于在某一时段的履约义务还是在某一时点的履约义务。

合同要求或客户能够合理预期企业将从事对该项知识产权有重大影响的活动。

财莱公司将持续实施对漫画角色的创造,华乾公司能够合理预期企业将从事对该项知识产权有重大影响的活动。

(3) 该活动对客户将产生有利或不利影响。

由于华乾公司无法使用最新的漫画角色和形象,财莱公司对于这些新角色、新形象的创作是否成功也与其无关,因此也不存在新角色和新形象的创作成功或失败对华乾公司未来服装的销售产生有利或不利的未知影响。换言之,华乾公司的客户购买其生产的服饰是基于财莱公司现有的成功的角色和形象。

(4) 该活动不会导致向客户转让商品。

显然,财莱公司授予华乾公司使用其漫画形象的行为并未导致其向华乾公司转让其他商品或服务。

综上,财莱公司授予华乾公司使用其漫画形象的行为属于在某一时点履约的单项履约义务,财莱公司应当在合同开始日一次性确认四年的使用费即 4 800 万元作为收入。假定暂不考虑增值税等税费。

会计分录如下(单位:万元):

借:银行存款　　　　　　　　　　　　　　　　　　　1 200
　　应收账款　　　　　　　　　　　　　　　　　　　3 600
　　贷:主营业务收入　　　　　　　　　　　　　　　　　　　4 800

【例7-13】财莱公司是一家知名的足球俱乐部,华乾公司是一家服装生产企业。财莱公司授权华乾公司从2020年1月1日开始的4年内使用球队的名称和图标生产服装。根据合同规定,财莱公司收取的合同对价由两部分组成:一是每年固定的使用费2 400万元,二是华乾公司销售上述商品的销售额的5%作为提成。华乾公司预期财莱公司会参加当地顶级联赛并取得好成绩。固定使用费于每年1月1日收取,提成于次年1月1日收取。

本例中,合同只包含授予知识产权一项履约义务,华乾公司能够合理预期财莱公司会参加当地顶级联赛并取得好成绩,同时财莱公司的比赛成绩显然会对服装的销售产生重大影响,合同中也不涉及其他商品或服务的转让。因此,财莱公司授予的该项知识产权(财莱公司的品牌影响力)属于在某一时段内履行的履约义务,财莱公司收取的2 400万元固定使用费应当在每年平均分摊,按销售额5%计提的提成应当在华乾公司实现销售时确认收入。

假设2020年华乾公司销售相关产品共实现收入10 000万元,不考虑相关税费。

会计分录如下(单位:万元):

2020年1月1日:
借:银行存款　　　　　　　　　　　　　　　　　　　2 400
　　贷:合同负债　　　　　　　　　　　　　　　　　　2 400

2020年1~12月:
借:合同负债　　　　　　　　　　　　　　　　　　　　200
　　贷:其他业务收入　　　　　　　　　　　　　　　　　200

2020年12月:
借:银行存款　　　　　　　　　　　　　　　　　　　　500
　　贷:其他业务收入　　　　　　　　　　　　　　　　　500

三、知识产权对外投资

企业以持有的知识产权进行投资①,按投出知识产权资产的公允价值加上应支付的税费,借记"长期股权投资"科目;按已计提的累计摊销,借记"累计摊销——知识产权"科目;按已计提的知识产权减值准备,借记"知识产权减值准备"科目;按知识产权的账面余额,贷记"无形资产——知识产权"科目;按应支付的相关税费,贷记"应交税费"等科目,差额借记或贷记"资产处置损益"科目。期末结转"资产处置损益"的余额到本年利润。

【例7-14】甲公司系增值税一般纳税人,2020年9月2日,甲公司以一项专利从第三方取得乙公司20%的股票并准备长期持有,甲公司对此股权投资采用权益法核算。甲公司作为对价的专利权账面原值200万元,已计提摊销50万元,未发生减值,投资双方认可的公允价值是200万元(计税价格),甲公司开出的增值税专用发票注明的价款为200万元,增值税税额为12万元。甲公司取得乙公司股权当日,乙公司可辨认净资产的公允价值为600万元。不考虑其他相关税费,甲公司进行会计处理时,应编制的会计分录如下:

---

① 在会计处理过程中,长期股权投资是一项比较复杂的业务,有兴趣的读者可以参阅《中级财务会计》或《高级财务会计》有关内容,此处只是进行简单的会计处理。特此说明。

(1) 甲公司以专利对外投资时：
借：长期股权投资——投资成本　　　　　　　　　　2 120 000
　　累计摊销——知识产权　　　　　　　　　　　　　500 000
　　贷：无形资产——知识产权　　　　　　　　　　　　　　2 000 000
　　　　应交税费——应交增值税（销项税额）　　　　　　　120 000
　　　　资产处置损益　　　　　　　　　　　　　　　　　　500 000

(2) 年末结转"资产处置损益"科目余额时：
借：资产处置损益　　　　　　　　　　　　　　　　500 000
　　贷：本年利润　　　　　　　　　　　　　　　　　　　　500 000

四、知识产权转销

若知识产权预期不能为企业带来经济收益，如该知识产权已被其他技术替代或知识产权不再受法律的保护，企业应当将知识产权的账面价值予以转销。知识产权的转销分为正常转销和非正常转销。

正常转销是一项知识产权的法定有效期满后，法律不再保护知识产权所有者的所有权或持有权，或者外购的知识产权使用权合同期满后，企业无权再使用该知识产权。若设置知识产权摊销的账户，则应借记"累计摊销——知识产权"科目，贷记"无形资产——知识产权"科目。如果该项知识产权还有残值，则记入"营业外收入"或"营业外支出"科目。

非正常转销是在现实中，有很多知识产权未到法定有效期，或合同未到期，就要将其转销，比如新技术使现有的专利失去使用价值、市场竞争力，更换新的商标、更换新的外观设计等。此时应将知识产权的账面价值予以转销，计入当期损益。注意，知识产权出售利得属于"资产处置损益"；知识产权报废毁损属于"营业外支出"。按现行规定的会计处理是按已计提的累计摊销，借记"累计摊销——知识产权"科目；按已计提的知识产权减值准备，借记"知识产权减值准备"科目；按账面余额贷记"无形资产——知识产权"科目；按其差额借记"营业外支出"科目。

【例 7 – 15】2022 年 12 月 24 日，甲公司在检查某专利的盈利能力时发现，该专利已被同类的新技术所取代，而且用该专利生产的产品已经没有市场。该专利的账面原值是 50 万元，已计提摊销 20 万元，计提减值准备 10 万元。经批准将该专利进行转销。甲公司进行会计处理时，应编制的会计分录如下：

借：累计摊销——知识产权　　　　　　　　　　　　200 000
　　知识产权减值准备　　　　　　　　　　　　　　100 000
　　营业外支出　　　　　　　　　　　　　　　　　200 000
　　贷：无形资产——知识产权　　　　　　　　　　　　　　500 000

第八章

特殊知识产权的会计处理

第一节 知识产权侵权与被侵权的会计处理

近年来,知识产权侵权事件屡见不鲜,保护知识产权就是保护创新。而相较于行政保护等方式,司法保护具有稳定长效优势、明确规则优势以及终局权威优势,是知识产权权利人维护权益最值得信赖的途径(陶凯元,2016),因而以民事诉讼为主要渠道的司法保护是知识产权最为重要的保护模式(陶凯元,2016;管荣齐和李明德,2017)。知识产权侵权损害属于民事案件,需由被侵权方提起仲裁或向人民法院提起诉讼。

一、知识产权侵权损害的认定及赔偿

(一)知识产权侵权损害的定义及赔偿原则

1. 知识产权侵权损害的定义

从法律上说,知识产权侵权行为是指行为人的行为客观上侵害他人知识产权的财产权或人身权,应承担民事责任的行为。知识产权作为一种无形财产权,知识产权权利人的合法权利非常容易受到侵犯,侵权的行为往往较为复杂、隐蔽并且不易判别,因此知识产权的侵权认定工作具有一定的难度。①

知识产权侵权损害是指因非法侵害他人专利权、商标权、著作权等知识产权的精神权或财产权,从而导致权利人经济利益或精神权利受到损害或损失的行为。

知识产权侵权损害赔偿是指侵权人因侵害他人知识产权的行为,而应当承担的给知识产权所有人或合法持有人造成的经济损失和精神利益损害的补偿义务。也就是说,知识产权损害赔偿的实质是通过补偿受害人因侵权行为所遭受的损失,使受到损害的权利恢复到侵权以前的状态。②

2. 侵权损害赔偿的原则

(1)实际损害赔偿原则。实际损害赔偿原则又称"填平原则""补偿原则",是侵权行为给被侵害人造成的实际/直接经济损失。此原则又分为侵权获利赔偿原则和侵权损失赔偿原则,侵权获利赔偿原则是用该侵权产品在市场上销售的总数乘以每件专利的合理利润来计

---

① 信春鹰主编;中国社会科学院法学研究所法律辞典编委会编:《法律辞典》,北京:法律出版社,2003 版,第 1890~1891 页。

② 王景、高燕梅著:《知识产权损害赔偿评估》,北京:知识产权出版社,2016 年版,第 8~9 页。

算侵权行为获得的全部非法获利，计算过程中应当避免将侵权中所有收益都计算到赔偿范围内，避免高估赔偿额。侵权损失赔偿原则是因侵权造成销售量减少的总数乘以每件专利的合理利润来确定被侵害人因被侵权而丧失的全部应得收益。

（2）完全损害赔偿原则。侵权人承担受害人因被侵权而遭受的一切经济损失，包括直接和间接的经济损失、显性和隐性的经济损失、物质的和精神上的损失。

这是实际损害赔偿原则基础上的"扩大"，在"显性损失"的基础上考虑了"隐形损失"。注意的是，隐形损失仍需以侵权行为为基础。

（3）法定标准赔偿原则。法律根据不同的侵权行为，明文规定赔偿标准或者额度。当无法查清实际损失或非法所得时采用。

（4）斟酌裁量赔偿原则。法官根据知识产权侵权案件事实，在知识产权法规定的赔偿数额范围内，根据个案的实际情况，斟酌、裁量确定具体的赔偿金额。这一原则在司法实践中普遍采用。

（5）精神损害赔偿原则。对公民、法人等民事主体享有的知识产权中精神权益受到损害时，在法律规定的范围内可以适用精神损害赔偿。值得注意的是，著作权既包括人身权（发表权、署名权、修改权和保护作品完整权），又包括财产权。

（6）惩罚性赔偿原则。为了惩罚侵权人故意侵权的行为，要求侵权人以正常使用费、赔偿金的数倍或高于实际损害额的金额予以惩罚性赔偿。这不仅反映了对受害人财产损失和精神损失的补偿，还包括了对侵权人不法行为的惩罚性制裁。主要目的在于惩罚知识产权侵权人，通过对被告的惩罚，警示潜在的侵权人，起到威慑和遏制侵权的重要作用。

（二）知识产权侵权的认定和赔偿金额

2020年，随着《民法典》正式颁布和《专利法》第四次修正案、《著作权法》第三次修正案的出台，中国又在立法层面完成了对知识产权惩罚性赔偿制度的构建（吴汉东，2021）。此处分别就专利权侵权、商标权侵权、著作权侵权的认定和赔偿进行论述。

1. 专利权侵权的认定和赔偿金额

（1）专利权侵权的认定。《中华人民共和国专利法》规定，发明和实用新型专利权被授予后，除本法另有规定的以外，任何单位或者个人未经专利权人许可，都不得实施其专利，即不得为生产经营目的制造、使用、许诺销售、销售、进口其专利产品，或者使用其专利方法以及使用、许诺销售、销售、进口依照该专利方法直接获得的产品。外观设计专利权被授予后，任何单位或者个人未经专利权人许可，都不得实施其专利，即不得为生产经营目的制造、许诺销售、销售、进口其外观设计专利产品。

未经专利权人许可，实施其专利，即侵犯其专利权，引起纠纷的，由当事人协商解决；不愿协商或者协商不成的，专利权人或者利害关系人可以向人民法院起诉，也可以请求管理专利工作的部门处理。管理专利工作的部门处理时，认定侵权行为成立的，可以责令侵权人立即停止侵权行为，当事人不服的，可以自收到处理通知之日起15日内依照《中华人民共和国行政诉讼法》向人民法院起诉；侵权人期满不起诉又不停止侵权行为的，管理专利工作的部门可以申请人民法院强制执行。进行处理的管理专利工作的部门应当事人的请求，可以就侵犯专利权的赔偿数额进行调解；调解不成的，当事人可以依照《中华人民共和国民事诉讼法》向人民法院起诉。

（2）专利权侵权的赔偿金额。侵犯专利权的赔偿数额按照权利人因被侵权所受到的实际损失或者侵权人因侵权所获得的利益确定。

①权利人的损失或者侵权人获得的利益难以确定的，参照该专利许可使用费的倍数合理确定。

②对故意侵犯专利权，情节严重的，可以在按照上述方法确定数额的1倍以上5倍以下确定赔偿数额。

③权利人的损失、侵权人获得的利益和专利许可使用费均难以确定的，人民法院可以根据专利权的类型、侵权行为的性质和情节等因素，确定给予3万元以上500万元以下的赔偿。赔偿数额还应当包括权利人为制止侵权行为所支付的合理开支。

④人民法院为确定赔偿数额，在权利人已经尽力举证，而与侵权行为相关的账簿、资料主要由侵权人掌握的情况下，可以责令侵权人提供与侵权行为相关的账簿、资料；侵权人不提供或者提供虚假的账簿、资料的，人民法院可以参考权利人的主张和提供的证据判定赔偿数额。

2. 商标权侵权的认定和赔偿金额

（1）商标权侵权的认定。《中华人民共和国商标法》规定，注册商标的专用权，以核准注册的商标和核定使用的商品为限。有下列行为之一的，均属侵犯注册商标专用权：

①未经商标注册人的许可，在同一种商品上使用与其注册商标相同的商标的；

②未经商标注册人的许可，在同一种商品上使用与其注册商标近似的商标，或者在类似商品上使用与其注册商标相同或者近似的商标，容易导致混淆的；

③销售侵犯注册商标专用权的商品的；

④伪造、擅自制造他人注册商标标识或者销售伪造、擅自制造的注册商标标识的；

⑤未经商标注册人同意，更换其注册商标并将该更换商标的商品又投入市场的；

⑥故意为侵犯他人商标专用权行为提供便利条件，帮助他人实施侵犯商标专用权行为的；

⑦给他人的注册商标专用权造成其他损害的。

有侵犯注册商标专用权行为，引起纠纷的，由当事人协商解决；不愿协商或者协商不成的，商标注册人或者利害关系人可以向人民法院起诉，也可以请求工商行政管理部门处理。工商行政管理部门处理时，认定侵权行为成立的，责令立即停止侵权行为，没收、销毁侵权商品和主要用于制造侵权商品、伪造注册商标标识的工具，违法经营额5万元以上的，可以处违法经营额5倍以下的罚款，没有违法经营额或者违法经营额不足5万元的，可以处25万元以下的罚款。对五年内实施两次以上商标侵权行为或者有其他严重情节的，应当从重处罚。销售不知道是侵犯注册商标专用权的商品，能证明该商品是自己合法取得并说明提供者的，由工商行政管理部门责令停止销售。

（2）商标权侵权的赔偿金额。

①侵犯商标专用权的赔偿数额，按照权利人因被侵权所受到的实际损失确定；实际损失难以确定的，可以按照侵权人因侵权所获得的利益确定；权利人的损失或者侵权人获得的利益难以确定的，参照该商标许可使用费的倍数合理确定。

②对恶意侵犯商标专用权，情节严重的，可以在按照上述方法确定数额的1倍以上5倍以下确定赔偿数额。

③赔偿数额应当包括权利人为制止侵权行为所支付的合理开支。

④人民法院为确定赔偿数额，在权利人已经尽力举证，而与侵权行为相关的账簿、资料主要由侵权人掌握的情况下，可以责令侵权人提供与侵权行为相关的账簿、资料；侵权人不提供或者提供虚假的账簿、资料的，人民法院可以参考权利人的主张和提供的证据判定赔偿数额。权利人因被侵权所受到的实际损失、侵权人因侵权所获得的利益、注册商标许可使用费难以确定的，由人民法院根据侵权行为的情节判决给予 500 万元以下的赔偿。

3. 著作权侵权的认定和赔偿金额

（1）著作权侵权的认定。《中华人民共和国著作权法》规定，有下列侵权行为的，应当根据情况，承担停止侵害、消除影响、赔礼道歉、赔偿损失等民事责任：

①未经著作权人许可，发表其作品的；

②未经合作作者许可，将与他人合作创作的作品当作自己单独创作的作品发表的；

③没有参加创作，为谋取个人名利，在他人作品上署名的；

④歪曲、篡改他人作品的；

⑤剽窃他人作品的；

⑥未经著作权人许可，以展览、摄制视听作品的方法使用作品，或者以改编、翻译、注释等方式使用作品的，法律另有规定的除外；

⑦使用他人作品，应当支付报酬而未支付的；

⑧未经视听作品、计算机软件、录音录像制品的著作权人、表演者或者录音录像制作者许可，出租其作品或者录音录像制品的原件或者复制件的，本法另有规定的除外；

⑨未经出版者许可，使用其出版的图书、期刊的版式设计的；

⑩未经表演者许可，从现场直播或者公开传送其现场表演，或者录制其表演的；

⑪其他侵犯著作权以及与著作权有关的权利的行为。

有下列侵权行为的，应当根据情况，承担停止侵害、消除影响、赔礼道歉、赔偿损失等民事责任；侵权行为同时损害公共利益的，由主管著作权的部门责令停止侵权行为，予以警告，没收违法所得，没收、无害化销毁处理侵权复制品以及主要用于制作侵权复制品的材料、工具、设备等，违法经营额 5 万元以上的，可以并处违法经营额 1 倍以上 5 倍以下的罚款；没有违法经营额、违法经营额难以计算或者不足 5 万元的，可以并处 25 万元以下的罚款；构成犯罪的，依法追究刑事责任：

①未经著作权人许可，复制、发行、表演、放映、广播、汇编、通过信息网络向公众传播其作品的，本法另有规定的除外；

②出版他人享有专有出版权的图书的；

③未经表演者许可，复制、发行录有其表演的录音录像制品，或者通过信息网络向公众传播其表演的，本法另有规定的除外；

④未经录音录像制作者许可，复制、发行、通过信息网络向公众传播其制作的录音录像制品的，本法另有规定的除外；

⑤未经许可，播放、复制或者通过信息网络向公众传播广播、电视的，本法另有规定的除外；

⑥未经著作权人或者与著作权有关的权利人许可，故意避开或者破坏技术措施的，故意制造、进口或者向他人提供主要用于避开、破坏技术措施的装置或者部件的，或者故意为他人避开或者破坏技术措施提供技术服务的，法律、行政法规另有规定的除外；

⑦未经著作权人或者与著作权有关的权利人许可，故意删除或者改变作品、版式设计、表演、录音录像制品或者广播、电视上的权利管理信息的，知道或者应当知道作品、版式设计、表演、录音录像制品或者广播、电视上的权利管理信息未经许可被删除或者改变，仍然向公众提供的，法律、行政法规另有规定的除外；

⑧制作、出售假冒他人署名的作品的。

（2）著作权侵权的赔偿金额。

①侵犯著作权或者与著作权有关的权利的，侵权人应当按照权利人因此受到的实际损失或者侵权人的违法所得给予赔偿；权利人的实际损失或者侵权人的违法所得难以计算的，可以参照该权利使用费给予赔偿。

②对故意侵犯著作权或者与著作权有关的权利，情节严重的，可以在按照上述方法确定数额的 1 倍以上 5 倍以下给予赔偿。

③权利人的实际损失、侵权人的违法所得、权利使用费难以计算的，由人民法院根据侵权行为的情节，判决给予 500 元以上 500 万元以下的赔偿。

④赔偿数额应当包括权利人为制止侵权行为所支付的合理开支。

⑤人民法院为确定赔偿数额，在权利人已经尽了必要举证责任，而与侵权行为相关的账簿、资料等主要由侵权人掌握的，可以责令侵权人提供与侵权行为相关的账簿、资料等；侵权人不提供，或者提供虚假的账簿、资料等的，人民法院可以参考权利人提供的证据确定赔偿数额。

除另有规定外，有下列侵权行为的，应当根据情况，承担停止侵害、消除影响、赔礼道歉、赔偿损失等民事责任：

①未经软件著作权人许可，发表或者登记其软件的；

②将他人软件作为自己的软件发表或者登记的；

③未经合作者许可，将与他人合作开发的软件作为自己单独完成的软件发表或者登记的；

④在他人软件上署名或者更改他人软件上的署名的；

⑤未经软件著作权人许可，修改、翻译其软件的；

⑥其他侵犯软件著作权的行为。

根据《计算机软件保护条例》，除另有规定外，未经软件著作权人许可，有下列侵权行为的，应当根据情况，承担停止侵害、消除影响、赔礼道歉、赔偿损失等民事责任；同时损害社会公共利益的，由著作权行政管理部门责令停止侵权行为，没收违法所得，没收、销毁侵权复制品，可以并处罚款；情节严重的，著作权行政管理部门并可以没收主要用于制作侵权复制品的材料、工具、设备等；触犯刑律的，依照刑法关于侵犯著作权罪、销售侵权复制品罪的规定，依法追究刑事责任：

①复制或者部分复制著作权人的软件的；

②向公众发行、出租、通过信息网络传播著作权人的软件的；

③故意避开或者破坏著作权人为保护其软件著作权而采取的技术措施的；

④故意删除或者改变软件权利管理电子信息的；

⑤转让或者许可他人行使著作权人的软件著作权的。

有第一项或者第二项行为的，可以并处每件 100 元或者货值金额 1 倍以上 5 倍以下的罚款；有第三项、第四项或者第五项行为的，可以并处 20 万元以下的罚款。

根据《信息网络传播权保护条例》，有下列侵权行为之一的，根据情况承担停止侵害、消除影响、赔礼道歉、赔偿损失等民事责任；同时损害公共利益的，可以由著作权行政管理部门责令停止侵权行为，没收违法所得，非法经营额 5 万元以上的，可处非法经营 1 倍以上 5 倍以下的罚款；没有非法经营额或者非法经营额 5 万元以下的，根据情节轻重，可处 25 万元以下的罚款；情节严重的，著作权行政管理部门可以没收主要用于提供网络服务的计算机等设备；构成犯罪的，依法追究刑事责任：

①通过信息网络擅自向公众提供他人的作品、表演、录音录像制品的；

②故意避开或者破坏技术措施的；

③故意删除或者改变通过信息网络向公众提供的作品、表演、录音录像制品的权利管理电子信息，或者通过信息网络向公众提供明知或者应知未经权利人许可而被删除或者改变权利管理电子信息的作品、表演、录音录像制品的；

④为扶助贫困通过信息网络向农村地区提供作品、表演、录音录像制品超过规定范围，或者未按照公告的标准支付报酬，或者在权利人不同意提供其作品、表演、录音录像制品后未立即删除的；

⑤通过信息网络提供他人的作品、表演、录音录像制品，未指明作品、表演、录音录像制品的名称或者作者、表演者、录音录像制作者的姓名（名称），或者未支付报酬，或者未依照本条例规定采取技术措施防止服务对象以外的其他人获得他人的作品、表演、录音录像制品，或者未防止服务对象的复制行为对权利人利益造成实质性损害的。

违反规定，有下列行为之一的，由著作权行政管理部门予以警告，没收违法所得，没收主要用于避开、破坏技术措施的装置或者部件；情节严重的，可以没收主要用于提供网络服务的计算机等设备；非法经营额 5 万元以上的，可处非法经营额 1 倍以上 5 倍以下的罚款；没有非法经营额或者非法经营额 5 万元以下的，根据情节轻重，可处 25 万元以下的罚款；构成犯罪的，依法追究刑事责任：

①故意制造、进口或者向他人提供主要用于避开、破坏技术措施的装置或者部件，或者故意为他人避开或者破坏技术措施提供技术服务的；

②通过信息网络提供他人的作品、表演、录音录像制品，获得经济利益的；

③为扶助贫困通过信息网络向农村地区提供作品、表演、录音录像制品，未在提供前公告作品、表演、录音录像制品的名称和作者、表演者、录音录像制作者的姓名（名称）以及报酬标准的。

二、知识产权侵权的确认

（一）或有事项、或有负债与或有资产

根据《企业会计准则第 13 号——或有事项》的规定，企业因知识产权侵权导致的诉讼纠纷，在法院完成判决并下发以前，属于或有事项。依据相关会计准则，首先对或有事项、或有负债与或有资产的概念进行界定，其次，介绍知识产权侵权导致的未决诉讼或未决仲裁的会计确认要求和计量方法，再次，选取典型案例介绍企业如何针对知识产权侵权纠纷进行会计处理，最后，介绍相关或有事项的披露原则和要求。

1. 或有事项

或有事项是指过去的交易或事项形成的,其结果须由某些未来事项的发生或不发生才能决定的不确定事项。

知识产权侵权导致的未决诉讼或未决仲裁属于或有事项。第一,知识产权侵权导致的未决诉讼是企业因过去的经济行为导致起诉其他单位或被其他单位起诉,是现存的一种状况,而不是未来将要发生的事项。第二,有些知识产权侵权导致的未决诉讼,被起诉的一方是否会败诉,在案件审理过程中是难以确定的,需要根据法院判决情况加以确定;如果被起诉的企业基本确定会败诉,但是在诉讼成立时,该企业因败诉将支出多少金额,或者何时将发生这些支出,可能也是难以确定的。第三,相关未决诉讼或未决仲裁的结果是由未来法院裁决或当事人各方仲裁决定的。

2. 或有负债

或有负债是指过去的交易或事项形成的潜在义务,其存在须通过未来不确定事项的发生或不发生予以证实;或过去的交易或事项形成的现时义务,履行该义务不是很可能导致经济利益流出该企业或该义务的金额不能可靠计量,如未决诉讼、未决仲裁、对外提供担保等形成的或有负债。

或有负债涉及企业的两类义务:一类是潜在义务;另一类是现时义务。其中,潜在义务是指结果取决于不确定未来事项的可能义务。也就是说,潜在义务最终是否转变为现时义务,由某些未来不确定事项的发生或不发生才能决定。现时义务是指企业在现行条件下已承担的义务,该现时义务的履行不是很可能导致经济利益流出企业,或者该现时义务的金额不能可靠地计量。

如甲公司涉及一桩侵害商标权的诉讼案,根据以往的审判案例推断,甲公司很可能败诉。但法院尚未判决,甲公司无法根据经验判断未来将要承担多少赔偿金额,因此该现时义务的金额不能可靠地计量,该诉讼案件即形成甲公司的一项或有负债。

3. 或有资产

或有资产是指过去的交易或者事项形成的潜在资产,其存在须通过未来不确定事项的发生或不发生予以证实。或有资产作为一种潜在资产,其结果具有较大的不确定性,只有随着经济情况的变化,通过某些未来不确定事项的发生或不发生才能证实其是否会形成企业真正的资产。

如甲企业向法院起诉乙企业侵犯了其专利权。法院尚未对该案件进行审理,甲企业是否胜诉尚难判断。对于甲企业而言,将来可能胜诉而获得的赔偿属于一项或有资产,但这项或有资产是否会转化为真正的资产,要由法院的判决结果确定。如果终审判决结果是甲企业胜诉,那么这项或有资产就转化为甲企业的一项资产。如果终审判决结果是甲企业败诉,那么或有资产就消失了,更不可能形成甲企业的资产。

或有负债和或有资产不符合负债或资产的定义和确认条件,企业不应当确认或有负债和或有资产,而应当进行相应的披露。但是随着时间的推移和事态的进展,或有负债和或有资产可能会转化为企业的负债和资产,此时企业应当予以确认。

如未决诉讼对于预期会胜诉的一方而言,因未决诉讼形成了一项或有资产;该或有资产最终是否转化为企业的资产,要根据诉讼的最终判决而定。最终判决胜诉的,这项或有资产就转化为企业真正的资产。对于预期会败诉的一方而言,因未决诉讼形成了一项或有负债或预计负债：如为或有负债，该或有负债最终是否转化为企业的预计负债，只能根据诉讼的进展而定。企业根据法律规定、律师建议等因素判断自己很可能败诉，赔偿金额能够合理估计的，这项或有负债就转化为企业的预计负债。

【例8-1】甲种业科技有限公司（以下简称甲公司）是水稻新品种"高产99"的独占实施被许可人。2022年6月，丙农业产业发展有限公司（以下简称丙公司）未经许可，开始以线下门店推广以及在微信群内发布"农业产业链信息匹配"线上宣传等方式，寻找潜在的交易者，收取会员费并向会员提供"高产99"水稻种子交易信息，与买家商定交易价格、数量、交货时间，安排送货收款。2022年7月15日，甲公司依法起诉丙公司。2022年12月5日，人民法院一审判决甲公司胜诉，责成丙公司停止侵权，赔偿甲公司损失及合理支出600 000元。由于丙公司经营困难，无力偿还赔偿款，一直未履行判决。直到2022年12月31日，甲公司尚未采取进一步的行动。

虽然一审判决甲公司胜诉，将很可能从丙公司收回侵权赔偿款，但是由于丙公司本身经营困难，该款项是否能收回存在较大的不确定性，因此，甲公司不应确认资产，同时应在2022年12月31日的财务报表附注中作如下披露：

2022年6月起，本公司独占实施许可水稻新品种"高产99"遭到丙公司侵权，为此本公司依法向人民法院起诉丙公司。2022年12月5日，一审判决本公司胜诉，并可从丙公司获得侵权赔偿款项600 000元。截至2022年12月31日，丙公司未履行判决，本公司尚未采取进一步的措施。

（二）或有事项的确认

1. 或有资产的确认

或有事项形成的或有资产只有在企业基本确定能够收到的情况下，才能转变为真正的资产，从而予以确认。企业清偿因或有事项而确认的负债所需支出全部或部分预期由第三方或其他方补偿的，该补偿金额只有在基本确定能够收到时，才能作为资产单独确认。

2. 或有负债的确认

与或有事项有关的义务应当在同时符合以下三个条件时确认为负债，作为预计负债进行确认和计量：

（1）该义务是企业承担的现时义务。即与或有事项相关的义务是在企业当前条件下已承担的义务，企业没有其他现实的选择，只能履行该现时义务。通常情况下，过去的交易或事项是否导致现时义务是比较明确的，但也存在极少情况，如法律诉讼，特定事项是否已发生或这些事项是否已产生了一项现时义务可能难以确定，企业应当考虑括资产负债表日后所有可获得的证据、专家意见等，以此确定资产负债表日是否存在现时义务。如果据此判断，资产负债表日很可能存在现时义务，且符合预计负债确认条件的应当确认一项负债；如果资产负债表日现时义务很可能不存在，企业应披露一项或有负债，除非含有经济利益的资源流出企业的可能性极小。

（2）履行该义务很可能导致经济利益流出企业。即履行与或有事项相关的现时义务时，导致经济利益流出企业的可能性超过50%，但尚未到达基本确定的程度。企业因或有事项承担了现时义务，并不说明该现时义务很可能导致经济利益流出企业。

履行或有事项相关义务导致经济利益流出的可能性，通常按照一定的概率区间加以判断。一般情况下，发生的概率分为以下几个层次：基本确定、很可能、可能、极小可能。其中,"基本确定"是指发生的可能性大于95%但小于100%;"很可能"是指发生的可能性大于50%但小于或等于95%;"可能"是指发生的可能性大于5%但小于或等于50%;"极小可能"是指发生的可能性大于0但小于或等于5%。

(3) 该义务的金额能够可靠地计量。即与或有事项相关的现时义务的金额能够合理地估计。由于或有事项具有不确定性,因或有事项产生的现时义务的金额也具有不确定性,需要估计。要对或有事项确认一项负债,相关现时义务的金额应当能够可靠估计。只有在其金额能够可靠地估计,并同时满足其他两个条件时,企业才能加以确认。

例如,乙股份有限公司涉及一起知识产权侵权诉讼案。根据以往的审判结果判断,公司很可能败诉,相关的赔偿金额也可以估算出一个区间。此时,就可以认为该公司因未决诉讼承担的现时义务的金额能够可靠地计量,如果同时满足其他两个条件,就可以将所形成的义务确认为一项负债。

三、知识产权侵权的会计计量

当与或有事项有关的义务符合确认为负债的条件时应当将其确认为预计负债,预计负债应当按照履行相关现时义务所需支出的最佳估计数进行初始计量。此外,企业清偿预计负债所需支出还可能从第三方或其他方获得补偿。因此,或有事项的计量主要涉及两个问题:一是最佳估计数的确定;二是预期可获得补偿的处理。

(一) 预计负债的计量

预计负债应当按照履行相关现时义务所需支出的最佳估计数进行初始计量。企业在确定最佳估计数时应当综合考虑与或有事项有关的风险和不确定性、货币时间价值和未来事项等因素。①企业应当充分考虑与或有事项有关的风险和不确定性,既不能忽略风险和不确定性对或有事项计量的影响,也要避免对风险和不确定性进行重复调整,从而在低估和高估预计负债金额之间寻找平衡点。②预计负债的金额通常应当等于未来应支付的金额,但是如果预计负债的确认时点距离实际清偿有较长的时间跨度,货币时间价值的影响重大,那么在确定预计负债的确认金额时,应考虑采用现值计量,即通过对相关未来现金流出进行折现后确认最佳估计数。③企业应当考虑可能影响履行现时义务所需金额的相关未来事项,对于这些未来事项,如果有足够的客观证据表明它们将发生,如未来技术进步、相关法规出台等,则应当在预计负债计量中予以考虑,但不应考虑预期处置相关资产形成的利得。

最佳估计数的确定一般分两种情况处理:

(1) 所需支出存在一个连续范围(或区间,下同),且该范围内各种结果发生的可能性相同,则最佳估计数应当按照该范围内的中间值,即上下限金额的平均数确定。

【例8-2】2022年12月1日,甲公司因知识产权侵权而被乙公司起诉。2022年12月31日,甲公司尚未收到人民法院的判决。甲公司预计,最终的法院判决很可能对公司不利。假定预计将要支付的赔偿金额为1 000 000~1 600 000元的某一金额,而且这个区间内每个金额的可能性都大致相同。

在这种情况下,甲公司应在2022年12月31日的资产负债表中确认一项预计负债,金额为:(1 000 000 + 1 600 000) ÷ 2 = 1 300 000(元)。

(2) 所需支出不存在一个连续范围,或者虽然存在一个连续范围,但该范围内各种结果发生的可能性不相同,那么,如果或有事项涉及单个项目,最佳估计数按照最可能发生金额确定;如果或有事项涉及多个项目,最佳估计数按照各种可能结果及相关概率计算确定。通常,企业面临的知识产权侵权未决诉讼属于"或有事项涉及单个项目"的情况。

【例8-3】2022年10月2日,乙股份有限公司涉及一起知识产权侵权诉讼案。2022年12月31日,乙股份有限公司尚未收到法院的判决。在咨询公司的法律顾问后,公司认为:胜诉的可能性为40%,败诉的可能性为60%。如果败诉,需要赔偿1 000 000元。此时,乙股份有限公司在资产负债表中确认的负债金额应为最可能发生的金额,即1 000 000元。

企业应当在资产负债表日对预计负债的账面价值进行复核。有确凿证据表明该账面价值不能真实反映当前最佳估计数的,应当按照当前最佳估计数对该账面价值进行调整。

(二)预期可获得补偿的处理

企业清偿因或有事项而确认的负债所需支出全部或部分预期由第三方或其他方补偿的,该补偿金额只有在基本确定能够收到时,才能作为资产单独确认,确认的补偿金额不能超过所确认负债的账面价值。

企业预期从第三方获得的补偿,是一种潜在资产,根据资产和负债不能随意抵销的原则,预期可获得的补偿在基本确定能够收到时应当确认为一项资产,而不能作为预计负债金额的扣减。

补偿金额的确认涉及两个方面问题:①确认时间,补偿只有在"基本确定"能够收到时才予以确认;②确认金额,确认的金额是基本确定能够收到的金额,而且不能超过相关预计负债的账面价值。

【例8-4】2022年12月31日,乙公司因或有事项而确认了一笔金额为1 000 000元的负债;同时,公司因该或有事项,基本确定可从甲股份有限公司获得400 000元的赔偿。

本例中,乙公司应分别确认一项金额为1 000 000元的负债和一项金额为400 000元的资产,而不能只确认一项金额为600 000(1 000 000-400 000)元的负债。同时,公司所确认的补偿金额400 000元并未超过所确认的负债金额1 000 000元。

四、侵权方和被侵权方的会计处理

(一)赔款、诉讼费、律师费的会计记录

知识产权侵权案件过程中涉及的项目主要包括赔款、诉讼费、律师费等。

1. 赔款

结合前述内容,法院判决前,根据会计的稳健性原则,侵权方要预计赔偿金额确认预计负债;被侵权方无法确定能否获得赔偿及赔偿金额,被侵权方无需做会计处理。法院判决后,视判决结果确定侵权方是否需要支付赔偿款。若需支付赔偿款,由于败诉支付的赔款是企业发生的与生产经营无直接关系的支出,应记入"营业外支出"科目。

应当注意的是,对于未决诉讼,企业当期实际发生的诉讼损失金额与已计提的相关预计负债之间的差额,应分情况处理:

(1)企业在前期资产负债表日,依据当时实际情况和所掌握的证据合理预计了预计负债,应当将当期实际发生的诉讼损失金额与已计提的相关预计负债之间的差额,直接计入或冲减当期营业外支出。

(2)企业在前期资产负债表日,依据当时实际情况和所掌握的证据,原本应当能够合理估计诉讼损失,但企业所作的估计却与当时的事实严重不符(如未合理预计损失或不恰当地多计或少计损失），应当按照重大会计差错更正的方法进行处理。

（3）企业在前期资产负债表日，依据当时实际情况和所掌握的证据，确实无法合理预计诉讼损失，因而未确认预计负债，则在该项损失实际发生的当期，直接计入当期营业外支出。

（4）资产负债表日后至财务报告批准报出日之间发生的需要调整或说明的未决诉讼，按照资产负债表日后事项的有关规定进行会计处理。

2. 诉讼费

诉讼费是指当事人为向人民法院提起诉讼程序应当缴纳的费用，包括案件受理费和其他诉讼费用。其他费用包括勘验费、鉴定费、公告费、翻译费（当地通用的民族语言、文字除外）；证人、鉴定人、翻译人员在人民法院决定开庭日期出庭的交通费、住宿费、生活费和误工补贴费；采用诉讼保全措施的申请费和实际支出的费用；执行判决、裁定或者调解协议所实际支出的费用；人民法院认为应当由当事人负担的其他诉讼费用。财产保全是利害关系人因情况紧急，不立即申请保全将会使其合法权益受到难以弥补的损害的，可以在提起诉讼或者申请仲裁前向被保全财产所在地、被申请人住所地或者对案件有管辖权的人民法院申请采取保全措施。保全费是法院在对被申请的财产保全时收取的费用，收取的钱归政府财政所有，不予退还。诉讼费属于"管理费用"。

3. 律师代理费

律师费即律师代理费，是指律师为委托人代理法律事务应当收取的报酬，应记入"管理费用"科目。

（二）具体的会计处理

1. 被侵权方的会计处理

（1）诉讼成功，法院裁决获得赔偿款时：

借：其他应收款　　　　　　　　　　　　　　　×××
　　贷：营业外收入　　　　　　　　　　　　　×××

（2）公司实际收到赔偿款时：

借：银行存款　　　　　　　　　　　　　　　　×××
　　贷：其他应收款——××企业　　　　　　　×××

（3）支付诉讼费用时：

借：管理费用——诉讼费　　　　　　　　　　　×××
　　贷：银行存款　　　　　　　　　　　　　　×××

（4）支付律师费时：

借：管理费用——律师费　　　　　　　　　　　×××
　　贷：银行存款　　　　　　　　　　　　　　×××

2. 侵权方的会计处理

（1）法院判决前，很可能败诉，基于稳健性原则，根据《企业会计准则第13号——或有事项》的规定，预计其赔偿金额。

借：营业外支出——侵权赔偿　　　　　　　　　×××
　　贷：预计负债——未决诉讼　　　　　　　　×××

（2）法院判决后，实际赔偿金额高于预计负债，则会计处理为：

借：预计负债——未决诉讼 ×××
　　营业外支出——侵权赔偿 ×××
　　贷：其他应付款/银行存款 ×××
（3）法院判决后，实际赔偿金额低于预计金额，则会计处理为：
借：预计负债——未决诉讼 ×××
　　贷：其他应付款 ×××
借：其他应付款 ×××
　　贷：银行存款 ×××
冲销多提的预计负债：
借：预计负债——未决诉讼 ×××
　　贷：营业外支出——侵权赔偿 ×××
（4）支付诉讼费用时：
借：管理费用——诉讼费 ×××
　　贷：银行存款 ×××
（5）支付律师费：
借：管理费用——律师费 ×××
　　贷：银行存款 ×××

【例8-5】2022年12月1日，甲公司因知识产权侵权而被乙公司起诉。2022年12月31日，甲公司尚未收到人民法院的判决。甲公司预计，最终的法院判决很可能对公司不利。假定预计将要支付的赔偿金额为1 000 000~1 600 000元的某一金额，而且这个区间内每个金额的可能性都大致相同。

前面已经确定应确认的预计负债金额为130万元，相关账务处理如下：
借：营业外支出——赔偿支出——乙公司 1 300 000
　　贷：预计负债——未决诉讼——乙公司 1 300 000

【例8-6】2022年10月2日，乙股份有限公司涉及一起知识产权侵权诉讼案。2022年12月31日，乙股份有限公司尚未收到法院的判决。在咨询公司的法律顾问后，公司认为：胜诉的可能性为40%，败诉的可能性为60%。如果败诉，需要赔偿1 000 000元。

应确认的预计负债的金额为100万元，相关账务处理如下：
借：营业外支出——赔偿支出 1 000 000
　　贷：预计负债——未决诉讼 1 000 000

【例8-7】小米科技公司等与中山奔腾公司等侵害商标权及不正当竞争纠纷案①

2011年，小米科技注册"小米"商标。2011年，中山奔腾公司申请注册"小米生活"商标。2015年，中山奔腾被核准注册，核定使用商品包括电炊具、热水器、电压力锅等。2018年，"小米生活"注册商标因"系通过不正当手段取得注册"被宣告无效。在进行相关处理时，网店商品的评论数可以作为认定商品交易量的参考依据。同时认为：（1）二审期间仍侵权，明显恶意；（2）侵权种类多、数量多、规模大；（3）"小米"商标为驰名商

---

① 获赔5 000万！小米诉中山奔腾侵害商标权及不正当竞争。资料来源：财经_品阅网（https://www.q578.com/s-9-203968-0/）。

标；(4) 侵权商品有质量问题。

法院最终以侵权获利额为赔偿基数，按照三倍确定赔偿额，赔偿金额为 5 000 万元。该判决全面分析阐述了认定惩罚性赔偿的"恶意""情节严重"要件以及确定基数和倍数的方法，既考虑到被诉侵权商品销售特点，又全面分析了影响惩罚倍数的相关因素，确定了与侵权主观恶意程度、情节恶劣程度、侵权后果严重程度相适应的倍数，为惩罚性赔偿制度的适用提供了实践样本，体现了严厉打击严重侵害知识产权行为的导向。

两家公司在进行会计处理时应编制的会计分录如下：

(1) 中山奔腾公司（侵权方、败诉方）：

①在判决结果未出时，预计赔偿金额，假设预计赔偿金额是 3 000 万元。则：

借：营业外支出——侵权赔偿　　　　　　　　　　　　　　　30 000 000
　　贷：预计负债——未决诉讼　　　　　　　　　　　　　　　　30 000 000

②法院判决后，会计处理为：

借：营业外支出——侵权赔偿　　　　　　　　　　　　　　　20 000 000
　　预计负债——未决诉讼　　　　　　　　　　　　　　　　30 000 000
　　　贷：其他应付款——小米公司　　　　　　　　　　　　　　50 000 000

③实际支付赔款时：

借：其他应付款——小米公司　　　　　　　　　　　　　　　50 000 000
　　贷：银行存款　　　　　　　　　　　　　　　　　　　　　50 000 000

(2) 小米公司（被侵权方、胜诉方）：

在法院判决后，会计处理为：

借：其他应收款——中山奔腾公司　　　　　　　　　　　　　50 000 000
　　贷：营业外收入　　　　　　　　　　　　　　　　　　　　50 000 000
借：银行存款　　　　　　　　　　　　　　　　　　　　　　50 000 000
　　贷：其他应收款——中山奔腾公司　　　　　　　　　　　　50 000 000

【例 8-8】珠海格力电器股份有限公司、宁波奥胜贸易有限公司侵害发明专利权纠纷案[①]

2020 年，珠海格力电器股份有限公司、宁波奥胜贸易有限公司侵害发明专利权纠纷案二审民事案审理结束。涉案专利的专利权人为格力公司，涉案专利目前尚在有效期内，在无相反证据的情况下，涉案专利应作为有效专利权进行保护。奥胜公司在案件审理过程中认可其实施了制造、销售被诉侵权产品的行为，且上述产品包装标注有"宁波奥克斯空调有限公司"的企业名称，即奥胜公司更名前的名称。故原审法院认定奥胜公司实施了制造、销售被诉侵权产品的行为，其应当承担相应的民事责任。自判决生效之日起，奥胜公司立即停止制造、销售 KFR-35GW/BPHRA+3 型号的空调器产品；自判决生效之日起 15 日内，奥胜公司赔偿格力公司经济损失 40 万元以及为制止侵权行为所支付的合理开支 2 万元。如果当事人未按判决指定的期间履行给付金钱义务，应当依照《中华人民共和国民事诉讼法》第二百五十三条之规定，加倍支付迟延履行期间的债务利息。一

---

① 资料来源：法信网（https://wenshu.faxin.cn/wenshu/page/detail.html? uniqid = 0da7bdc8 - 768b - 7ebb - 9de5 - 730b2ae0fe7c&date = 20220707&backurl = https：//www.faxin.cn/）。

审案件受理费 27 125 元，由格力公司负担 12 125 元，奥胜公司负担 15 000 元。二审维持原判，二审案件受理费 31 365 元，由珠海格力电器股份有限公司负担 23 765 元，由宁波奥胜贸易有限公司负担 7 600 元。假定所有赔款均如期支付。双方公司进行会计处理时，应编制的会计分录如下：

（1）格力公司：

①格力公司支付一审、二审受理费 12 125 + 23 765 = 35 890（元）时：

借：管理费用——诉讼费　　　　　　　　　　　　　　　　35 890
　　贷：银行存款　　　　　　　　　　　　　　　　　　　　　　　35 890

②收到奥胜公司赔款 42 万元时：

借：其他应收款　　　　　　　　　　　　　　　　　　　　420 000
　　贷：营业外收入　　　　　　　　　　　　　　　　　　　　　420 000

借：银行存款　　　　　　　　　　　　　　　　　　　　　420 000
　　贷：其他应收款　　　　　　　　　　　　　　　　　　　　　420 000

（2）奥胜公司：

①奥盛公司预计赔偿金额，假设预计赔偿金额是 40 万元时：

借：营业外支出　　　　　　　　　　　　　　　　　　　　400 000
　　贷：预计负债——未决诉讼　　　　　　　　　　　　　　　　400 000

②法院判决支付给格力公司赔款为 42 万元时：

借：营业外支出　　　　　　　　　　　　　　　　　　　　 20 000
　　预计负债——未决诉讼　　　　　　　　　　　　　　　　400 000
　　贷：其他应付款　　　　　　　　　　　　　　　　　　　　　420 000

③奥盛公司在判决后 15 日内支付赔款时：

借：其他应付款　　　　　　　　　　　　　　　　　　　　420 000
　　贷：银行存款　　　　　　　　　　　　　　　　　　　　　　420 000

④奥胜公司支付一审、二审受理费 15 000 + 7 600 = 22 600（元）时：

借：管理费用——诉讼费　　　　　　　　　　　　　　　　22 600
　　贷：银行存款　　　　　　　　　　　　　　　　　　　　　　22 600

【例 8-9】 甲有限责任公司是"宝康"注册商标的权利人，乙有限责任公司长期大规模生产、销售带有"宝康"标识的母婴洗护产品等商品，并通过抢注、受让等方式在洗护用品等类别上获得"宝康"等商标，在宣传推广中明示或暗示与甲公司具有关联关系，通过经营网上店铺等方式在线上进行销售。

（1）2021 年 12 月 1 日，甲公司因侵害商标权而将乙公司起诉至人民法院，其中诉讼费为 50 000 元。2021 年 12 月 31 日，法院尚未对该案件作出判决。甲公司预计，如无特殊情况很可能在诉讼中获胜，并且估计将来很可能获得赔偿金额 3 100 000 元。乙公司在咨询公司的法律顾问后，认为最终的法律判决很可能对公司不利，并预计将要支付的赔偿金额、诉讼费等费用为 2 600 000 元至 3 000 000 元的某一金额，并且这个区间内每个金额的可能性都大致相同。

此例中，甲公司不应当确认或有资产，而应当在 2021 年 12 月 31 日的报表附注中披露或有资产 3 100 000 元。

2021 年 12 月 1 日，甲公司起诉支付诉讼费的会计处理如下：

  借：其他应收款/管理费用   50 000

    贷：银行存款   50 000

按现行会计准则处理，若甲公司预计很有可能胜诉，则诉讼费用计入其他应收款；若无法预计很有可能胜诉，则诉讼费用计入管理费用。

乙公司很可能败诉，且相关罚息和诉讼费用等支出能可靠计量，因此，乙公司应当在资产负债表中确认一项预计负债，其金额 =（2 600 000 + 3 000 000）÷ 2 = 2 800 000（元），同时在 2021 年 12 月 31 日的报表附注中进行披露。

乙公司的有关账务处理如下：

  借：管理费用——诉讼费   50 000

    营业外支出——赔偿支出   2 750 000

    贷：预计负债——未决诉讼   2 800 000

（2）2022 年 4 月 20 日，乙公司 2021 年年度财务报告报出。2022 年 5 月 15 日，人民法院认定商标权侵权成立，判决乙公司败诉，承担诉讼费 50 000 元，并在 10 日内向甲公司支付"宝康"商标权侵权损害赔偿 3 000 000 元。甲公司和乙公司均服从判决，乙公司于 2022 年 5 月 25 日以银行存款支付上述所有款项。

甲公司取得了商标权侵权索赔的胜诉，由于侵权行为本身具有偶发性，获得的侵权赔偿款不符合收入确认的条件，该赔偿款应当列入营业外收入。

甲公司的有关账务处理如下：

2022 年 5 月 15 日，法院判决下达时：

  借：其他应收款   3 000 000

    贷：营业外收入——侵权索赔   3 000 000

2022 年 5 月 25 日，甲公司收到款项时：

  借：银行存款   3 050 000

    贷：其他应收款   3 050 000

乙公司官司败诉并服从判决，需要赔偿侵权损害以及诉讼费用共计 3 050 000（3 000 000 + 50 000）元，实际发生的诉讼损失金额与已计提的相关预计负债之间的差额为 250 000（3 050 000 - 2 800 000）元，该金额直接计入营业外支出。

乙公司的有关账务处理如下：

2022 年 5 月 15 日，法院判决下达时：

  借：预计负债——未决诉讼   2 800 000

    营业外支出——赔偿支出   250 000

    贷：其他应付款   3 050 000

2022 年 5 月 25 日，乙公司支付款项时：

  借：其他应付款   3 050 000

    贷：银行存款   3 050 000

第二节 植物新品种权的会计处理

一、植物新品种权的初始会计处理

（一）植物新品种权的定义、授权条件、确认为资产的条件

1. 植物新品种权的定义

如前所述，植物新品种是指经过人工培育的或者对发现的野生植物加以开发，具备新颖性、特异性、一致性和稳定性并有适当命名的植物品种。植物新品种权是指完成育种的单位或个人对其授权的品种依法享有的排他使用权。植物新品种权作为知识产权的一种表现形式，与专利权、商标权、著作权同属知识产权范畴，是一项民事私权。

2. 植物新品种权的授权条件

根据《中华人民共和国种子法》第四章，国家实行植物新品种保护制度。授予品种权的条件包括：

（1）申请品种权的植物新品种应当属于国家植物品种保护名录中列举的植物的属或者种。

（2）授予品种权的植物新品种应当具备新颖性。新颖性，是指申请品种权的植物新品种在申请日前该品种繁殖材料未被销售，或者经育种者许可，在中国境内销售该品种繁殖材料未超过1年；在中国境外销售藤本植物、林木、果树和观赏树木品种繁殖材料未超过6年，销售其他植物品种繁殖材料未超过4年。

（3）授予品种权的植物新品种应当具备特异性。特异性，是指申请品种权的植物新品种应当明显区别于在递交申请以前已知的植物品种。

（4）授予品种权的植物新品种应当具备一致性。一致性，是指申请品种权的植物新品种经过繁殖，除可以预见的变异外，其相关的特征或者特性一致。

（5）授予品种权的植物新品种应当具备稳定性。稳定性，是指申请品种权的植物新品种经过反复繁殖后或者在特定繁殖周期结束时，其相关的特征或者特性保持不变。

（6）授予品种权的植物新品种应当具备适当的名称，并与相同或者相近的植物属或者种中已知品种的名称相区别。该名称经注册登记后即为该植物新品种的通用名称。下列名称不得用于品种命名：①仅以数字组成的；②违反社会公德的；③对植物新品种的特征、特性或者育种者的身份等容易引起误解的。同一植物品种在申请新品种保护、品种审定、品种登记、推广、销售时只能使用同一个名称。

一个植物新品种只能授予一项植物新品种权。两个以上的申请人分别就同一个品种申请植物新品种权的，植物新品种权授予最先申请的人；同时申请的，植物新品种权授予最先完成该品种育种的人。对违反法律，危害社会公共利益、生态环境的植物新品种，不授予植物新品种权。

3. 确认为资产的条件

与专利权、商标权等知识产权类似，满足资产定义的植物新品种权应确认为资产，具体而言，包括如下主要条件：

（1）会计主体能够控制植物新品种权产生的经济利益。具体表现为企业拥有该项植物新品种的法定所有权，或企业与他人签订协议，使企业相关权利受到法律的保护。

（2）产生的经济利益很可能流入企业。在实务中，要确认植物新品种权创造的经济利益是否很可能流入企业，应该考虑相关的因素，如企业是否有足够的人力资源、高素质的管理队伍、相关的硬件设备、原材料供应等来配合植物新品种权为企业创造经济利益，以及是否存在相关的产品市场等，还要进行测试评价。测试评价作为商业化育种的重要环节，需要结合市场需求对完成配组的植物新品种的组合品质、抗性以及适宜性等作出科学、及时的评价，如袁隆平农业高科技股份有限公司在南方稻区建立了杂交水稻新品种生态测试网，在西南区、黄淮海区、东华北区等主要玉米产区建立了玉米新品种生态测试网，在一些重点区域建立了蔬菜、小麦、高粱、谷子、食葵等新品种生态测试网，对公司新选育品种、合作选育品种等进行国内、国际目标市场的品种适应性测试评价，确保符合市场需求的绿色优质高产新品种可以持续稳定地投放市场。只有做好植物新品种相关的制度建设、育种体系、生产管理等方面的准备，植物新品种权才能真正地为企业带来经济利益的流入。

（3）成本能够可靠地计量。

（二）植物新品种权的获得

1. 自主研发

企业在自有的育种研发实验基地、育种站等组织科研人员自行研发植物新品种是企业获得植物新品种权的重要方式。

新品种研发具有典型的持续性，不仅周期长、投入高，而且是否能够培育出符合市场需求的品种存在不确定性，此外，新推出品种是否能够适应多变的自然环境是种业公司面临的另外一项潜在风险。故与专利研发等类似，植物新品种的研发也应分为研究和开发两个阶段，按不同条件进行费用化和资本化处理。以隆平高科为例，其2021年资本化研发投入占研发投入的40.95%，2020年资本化研发投入占研发投入的51.03%。

内部研究开发项目研究阶段的支出于发生时计入当期损益。内部研究开发项目开发阶段的支出，如前所述，可以有条件资本化为资产。

以隆平高科为例，公司的研究开发分为针对科研体系的打造、突破性大品种等全局性研发活动和对于细分市场品种研究的具体研发活动。其中，科研体系的打造、突破性大品种等全局性研发活动，因其目标明确且能预测品种配组成功率，该类项目在亲本观察期开始立项，对育种成功前发生的费用均予以资本化，待项目完结后将成本按市值比例分摊计入品种权的成本；细分市场品种研究包括在实验室不育系、恢复系品种配组对比研究；在品种配组成功后，公司向主管农业部门申请预试和区试；待预试和区试成功后，公司向农业部门申请品种权审定。公司将品种配组对比研究划分为研究阶段，将在这一期间发生的项目支出予以费用化；将预试或区试阶段划分为开发阶段，将在这一期间发生的项目支出予以资本化，在研发支出核算。

【例8-10】2021年，隆平高科杂交水稻品种权开发支出增加67 494 431.18元，有62 565 439.61元确认为无形资产；玉米品种权开发支出增加35 368 232.98元，有116 823 646.31元确认为无形资产。会计处理如下：

62 565 439.61 + 116 823 646.31 = 179 389 085.92（元）

借：无形资产——知识产权——植物新品种权　　　　　179 389 085.92

贷：研发支出——资本化支出　　　　　　　　　　　　　　179 389 085.92

【例8-11】甲公司在研制某植物新品种，2021年2月领用材料10万元，6月项目达到资本化条件，8月领用材料15万元，上半年研发人员工资为40万元，下半年研发人员工资为40万元。年末研制成功。会计处理如下：

（1）借：研发支出——费用化支出　　　　　　　　　　　　　100 000
　　　　　　　　　　——资本化支出　　　　　　　　　　　　　150 000
　　　　贷：原材料　　　　　　　　　　　　　　　　　　　　　250 000
（2）借：研发支出——费用化支出　　　　　　　　　　　　　400 000
　　　　　　　　　　——资本化支出　　　　　　　　　　　　　400 000
　　　　贷：应付职工薪酬　　　　　　　　　　　　　　　　　　800 000
（3）借：研发费用　　　　　　　　　　　　　　　　　　　　　500 000
　　　　贷：研发支出——费用化支出　　　　　　　　　　　　　500 000
（4）借：无形资产——知识产权——植物新品种权　　　　　　550 000
　　　　贷：研发支出——资本化支出　　　　　　　　　　　　　550 000
（5）借：应付职工薪酬　　　　　　　　　　　　　　　　　　　800 000
　　　　贷：银行存款　　　　　　　　　　　　　　　　　　　　800 000

2. 购置

除内部研发外，植物新品种权也可购置。委托育种或者合作育种，品种权的归属由当事人在合同中约定；没有合同约定的，品种权属于受委托完成或者共同完成育种的单位或者个人。仍然以隆平高科为例，2021年隆平高科特许经营权和品种使用权增加191 230 247.12元，其中购置部分为7 300 000元，自行研发的部分为183 930 247.12元。

【例8-12】甲公司2021年2月预付给乙科研院所60万元的品种权款，10月，乙科研院所完成研发交付产品，甲公司以此申请植物新品种权，2022年10月获得授权。预期该植物新品种可为企业带来持续稳定的经济利益流入。会计处理如下：

借：预付账款　　　　　　　　　　　　　　　　　　　　　　　600 000
　　贷：银行存款　　　　　　　　　　　　　　　　　　　　　　600 000
借：无形资产——知识产权——植物新品种权　　　　　　　　　600 000
　　贷：预付账款　　　　　　　　　　　　　　　　　　　　　　600 000

（三）植物新品种权的申请流程

在购买或自行研发植物新品种后，企业应提交品种权申请。按《中华人民共和国植物新品种保护条例》的规定，申请品种权须经过初步审查和实质审查。

1. 初步审查

对符合相关规定的品种权申请，审批机关应当予以受理，明确申请日、给予申请号，并自收到申请之日起1个月内通知申请人缴纳申请费。

审批机关应当自受理品种权申请之日起6个月内完成初步审查。初步审查内容包括：①是否属于植物品种保护名录列举的植物属或者种的范围；②外国人、外国企业或者外国其他组织在中国申请品种权的，应当按其所属国和中华人民共和国签订的协议或者共同参加的国际条约办理，或者根据互惠原则，依照植物新品种保护条例办理；③是否符合新颖性的规定；④植物新品种的命名是否适当。

对经初步审查合格的品种权申请,审批机关予以公告,并通知申请人在 3 个月内缴纳审查费。

对经初步审查不合格的品种权申请,审批机关应当通知申请人在 3 个月内陈述意见或者予以修正;逾期未答复或者修正后仍然不合格的,驳回申请。

2. 实质审查

申请人按照规定缴纳审查费后,审批机关对品种权申请的特异性、一致性和稳定性进行实质审查。

申请人未按照规定缴纳审查费的,品种权申请视为撤回。

对经实质审查符合本条例规定的品种权申请,审批机关应当作出授予品种权的决定,颁发品种权证书,并予以登记和公告。

对经实质审查不符合本条例规定的品种权申请,审批机关予以驳回,并通知申请人。

其流程如图 8 - 1 所示。

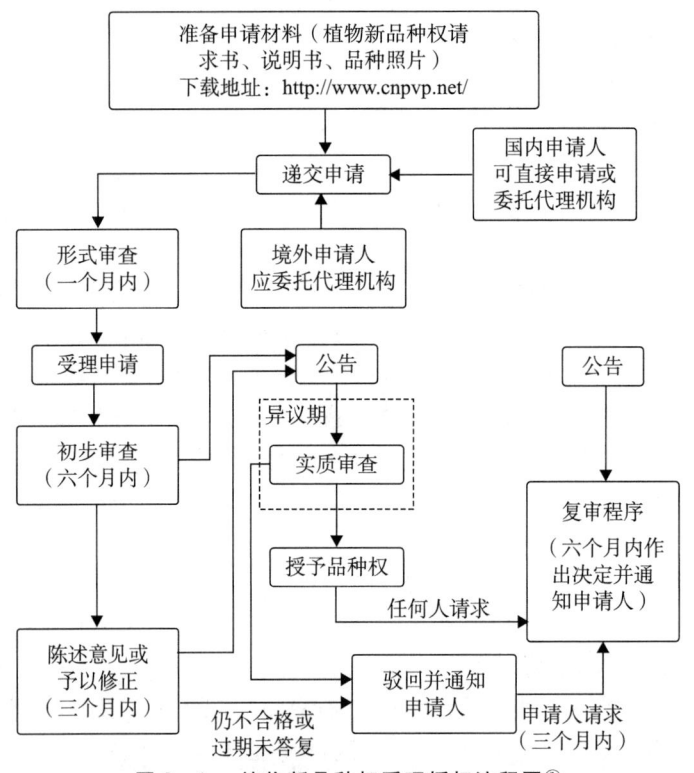

图 8 - 1　植物新品种权受理授权流程图①

其中涉及的会计处理主要是申请费和审查费的会计处理,我们认为若申请成功则相关费用应资本化,申请不成功则应进行费用化。

【例 8 - 13】企业要申请一项植物新品种权,缴纳了 1 600 元申请费。有关会计处理如下:

---

① 来自国家林业局植物新品种办公室(中国林草植物新品种保护)官网 http://cnpvp.flashfox.tech/pzqsq/o9on3a36ka0vqg71ncwb5a8803647131206002.html。

（1）若企业的品种权申请初步审查不合格被驳回，则会计处理为：
借：研发支出——费用化支出　　　　　　　　　　　　　　　　1 600
　　贷：银行存款　　　　　　　　　　　　　　　　　　　　　　1 600
借：研发费用　　　　　　　　　　　　　　　　　　　　　　　1 600
　　贷：研发支出——费用化支出　　　　　　　　　　　　　　　1 600
（2）若初步审查合格，企业又缴纳了1 600元审查费，但实质审查不合格，被驳回，则会计处理为：
借：研发支出——费用化支出　　　　　　　　　　　　　　　　3 200
　　贷：银行存款　　　　　　　　　　　　　　　　　　　　　　3 200
借：研发费用　　　　　　　　　　　　　　　　　　　　　　　3 200
　　贷：研发支出——费用化支出　　　　　　　　　　　　　　　3 200
（3）若初步审查合格，企业又缴纳了1 600元审查费，实质审查合格，审批机关颁发品种权证书，并予以登记和公告。则会计处理为：
借：研发支出——资本化支出　　　　　　　　　　　　　　　　3 200
　　贷：银行存款　　　　　　　　　　　　　　　　　　　　　　3 200
借：无形资产——知识产权——植物新品种权　　　　　　　　　3 200
　　贷：研发支出——资本化支出　　　　　　　　　　　　　　　3 200

二、植物新品种权的后续会计处理

与其他知识产权类似，植物新品种权也需摊销和视情况计提减值准备。

（一）摊销

与专利权等知识产权类似，理论上，企业应当于取得植物新品种权时分析判断其使用寿命。植物新品种权的使用寿命为有限的，应当估计该使用寿命的年限等类似计量单位数量；无法预见植物新品种权为企业带来经济利益期限的，应当视为使用寿命不确定的知识产权。使用寿命不确定的知识产权不应摊销。

使用寿命有限的植物新品种权，其应摊销金额应当在使用寿命内系统合理地摊销。企业摊销植物新品种权，应当自植物新品种权可供使用时起，至不再作为植物新品种权确认时止，将其摊销额在使用寿命内系统合理地摊销。知识产权的应摊销金额为其成本扣除预计残值后的金额。已计提减值准备的植物新品种权，还应扣除已计提的植物新品种权减值准备累计金额。

企业应估计植物新品种权的预计使用寿命，若预计使用寿命超过了相关合同规定的收益年限或法律规定的年限，若某植物新品种权的合同没有规定收益年限，但法律规定了有效年限的，按不超过法律规定的有效年限摊销；如果某植物新品种权既有合同规定的收益年限，又有法定有效年限，则摊销年限按不超过收益年限与有效年限二者之中较短者。根据国际惯例，凡是有法定年限的知识产权，法定年限就作为摊销年限，若其经济使用年限小于法定年限，则以经济使用年限作为摊销年限。没有法定年限或者法定年限过长的知识产权，则需要会计准则制定机构规定最长摊销年限。按照《中华人民共和国植物新品种保护条例》的规定，品种权的保护期限，自授权之日起，藤本植物、林木、果树和观赏树木为20年，其他植物为15年。

例如，隆平高科 2021 年经营特许权及品种使用权计提累计摊销 142 393 517.62 元。

（二）减值

农作物种业属于长周期、高投入行业，受国家产业政策和自然环境影响较大。在发展过程中面临宏观行业政策与项目风险、自然灾害风险、品种研发与推广风险、成本上升与行业竞争风险。随着育种技术的革新和种质创新能力的不断升级，农作物新品种的选育效率不断提升，植物新品种不断涌现，市场竞争激烈，原有的植物新品种能为企业带来的经济收益可能下降。

仍然以隆平高科为例，2021 年其经营特许权及品种使用权计提了减值准备 400 194.5 元。

（三）许可

根据《中华人民共和国种子法》规定，植物新品种权所有人对其授权品种享有排他的独占权。植物新品种权所有人可以将植物新品种权许可他人实施，并按照合同约定收取许可使用费；许可使用费可以采取固定价款、从推广收益中提成等方式收取。

在下列情况下使用授权品种的，可以不经植物新品种权所有人许可，不向其支付使用费，但不得侵犯植物新品种权所有人依照本法、有关法律、行政法规享有的其他权利：①利用授权品种进行育种及其他科研活动；②农民自繁自用授权品种的繁殖材料。

为了国家利益或者社会公共利益，国务院农业农村、林业草原主管部门可以作出实施植物新品种权强制许可的决定，并予以登记和公告。取得实施强制许可的单位或者个人不享有独占的实施权，并且无权允许他人实施。取得实施强制许可的单位或者个人应当付给品种权人合理的使用费，其数额由双方商定；双方不能达成协议的，由审批机关裁决。

【例 8-14】根据湖南隆平种业股份有限公司股东会决议，湖南隆平种业股份有限公司每年应向湖南兴隆种业有限公司收取品种权独占实施许可费，2021 年金额为 1 853 745.67 元。

湖南隆平种业有限公司的会计处理为：

借：银行存款　　　　　　　　　　　　　　　　　　1 853 745.67
　　贷：其他业务收入　　　　　　　　　　　　　　　　1 853 745.67

湖南兴隆种业有限公司的会计处理为：

借：管理费用　　　　　　　　　　　　　　　　　　1 853 745.67
　　贷：银行存款　　　　　　　　　　　　　　　　　　1 853 745.67

（四）缴纳年费

按照《中华人民共和国植物新品种保护条例》的规定，品种权人应当自被授予品种权的当年开始缴纳年费，并且按照审批机关的要求提供用于检测的该授权品种的繁殖材料。

【例 8-15】假定甲公司 2021 年为该公司的植物新品种权缴纳年费 10 万元，则会计处理为：

借：管理费用　　　　　　　　　　　　　　　　　　　　　100 000
　　贷：银行存款　　　　　　　　　　　　　　　　　　　　100 000

（五）政府补助与侵权罚款

1. 政府补助

依据《中华人民共和国植物新品种保护条例》，完成关系国家利益或者公共利益并有重大应用价值的植物新品种育种的单位或者个人，由县级以上人民政府或者有关部门给予奖励。收到与公司日常经营活动相关的政府补助，按照经济业务实质，计入其他收益或冲减相关成本费用。

【例 8-16】隆平高科 2021 年因两系杂交水稻新品种选育及应用收到政府补助 1 045 901.80 元，会计处理如下：

借：银行存款　　　　　　　　　　　　　　　1 045 901.80
　　贷：其他收益　　　　　　　　　　　　　　　　　1 045 901.80

2. 侵权罚款

省级以上人民政府农业、林业行政部门依据各自的职权处理品种权侵权案件时，为维护社会公共利益，可以责令侵权人停止侵权行为，没收违法所得和植物品种繁殖材料；货值金额 5 万元以上的，可处货值金额 1 倍以上 5 倍以下的罚款；没有货值金额或者货值金额 5 万元以下的，根据情节轻重，可处 25 万元以下的罚款。

假冒授权品种的，由县级以上人民政府农业、林业行政部门依据各自的职权责令停止假冒行为，没收违法所得和植物品种繁殖材料；货值金额 5 万元以上的，处货值金额 1 倍以上 5 倍以下的罚款；没有货值金额或者货值金额 5 万元以下的，根据情节轻重，处 25 万元以下的罚款；情节严重，构成犯罪的，依法追究刑事责任。

销售授权品种未使用其注册登记的名称的，由县级以上人民政府农业、林业行政部门依据各自的职权责令限期改正，可以处 1 000 元以下的罚款。

【例 8-17】据湖北省农业农村厅发布的"省农业农村厅办公室关于公布 2021 年农资打假典型案件的通知"，2021 年 5 月，天门市农业农村局接到群众举报，称天门市场上销售的标称"徐豆 19"的大豆种子是假种子。天门市农业农村局立即开展核查，经调查天门市某种业经营部从安徽合肥购进 2 300 公斤该种子，其标签上标注的品种名称为"徐豆 19"，品种名称与标签标注审定编号所对应的品种名称不符，且标签标注的品种特征特性与"徐豆 19"大豆种子的品种特征特性不符，涉嫌销售假种子。经检验，该种子与对照品种"徐豆 19"判定为不同品种，与"皖宿 01-15"判定为同一品种，该种子属于假种子。查明当事人至案发时，已销售该种子 2 070 公斤，违法所得 20 458 元，剩余 230 公斤种子尚未销售，货值总金额 22 712 元。依据《中华人民共和国种子法》第七十五条第一款之规定，天门市农业农村局依法对当事人作出没收标称"徐豆 19"的假种子 230 公斤，没收违法所得 20 458 元，并处罚款 38 6104 元的行政处罚。①

该种业经营部被没收的种子价值为 22 712 元，没收违法所得 20 458 元，罚款 386 104 元，会计处理为：

借：营业外支出　　　　　　　　　　　　　　　429 274
　　贷：库存商品　　　　　　　　　　　　　　　　　22 712
　　　　银行存款　　　　　　　　　　　　　　　　406 562

（六）侵权与被侵权

与前文论述的其他知识产权一样，植物新品种权也存在侵权与被侵权的问题。

任何单位或者个人未经植物新品种权所有人许可，不得生产、繁殖和为繁殖而进行处理、许诺销售、销售、进口、出口以及为实施上述行为储存该授权品种的繁殖材料，不得为

---

① http://nyt.hubei.gov.cn/bmdt/yw/ywtz/snytxzzhzfzd_8992/202205/t20220527_4149775.shtml。

商业目的将该授权品种的繁殖材料重复使用于生产另一品种的繁殖材料。涉及由未经许可使用授权品种的繁殖材料而获得的收获材料的,应当得到植物新品种权所有人的许可;但是,植物新品种权所有人对繁殖材料已有合理机会行使其权利的除外。

未经品种权人许可,以商业目的生产或者销售授权品种的繁殖材料的,品种权人或者利害关系人可以请求省级以上人民政府农业、林业行政部门依据各自的职权进行处理,也可以直接向人民法院提起诉讼。

省级以上人民政府农业、林业行政部门依据各自的职权,根据当事人自愿的原则,对侵权所造成的损害赔偿可以进行调解。调解达成协议的,当事人应当履行;调解未达成协议的,品种权人或者利害关系人可以依照民事诉讼程序向人民法院提起诉讼。

【例 8-18】隆平高科子公司四川隆平高科种业有限公司与云南大天种业有限公司发生知识产权纠纷,根据 2021 年 12 月 25 日成都市中级人民法院一审判决计提预计负债 1 001.10 万元,目前案件正在二审受理过程中。

则隆平高科的会计处理为:

借:营业外支出——侵权赔偿　　　　　　　　　　　　　　10 011 000
　　贷:预计负债——未决诉讼　　　　　　　　　　　　　　　　10 011 000

三、植物新品种权的终止会计处理

(一) 转让

植物新品种的申请权和品种权可以依法转让。

中国的单位或者个人就其在国内培育的植物新品种向外国人转让申请权或者品种权的,应当经审批机关批准。国有单位在国内转让申请权或者品种权的,应当按照国家有关规定报经有关行政主管部门批准。转让申请权或者品种权的,当事人应当订立书面合同,并向审批机关登记,由审批机关予以公告。以隆平高科为例,2021 年其处置特许经营权和品种权的金额为 9 621 800 元。

【例 8-19】甲公司将其拥有的某项植物新品种权转让给乙企业,价格为 1 000 万元,全部以银行存款付清。该项新品种权原值 1 200 万元,已计提摊销 200 万元。暂不考虑税费的影响。

则甲公司的会计分录为:

借:银行存款　　　　　　　　　　　　　　　　　　　　　　10 000 000
　　累计摊销——知识产权　　　　　　　　　　　　　　　　　2 000 000
　　　贷:无形资产——知识产权——植物新品种权　　　　　　　　12 000 000

乙公司的会计分录为:

借:无形资产——知识产权——植物新品种权　　　　　　　　10 000 000
　　贷:银行存款　　　　　　　　　　　　　　　　　　　　　　10 000 000

(二) 转销

1. 正常转销

与其他知识产权一样,正常转销是指植物新品种权到期进行转销。品种权的保护期限,自授权之日起,藤本植物、林木、果树和观赏树木为 20 年,其他植物为 15 年。当保护期限满后,企业应将植物新品种权转销。会计处理为:借记"累计摊销——知识产权""知识产权减值准备"科目，贷记"无形资产——知识产权——植物新品种权"科目。

2. 非正常转销

（1）被宣告无效。有下列情形之一的，品种权在其保护期限届满前终止：①品种权人以书面声明放弃品种权的；②品种权人未按照规定缴纳年费的；③品种权人未按照审批机关的要求提供检测所需的该授权品种的繁殖材料的；④经检测该授权品种不再符合被授予品种权时的特征和特性的。

自审批机关公告授予品种权之日起，植物新品种复审委员会可以依据职权或者依据任何单位或者个人的书面请求，对不符合新颖性、特异性、异质性、稳定性规定的，宣告品种权无效；对不符合名称规定的，予以更名。被宣告无效的品种权视为自始不存在。

宣告品种权无效的决定，对在宣告前人民法院作出并已执行的植物新品种侵权的判决、裁定，省级以上人民政府农业、林业行政部门作出并已执行的植物新品种侵权处理决定，以及已经履行的植物新品种实施许可合同和植物新品种权转让合同，不具有追溯力；但是，因品种权人的恶意给他人造成损失的，应当给予合理赔偿。品种权人或者品种权转让人不向被许可实施人或者受让人返还使用费或者转让费，明显违反公平原则的，品种权人或者品种权转让人应当向被许可实施人或者受让人返还全部或者部分使用费或者转让费。

（2）无法再为企业带来经济利益的流入。随着育种技术的革新和种质创新能力的不断升级，农作物新品种的选育效率不断提升。植物新品种不断涌现，原有的植物新品种可能丧失竞争力，不再能为企业带来经济收益，此时也需要将植物新品种权转销。

会计处理为：借记"累计摊销——知识产权""知识产权减值准备""营业外支出"科目，贷记"无形资产——知识产权——植物新品种权"科目。

第三节　地理标志概述及会计处理

一、地理标志的初始会计处理

（一）地理标志及地理标志的保护

如前所述，地理标志是将生产的产品与产品产地的地理环境或人文环境结合后形成的，是鉴别原产于一成员国领土或该领土的一个地区或一地点的产品标志，标志产品的质量、声誉或其他确定的特性主要决定于其原产地。

地理标志名称一般由具有地理指示功能的名称（地域名称、山川、海洋、湖泊、河流等）和反映产品真实属性的名称构成，也可以是约定俗成的名称。地理标志名称不得为通用名称，必须是商业或日常用语，或是长久以来使用的名称（例如，申报日为2019年12月1日，最早使用日不应晚于1989年12月2日），并具有相应的知名度。常见的地理标志名称主要有两种表现形式，一种是将产地和产品名称组合而成，如"金华火腿""库尔勒香梨"；另一种是直接将产地名称作为该产品的标志，如"香槟（champagne）"既是法国的一个省的名称，又是一种白葡萄酒的品牌。

地理标志通常被用于农产品、食品、酒类和酒精饮料、手工艺品和工业品。

地理标志是一种用于具有特定地理来源的商品的标志，一个标志要作为地理标志发挥作用,必须能够识别产品源自特定产地。由于质量取决于地理产地,因此在产品及其原产地之间存在明显的联系。

地理标志在我国主要通过以下三种模式进行保护:一是以国家知识产权局为主导的,以《商标法》为主要依据的"集体商标"和"证明商标"注册保护体系。二是以国家市场监督管理局为主导的,以《地理标志产品保护规定》为主要依据的"地理标志保护产品"登记保护体系,如国家知识产权局组织专家审查委员会对亳菊、即墨黄酒地理标志产品保护申请进行技术审查。经审查合格,批准上述两个产品为地理标志保护产品。三是以国家农业农村部为主导的,以《农产品地理标志管理办法》为主要依据的"农产品地理标志"认证保护体系。

(二)证明商标和集体商标

1. 定义

根据《中华人民共和国商标法》,集体商标是指以团体、协会或者其他组织名义注册,供该组织成员在商事活动中使用,以表明使用者在该组织中的成员资格的标志,如沙县小吃、镇江香醋、寿光蔬菜、秭归脐橙等集体商标。证明商标是指由对某种商品或者服务具有监督能力的组织所控制,而由该组织以外的单位或者个人使用于其商品或者服务,用以证明该商品或者服务的原产地、原料、制造方法、质量或者其他特定品质的标志,如湖北孝感的孝昌血桃、湖北恩施的利川红。

2. 申请

根据国家知识产权局 2022 年 6 月发布的《集体商标、证明商标管理和保护办法》(征求意见稿),以公益目的或者其他非营利目的设立的团体、协会可以申请注册集体商标、证明商标。申请以地理标志作为集体商标注册的团体、协会或者其他组织,应当由来自该地理标志标示的地区范围内的成员组成。

申请集体商标、证明商标注册的,应当附送主体资格证明文件,集体成员的名称、地址以及商标使用管理规则。申请证明商标和以地理标志作为集体商标注册的,应当提交证明其具有的或者其委托机构具有的专业技术人员、专业检测设备等情况的证明材料。申请以地理标志作为证明商标、集体商标注册的,应当附送管辖该地理标志所标示地区的人民政府或者行业主管部门的批准文件。

作为证明商标、集体商标申请注册的地理标志,可以是该地理标志标示地区的名称,也可以是能够标示某商品来源于该地区的其他标志。地区无需与该地区的现行行政区划名称、范围完全一致。

多个葡萄酒地理标志构成同音字或者同形字的,在这些地理标志能够彼此区分且不误导公众的情况下,每个地理标志都可以作为集体商标或者证明商标申请注册。按照《中华人民共和国商标法》,商标中有商品的地理标志,而该商品并非来源于该标志所标示的地区,误导公众的,不予注册并禁止使用;但是,已经善意取得注册的继续有效。

3. 商标管理职责

集体商标、证明商标注册人应当实施下列行为,履行商标管理职责,保证商品质量:

(1)依照使用管理规则准许集体成员使用集体商标,准许他人使用证明商标;

(2)及时公开集体成员、使用人信息、使用管理规则;

(3)检查集体成员、使用人的使用行为是否符合使用管理规则;

（4）检查使用集体商标、证明商标的商品或者服务是否符合使用管理规则的品质要求；

（5）及时取消不符合使用管理规则的集体成员、使用人的集体商标、证明商标使用资格，并履行变更、备案手续。

4. 收费

为正常运营需要，集体商标、证明商标注册人可以向集体成员、使用人收取合理费用，收费金额、缴纳方式、缴纳期限应当基于公平合理原则协商确定，但不得损害消费者利益。

（三）地理标志产品保护

1. 地理标志产品的含义

地理标志产品是指产自特定地域，所具有的质量、声誉或其他特性本质上取决于该产地的自然因素和人文因素，经审核批准以地理名称进行命名的产品。

地理标志产品包括：来自本地区的种植、养殖产品，如安徽省亳州市的亳菊；原材料全部来自本地区或部分来自其他地区，并在本地区按照特定工艺生产和加工的产品，如山东省青岛市即墨区的即墨黄酒、湖北省恩施州的恩施玉露茶。

2. 地理标志产品的申请

地理标志产品保护遵循申请自愿，受理及批准公开的原则。申请地理标志保护的产品应当符合安全、卫生、环保的要求，对环境、生态、资源可能产生危害的产品，不予受理和保护。

地理标志产品保护申请，由当地县级以上人民政府指定的地理标志产品保护申请机构或人民政府认定的协会和企业提出，并征求相关部门意见。

申请保护的产品在县域范围内的，由县级人民政府提出产地范围的建议；跨县域范围的，由地市级人民政府提出产地范围的建议；跨地市范围的，由省级人民政府提出产地范围的建议。当地县级以上人民政府关于划定申报产品保护地域范围的公函，保护范围最细划分到乡镇一级；水产品养殖范围一般以自然水域界定。

申请人应提交以下资料：

（1）有关地方政府关于划定地理标志产品产地范围的建议。

（2）有关地方政府成立申请机构或认定协会、企业作为申请人的文件。

（3）地理标志产品的证明材料，包括：①地理标志产品保护申请书；②产品名称、类别、产地范围及地理特征的说明；③产品的理化、感官等质量特色及其与产地的自然因素和人文因素之间关系的说明；④产品生产技术规范（包括产品加工工艺、安全卫生要求、加工设备的技术要求等）；⑤产品的知名度，产品生产、销售情况及历史渊源的说明。

（4）拟申请的地理标志产品的技术标准。

经过初审、形式审查、技术审查均合格后，由国家知识产权局发布批准该产品实施地理标志产品保护的公告。

经申请批准后，生产者可在其产品上使用地理标志产品专用标志，获得地理标志产品保护。

每种地理标志保护产品都有特定的保护要求。以亳菊为例，亳菊地理标志保护产品的申请机构是安徽省亳州市人民政府，产地范围是安徽省亳州市谯城区、涡阳县义门镇、陈大镇、牌坊镇、花沟镇、龙山镇、涡南镇、星园街道、城关街道、天静宫街道、高炉镇、西阳镇、标里镇，蒙城县小涧镇、岳坊镇、马集镇、小辛集乡、城关街道，共计42个乡、镇、街道现辖行政区域。保护要求在品种、立地条件、育苗方法、整地、移栽、除草、打顶、采收、保存、产品特色质量等方面均做了详细的规定。

3. 地理标志产品与集体商标、证明商标的异同

申请地理标志产品和注册为证明商标或集体商标的保护方式比，有相同之处，也有不同之处。相同之处在于：①使用统一的地理标志专用标志图样。②受理及审核部门都是国家知识产权局。

不同之处在于：①地理标志产品的申请人是县级以上人民政府指定的产地范围内的产品生产者协会或者保护申请机构，可以向国家知识产权局提出地理标志申请。而集体商标、证明商标注册的申请人应为来自该地理标志标示地区范围内的团体、协会或者其他组织，其业务范围应与申请作为集体商标、证明商标注册的地理标志相关。②地理标志产品的使用者是经国家知识产权局公告核准使用地理标志产品专用标志的生产者。集体商标的使用者必须是公告核准为集体商标注册人的集体成员。证明商标的使用者是经公告备案的已作为证明商标注册的地理标志的被许可人。③地理标志保护产品没有期限限制，证明商标或者集体商标有效期为 10 年，如继续使用可以在到期日前续展，续展一次有效期 10 年。地理标志保护产品的申请及使用依据为《地理标志产品保护规定》，证明商标或者集体商标的申请及使用依据为《中华人民共和国商标法》。

（四）农产品地理标志保护

1. 农产品和农产品地理标志的含义

除了采用以上两种方式获得地理标志外，在我国还可以申请农产品地理标志保护。

根据《农产品地理标志管理办法》的规定，农产品地理标志是指标示农产品来源于特定地域，产品品质和相关特征主要取决于自然生态环境和历史人文因素，并以地域名称冠名的特有农产品标志。农产品是指来源于农业的初级产品，即在农业活动中获得的植物、动物、微生物及其产品。农产品地理标志如"阳澄湖大闸蟹""树山杨梅""英山云雾茶"等。

2. 农产品地理标志登记的申请

国家对农产品地理标志实行登记制度。经登记的农产品地理标志受法律保护。中华人民共和国农业农村部负责全国农产品地理标志的登记工作，农业农村部农产品质量安全中心负责农产品地理标志登记的审查和专家评审工作。省级人民政府农业行政主管部门负责本行政区域内农产品地理标志登记申请的受理和初审工作。

申请地理标志登记的农产品，应当符合下列条件：

（1）称谓由地理区域名称和农产品通用名称构成；

（2）产品有独特的品质特性或者特定的生产方式；

（3）产品品质和特色主要取决于独特的自然生态环境和人文历史因素；

（4）产品有限定的生产区域范围；

（5）产地环境、产品质量符合国家强制性技术规范要求。

农产品地理标志登记申请人为县级以上地方人民政府根据条件择优确定的农民专业合作经济组织、行业协会等组织。条件包括：①具有监督和管理农产品地理标志及其产品的能力；②具有为地理标志农产品生产、加工、营销提供指导服务的能力；③具有独立承担民事责任的能力。

省级人民政府农业行政主管部门自受理农产品地理标志登记申请之日起，应当在 45 个

工作日内完成申请材料的初审和现场核查，并提出初审意见。符合条件的，将申请材料和初审意见报送农业部农产品质量安全中心；不符合条件的，应当在提出初审意见之日起10个工作日内将相关意见和建议通知申请人。农业部农产品质量安全中心应当自收到申请材料和初审意见之日起20个工作日内，对申请材料进行审查，提出审查意见，并组织专家评审。评审通过的，由农业农村部农产品质量安全中心代表农业部对社会公示。

农产品地理标志登记证书长期有效。有下列情形之一的，登记证书持有人应当按照规定程序提出变更申请：①登记证书持有人或者法定代表人发生变化的；②地域范围或者相应自然生态环境发生变化的。

3. 使用农产品地理标志

符合下列条件的单位和个人，可以向登记证书持有人申请使用农产品地理标志：

（1）生产经营的农产品产自登记确定的地域范围；

（2）已取得登记农产品相关的生产经营资质；

（3）能够严格按照规定的质量技术规范组织开展生产经营活动；

（4）具有地理标志农产品市场开发经营能力。

使用农产品地理标志，应当按照生产经营年度与登记证书持有人签订农产品地理标志使用协议，在协议中载明使用的数量、范围及相关的责任义务。

农产品地理标志登记证书持有人不得向农产品地理标志使用人收取使用费。

农产品地理标志使用人可以在产品及其包装上使用农产品地理标志；也可以使用登记的农产品地理标志进行宣传和参加展览、展示及展销。

（五）地理标志专用标志

1. 定义及使用人

根据国家知识产权局2020年4月发布的《地理标志专用标志使用管理办法（试行）》，地理标志专用标志是指适用在按照相关标准、管理规范或者使用管理规则组织生产的地理标志产品上的官方标志。

地理标志专用标志的合法使用人包括下列主体：①经公告核准使用地理标志产品专用标志的生产者；②经公告地理标志已作为集体商标注册的注册人的集体成员；③经公告备案的已作为证明商标注册的地理标志的被许可人；④经国家知识产权局登记备案的其他使用人。

地理标志专用标志合法使用人应当遵循诚实信用原则，履行如下义务：①按照相关标准、管理规范和使用管理规则组织生产地理标志产品；②按照地理标志专用标志的使用要求，规范标示地理标志专用标志；③及时向社会公开并定期向所在地知识产权管理部门报送地理标志专用标志使用情况。

2. 使用要求和标志方法

地理标志专用标志的使用要求如下：

（1）地理标志保护产品和作为集体商标、证明商标注册的地理标志使用地理标志专用标志的，应在地理标志专用标志的指定位置标注统一社会信用代码。国外地理标志保护产品使用地理标志专用标志的，应在地理标志专用标志的指定位置标注经销商统一社会信用代码。

（2）地理标志保护产品使用地理标志专用标志的，应同时使用地理标志专用标志和地理标志名称，并在产品标签或包装物上标注所执行的地理标志标准代号或批准公告号。

（3）作为集体商标、证明商标注册的地理标志使用地理标志专用标志的，应同时使用地理标志专用标志和该集体商标或证明商标，并加注商标注册号。

地理标志专用标志合法使用人可在国家知识产权局官方网站下载基本图案矢量图。地理标志专用标志矢量图可按比例缩放，标注应清晰可识，不得更改专用标志的图案形状、构成、文字字体、图文比例、色值等。

地理标志专用标志合法使用人可采用的地理标志专用标志标示方法有：

（1）采取直接贴附、刻印、烙印或者编织等方式将地理标志专用标志附着在产品本身、产品包装、容器、标签等上；

（2）使用在产品附加标牌、产品说明书、介绍手册等上；

（3）使用在广播、电视、公开发行的出版物等媒体上，包括以广告牌、邮寄广告或者其他广告方式为地理标志进行的广告宣传；

（4）使用在展览会、博览会上，包括在展览会、博览会上提供的使用地理标志专用标志的印刷品及其他资料；

（5）将地理标志专用标志使用于电子商务网站、微信、微信公众号、微博、二维码、手机应用程序等互联网载体上；

（6）其他合乎法律法规规定的标示方法。

如根据国家知识产权局2022年11月的公告，根据《地理标志产品保护规定》，长白山蓝莓、龙井茶、柴达木枸杞等3个产品的6家企业，分别向产品所在地知识产权管理部门提出地理标志专用标志使用申请，经有关省级知识产权管理部门审核，并经国家知识产权局审查认定，现予注册登记。自即日起核准上述企业在其生产的地理标志产品上使用地理标志专用标志，获得地理标志产品保护。

以阳澄湖大闸蟹为例，根据《苏州市阳澄湖大闸蟹地理标志产品保护办法》，阳澄湖大闸蟹地理标志产品是指产自阳澄湖水域，符合阳澄湖大闸蟹国家地理标志产品批准公告和国家标准，经国家主管部门审核批准以"阳澄湖"地理名称命名的中华绒螯蟹。质量技术监督部门负责对阳澄湖大闸蟹专用标识的制作、使用申请受理和监督管理。农业（渔业）部门负责建立阳澄湖大闸蟹的生产管理信息，包括生产者的身份名称、水域位置、网围面积、蟹苗来源和投放数量等内容；根据管理信息出具产自阳澄湖水域的证明。

阳澄湖水域内的大闸蟹生产者，可以依据《地理标志产品保护规定》，提出阳澄湖大闸蟹地理标志使用申请，经国家主管部门批准取得地理标志使用权后，应当使用专用标识及专有名称，并依照本办法规定接受监督管理。

申请使用阳澄湖大闸蟹地理标志的，应当向所在地县级市、区质量技术监督部门提出申请，并提交以下资料：①地理标志产品专用标志使用申请书。②由农业（渔业）部门出具的大闸蟹产自阳澄湖水域的证明。③有关产品质量检验机构出具的检验报告。取得地理标志使用权的阳澄湖大闸蟹生产者应当在销售前，对阳澄湖大闸蟹加施专用标识。未加施专用标识的，不得以阳澄湖大闸蟹名义销售。未取得地理标志使用权的其他大闸蟹生产者应当按照行政区划标注大闸蟹产地，不得使用阳澄湖地理名称作为产地标识。

生产、销售者不得有下列行为：

（1）擅自制作阳澄湖大闸蟹的地理标志、专用标识和使用阳澄湖大闸蟹专用名称的；

（2）转让阳澄湖大闸蟹的专用标识、管理信息凭证的；

(3) 销售、使用伪造的专用标识的;

(4) 使用与阳澄湖大闸蟹的专用标识、专有名称相近似,易产生误解或者混淆的名称、标识的;

(5) 在非交易监管场所存放阳澄湖大闸蟹的专用标识的;

(6) 以假充真、以次充好的;

(7) 使用法律法规禁止使用的物品的;

(8) 法律法规禁止的其他行为。

(六) 会计处理

为正常运营需要,集体商标、证明商标注册人可以向集体成员、使用人收取合理费用,此时企业的会计处理为:

借:无形资产——知识产权——地理标志　　　　　　　　×××
　　贷:银行存款　　　　　　　　　　　　　　　　　　　×××

但是,对于农产品地理标志等无需缴费的情况,企业(公司)未花代价,但是依然想在账面上体现,则会计上可以以名义价值(1元)列示。会计处理为:

借:无形资产——知识产权——地理标志　　　　　　　　1
　　贷:其他综合收益　　　　　　　　　　　　　　　　　1

二、地理标志的后续会计处理

(一) 许可使用

1. 集体商标、证明商标

根据《集体商标、证明商标管理和保护办法》(征求意见稿),集体商标注册人的集体成员,在履行该集体商标使用管理规则规定的手续后,可以使用该集体商标,注册人应当发给集体成员集体商标使用证明。未履行使用管理规则手续的集体成员或者非集体成员不得使用该集体商标。如山东省寿光市是国内知名蔬菜产业集散地,寿光市蔬菜协会2019年成功注册了"寿光蔬菜"集体商标,并将集体商标授权给企业使用。为保证集体商标的品质,寿光市蔬菜协会在授权时特别强调,使用集体商标的产品都必须达标。

集体商标注册人不得许可非集体成员使用。

凡符合证明商标使用管理规则规定条件的,在履行该证明商标使用管理规则规定的手续后,可以使用该证明商标,注册人不得拒绝办理手续,应当发给使用人证明商标使用证明;使用人不得在不符合使用管理规则的商品上使用该证明商标;他人未经许可也不得在符合使用管理规则的商品上使用该证明商标。

证明商标注册人不得在自己提供的商品上使用该证明商标。

企业被许可使用集体商标或证明商标,若每年缴纳了合理费用,则会计处理为:

借:无形资产——知识产权——地理标志　　　　　　　　×××
　　贷:银行存款　　　　　　　　　　　　　　　　　　　×××

2. 地理标志保护产品

地理标志产品产地范围内的生产者使用地理标志产品专用标志,应向当地知识产权管理部门提出申请,并提交以下资料:地理标志产品专用标志使用申请书;由当地政府主管部门出具的产品产自特定地域的证明;有关产品质量检验机构出具的检验报告。上述申请经省级知识产权管理部门审核,并经国家知识产权局审查合格注册登记后发布公告,生产者即可在其产品上使用地理标志产品专用标志,获得地理标志产品保护。

所以地理标志保护产品不存在某企业许可给其他方使用或者被许可使用的情况,也无需支出任何费用,无需进行会计处理。

以阳澄湖大闸蟹为例,根据《苏州市阳澄湖大闸蟹地理标志产品保护办法》,阳澄湖水域内的大闸蟹生产者,可以依据《地理标志产品保护规定》,提出阳澄湖大闸蟹地理标志使用申请,经国家主管部门批准取得地理标志使用权后,应当使用专用标识及专有名称。

3. 农产品地理标志保护

农产品地理标志登记证书持有人不得向农产品地理标志使用人收取使用费。所以也无需进行会计处理。

(二)侵权罚款

如有行为不当,地理标志保护也涉及罚款事项,如集体商标、证明商标注册人有下列行为的,由负责商标执法的部门责令限期改正,有违法所得的,没收违法所得;拒不改正的,处以违法所得3倍以下的罚款,但最高不超过10万元;没有违法所得的,处以10万元以下的罚款;情节特别严重的,国家知识产权局可以宣告注册商标无效:

(1) 怠于行使商标管理职责,致使使用该商标的商品未达到使用管理规则的要求,对消费者造成损害的;

(2) 恶意阻止他人正当使用商标中含有的地名,扰乱商标管理秩序的;

(3) 其他对社会造成不良影响的。

与其他各类知识产权涉及的罚款一样,罚款的会计处理是:借方记入"营业外支出"科目,贷方记入"银行存款"科目。

【例8-20】生产者违反《苏州市阳澄湖大闸蟹地理标志产品保护办法》,未按照规定对阳澄湖大闸蟹实施标准化养殖的,由县级以上农业(渔业)行政主管部门责令改正,逾期不改的,处以2 000元以上1万元以下罚款。

假设某企业因未实施标准化养殖被罚5 000元,则会计处理为:

借:营业外支出 5 000
  贷:银行存款 5 000

有下列行为之一的,由县级以上质量技术监督部门责令改正,逾期不改正的,处以1 000元以上1万元以下罚款;情节严重的,处以1万元以上3万元以下罚款,对取得阳澄湖大闸蟹地理标志使用权的,应当上报国家质量技术监督主管部门注销其地理标志使用权:①未建立销售台账的;②未在经营场所的显著位置明示专用标识的使用说明的;③专用标识的使用与管理信息数据不一致的;④交易监管场所在发放专用标识前未验明生产者养殖凭证和管理信息凭证或者未及时上传管理信息数据的;⑤在非交易监管场所存放阳澄湖大闸蟹的专用标识的;⑥转让阳澄湖大闸蟹的专用标识、管理信息凭证的;⑦销售、使用伪造的专用标识的;⑧擅自制作阳澄湖大闸蟹的地理标志、专用标识和擅自使用阳澄湖大闸蟹专用名称的;⑨使用与阳澄湖大闸蟹的专用标识、专有名称相近似,易产生误解或者混淆的名称、标识的;⑩阳澄湖大闸蟹销售时未加施专用标识的。

【例8-21】假设某企业因未在经营场所的显著位置明示专用标识的使用说明被罚4 000元,则会计处理为:

借：营业外支出 4 000
　　贷：银行存款 4 000

擅自标注阳澄湖地理名称为大闸蟹产地的，由县级以上质量技术监督部门责令改正，并处 5 000 元以上 3 万元以下罚款。假设某企业因擅自标注阳澄湖地理名称为大闸蟹产地被罚 20 000 元，则会计处理为：

借：营业外支出 4 000
　　贷：银行存款 4 000

（三）摊销和减值

一方面，注册为集体商标、证明商标的地理标志如果确定为使用寿命一定的知识产权，则应该进行摊销；若到期延展，确定为使用寿命不确定的知识产权则无需进行摊销。地理标志保护产品和农产品地理标志保护正常情况下均长期有效，为使用寿命不确定的知识产权，无需进行摊销。另一方面，地理标志无论是采用哪种方式进行保护，都只是申请即可，无需研发或者外购，基本没有耗费或者耗费很少，按重要性原则来说，也无需进行摊销。

由于耗费较少或无耗费，地理标志也无需计提减值准备。

三、地理标志的终止会计处理

（一）转让

农产品地理标志登记证书持有人为县级以上地方人民政府根据条件择优确定的农民专业合作经济组织、行业协会等组织。地理标志产品保护的申请机构是由当地县级以上人民政府指定的地理标志产品保护申请机构或人民政府认定的协会和企业。

以阳澄湖大闸蟹为例，根据《苏州市阳澄湖大闸蟹地理标志产品保护办法》，生产、销售者不得转让阳澄湖大闸蟹的专用标识和管理信息凭证。

所以地理标志保护产品和农产品地理标志都不能转让。集体商标、证明商标在满足条件的情况下可以转让。转让的会计处理为：借记"银行存款"科目贷记"无形资产——知识产权——地理标志"科目，若收到的款项超过了地理标志的账面净值则计入营业外收入，即贷记"营业外收入"科目。

（二）转销

如前所述，地理标志保护产品没有期限限制。

农产品地理标志登记证书长期有效。但登记的地理标志农产品或登记证书持有人不符合《农产品地理标志管理办法》相关规定的，由农业部注销其地理标志登记证书并对外公告。

此外，地理标志专用标志合法使用人未按相应标准、管理规范或相关使用管理规则组织生产的，或者在 2 年内未在地理标志保护产品上使用专用标志的，知识产权管理部门停止其地理标志专用标志使用资格。

一般情况下，只有集体商标和证明商标到期没有续展或被宣告无效、撤销时需要进行转销的会计处理。会计处理为：

借：营业外支出 ×××
　　贷：无形资产——知识产权——地理标志 ×××

第三篇　知识产权价值管理与价值报告

在知识经济时代，企业对知识产权价值的管理显得尤为重要。知识产权价值管理包含日常管理、知识产权的会计管理与内部审计以及知识产权资本运营等方面。通过有效的日常管理，企业可以保护知识产权、维护其竞争优势。而在会计管理与内部审计方面，企业需要建立科学的会计准则和内部审计体系，确保知识产权的价值得到准确衡量和监控。此外，知识产权资本运营则关注如何将知识产权转化为切实的商业价值，为企业创造可观收益。

知识产权证券化作为一种创新的融资方式，将知识产权转化为金融工具，为企业融资提供新途径。我们将从知识产权证券化的概念、发展历程以及知识产权证券化会计处理等方面进行探讨。深入研究知识产权证券化对企业融资和风险管理的影响以及它在知识产权价值实现方面的潜力，并以案例的方式呈现知识产权证券化的全过程。同时，我们将着重探讨知识产权交易管理与价值评估。企业在进行知识产权交易时需要考虑不同的交易模式和选择，以最大程度地保护其知识产权利益。此外，准确评估知识产权的价值对于交易成功至关重要，通过介绍价值评估的方法和工具，帮助企业作出明智的决策，实现优势互补与共赢。

通过逐一分析资产负债表、利润表、现金流量表等财务报表中所包含的知识产权信息，结合资本市场（科创板）对专利等知识产权的披露要求，深入讨论知识产权信息的列报与披露,有利于进一步增强企业信息披露质量。通过全面地梳理与了解知识产权价值管理、知识产权证券化、知识产权交易管理与价值评估以及知识产权价值报告,有利于企业通过运用知识产权价值管理以增强竞争力与创新能力,同时在企业发布知识产权报告的过程中提供参考。

第九章

知识产权价值管理

知识经济时代下,知识产权已经成为企业最宝贵的资产,知识产权对企业最重要的贡献在于能为企业带来价值增值。正如里韦特和克兰(Rivette 和 Kline,2000)所言,"知识产权管理是企业价值创造的来源"。而知识产权价值管理是知识产权管理的最高层次,企业应该站在价值管理的角度对知识产权进行管理。本章首先介绍企业知识产权管理及价值管理的概念,并从技术管理和法律管理两个方面简要阐述企业应该如何在日常活动中对知识产权进行管理。其次,从会计和内部审计的视角阐述如何对知识产权进行管理。最后,随着我国资本市场不断健全,以知识产权为标的的金融产品不断发展。企业的知识产权价值管理工作不能仅局限于企业内部,而是要注重知识产权与资本市场的联系,为此重点介绍知识产权的资本运营。

第一节 知识产权的日常管理

一、知识产权管理

(一)企业知识产权管理

进入新发展阶段,知识产权作为国家发展战略性资源和国际竞争力核心要素的作用日益凸显。发达国家凭借高效的创新研发能力和知识产权管理水平,抢占发展制高点、掌握发展主动权。我国自 20 世纪 80 年代开始实行知识产权制度,取得了举世瞩目的成就,实现了从"无知识无产权""有知识无产权"到"有知识有产权"的跨越。[①] 但是,当前我国企业中普遍存在策略性和象征性创新行为,存在"有产权无价值"及"有价值无利用"的现象。习近平总书记在十九届中央政治局第二十五次集体学习时的讲话指出:"当前,我国正在从知识产权引进大国向知识产权创造大国转变,知识产权工作正在从追求数量向提高质量转变。"对知识产权进行有效运营、高效管理,不仅能促进我国企业知识产权步入良性及可持续发展轨道,更能强有力地支持我国创新驱动发展战略,助推科技、经济、社会的腾飞。

管理是协调工作活动使之更有效率和效果的过程,也是管理者对管理对象加以计划、组织、领导和控制,使其发展符合组织目标的活动和过程。从企业日常经营的角度看,知识产权管理是为规范企业知识产权工作,推动知识产权的有效开发、保护和运营而开展的对知识

---

① 张涛:《企业知识产权价值管理机理与绩效研究》,北京:北京交通大学出版社,2019 年版,第 3 页。

产权进行的计划、组织、协调、谋划和利用的活动。企业知识产权管理的本质是实现知识产权价值最大化,最终目的是为企业获取商业利润。它是以产生新的知识产权和保护已有知识产权为手段,以知识产权的商品化、产业化为连接手段和目的的管理(周竺、黄瑞华,2007)。

企业知识产权管理体系应该是知识产权战略、管理方针与目标、知识产权管理组织机构、管理人员、规章制度以及各类知识产权日常管理活动构成的有机整体。企业知识产权的日常管理工作是多方面的,既包括专业技术的管理,又包括法律层面的管理,同时也包括会计方面的管理(赵欣,2007)。知识产权相关法律法规是管理工作的前提,企业必须合法合规地经营企业、运营知识产权。科学技术管理是知识产权管理工作的初心,企业要依托强大的研发创新能力,才能不断创造新的知识产权,拥有高质量自主知识产权。知识产权的价值管理与会计管理是根本,企业运营和管理知识产权,最终是为了实现企业价值的最大化。如何合理配置企业资源,降低知识产权获取成本,提高知识产权价值创造,完善相关财务预算与会计核算机制,是知识产权管理工作的核心。

(二)企业知识产权价值管理

知识产权管理的发展经历了知识产权业务管理、知识产权资源管理和知识产权价值管理三个阶段,知识产权价值管理阶段是知识产权管理的最高阶段(李富山,2009)。企业在开展知识产权日常管理工作时,需要站在价值管理的层面去经营。知识产权管理的发展阶段如图9-1所示。

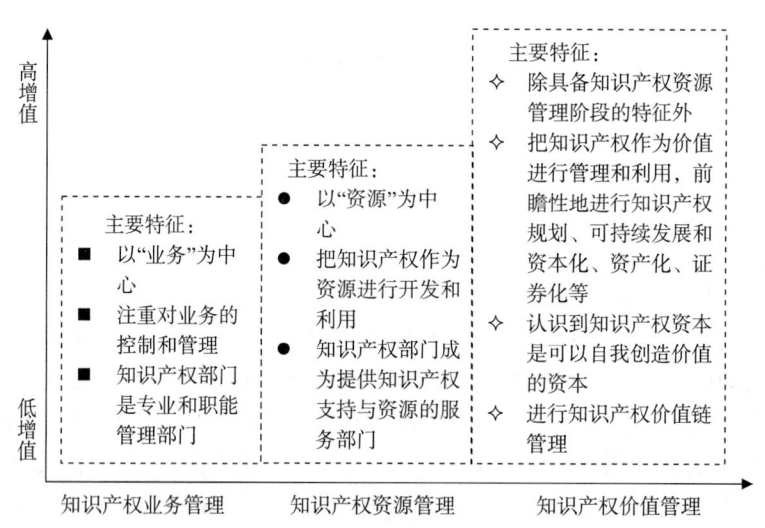

图9-1 知识产权管理的发展阶段

知识产权作为一种无形资产,同普通商品一样,是使用价值与价值的统一。知识产权价值的源泉是科技人员和管理人员的复杂劳动,知识产权使用价值的表现形式是能够为其拥有者创造超额收益(汤湘希,1995)。此外,知识产权还能够作为企业战略、资产增值、研究开发、企业营销等环节的一部分,为企业带来市场地位、顾客忠诚度等方面的长期优势,这些是知识产权的间接价值。在企业的知识产权管理中,引入价值理念,构建知识产权价值管理体系,对于企业实现知识产权价值增值和变现具有重要作用。知识产权价值管理以实现知识产权价值最大化为目标，涉及对知识的管理、人才的管理、项目的管理、制度的管理和价值的管理等。

企业知识产权价值管理首要的是确立知识产权价值理念，将知识产权视为一种能够为企业创造和带来巨大经济价值的无形财富和资源（冯晓青，2015）。其次，企业需要确定知识产权价值的实现路径，为此需要企业制定相应的战略策略，选择合适的知识产权运用方式或交易方式。再次，企业要创新知识产权管理模式，在树立知识产权价值理念的基础上，企业要依托资源和核心能力，进行知识产权的有效管理，建立起合适的管理框架和组织体系。最后，企业要建立知识产权工作联动机制，管理的核心在于"人"，在项目初期协调好管理人员、技术人员、法务人员和财务人员的沟通与配合，是价值管理工作联动的关键。

企业也可以从价值链的角度对知识产权进行管理。价值链扩展了知识成果转化的价值创造空间，它与科技成果的转化在本质上是相互依存的。将知识产权价值链与知识产权管理有机结合，能将各个要素组织起来，协同知识产权创造的整体效益，发挥知识产权的最大价值。

二、知识产权的技术管理

为了满足市场不断变化的需求或改进现有技术的不足，企业有动机研发新技术或改进现有技术，研发创新活动是知识产权的重要来源之一。历史证明，总是模仿跟踪没有出路，想要长期高质量发展必须依靠创新，重视研发具有较高技术含量和附加值的知识产权，具有自主知识产权的核心技术，是企业的"命门"所在。

知识产权技术管理是技术与经济的结合是一种以"权利和技术"为手段实现经济目的的活动。技术创新是知识产权创造的第一步，企业首先要对知识产权进行有效的技术管理，这样才能发挥知识产权更大的经济效益。企业加强知识产权的技术管理，应当从研发流程、专利挖掘与专利布局、技术分类与产品对应、信息检索与研发档案等方面来考虑。

（一）研发流程中的知识产权技术管理

将知识产权管理工作纳入科技研发项目管理中，具体在技术研发流程的全过程中开展知识产权技术管理工作，包括科研项目的立项、计划、执行、结项等几个阶段。[1]

1. 立项阶段

在技术立项阶段，企业要关注并研究自己所在行业的国内外技术发展现状和趋势，收集并分析市场信息、客户信息、竞争信息等，制定企业知识产权技术管理的战略重点，找出研究开发重点，制定适宜的技术开发策略，为技术预研铺路。

项目立项时，企业还需要初步进行检索，判断拟研发项目是否存在重大侵权风险，为立项提供决策依据。针对技术重点和难点，还需要收集专利情报，了解目前行业内存在的问题和解决思路，以明确技术路线与方向。同时，企业在此阶段应形成初步的知识产权布局规划，例如，是否采取知识产权组合的形式进行技术成果保护。

2. 计划阶段

在研发计划阶段，企业一般关注方案本身的技术效果、实现成本等。在此阶段，一方

---

[1] 国家知识产权局知识产权保护司：《企业知识产权保护指南》，北京：知识产权出版社，2022年版，第121～123页。

面,知识产权管理人员应当与技术人员一起开展详细的检索、分析工作,阅读知识产权文献启发设计思路,促进创新,就检索到的现有技术提出规避设计方案。另一方面,知识产权评审人员还要对选定的技术方案进行评审,进行不侵权分析,评估风险大小,并确定研发成果的知识产权保护类型。

3. 执行阶段

当项目进入具体的研发阶段,知识产权管理工作进入关键阶段。在这个阶段,知识产权管理人员和技术人员需要紧跟项目进度,提高知识产权创新管理效率,并且要对研发中有所变更的内容及时进行检索,谨防知识产权侵权风险。此外,企业也需要启动知识产权的申请或登记工作,确保知识产权应申请尽申请。

在执行阶段,企业的知识产权技术管理也要注意为会计管理提供技术依据,例如,对于研究开发项目的研究阶段与开发阶段的划分,需要技术人员协同管理人员、会计人员根据研发进度、企业自身实际情况和其他相关信息进行判断。

4. 结项阶段

在研发项目结项时,管理人员要整理归纳研发项目过程中形成的文件,需注意谨慎保存以防泄漏。除此之外,管理人员要注意对知识产权整体规划布局进行总结、复盘,开展知识产权技术创新绩效评估,并根据项目执行情况及时调整知识产权战略。

项目结项后,企业仍需持续关注技术是否有新的替代方案产生,对新的技术方案进行侵权风险排除和专利申请。

(二) 专利挖掘与专利布局

专利挖掘是指在技术研发或产品开发中,对所取得的技术成果从技术和法律层面进行剖析、整理、拆分和筛选,从而确定用以申请专利的技术创新点和技术方案。简言之,专利挖掘就是从创新成果中提炼出具有专利申请和保护价值的技术创新点和方案。专利挖掘是专利管理工作的起点,是专利布局、专利申请以及专利运用的基础。

通常来讲,专利挖掘有两种目的,即成果保护型和包围拦截型。成果保护型是指将技术创新成果申请专利以进行法律化、权利化,有效保护企业的技术研发成果不被他人抄袭复制。包围拦截型是指针对竞争对手的技术或产品路线进行研究,进而制定相应的专利挖掘规划和技术研发策略,提前设置外围专利,干扰和遏制竞争对手的专利策略。[①]

专利挖掘的实施往往需要技术人员、专利管理人员和专利代理人三方主体各司其职、协作配合。专利挖掘工作要站在创新主体发展战略的层面上,要用全局视野来观察并准确切入。第一,从剖析现有技术的基础出发。在进行专利挖掘时,往往以现有专利技术作为研发基础,只有立足于现有技术,才能找出创新的技术方案与现有技术的差异。第二,从产业链和技术链的高度出发。专利挖掘的技术性、专业性很强,只有从技术创新项目所属产业、所属技术领域进行相对宏观的整体观察,才能明显提升专利挖掘的整体层次。第三,从培育完善专利组合的方向出发。专利挖掘并不仅仅是对散落在整体技术解决方案之中具有实质性技术贡献的孤立技术点进行挖掘,更重要的是通过全面充分的挖掘,培育建立起相互支持、相互补充的专利组合。第四,从尽早识别专利风险的角度出发。在专利挖掘过程中应注重专利

---

① 张晓煜:《企业知识产权管理操作实务与图解》,北京:法律出版社,2015 年版,第 41 页。

风险的早期识别，应尽早调整技术方案、改变技术方向或者采取替代技术手段。①

专利布局是指企业根据自身市场和技术发展状况，在专利申请时间、申请地域及申请技术领域等方面进行的策略性选择。专利布局就是以"促进创新，创造价值"为主要目标，期望借由布局计划指引研发团队从事有计划的创新活动，并且确保将来能够为组织创造最大价值。专利布局与专利挖掘一样，都是企业应当重视的工作，是企业专利管理的重要组成部分。② 专利布局体系框架如图9-2所示。

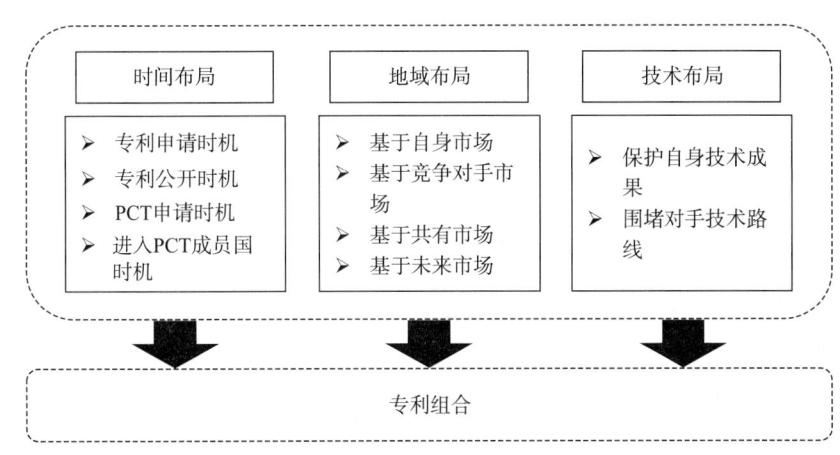

图9-2 专利布局体系

专利布局是一项系统性、整体性的工作，需要事先制定出考虑全面、符合实际、措施到位的专利布局方案。专利布局方案制订过程中通常会选择4个主要的部门或企业内部主体：专利管理部门、公司管理层、市场部门和研发部门（技术部门），其中专利管理部门在整个专利布局方案制订过程中起到主导作用。③

专利技术布局是专利布局的核心和基础，完善的专利布局活动必须考虑以下因素：第一，专利申请技术布局应考虑行业发展趋势，预先在未来有较大应用前景的领域进行研发和专利布局；第二，专利申请技术布局应当结合自身发展状况，在企业自身现阶段已经涉及的领域和未来阶段可能涉及的领域进行布局；第三，专利申请技术布局还要考虑对竞争对手的技术防御，企业应当时刻监控竞争对手的专利申请状况，详细分析竞争对手的研发方向，尽早制订应对策略，一方面通过专利布局对竞争对手进行防御，另一方面也可以通过专利布局抑制竞争对手在原有研发领域的专利申请。④

【例9-1】"一体式自拍装置"专利自实施案例

1. 企业简介

源德盛塑胶电子（深圳）有限公司（以下简称源德盛公司）始创于2002年，是一家生产制造手机周边产品的制造商。源德盛公司专注于自主研发与持续创新，截至2020年年底，已申请国内专利220多件，申请国外专利50多件。公司主营产品是拍摄辅助类产品，日产5

---

① 李秀丽、刘海：《知识产权挖掘与申报》，北京：北京理工大学出版社，2016年版，第112~113页。
② 王小兵：《企业知识产权管理操作实务与法律风险防范》，北京：中国法制出版社，2019年版，第26~27页。
③ 张晓煜：《企业知识产权管理操作实务与图解》，北京：法律出版社，2015年版，第53页。
④ 王小兵：《企业知识产权管理操作实务与法律风险防范》，北京：中国法制出版社，2019年版，第27页。

万只,是国内外多家知名手机厂商的直接供应商。

2. 专利技术研发背景

2013 年,源德盛公司开始进入自拍杆行业,此时自拍杆行业竞争非常激烈,市场上出现了各种各样的自拍杆。为了便于携带,当时市面上的自拍杆一般为分体式结构,可拆分成几个部分,用户使用时需临时组装,使用完又需进行拆分,存在诸多不便。而且在组装、拆分及携带过程中也易造成零部件的损坏和丢失,造成自拍装置提前报废。

源德盛公司在历经几个月的研究与技术攻关后,成功研发出了"一体式自拍装置"(专利号为 ZL201420522729.0),其解决方案是在手机夹持部件的上下两部分分别设置一个折弯部和一个缺口,使伸缩杆折叠后恰好能够收纳于缺口和折弯部,从而大大节省了收纳空间,解决了传统自拍杆使用麻烦和不便收纳携带的行业痛点。

3. 专利技术实施过程和模式

2014 年下半年,源德盛公司研究"一体式自拍装置"后,在第一时间对该结构申请了实用新型专利。然而,"一体式自拍装置"产品一经上市便被广大同行所借鉴,同时,源德盛公司申请的专利尚未获得授权。在深刻意识到该专利的影响力后,源德盛公司重点关注该专利授权的进度,并在该专利授权的第一时间做了专利权评价报告,以方便后续的技术实施。

2015 年,为提高市场占有率和竞争优势,源德盛公司开始针对"一体式自拍装置"的专利进行维权,此时市场上已经存在大量的侵权产品,侵权方数量之多,分布范围之广,前所未见。众多侵权方在专利布局意识上并不高,跟风生产的侵权产品种类多样,同时侵权方为了保证自己产品的竞争优势,还在打价格战,进而导致维权初期源德盛公司的"一体式自拍装置"的市场占有率极低。

维权初期,源德盛公司尝试委托多个律师事务所同时进行维权事项,但整体的维权效果并不好,公司的维权支出一直不能得到很好的赔付。后来,源德盛公司委托一家维权公司进行维权事项处理,由维权公司通过转委托的方式将取证、起诉等事项委托到国内各地合作的律师事务所,在获得侵权赔偿额度后再行结算。此种模式大大地降低了公司前期需要支出的维权成本,同时也能够在第一时间内委托不同的律师事务所进行维权事项,快速地针对全国范围的侵权事项进行维权处理。经过几年的专利维权,源德盛公司逐渐形成了包括线上维权、线下维权以及平台投诉维权等在内的全方位维权方式。

截至 2020 年底,源德盛公司的专利维权案件共有 4 000 多件,已结案的案件中,无一败诉。源德盛公司通过专利维权,保障了专利技术的顺利实施,大幅减少了自拍杆市场上的侵权产品;同时公司也在不断地开发新产品,每年向市场上推出数十款自拍类产品,年均投入研发费用 2 000 余万元。通过专利布局和开发新产品,公司的自拍杆类产品迅速占领了市场。

4. 案例亮点分析

源德盛公司的专利实施案例,让传统的制造型企业意识到专利的重要性,同时也让国内民众认识到并不是只有高精尖的技术才能获得专利权,日常生活中常见的东西也可能获得专利权,且可能具有极大的商业价值。从专利维权案件的数据来看,源德盛公司"一体式自拍装置"的专利结构简单,侵权判定十分明确,从外形即可十分明确地分辨出产品是否存在侵权的问题。

从专利申请数据来看,源德盛公司带动了自拍杆行业的专利申请趋势。原自拍杆生产制造商几乎不申请专利,专利布局的意识普遍较低,自源德盛公司的专利维权事件之后,自拍杆行业的专利申请数量呈现爆发性增长。[①]

(三)技术分类与产品对应

技术分类是专利管理活动的根本,企业在知识产权活动全流程中都必须依据一套适合企业发展的技术分类来进行管理。在研发开始前,企业要有完整的技术分类去开展专利检索、专利分析以及专利布局活动;在研发活动中,专利评审、申请、获得与维护活动也要根据技术分类框架开展,以利于随时掌握专利布局的达成情况;在研发完成后,在组织开展运用时要了解拥有的知识产权情况,良好的技术分类可以使企业更高效地进行知识产权盘点。

大型科技驱动型企业可以采用类似国际分类的阶层式框架拟定技术分类。例如,第一阶分为网络技术、多媒体技术等;网络技术下的第二阶再细分为有线网络、无线网络等;无线网络下的第三阶再分为 WLAN 技术、无线通信协议测试技术、无线安全技术等,以此类推。运用阶层式框架时不能将技术的应用、用途或产品的分类混合,以免造成有关的专利无法被清楚分类。为了避免员工对分类定义有所混淆,企业可以参考国际分类的制定方式对分类项目制作说明文件。

对于一般企业而言,研发活动是以产品或服务而非技术领域研发为导向的,对于研发强度并不大的企业而言通常是采用产品构件分类。若企业采用产品构件分类,那么从专利布局策略到知识产权运用过程都会以产品构件组合的方式来进行考虑。企业研发技术目的是将技术直接运用到商业活动上,以产品构件分类去划分企业的技术,也有助于后续知识产权的运用。

企业必须针对技术分类建立管理运作机制,设置各阶段的分类管理人,对所属分类项目内的专利进行检索、分析、布局、盘点、管理等技术咨询或执行工作。如果下层分类管理人无法确认或存在争议事项,需要由上一阶层分类管理人来统筹决定。此外,知识经济下技术更新换代很快,技术分类框架结构也需要随时根据技术环境、企业研发布局策略的变化而进行定期修订,相应的管理机制也要随之调整。需要注意的是,技术分类的分类框架本身能反映企业的研发活动、研发重点、研发计划框架、专利布局情况等信息,因此相关信息必须列入机密管理,避免不当泄露。[②]

综上所述,分类框架会引导整个研发活动的走向,为了避免与市场真正需求脱节,企业要根据自身研发目的、技术水平选择合适的技术分类标准,并配套制定管理机制,妥善安排研发人员的职责分工。

(四)知识产权信息管理

知识管理系统是企业知识管理理念和技术的结合。企业知识产权管理的核心是对知识的管理,因此进行技术管理应充分利用企业的知识管理系统,构建网络化的知识产权信息系统,收集、整理、研究和利用知识产权信息情报。知识产权信息收集渠道以政府部门构建的信息网络为主,通过对专利文献的系统分析、综合比较,企业要时刻跟踪科技动态、预测市

---

① 国家知识产权局:《中国知识产权运营年度报告(2020年)》,北京:知识产权出版社,2021年版,第79~80页。

② 袁建中:《企业知识产权管理理论与实务》,北京:知识产权出版社,2011年版,第191~193页。

场走向和行业发展方向。企业也要监视与企业相关的国内外专利申请动向,超前介入起主导作用的技术领域,避免盲目开发或是侵犯他人知识产权(安春明,2009)。

知识产权研发档案记录了企业研发的全过程,沿着研发档案的轨迹可以看清整个技术开发和项目推进的脉络。研发档案通常包括可行性研究报告、立项报告、开发计划、需求说明书、设计说明书、设计图档、代码、技术评审报告、测试计划、测试报告、开发进度月报、验证报告、项目总结等。如果企业对研发项目、研究过程、开发进程没有相应的记录,对过程中形成的研发成果及相关资料没有妥善归档和管理,当发生知识产权权属或技术秘密纠纷时,企业无法通过研发档案追溯,从而证明知识产权和技术成果的权属。企业的研发人员要负责研发档案的梳理、存档与管理,为了档案的正常保管,企业要制定完善的文档管理制度、提升研发人员的文档完整保存意识。①

当今时代是信息时代,企业对知识产权信息的管理至关重要。但在信息爆炸的时代,如何保证相关信息的真实性、可靠性与完整性也是企业要面临的一大难题。此外,不论是在信息管理系统的构建与维护,还是研发档案的编写与归档的过程中,企业都要加强开展信息保密意识,防范知识产权信息出现泄露。

三、知识产权的法律管理

无论是专利、商标还是技术秘密,在权利稳定性方面都存在一定的风险,这使得知识产权具有较高的法律风险(刘璘琳,2018)。具体而言,企业在创造、运用与管理知识产权的过程中,存在着专利被他人仿冒、版权被盗用、合同签订后商业秘密遭到泄露等大量不确定因素,即法律风险。企业树立正确的知识产权法律风险意识,运用科学有效的知识产权法律风险管理策略,对维护企业的合法经济利益、确立企业的创新竞争优势等有着重要意义。

企业构建知识产权法律管理体系,可以从知识产权申请、知识产权保护、知识产权合同等方面来考虑。

（一）知识产权申请管理

企业产出发明创造成果、商标或作品,想要获得相应的专利权、著作权、商标权等知识产权,需要按照相关法律法规要求向特定国家行政机关进行申请。知识产权申请通常是企业获得相应法律保护的第一个步骤,知识产权申请管理主要包括申请类型的选择、申请权利主张范围的选择、申请时机的选择、保护地域范围的选择等(刘抒彦,2019)。

以专利为例,法律并没有要求发明人将其发明创造成果进行专利权申请,除了专利保护之外,法律提供了多种其他保护方式。所以,当拥有一项发明创造后,当事人可以将其作为商业秘密,寻求《反不正当竞争法》的保护,亦可采取与使用者达成保密协议的方式保护,而并非需要申请专利保护。如果企业确定要进行知识产权申请,需要考虑是否采取不同知识产权组合进行申请。例如,对于计算机软件,企业可以在申请专利保护的同时采取著作权保护方式。

企业在申请知识产权时,还需要决策申请权利主张范围、申请时机、保护地域范围等。知识产权申请文件是确定知识产权保护范围的法律依据。企业在撰写申请书的时候,需要考

---

① 国家知识产权局知识产权保护司:《企业知识产权保护指南》,北京:知识产权出版社,2022年版,第127~128页。

虑知识成果本身的经济效益、企业发展战略、市场需求等因素，决定在权利申请书中的权利主张及权利保护范围。对于知识产权申请时机的选择，企业需要考虑司法中的申请在先原则、优先权原则等，并根据行业特点或产品特性，决定在项目的哪个环节申请知识产权。例如，化学类的发明创造在取得实验室论证后，在工业化或半工业化实验之前，提出专利申请是最为恰当的。[1] 知识产权保护地域范围选择主要是企业抉择是否申请国外知识产权保护，在考虑知识成果的商业价值、企业本身的经济规模与发展规划后，企业可以决定申请国外知识产权布局，扩展全球市场。

（二）知识产权保护管理

"创新是引领发展的第一动力，保护知识产权就是保护创新。"近年来，我国不断加大知识产权保护力度，创新知识产权保护机制，提升保护效果和保护效率。企业作为知识产权价值实现的重要载体，必须加强知识产权的保护意识，重视知识产权的保护管理。知识产权保护管理是指企业在获得知识产权后，对权利的维持、避免遭到侵权以及侵权后救济等进行管理。企业可以考虑从以下几个方面来加强知识产权的保护管理。

第一，构建防御侵权体系。企业应当主动构建知识产权侵权保护体系，重视防御性的知识产权侵权搜索。如果发现企业的知识产权遭到侵权，积极调查并收集证据，主动寻求行政保护或者在诉讼时效内寻求司法保护。在发生侵权纠纷时，企业应当寻求专业的律师帮助，出具法律意见书，采取正确的诉讼策略。

第二，树立全员参与意识。企业知识产权的法律保护管理具有很强的专业性，并且涉及企业从研发到销售的全过程。这意味着需要企业内部的全体员工参与到知识产权保护工作中来，确保中间不会出现偏差和漏洞。

第三，重视保护商业秘密。商业秘密不似专利，它是一种不经注册，没有可履行的保护程式，也是一种没有限定保护时间的自我保护。企业要从人员管理和商业伙伴管理上加强对商业秘密的保护，确保只有少数人员知晓和掌握商业秘密，与其签署保密协议并确保协议的严格遵守。

第四，坚持动态管理原则。企业知识产权保护管理是一个动态循环的过程，企业对于知识产权的认知和实践往往是递进式和积累式的。无论规模大小、处于哪一个发展阶段，管理者都应立足企业自身发展阶段，面向更高层级的目标，制定和实施适合本企业的知识产权保护战略，推动企业更好地发展。[2]

【例9-2】小米——进行品牌分级，布局完善的监控与维权体系

1. 公司及商标品牌介绍

小米科技有限责任公司（以下简称小米公司）成立于2010年，是一家专注于智能硬件和电子产品研发的全球化移动互联网企业，同时也是一家智能手机、互联网电视及智能家居生态链建设的创新型科技企业。小米公司创造了用互联网模式开发手机操作系统、"发烧友"参与开发改进的模式。同时，小米公司围绕当前经营发展和长期战略布局，深入挖掘品牌的力量与价值。通过10年的耕耘，形成了以"小米""红米（Redmi）""米家""小米有品"等为主体的多品牌、有层次的商标品牌布局，并入围全球品牌价值500强。

---

[1] 王救文、亏道远、肖剑：《知识产权管理教程》，北京：中国铁道出版社，2010年版，第106~108，111页。
[2] 国家知识产权局知识产权保护司：《企业知识产权保护指南》，北京：知识产权出版社，2022年版，第5~6页。

2. 商标品牌培育过程

2010年4月，小米公司成立后，创建了"小米"品牌。2010年8月16日，MIUI系统首个内测版推出。2011年8月，小米公司发布第一款小米智能手机。2012年初，为适应年轻人群的需求，小米公司推出"红米"品牌，明确"红米"高性价比的品牌定位。2013年7月，小米公司发布了千元双卡双待"神器"红米手机。2014年11月，小米公司正式在印度市场上发布Redmi Note，将"红米（Redmi）"品牌推向国际。2020年1月，红米系列手机升级为独立品牌"Redmi"，从而在手机及周边市场形成了差异化的品牌定位。"小米"品牌专注中高端和新零售，"红米（Redmi）"品牌专注极致性价比，主攻电商市场。

2016年3月，小米公司发布小米旗下全新智能家庭品牌"米家"。米家"MIJIA"的名字取自小米智能家庭中的"米"与"家"的全拼，造型整体类似盾牌形状，LOGO的释义是既能为智能家庭提供可信赖的防护措施，又希望未来可以在消费者家庭中带来更多的生活情趣。"米家"品牌首款产品"米家压力IH电饭煲"发布，打破了日本高端电饭煲在压力控制技术方面的垄断。后续"米家"品牌还推出了多种智能家庭用品，如电动剃须刀、空气净化器、电热水壶、扫地机器人等。截至2020年3月，小米IoT联网设备数超过1.71亿台（不含手机、平板和笔记本电脑）。

2017年4月，小米公司涉猎电商平台，全新的电商交易平台"米家有品"正式上线，致力于做精选的电商，在精挑细选品质好物的同时，精简商品数量，打造精品生活购物平台。2019年5月，"米家有品"正式更名为"小米有品"。"小米有品"秉承小米集团始终坚持做"感动人心、价格厚道"的好产品的理念，通过品控甄选，致力于提供高性价比、高科技感和高品质的生活消费类产品。

至此，小米公司形成了包括"小米""Redmi（红米）""米家""小米有品"的多品牌商标布局。小米公司非常注重公司品牌文化的传播，通过创建小米社区、米聊、官方微博等网络平台，加强与用户间的交流和沟通，增强"米粉"的参与感，从而形成小米"与用户交朋友"的品牌形象。同时，小米公司高度重视全球的商标布局和品牌保护，自成立之初即开始在国内及海外市场进行商标申请布局。累计在全球申请商标39 000余件，累计授权商标20 000余件，覆盖百余个国家与地区。2020年，小米在国内申请商标2 199件，海外申请商标约2 584件。

3. 商标品牌培育策略

一是实施品牌分级布局策略。小米公司结合公司整体业务发展计划、集团区域性业务发展计划和具体国家或区域的重要程度，对公司商标按重要程度分级，将国内策略与海外策略相结合，根据业务需要，选择"类别布局"或"类别布局+防御性布局"等多维度的布局方式；同时从使用时限、显著性、可注册性、防御性、地域拓展等多角度考虑，制定商标海外申请布局策略并快速推动实施，有效地保障了小米公司在海内外业务的发展。

二是在全球范围内建立商标监控体系。在全球范围内，小米公司通过商标主动监控的方式，及时发现恶意抢注行为，并通过发律师函、异议、撤销、无效等有效的争议解决策略，及时阻止他方的抢注行为。截至2021年6月30日，小米公司在全球范围内监控了近似商标45万余件，对4 500余件商标提起了异议、无效、撤销等措施，有效防御了他方恶意抢注后对小米公司造成的诉讼威胁。

对于恶意明显的集团性抢注及"搭便车"假冒仿冒行为，小米公司通过提起商标侵权及不正当竞争诉讼,通过行政和司法认定相关品牌驰名商标跨类保护等方式,有效遏制了恶意抢注人的违法行为。目前,小米公司核心商标除了在中国被认定为驰名商标外,"Mi Logo"商标在西班牙被法院、商标局认定为驰名商标,在韩国被商标局认定为驰名商标。

三是在全球范围内建立打假维权体系。小米公司在全球建立完善的打假维权体系,制定并优化多元化、全方位的品牌主动出击及防御相结合的保护策略,通过线上线下投诉、行政机关查处、民事诉讼、刑事诉讼、海关查处、全球联动、行业协作等方式制止和打击商标假冒、仿冒行为,有力打击了"傍名牌"的现象。

首先,对于侵权恶意严重、涉案金额大的销售商,小米公司采取民事诉讼、侵权索赔和刑事打击等方式。例如,在"小米生活"商标侵权及不正当竞争纠纷案中,小米获赔5 000万元。此案作为新商标法修订后国内判赔数额最高的适用惩罚性赔偿的商标侵权案,入选江苏法院发布的2020年知识产权保护十大典型案例。同时,小米公司通过刑事诉讼打击严重的商标侵权行为,百余起案件的涉案侵权人被逮捕,其中多人被判处3年以上有期徒刑,被查扣的假冒货物价值3 650万元。

其次,除重点案件外,小米公司多维度进行线下打假维权活动,包括:对重点城市、重点市场进行调查及线索的找寻,对大规模制假、售假的商家进行刑事或行政打击;对线下未授权的店铺进行相关核实,并根据具体情况进行维权;与重点城市的行政执法机关保持积极沟通,协调市场监管部门,开展各种维权调查取证和案件推进工作;积极参加同行业关于打击假冒伪劣相关会议,通过交流获取该行业最新动态。

最后,除线下维权行动外,小米公司在全球范围内针对各大电商平台侵权链接、社媒账号、APPs进行监控,对其中的侵权内容进行投诉下架处理;与多个电商平台建立快速投诉机制,根据小米公司提供的关键词自动拦截下架/禁止上架产品等;与京东、阿里巴巴、拼多多等平台建立神秘测买机制,并对测买发现的假货研判后予以追责。

四是建立海外展会发布会的禁令风险防控机制。小米公司在参加海外展会前,都提前对展出产品进行严格的商标侵权风险评估,并制定争端解决预案。从2017年起,小米公司多次参加西班牙MWC、美国等地区的展会,均顺利进行,未发生一起商标侵权纠纷,为业务的全球化发展起到了保驾护航的作用。

五是制定产品上市前的商标合规排查制度。小米公司设立严格的商标风险排查机制,将商标使用风险排查环节引入产品上市前,乃至项目立项时;对于海外相关的商标法律问题、侵权赔偿问题、是否存在商标侵权风险等进行有效的分析与评估,并制定相应的避让措施、应对方案,以确保产品顺利上市,避免侵权被诉。

对于国内上市产品,小米公司也实施了商标合规排查,在商标使用前全面进行风险评估,大幅降低侵权案件风险,并降低商标申请的驳回率。为控制成本,实行内部排查与外部排查相结合,大幅节约排查成本,提高排查效率。

通过11年的商标和品牌布局,小米公司在全球范围内建立起了较为完整的商标申请布局体系;同时,建立了完善的商标监控体系,有效监控第三方公司抢注商标行为和商标侵权行为,并通过打假维权体系,对第三方线上线下销售的产品进行有效打击。[①]

---

① 国家知识产权局知识产权保护司:《企业知识产权保护指南》,北京:知识产权出版社,2022年版,第134~137页。

(三) 知识产权合同管理

知识产权合同是指平等主体的自然人、法人、其他组织之间设立、变更、终止知识产权权利义务关系的协议，性质上属于民事合同。知识产权合同主要包括知识产权保密协议（通常包含在劳务合同中）、知识产权开发合同、知识产权申请合同、知识产权实施许可合同、知识产权转让合同以及知识产权质押合同等（朱雪忠，2010）。

知识产权合同订立的目的是保护当事人的合法权益，有效管理知识产权合同能帮助企业实现知识产权价值最大化，并且避免一些不必要的法律风险。企业应当在研发投入，知识产权申请、运用、许可、转让、出售以及产品市场推广等整个经营活动中注重知识产权合同管理工作。例如，对于运用代工、贴牌生产模式的企业而言，企业订立代工、贴牌合同前需要约定对生产过程中产生的技术成果权属，规范双方交互提供的技术信息和商业信息，签订相关人员的保密协议。对于知识产权转让而言，双方应明确拟转让知识产权的信息、约定转让费用及其支付方式、明确责任承担。需要注意的是，知识产权的转让并非签订合同即生效，对于专利或商标的转让，必须经知识产权管理部门批准。[①]

对知识产权合同的管理应建立长效机制。因知识产权合同比一般技术合同更加复杂、多变，在管理中，必须根据各类合同的特点和涉及的特定领域，区别对待，统筹兼顾，不断完善措施，健全制度，规范管理。当前，应加强知识产权合同的管理制度建设。如知识产权合同的登记备案制度、履行的监督机制、纠纷的调处机制，合同的终止、清理及结题制度等。[②]

第二节 知识产权的会计管理与内部审计

知识产权管理应是知识产权部门、经营部门、研发部门、法务部门、财务部门与内部审计部门等共同努力的事务。企业在创造、运用、保护和管理知识产权的过程中要树立价值管理的观念，企业需要在日常经营中积极运用会计方法、财务管理理论与审计方法对知识产权进行管理，以提高企业在知识产权价值获取、价值实现与价值维护方面的管理效率。

知识产权的会计管理是日常管理中重要的一环，它与无形资产管理工作并不是简单的隶属关系。知识产权资产具有知识财产性、技术创新性和法律不确定性等特点，并且经常以知识产权组合的形式存在，企业必须意识到知识产权的独特性，不能套用其他资产的模式开展会计管理工作。具体而言，知识产权会计管理包括知识产权预算管理、纳税筹划以及知识产权内部审计等内容。

一、知识产权预算管理

企业知识产权预算管理是知识产权工作的基础和重要内容。知识产权的投资大、周期长、收益慢、风险高，企业在进行预算管理时要确保相关费用顺利支出、工作正常开展。企

---

① 国家知识产权局知识产权保护司：《企业知识产权保护指南》，北京：知识产权出版社，2022年版，第165~166页。

② 支苏平：《企业知识产权管理实务》，北京：知识产权出版社，2016年版，第118页。

业内部与知识产权相关的预算主要包括知识产权的创造、运用、保护和管理等方面。在实际操作中，企业的知识产权预算管理主要包括以下几方面：

1. 获得和维持自主知识产权

企业要想获得和维持自主知识产权，需要进行知识产权研发或创作、知识产权申请、审查、年度维持、到期续展、变更等事项，产生的成本及费用主要是知识产权研究开发、申请的官方收费及代理机构收费、维持知识产权法律效力所缴纳年费或续展费用。

财务部门在编制相关预算时，应当结合企业发展战略，与法务、技术、业务等部门共同从知识产权研发计划、现有知识产权分布情况、外部服务价格等方面评估费用的合理性。知识产权研发计划必须要获取开发的必要性和可行性计划书，研发预算中拟开发的知识产权要与企业战略、业务需求保持一致，并且相关研究要能够可行。在申请和维持知识产权时，企业要对外部知识产权服务机构价格和质量进行考察、遴选与评估，选择最优的服务机构。

2. 购买或使用他人知识产权

企业可以选择购买知识产权或获得使用许可的方式进行生产经营活动，产生的费用包括购买专利、商标或版权等的费用、知识产权许可费用、技术服务费等。财务部门进行预算管理时，首先需要考察其产权归属和真实性，企业要对出售方或许可方的知识产权效力进行调查与检索。其次，财务部要评估购买价款、许可费、服务费的计算方式及支付方式的合理性，确保符合企业总体利益。例如，知识产权许可费支付方式包括一次性支付方式、固定费率或变动费率分期支付方式、首付款或固定保底费结合费率方式等，选择不同的支付方式对企业在财务和税务上的影响是不同的。最后，为了降低法律风险，企业可以考虑通过保险等方式，选择最优路径保证企业的利益。

3. 与知识产权相关的员工激励

与知识产权相关的员工激励费用，主要是对专利发明人的奖励和报酬，目前法律规定，向发明人发放薪酬以外的经济奖励是企业的法定义务，即构建职务发明的利益分享机制。为了保证激励的公平合理，财务部门应当督促相关部门制定内部规章制度，明确奖励和报酬的适用范围、金额、发放时间和方式等。根据奖励标准和当年年度规划，预算人员再确定需要支出的奖励和报酬预算。

4. 知识产权管理相关预算

企业在对知识产权进行管理中也会产生相关费用，例如，知识产权管理工具所需费用，包括知识产权管理系统的建设以及维护费用、商业数据库购买和使用费、专利检索工具的服务费与升级费等。此外，在进行知识产权审计或咨询过程中也会发生审计费用或咨询费用，企业管理层要确定是采用企业内部的初步审计或者向服务机构进行咨询，预算部门根据管理决策制定预算计划，预估耗费的资金或其他资源。

5. 知识产权维权与纠纷

由于知识产权本身具有无形性以及司法诉讼审理存在高度不确定性，其维权和纠纷产生的费用是最难准确预算的一类费用。知识产权维权和纠纷应对产生的费用，包括调查取证费、公证费、诉讼费、律师费、侵权赔偿等。业务部门需要结合当期可能发生的维权行为和纠纷数量、类型、规模来粗略估算相应费用。如果企业存在已经发生但尚未审结的纠纷案件，会计人员要采用预计负债计提的方式对企业损益的影响作出会计处理。对于知识产权纠纷较多的企业，可以考虑建立外部知识产权及法律服务机构库，采用相对固定的计费标准控制预算。

此外，企业需要对各类知识产权费用的预算主体作出合理安排，常见的预算归结方式是"谁受益，谁预算；谁闯祸，谁预算"。同时，管理部门也要制定严格的预算申报和报销机制，确保相关预算能够得到合理、及时的执行与落地。①

二、知识产权的纳税筹划

纳税筹划是指企业在税法规定的范围内，在不违反相关法律法规的前提下，通过对经营、投资等涉税活动作出事前管理和安排，以达到少缴税或递延纳税目标的一系列谋划活动。在知识产权运营与交易活动中，企业可以加强相关税务管理工作，帮助企业节约成本。

企业在进行知识产权相关纳税筹划工作时，应考虑以下内容：

1. 获得享受税收优惠的主体资质

企业利用自身知识产权基础，可以申请评定成为高新技术企业、软件企业、集成电路企业或者动漫企业，依法享受税收优惠。

高新技术企业是指在国家颁布的《国家重点支持的高新技术领域》范围内，持续开展研究开发与技术成果转化工作，拥有一定的自主知识产权并以此为基础开展经营活动的企业。高新技术企业由全国高新技术企业认定管理工作领导小组（由科技部、财政部、国家税务总局共同组成）认定并授予。同时，具备高新技术企业资质也是获得一些政策性扶持的基本要求。高新技术企业享受15%的优惠企业所得税税率，亏损结转年限能够延长至10年。

软件产业和集成电路产业是信息产业的核心，国家针对软件企业和集成电路企业出台了一系列税费支持政策。对于软件企业，软件产品增值税超税负即征即退，国家鼓励的软件企业享受定期或长期的企业所得税减免优惠，符合条件的职工培训费用也能享受税前扣除优惠。集成电路企业根据线宽、投资额等指标可以依法享受企业所得税定期减免、亏损结转年限延长等税收优惠政策。②

动漫产业是以"创意"为核心，以动画、动漫为主要表现形式，对动画片、漫画书、电影、音像制品等动漫产品进行开发、生产、出版、播出和销售的产业。动漫企业核心的经营资源是动漫版权，国家对相关企业给予了一定的税收优惠，包括销售自主开发生产动漫软件增值税超税负即征即退，动漫软件出口免征增值税，符合条件的动漫设计等服务可以选择适用简易计税方法计算缴纳增值税等。③

2. 利用知识产权特定行为的税收减免政策

国家对于有关知识产权相关事项也给予了一定的税收优惠措施，例如，允许将知识产权申请费作为研发费用加计扣除的政策，对于知识产权许可和转让收入也有相应的税收减免政策。企业需要仔细梳理税务局发布的税收政策细则，分析企业的哪些经济活动适用于何种政

---

① 国家知识产权局知识产权保护司：《企业知识产权保护指南》，北京：知识产权出版社，2022年版，第73~76页。

② 软件企业和集成电路企业税费优惠政策指引（http://www.chinatax.gov.cn/chinatax/n810341/n810825/c101434/c5175486/content.html）。

③ "大众创业 万众创新"税费优惠政策指引（http://www.chinatax.gov.cn/chinatax/n810341/n810825/c101434/c5175498/content.html）。

策,并充分利用这些减免政策进行纳税筹划。

3. 考虑实施拆分技术进行纳税筹划

拆分技术筹划模式是指合理、合法地在两个或两个以上的纳税企业之间,将营业成本、收入等进行分割,以达到节税的目的。企业运用拆分技术进行纳税筹划后,会再利用分摊定价等策略实现利润的转移,这个筹划模式往往在跨国公司中能得到有效运用。

以微软公司（Microsoft）为例,微软为了减少其知识产权收入在美国的纳税额,在爱尔兰等地构建海外区域运营中心,并签订成本分摊协议。子公司以当地占全球收入的比重分摊集团的知识产权研发成本,同时微软获得了在子公司所在地的销售权利。采用此方法后,微软可以将美国总部研发的高价值知识产权及其产生的收益转让给较低税率水平的海外子公司（李秀花和黄薇,2018）。

纳税筹划对企业的意义重大,能够为企业降低纳税成本。纳税筹划的基础是税收法规和政策,而税收政策随时都可能变更,纳税筹划存在一定的不确定性。企业不能仅从知识产权单一因素考虑税务管理,而是要全面考虑企业的经营和财务管理需求。实际操作中,企业可以寻求外部专业顾问进行咨询。

需要注意的是,纳税筹划的目标不应该被狭义地理解为税负最小化,企业价值最大化才是税收利益最大化的体现。

三、知识产权的内部审计[①]

在知识产权迅速发展的时代,企业如何识别和有效利用其拥有的知识产权资产是一大难题,而知识产权审计作为知识产权管理的一项工具,可以帮助企业对知识产权进行有效管理[②],协助企业建立和修订知识产权战略。知识产权审计是对企业拥有、使用或获得的知识产权进行系统审查,以便评估和管理风险、及时纠正问题并实施知识产权资产管理的过程。在理想情况下,知识产权审计应该由专业的知识产权审计人员进行,但是初步审计一般可以在公司内部进行。[③]

知识产权审计涉及对公司知识产权资产、相关合同、相关制度和合规程序的全方面审查,它既包括会计上的确认、计量、记录与报告的审查,也包括法律风险的排查。知识产权审计有助于企业对其知识产权资产进行清点或更新,分析企业知识产权资产使用情况,确定知识产权资产的所有权,审核会计处理的合法性、合理性,排查侵权与被侵权风险,并制定或修改知识产权相关战略。知识产权审计还适用于企业收购或与其他企业达成合作时的尽职调查,以识别知识产权技术特性,排查侵权诉讼风险以及降低业务财务风险等。

下面,本书将从知识产权审计的准备、开展与结束阶段进行阐述。

[①] 本节阐述的知识产权审计,是指知识产权的内部审计,内部审计是建立于组织内部、服务于管理部门的一种独立、客观的确认和咨询活动,通过运用系统、规范的方法,审查和评价组织的业务活动、内部控制和风险管理的适当性和有效性,以促进组织完善治理、增加价值和实现目标。而外部审计由是独立于企业的外部机构以第三方身份进行的审计活动,对国家权力部门或社会公众负责。

[②] Gargate G, Siddiquee Q, Wingkar C. Intellectual property audit of an organization [J]. The Journal of World Intellectual Property, 2019, 22 (1-2): 16~35.

[③] 本节所介绍的知识产权审计方法,来自世界知识产权组织（WIPO）的 IP PANORAMA 电子培训教程（https://www.wipo.int/export/sites/www/sme/en/documents/pdf/ip_panorama_10_learning_points.pdf）。

1. 知识产权审计准备阶段

在开始审计之前,审计人员应当明确审计的目的、可以调用的审计资源以及需要遵守的审计计划。

准备知识产权审计的第一步是明确审计目的,审计团队需要确定审计的类型和范围,以及用于审计的时间、资金与人员。通常而言,知识产权审计目的是收集相关信息并进行分析,帮助企业健全知识产权控制制度,制定和调整知识产权战略,总结当前知识产权管理状况以及面临的知识产权威胁。审计师应当尽早确定具体的审计目的,以便后续审计工作的顺利开展。

在确定审计目的后,审计团队首先需要制定知识产权审计计划,明确审计涵盖的业务领域(审查的部门、业务范围、关联机构等)以及审计范围。其次,审计团队还要明确审计时间安排表、审计预算、团队成员及具体分工职责和最终知识产权审计报告的形式等。审计师可以制定审计清单,写明全部审计范围与审计步骤,避免遗漏。

2. 知识产权审计开展阶段

在完成了必须的准备工作后,知识产权审计分以下主要步骤进行:

第一,清点资产、确认所有权。审计团队第一步要做的就是基本清点工作,包括记录所有知识产权,并对每项知识产权进行详细阐述,明确这些知识产权的使用方式和用途的差异。接着,审计师要确定清点后的知识产权是否都归属于本公司,并且明确所有权的性质,是独有、共有还是许可使用等。

第二,合同梳理。合同是知识产权运营过程中生成的重要文件,审计师要对这一重要审计证据专门进行梳理。审计团队要识别和评估可能对知识产权产生重大影响的协议以及相关条款是否妥当,这些协议包括许可协议、转让协议、承包协议和合资合作协议等。

第三,财务审查。在确定归属于企业的知识产权与相关合同后,审计团队要对知识产权进行财务审查。对于之前未确认的知识产权资产,审计师要判断是否符合会计准则的确认要求,如果符合,还需要确定相应资产价值。对于之前已确认的知识产权,审计师要进行减值测试,并且确定是否存在会计差错。审计团队还要审查已有的知识产权交易记录,及时检查是否存在舞弊或重大错报的情况。

第四,侵权核查。审计团队要清查公司拥有的资产是否被其他公司侵犯,也要查清可能侵犯他人权利的非本公司资产情况,并且及时告知财务部门,进行相应的侵权与被侵权会计处理。

【例 9-3】陶氏化工清点知识产权案例

陶氏化工成立于 1897 年,是一家老牌化工企业。陶氏化工在 20 世纪 90 年代意识到化工行业正在商品化,必须竭尽全力从无形资产中创造价值,从而形成一条专门针对无形资产的价值流。陶氏化工首先把自己的无形资产进行了专项分类,包括专利、技术诀窍、版权、商标、商业秘密等,梳理完后发现自己的专利总数达到了 2.9 万多项,每年用于专利的费用(维护费用)就有 3 000 多万美元,意识到自己的专利处于分散的无组织状态后,公司管理层从专利管理入手,建立起企业的无形资产管理系统。

陶氏化工将知识产权和技术管理与业务活动的有机结合,十多年内节省了 4 000 万美元的专利税和 1 000 多万美元的专利管理费,并形成了一个新的企业许可业务,该业务每年可以带来 1 亿美元的收入。长远来说,该方法更加理解和重视整个创新过程、新技术开发与商业化过程以及业务差距,并通过工艺技术收购开发了聚丙烯业务,通过确定最佳收购对象收购了联合碳化物公司以及罗门哈斯公司。①

3. 知识产权审计结束阶段

审计结束阶段,最重要的是出具知识产权审计报告。审计师在实施的审计工作基础上对企业的知识产权资产状况、财务处理情况以及法律风险等出具书面报告。企业根据报告内容,开展一系列管理活动,例如,调整知识产权保护计划,根据审计中发现的与知识产权资产管理相关的法律、法规和行政程序中存在的疏漏,改进相关政策、程序和未来知识产权保护的方法。此外,企业要尽早解决审计中发现的知识产权会计问题,例如,确认以前未入账的知识产权资产,计提存在减值的知识产权减值准备,确认可能存在诉讼事项的预计负债等。

总而言之,知识产权审计提供了一种手段,帮助企业对知识产权进行盘点,确保这些资产得到合理配置和有效保护;检查企业是否对知识产权资产进行了正确的会计确认、计量、记录和报告,并纠正企业在知识产权相关制度、程序方面存在的不足与缺陷。②

第三节 知识产权资本运营

一、知识产权资本运营概述

随着中国经济加速转型升级、创新驱动发展战略实施、"大众创业、万众创新"的热潮兴起,中国出现了越来越多的创新型企业。创新型企业尤其是中小创新型企业在初创期存在融资难、融资贵的问题,它们拥有的多为轻资产,难以提供实体抵押物,但是往往拥有具备竞争力的知识产权。知识产权一头连着创新,一头连着市场,是创新型企业最重要的经营资源与发展动力。因此,如何运营好企业拥有的知识产权,将"知产""智产"变为"资产",是企业发展扩张中不得不面临的一大问题。

知识产权运营主要是指企业基于市场机制,为实现知识产权经济价值而进行的一系列管理和商务活动。根据知识产权发挥的作用不同,知识产权运营分为传统运营和资本运营。知识产权传统运营是指通过点对点许可或转让等方式实现知识产权经济价值的商务活动。③ 本节主要讨论的是知识产权如何在资本市场中发挥作用,以及企业如何对知识产权进行资本运营。

知识产权资本运营是知识产权的资本化运作,是指企业借助金融资本的杠杆效应,通过对知识产权资本的有效运营,实现知识产权价值增值、变现的经济活动,包括知识产权质押融资、知识产权证券化、知识产权投资入股、知识产权信托等形式,涉及将知识产权作为投资工具和融资工具两方面内容。知识产权资本运营反映了企业拥有的知识产权资产与实现企

---

① 知识产权审计&尽职调查扫盲贴(https://mp.weixin.qq.com/s/OsQ7nBKrZTk5w2HO3VfJLQ)。
② (美)亚历山大·I.波二托拉克、保罗·J.勒纳著,王肃译.李尊然审校:《知识产权精要》,北京:知识产权出版社,2019年版,第41页。
③ 支苏平:《企业知识产权管理实务》,北京:知识产权出版社,2016年版,第403~404页。

业价值的内在关联性,它对于盘活企业无形资产、缓解企业融资约束、提高企业竞争力具有十分重要的作用。

我国知识产权资本运营制度建设取得了一定的成绩,尤其是近年来,国家、地方政府对知识产权质押融资的政策支持。但是,企业知识产权资本运营仍需加强,知识产权资本运营市场需要大力挖掘。主要存在的问题如下:一是企业对知识产权价值的认识不够,"知识产权战略管理大多停留在保护层面而没有进入资本化运作"。二是国内进行知识产权资本运营的环境还不够完善,并且主要体现在企业知识产权证券化、投资或信托方面(冯晓青,2012)。

企业知识产权资本运营涉及法学、金融学、管理学、会计学等多个领域,对于企业而言实践起来难度较大。因此,政府必须发挥引导作用,加大财政投入和政策扶植,同时在制度建设上借鉴国内外先进模式和典型案例,帮助企业强化对知识产权的资本化运营,为创新企业的融资机制增加活力。

二、知识产权质押融资

知识产权质押融资是知识产权市场化的重要途径,是指以企业拥有的专利权、商标权、著作权中的财产权作为质押标的物,经评估后向银行申请贷款,并按期偿还资金本息的一种融资方式。当企业无力偿还贷款时,银行有权依法将质押的知识产权折价或拍卖,变卖的价款银行优先受偿。

对于普遍缺乏抵押物及信用信息的初创型科技企业而言,知识产权质押贷款能有效地解决企业融资难的问题。[①] 但是,知识产权质押融资一直在我国发展缓慢,主要障碍是知识产权的法律风险较大以及知识产权价值评估难度较高、不确定性较强。

我国一直高度重视知识产权质押贷款工作,2021年出台的《知识产权强国建设纲要(2021—2035年)》提出:"积极稳妥发展知识产权金融,健全知识产权质押信息平台,鼓励开展各类知识产权混合质押和保险,规范探索知识产权融资模式创新。健全版权交易和服务平台,加强作品资产评估、登记认证、质押融资等服务。"

根据政府和市场在知识产权质押融资中的参与度,大致可以将其分为以下三种质押模式:一是政府参与度高的政府主导模式,二是市场参与度高的市场驱动模式,三是处于政府和市场两者力量之间的半市场化模式,也被称作政府引导下的市场化模式(熊思思,2021)。

(一)政府主导模式:政府主导,风险补偿

政府主导模式,又称为政府出资分担风险模式,该模式下政府相关部门通过设立政策性担保机构或者政府担保基金等方式,为业务开展提供增信支持,并承担大部分质押贷款风险。该模式以具有政府背景的公共服务机构为主,公共服务机构提供必要的引导、协调、服务等功能,负责具体实施知识产权质押贷款担保。在实践操作中,企业的知识产权质押贷款由政府专项担保基金进行担保,企业将其拥有的知识产权作为反担保措施质押给公共服务机构,再由指定的商业银行向企业提供贷款。该模式的路径图如图9-3所示:

对于科技含量高、市场前景好但自主知识产权价值难以确定的企业而言,政府主导模式能够提高企业获得质押融资的可能性。由于是政府进行担保,所以银行和企业的信心更强、

---

① Wu X, Zhao X, Zhang F, et al. Small and mid-sized enterprise intellectual property rights financing mode analysis [C] //2012 International Symposium on Management of Technology (ISMOT). IEEE, 2012: 421~425.

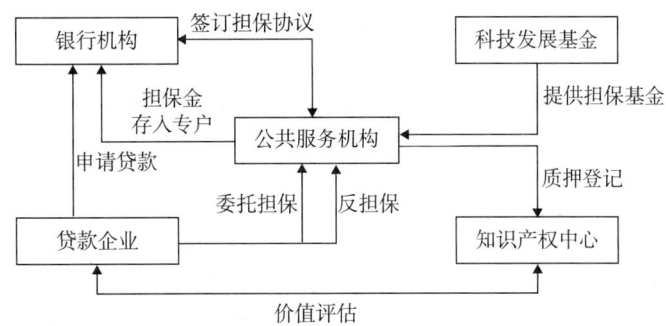

图 9-3 我国知识产权质押融资政府主导模式路径图

积极性更高，融资效率也能得到提升。但缺点是地方政府负担较重，更加适合政府财政预算充裕、资金实力雄厚的地区（宋光辉、田立民，2016）。

目前，韩国运行的就是一套政府主导型的知识产权质押融资体系。国家出资组建韩国技术交易中心（KTTC），为知识产权质押融资提供专业化的场所。韩国技术交易中心实行会员准入制度，担保机构、交易机构等中介机构只有得到政府的许可，才能进入场内参与知识产权质押融资业务。韩国知识产权局和韩国科学技术研究院以及为企业提供资金支持的国有金融机构签订合作协议，由韩国科学技术研究院对知识产权进行价值评估，企业即可从金融机构获得质押融资贷款。在韩国的知识产权质押融资模式下，政府完全介入市场，运用法律、行政、经济等多种手段对企业予以扶持（鲍静海等，2014）。

郭淑娟等（2012）根据我国北京、广州、上海等地的知识产权质押融资实践，认为我国政府主导模式包括政府贴息补助，政府提供资金、银行杠杆贷款，政府资助中介机构及市场主导四种。其中，我国知识产权质押融资政府主导模式的典型代表是"成都模式"和"上海浦东模式"，两种模式在质押融资活动中公共服务机构均为生产力促进中心。

1. 成都模式

在成都模式中，政府搭建知识产权质押融资服务平台，政府、银行、生产力促进中心共同建立风险监管和赔偿机制。成都市政府每年从科技三项经费中设立专门资金支持银行开展知识产权质押贷款业务，推动政银企知识产权融资良性互动。由科技局设立的成都市生产力促进中心负责对市内科技型中小企业进行孵化培育，对处于初创期和成长期的科技型中小企业进行股权投资和公司管理服务，在知识产权质押融资中具体实施运营贷款的担保工作。如果企业方出现贷款违约，生产力促进中心要承担损失的90%，贷款银行仅承担损失的10%。

2. 上海浦东模式

上海浦东模式是典型的间接质押模式，该模式起步于2006年底《浦东新区科技发展基金知识产权质押融资操作细则》的出台，其中提出了政府担保贷款的做法。在试点之初，浦东新区政府专门设立了科技发展基金，向浦东生产力促进中心提供知识产权质押融资担保专项资金6 000万元，生产力促进中心再与上海银行签订信用担保协议，承担95%~99%的知识产权融资担保风险，企业以知识产权和业主信用提供反担保。这种模式下，最大的特点在于政府多方位参与，承担了绝大部分风险，银行承担较少的风险，发放贷款的积极性较高。但是，融资规模受到政府设立的担保基金制约，并且缺少风险共同分担机制，导致该模式难以长期适用。

2011年，上海浦东建立起知识产权直接质押贷款的模式，重点在于优化制度环境，政府慢慢退居幕后，提高知识产权质押融资行为的市场化。政府专注于优化知识产权质押融资服务体系。目前，浦东形成了以市场化运作为主、以政府担保为辅的知识产权质押融资工作格局（林衍华，2014）。

（二）市场驱动模式：政府引导，市场运作

市场驱动模式下政府干预较少，鼓励企业、中介机构和金融机构等以市场为导向进行知识产权质押融资，政府既不提供任何补贴，也不承担任何风险，而是以市场为主导，尊重市场规律。该模式下，企业直接将知识产权作为质押物从金融机构获取贷款，相关评估机构和律师事务所进行价值评估和法律风险评估。市场驱动模式能够鼓励中小型的企业更积极主动地投入到产品和服务创新的活动中，政府作为监督者和服务者，为中小型企业提供相关的管理和服务，制定和完善相关的法律法规，维持行业和市场始终保持在一个良好的状态（Jimnez，2016）。

美国的市场经济体制和市场制度帮助其形成了知识产权质押融资的市场主导型模式，主要包括美国小企业管理局（Small Business Administration，SBA）模式和保证资产收购价格机制（Certified Asset Purchase Price，CAPP）模式等（鲍静海等，2014）。在美国小企业管理局（SBA）模式下，美国政府依靠强大的财政实力建立严格的风险防范和监控机制，为企业提供贷款等金融服务。该模式下企业并非向SBA而是向金融机构提出贷款申请，再由金融机构进行价值评估。对于评估不确定的知识产权，企业需要向SBA提出知识产权再担保申请，并同时提供自身信用担保申请。SBA审核后，对符合要求的担保出具担保报告，金融机构提供一定的违约赔偿，与其共担风险（陈美佳，2019）。但是SBA模式并没有为所有的中小企业提供融资或担保服务（宋光辉、田立民，2016），通常只会对企业自行提供的担保做信用增级。该模式的路径图如图9－4所示：

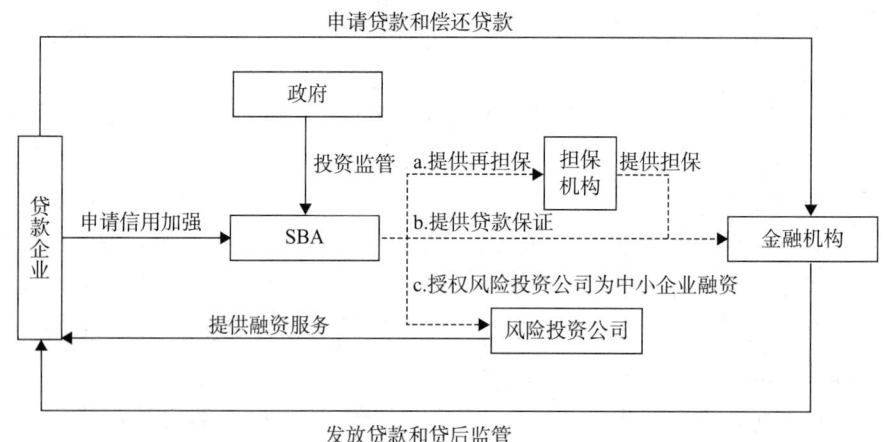

图9－4 美国小企业管理局（SBA）质押贷款模式

在保证资产收购价格机制（CAPP）模式下，由专利咨询公司（M－CAM Inc.）向出贷人金融机构提供质押物的预订购买价格，并承诺将支付知识产权质押物未来贬值的部分。CAPP是全球范围内首个针对包括知识产权在内的无形资产质押金融产品，将拥有一定规模资金链的客户与有发展潜力的客户聚合为一个整体。一旦质押物成型，银行就会收到一份由M－CAM Inc.提供的无形资产质押协议。协议达成后，质押物将以信用确认的形式进入银行账户。这种模式的优点是在降低银行监管成本的同时,质押物的信用增强使企业可以用无形资产向银行抵押(刘雪凤等,2016)。

我国的湖南省湘潭市在实践中形成了较为典型的知识产权质押融资市场驱动模式。"湘潭模式"坚持以市场需求为动力,以市场行为为导向,在推广前进行充分的市场调查,听取企业对融资的建议和需求,选择采取市场化的推广方式,并且尊重市场主体的自主决策权(廖英,2007)。"湘潭模式"下,中国人民银行湘潭市中心支行、湘潭市工商行政管理局和湘潭市知识产权局相互协作,共同推动知识产权质押融资政策的制定,但是政府部门并不提供任何的补贴,也不承担任何风险。企业和商业银行按照市场规律开展质押融资活动,一旦发生违约风险,由商业银行独自承担所有的资金损失。

虽然市场驱动模式能够充分发挥市场作用,有利于知识产权质押融资业务的良好运行,有助于企业和商业银行自身核心竞争力的提升,但是该模式的运行依托的是良好的市场环境和氛围。在我国当前知识产权质押融资制度和市场环境还有待提升的条件下,商业银行等金融机构承担了知识产权质押融资的主要风险,导致其缺乏积极性,知识产权质押融资业务进展缓慢(宋光辉、田立民,2016)。

(三)半市场化模式:三方协作,风险分担

半市场化模式,又称为政府引导下的市场化模式或政府补贴融资模式,是以银行为主导、以政府为引导的市场化运作模式。政府的角色定位于推动者和引导者,但不直接参与到知识产权质押融资的法律关系中,而是发挥好引导协调、贴息扶持和服务功能。在该模式下,政府通过制定政策法规、完善体系、搭建融资服务平台等为知识产权质押融资搭建专业化场所。政府还通过提供财政专项资金对企业融资进行利息补贴扶持,降低企业融资成本,对融资中介服务机构给予一定的补贴,同时在必要时用政府信用为知识产权质押融资提供担保或再担保。银行机构承担主体责任,负责对通过审查的企业发放知识产权质押信贷,并持续跟进贷后管理。实践操作中,资产评估机构和律师事务所对贷款企业的知识产权进行价值评估和法律审查,担保机构对质押贷款提供担保增信支持,企业以知识产权和企业信用提供反担保,向银行申请知识产权质押融资(孙西、阚越,2019)。该模式的路径图如图9-5所示:

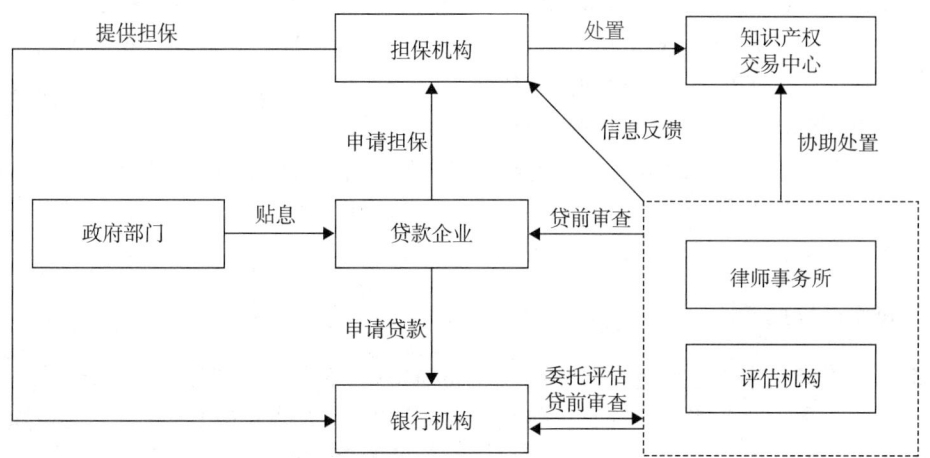

图9-5 我国知识产权质押融资半市场化模式路径图

目前,我国的半市场化模式在北京市、武汉市以及佛山市南海区形成了比较典型的运行模式。

1. 北京模式

该模式下,政府设立知识产权质押融资贷款专项资金池,为中小企业提供贷款利息补贴,给予中介服务机构费用补贴,并且为商业银行、保险公司提供风险补偿。政府制定相关政策、完善体系、框架机制,推动并引导知识产权质押融资活动的有序开展。在北京模式下,质押贷款由中介机构操作实施,中介机构以市场为导向开展相关业务,通过市场化的风险分散与管控机制来降低风险,资产评估机构、律师事务所、保险公司等融资服务中介机构共同承担贷款风险。如果出现贷款违约风险,首先由中介机构全部承担,然后中介机构再处置不良资产。因此,在开展知识产权融资活动前,资产评估机构和律师事务所通常会购买相应的知识产权质押融资保险以分散风险。知识产权在得到中介机构的评估和审查后,担保机构会对知识产权质押贷款提供担保,中介机构与担保机构承担了银行发放贷款的全部风险,银行可以放心发放贷款。

通过市场化的风险分散和管控机制以及中介机构的参与,大大降低了商业银行的放贷风险,也使企业获取贷款的灵活性增强,降低了融资成本。

2. 武汉模式

武汉模式是政府引导的一种"银行+科技担保公司+知识产权反担保"的混合模式。在武汉模式下,政府职能部门、金融机构和中介服务机构共同参与知识产权的质押融资过程。其中,武汉市知识产权局负责对知识产权质押贷款贴息项目申请的受理、审核与立项,武汉市财政局负责对所立项目发放贴息资金,两局共同合作,监督、检查贴息资金的使用情况。在武汉模式下,武汉科技担保有限公司作为被引入的中介机构,成为武汉市科技投融资平台的主体企业,在整个过程中发挥着关键作用。武汉科技担保有限公司在政府相关部门的鼓励与支持下,不断创新知识产权质押融资的范围,尝试以未上市公司的著作权、专利权等无形资产作为反担保来降低对科技型中小企业的反担保门槛。

3. 南海模式

佛山市南海区政府为了推动和引导知识产权质押融资活动,成立了南海知识产权交易平台。南海区知识产权交易所、律师事务所对质押企业开展贷前调查,将审核通过的贷款材料递交给南海区知识产权局,由其进行预审并向商业银行推荐贷款申请。商业银行收到贷款申请后,会聘请专业的评估机构和律师事务所分别对质押物进行知识产权价值评估和法律风险评估,银行审批后再向企业发放贷款。当出现违约不能偿还贷款时,知识产权交易中心负责处置质押的知识产权。南海区通过设立专项资金为质押融资企业补贴利息、扶持补贴中介机构,不仅降低了企业的贷款成本,而且调动了企业与银行的积极性,推动了知识产权质押的市场化运作(宋光辉和田立民,2016)。

三、知识产权投资

知识产权投资或出资是指企业将专利权、商标权或著作权等知识产权评估作价,作为对所投资企业的非货币、非实物出资,获得相应股权的行为。企业知识产权投资是将知识产权转化为产业资本的经营形式,也是知识产权资本化的重要途径之一(刘春霖,2008)。

对被投资企业而言,尽管知识产权存在着较大的风险及不确定性,但是总体上能够在引进先进技术、改进产品质量、提高品牌知名度、增加企业利润等方面具有积极作用。知识产权投资对于投资方与被投资方都具有重要意义,因此企业知识产权投资已成为当前企业投资的一种重要方式。

(一)知识产权投资的类型

在公司法意义上,企业使用知识产权出资与其他有形资产出资一样,是对公司的投资行为。知识产权作为一种无形的财产权,具有交换价值与实用价值。企业知识产权投资既可用知识产权所有权进行投资,也可以用使用权投资。但需要注意的是,这两种方式的知识产权投资与知识产权的转让、许可既有相似之处,又有着重要区别。

(二)知识产权投资的基本流程

知识产权投资或出资需要遵守公司法的相关规定,所涉及的程序大致分为以下五步:

1. 知识产权投资协议的签署

知识产权投资协议具体包括对知识产权出资的可行性、必要性、经济前景、收益与风险等进行充分调查论证,据此作出知识产权出资决策;通过知识产权投资商务谈判,各方就知识产权投资的条件、出资比例、风险防范、权利义务、善后问题处理等事项达成一致,以此作为签约的基础;对用作出资的知识产权进行评估作价;签约并依法办理特定知识产权投资合同的登记核准手续。

值得注意的是知识产权出资比例的法律问题。2014年新修订的《公司法》删除了全体股东的货币出资金额不得低于公司资本的30%之规定,这意味着股东以知识产权等非货币出资的比例不再受到法律的限制。

2. 公司章程的制定

为防止高新技术被所投资公司擅自转让,在投资合作协议或公司章程中可考虑采取如下措施:在组建高新技术企业的协议中列明高新技术投入前与投入后的所有权,并列入投资各方关于所投的高新技术的保证与承诺,以法律来约束投资各方处理高新技术成果的行为,而且只有知识产权出资在办理转让手续后,才真正能够属于企业所有和控制。①

3. 必要的行政审批

企业进行知识产权投资,对于必要申请书、转让协议、许可协议等文件需要向科技管理部门、知识产权局、市场监督管理机关进行备案、审查以及核准。

4. 出资交付并验资

知识产权作为无形财产,不像有形财产那样容易受权利人控制,"不发生有形交付的法律处分"。因此,为保证知识产权出资财产转移的真实性、可靠性和有效性,不但要求知识产权资料的事实交付,还应当实现法律交付,即同时办理其财产权的转移手续。②

以专利使用权出资为例,法律交付是指以专利使用权作为出资的发起人或股东与公司签订专利许可协议,约定授权使用的权利义务范围,将专利许可协议或将与其内容一致的公司章程报市场监督管理机关备案。值得注意的是,在确定专利许可协议文本内容时,各方务求对授权许可范围、主要权利义务内容等进行明确约定,避免未来就此产生争议或被认为法律交付有瑕疵或未实际履行。事实交付则是指交付实施专利相关的材料(有关专利技术具体

---

① 百度百科:知识产权出资(https://baike.baidu.com/item/知识产权出资)。
② 赵蓉:"专利出资交付履行之法律规程构建",《知识产权》,2011年第8期。

实施的说明书、附图、方案、诀窍等）及进行必要的技术指导，使被出资公司可以实际使用该等专利并产生收益。①

根据公司法的规定，出资者除了要在公司设立登记之前交付出资外，还需要对交付的出资进行验资。验资事项应该由专业验资机构进行，并出具相应的验资报告。

5. 确立公司的组织机构，依法办理有关登记手续

企业使用知识产权进行投资，除了企业知识产权出资的程序必须合法外，还需要注意企业知识产权投资与企业有形资产投资应当同步进行。知识产权并非公司经营的唯一要素，它只有与货币、实物等有形资本合理配置，才能发挥其效能。在合理作价前提下，企业的技术密集程度和先进程度越低，其知识产权出资的比例应当越小；反之，企业的技术密集程度和先进程度越高，其知识产权投资越应受到鼓励。②

（三）知识产权与风险投资

关于企业知识产权投资，还有一个值得注意的问题就是将知识产权引入风险投资。风险投资，也即创业投资，我国《创业投资企业管理暂行办法》将其定义为"向创业企业进行股权投资，以其所投资创业企业发育成熟或相对成熟后通过转让股权获得资本增值收益的投资方式"。美国风险投资协会（National Venture Capital Association，NVCA）则将其定义为"由职业金融家投入到新兴的、迅速发展的、有巨大竞争力的企业中的一种特殊权益资本"。

风险投资在培育高技术企业和推动高技术产业发展方面发挥了商业银行等传统金融机构和公开资本市场无法替代的重要作用。科创企业的创新活动具有研发投入高、创新链条与投资周期长、风险高等专属特征，尤其是生命周期的早期阶段更容易面临资金短缺的问题。从创新资金的供给端来看，科创企业自身特点和高风险的属性与银行审慎经营理念和传统的信贷文化相冲突，导致银行信贷等传统金融在解决中小科创企业融资难时面临"市场失灵"。③

风险投资天然与创新企业和创新活动联系在一起，主要投资"高风险、高科技、高成长潜力"的企业，尤其是专注于初创与早期投资。风险投资与传统投资方式不同，它侧重于对创新企业的培植，而不是传统的资本市场运作，包括长期投资和短期经营贷款等。利用知识产权引入创业投资，是基于创新企业特别是中小型科技型企业往往具有一定数量和质量的知识产权，但面临资金不足的困境。这些企业从事的研究开发和产品创新，具有投资大、风险高，但收益也高的特点，如果能将其拥有的具有一定优势的知识产权引入到创业投资，吸引风险资本金投入，这些企业将获得发展的机遇。④

风险投资作为催生新产业、创造就业和促进经济增长的推进器，是英、美等国家高科技初创企业主要的资金来源。美国硅谷风险资本与创新企业的有机结合是硅谷高技术公司发展的典型模式，作为全球创新能力强、创新产出丰富的科技创新中心，硅谷也是全球知名的风险投资中心。硅谷风险投资集聚与创新型企业和高科技产业发展形成良性循环互动，从而打造了全球优良的创新生态系统。我国风险投资实践经过30多年的发展，从无到有，经历萌

---

① 关于专利使用权出资法律问题的几点思考（https://www.pkulaw.com/lawfirmarticles/9269ab8e844a0eeea9f56d2d986aaf62bdfb.html）。
② 刘春霖："论股东知识产权出资中的若干法律问题"，《法学》，2008年第5期。
③ 发挥风险投资对创新的"催化"作用，畅通科技、资本、产业高水平循环（https://export.shobserver.com/baijiahao/html/332010.html）。
④ 冯晓青："我国企业知识产权资本运营策略探讨"，《上海财经大学学报》，2012年第6期。

芽、起步、迅速发展等阶段，不断做大做强，取得了丰硕成果，已经成为推动中国创新和经济发展的重要推动力量，并迅速成长为全球新兴风险投资中心。①

四、知识产权信托

知识产权信托是指知识产权所有者基于对信托机构的信任和了解，将其所拥有的知识产权及相关财产性权利转移给信托机构，由其按委托人的意愿以自己的名义，为受益人的利益或特定目的，进行管理、运用或者处分的行为。知识产权信托是知识产权他人管理的重要形式，信托制度的引入为知识产权市场化、产业化提供了新途径，也为科技企业融资提供了新方式。

（一）知识产权信托的国际经验

从国际实践经验来看，知识产权信托已经是全球知识产权金融生态背景下实现工业经济转为知识经济的重要路径，并在英国、美国、日本等世界主要发达国家得到了较为快速的发展。限于篇幅，本书只简要介绍美国和日本的做法，希望从中得到一定的借鉴与启发。

1. 美国

信托制度最早建立于英国，其后逐渐流行于英美法系的国家。美国是率先开展知识产权信托活动的国家，主要推动发展了专利投资信托和知识产权证券化两大知识产权信托模式。

专利投资信托通过公开或私募的形式向投资者发行信托收益凭证，资金主要用于投资专利以及专利相关的权利，投资收益扣除必要的费用后向投资者进行分配。政府为了促进专利投资信托的发展，给予投资者一定的税收优惠，激励投资者购买专利投资基金，帮助创新型企业得到信托的投资。② 这种形式主要是信托针对知识产权的载体，即科技企业进行投资，而并非对知识产权进行债权或证券化性质的融资。

随着知识产权证券化的产生与兴起，信托制度在知识产权融资方面有了新的用武之地。美国率先创新地采用了信托框架下的知识产权证券化融资模式，信托在知识产权证券化过程中担任不可或缺的角色——特殊目的载体（Special Purpose Vehicle，SPV）。信托型SPV受到欢迎主要是因为信托的设立和经营规则要求简单，采用信托形式可以达到免税或减税的目的，同时，信托财产与发起人的其他财产相互剥离，实现风险隔离的效果（谢黎伟，2010）。

典型案例是耶鲁大学与Royalty Pharma信托公司的专利证券化活动。③ 1985年，耶鲁大学发明的一种治疗艾滋病的d4t新技术获得发明专利。2000年7月，其与Royalty Pharma信托公司签署专利许可费收费权转让协议，随后Royalty Pharma公司尝试将药品专利许可费的应收账款予以证券化。在此案例中，该信托公司将受让的专利许可费作为支撑，面对投资者发行证券募集资金，使专利权人获得融资资金，得以继续经营和研究开发（郭俊，2015）。

---

① 发挥风险投资对创新的"催化"作用，畅通科技、资本、产业高水平循环（https://export.shobserver.com/baijiahao/html/332010.html）。
② 胡萍："知识产权信托面临良好发展契机"，《金融时报》，2020年7月20日。
③ 知识产权证券化的案例分析，百度文库（https://wenku.baidu.com/view/a462fa074873f242336c1eb91a37f111f1850d1e.html）。

2. 日本

日本是大陆法系引入信托制度最早的国家之一。2004年12月，日本修改信托法，承认知识产权可以作为一项信托财产，由此而产生了知识产权信托业务。日本知识产权信托主要分为三类，包括运用型知识产权信托、管理型知识产权信托和融资型知识产权信托。

运用型知识产权信托是指信托公司以签订知识产权许可合同等形式代委托人积极运营知识产权，将知识产权的经济价值最大化的一种信托形式。管理型知识产权信托是专注于知识产权管理和运营的服务类信托，主要是日本信托机构与委托企业签订信托协议，根据企业的指示或合同的规定，在不积极干预信托财产的前提下，代为管理知识产权。融资型知识产权信托是将委托人与受益人设定为同一人，通过向第三人转让委托人持有的知识产权信托收益权并获得转让金，从而达到融资目的。融资型知识产权信托利用信托制度将知识产权流动化和证券化并为企业筹集资金。

需要指出的是，知识产权信托的机能原本是由信托公司通过对知识产权的管理和运用来实现的，直接目的并非筹集资金。只有当融资企业出售因知识产权信托的收益权或进行证券化时，才可以达成融资目的。因此，当中小企业想要通过知识产权的证券化来筹集资金时，利用信托制度将收益权作为证券化的对象被认为是有效的手段。有观点认为，较之出售知识产权而言，知识产权信托与证券化相结合的方式更易于筹集到大量资金（罗勇，2018）。

总体来看，日本知识产权信托融资机制是"政策驱动型"，主要借助《信托业法》产生知识产权信托融资机制的基本方式，然后再依靠一系列的政策对其推动。而美国的信托制度则是"市场驱动型"，推动美国知识产权信托机制的原始动力是市场的经济追求和企业的利益追求，而有关信托法律制度以及证券法律制度仅仅被视为司法意义上的纠偏（郭俊，2015）。

（二）我国知识产权信托发展情况

我国的信托公司早在2000年左右就开始知识产权信托的实践，但后续发展较为缓慢。我国的信托业务绝大部分是以政府平台和地产类特定资产收益权、信托贷款等债权性融资模式的形式存在的，真正涉及知识产权信托融资的案例较少。

早在2000年10月，武汉国际信托投资公司曾有以专利转化为信托目的的实务尝试。其专利信托管理的流程由"受托—经营—收益"三个环节组成：第一步，信托投资公司对受托专利的技术价值和市场价值进行开发，设计成对潜在投资者有吸引力的项目并向社会推出；第二步，信托公司向投资者出售受托专利收益期权，搭建专利信托资本平台；第三步，对受托专利进行许可或转让，由许可或转让获得的收益回报投资者。不过，由于当时专利信托的各项制度和市场条件不完善，该项目最终提前终止（华荷锋，2016）。2011年4月，中关村的阿尔西制冷等4家企业，以知识产权质押方式成功获得2 000万元的信托贷款支持。该案例是国内知识产权持有人通过信托获得直接融资的成功案例，但此后类似案例非常少见。我国的知识产权信托融资主要局限于债权性质的融资规模领域，具体可分为信托贷款模式和特定资产收益权信托融资模式。

1. 信托贷款模式

信托贷款模式下，委托人会将资金交付给信托公司，信托公司作为受托人，为拥有优质知识产权的公司提供流动资金贷款。借款企业通常会将持有的知识产权质押给信托公司，同时配以借款人当地较大规模的担保公司提供连带担保，以保证信托公司的还款安全。

2. 特定资产收益权信托融资模式

特定资产收益权信托融资模式中的资产收益权是指基于法律文书约定的权利内容可分离于基础资产而进行交易的一项财产性权利,在"知识产权收益权信托"中实质上就是通过知识产权许可使用产生的许可收费权。这种模式下,企业拥有知识产权的所有权不会发生变化,仅要求将收益权转让给信托公司。

在实务中,知识产权收益权信托融资模式有两种运作方式:

第一种方式的运作理念是,拥有知识产权的企业作为委托人,将其知识产权的收益权作为信托财产设立财产权信托计划,然后委托信托公司将信托的收益权进行分割并转让给不同的受让人。所募集的资金用于委托人的研发与经营,融资到期后,委托人承诺按约定预期收益回购信托受益权。

第二种方式的运作理念是,信托公司设立资金信托计划,向市场募集资金后寻找合适的知识产权,并专项受让约定知识产权的收益权,知识产权收益权的转让方获得转让款融资,并承诺到期按约定回购该知识产权的收益权(郭俊,2015)。

我国的知识产权信托模式在实践中取得了一定的阶段性成果,但也面临着制度滞后的约束,并且缺乏合适的信托受益权流通机制以及风险分担机构。具体而言,知识产权信托财产的权利归属存在不确定性、知识产权信托业务风险和运营成本较高以及涉及国家战略行业存在较高安全壁垒,这些实践难点都阻碍了我国知识产权信托的发展。[1]

当前,我国正在推进知识产权强国的建设,为知识产权信托的发展提供了契机。2019年6月,国务院发布《2019年深入实施国家知识产权战略 加快建设知识产权强国推进计划》,明确提出"鼓励信托公司综合运用股权、债权、投贷联动、产业基金、知识产权信托等方式开展知识产权投融资业务。"这是我国首次倡导通过"知识产权信托"促进知识产权与金融资源的有效融合,加强知识产权的保护、运营和管理,也为信托公司开展知识产权相关业务指明了方向。未来,在政策法规、产品框架、运营模式上,知识产权信托都需要加强设计优化,以便为创新型中小企业解决更多的融资困境。

---

[1] 胡萍:"知识产权信托面临良好发展契机",《金融时报》,2020年7月20日。

第十章

知识产权证券化

知识产权证券化是一种将知识产权转化为可以交易的证券的金融手段。它可以将企业拥有的知识产权资产转变为可流通、可买卖的证券产品,通过证券市场募集资金,进行交易。知识产权证券化的发展为企业提供了一种新的融资方式,同时也为投资者提供了参与知识产权价值分享的机会。国际上已有知识产权证券化的成功案例,为我国的发展提供了有益启示。一些国家和地区已经建立了成熟的知识产权证券化市场,发行了大量的知识产权证券化产品。我国也正在逐步探索和推进知识产权证券化产品,政府和企业纷纷开展相关试点项目,以支持创新和知识产权的交易。

第一节 概述

一、资产证券化的概念及分类

资产证券化(Asset-backed Securitization,ABS)是指以基础资产未来所产生的现金流为偿付支持,通过结构化设计进行信用增级,在此基础上发行资产支持证券的融资形式。[1] 资产证券化是通过发行证券出售资产的一种融资方式。在这种融资方式下,融资的基础不是融资者自身的信用,而是融资者所拥有的资产;不是简单地出售资产取得价款,或简单地发行证券来筹集资金;而是把出售资产与发行证券结合起来,以资产未来的现金流来偿付证券的本息。[2] 资产支持证券本质上是一种生息证券,它可供投资者在二级市场进行交易,并且由于风险隔离技术的加入,资产支持证券不受发起人破产风险的影响[3],这一特性加强了资产证券化的灵活性,提高了投资人的投资意愿和信心。

资产证券化可以根据不同的标准,划分为以下几类:

1. 按照基础资产性质分类

随着资产证券化业务的发展,资产证券化的基础资产类型逐渐丰富化、多元化,按照ABS底层资产法律属性可划分为债权类资产和收益权类资产。

---

[1] 资产证券化,百度百科(https://baike.baidu.com/item/资产证券化)。
[2] 沈炳熙:"资产证券化与金融改革",《金融研究》,2006年第9期。
[3] 资产证券化的定义、分类及企业资产支持证券持有人可能面对的风险(https://shuo.news.esnai.com/article/201707/159743.shtml)。

债权资产证券化是指发起人资产管理公司或专门设立的特殊目的载体,以发起人购入的债权、抵押物或质押物及其营运收入为担保,通过建立一个有效的交易结构,对市场发行的债权担保证券。① 债权类资产证券化基础资产的债权债务关系比较清晰,名义金额也比较确定,该类资产主要面临的风险是相关债务人的违约及回收处置风险(信用违约风险),并可延伸到债务人组合的相关性风险。

收益权资产证券化产品是指以能产生独立、稳定、真实、可评估预测现金流的资产作为基础资产的证券化产品。收益权类资产往往依附于单一的经营实体或独立的实物资产(如收费路桥、水电气公用事业、公园景区、物业租金等)而获取经济利益,其未来现金流的名义金额无法确定。因经营实体或实物资产的运行情况关系到未来现金流是否稳定,故收益权类产品面临的主要风险是因外部相关因素导致的经济风险,而非交易对手的信用风险。② 两种 ABS 产品具体类型,如表 10-1 所示。

表 10-1　　　　　　按基础资产分类的资产证券化产品类型表

类型	基础资产	典型企业
债权类	融资租赁债权	商务部融资租赁公司
	不动产租赁债权	物业持有人
	公积金贷款债权	地方公积金中心
	股票质押债权	证券公司
	贸易应收账款	贸易公司、机械制造公司等
	保理债权	保理公司
	小额贷款债权	具有贷款业务资格的机构
	委贷债权	除金融资产管理公司和具有贷款业务资格的各类机构外的企事业法人
	信托受益权	信托公司
	购房尾款	房地产企业
收益权类	物业管理费收费权	物业公司
	票款收费权	景区门票收费权——景区
		影院电影票款收费权——影院
	基础设施收费权	热费收费权——供热公司
		水费收费权、污水处理收费权——水务公司
		天然气收费权——天然气公司
		电力上网收费权——热电公司
	交通收费权	公交收费权——公交公司
		道路、桥梁通行费收费权
	学费收费权	学校、学院

2. 按照资产证券化模式分类

根据资产证券化模式进行分类,主要有信贷资产证券化、企业资产证券化、资产支持票

---

① 伍庆生,"我国金融资产管理公司债权资产证券化的模式设计",《江西财经大学学报》,2005 年第 5 期。
② 张文玲,"收益权类资产证券化产品发行情况及信用风险缓释措施探讨",《债券》,2015 年第 12 期。

据和保险资产支持计划四种实践模式。

信贷资产证券化由人民银行和银保监会监管,基础资产以银行等金融机构的信贷资产为主,一般单笔金额小而贷款笔数多,标准化较高;企业资产证券化由证监会监管,基础资产相对多元化,包括应收账款、收费权等,审批方式为备案制,发行流程相对简便;资产支持票据由交易商协会监管,可以通过公募和私募两种方式发行,基础资产包括票据收益资产、应收债权类资产、租赁债权资产等,对资产资质要求较高;保险资产支持计划是由保险资产管理公司等机构作为受托人设立的,面向保险机构等投资者发行的收益凭证,基础资产包括融资租赁类资产、不良资产重组类资产、小额贷款类资产等,并不局限于保险相关资产。①这四种模式的差异对比,如表10-2所示。

表 10-2　　　　按照资产证券化模式分类的四种 ABS 产品对比表

项目	信贷资产证券化	企业资产证券化	资产支持票据	保险资产支持计划
基础资产	银行等金融机构的信贷资产,包括个人住房抵押贷款、汽车贷款、公司信贷类贷款、信用卡贷款、消费性贷款、不良资产贷款、租赁资产等	企业债权类资产、收益权类资产,包括应收账款、小额贷款、融资租赁、保理融资债权、商业地产抵押贷款、融资融券债权、收费权等	与企业资产证券化类似	与企业资产证券化类似
发起人	金融机构	非金融企业及部分金融企业(如金融租赁公司)	非金融企业	以保险公司及非金融企业为主
发行方式	公开发行或定向发行	定向发行	公开发行或定向发行	公开发行或定向发行
投资人	银行间市场投资人	合格投资者,且合计不超过 200 人	银行间市场投资人(公开);特定机构投资人(定向)	保险机构以及其他具有风险识别和承受能力的合格投资者
特殊目的载体(SPV)	特殊目的信托	证券公司专项资管计划、基金子公司专项资管计划	特殊目的信托	保险公司资管计划
主管部门	央行、银保监会	证监会	交易商协会	银保监会
交易场所	全国银行间债券市场(主要场所)、证券交易所	证券交易所、证券业协会机构间报价与服务系统、证券公司柜台市场	全国银行间债券市场	保险资产登记交易平台
登记托管机构	中债登	中证登	上海清算所	具备保险资金托管资质的托管人
审核方式	信息登记制	备案制	注册制	初次申报核准,后续产品注册

---

① 【华泰固收 | 信用】ABS 投资面面观——ABS 投资分析框架之一(https://mp.weixin.qq.com/s/f1 VurjEw_JLA-haMui-GTQQ)。

资产证券化作为一种新型金融工具,其发挥着传统金融工具的意义,不仅完善了市场结构、改善了资源配置、提高了运作效率,而且优化了经济结构、完善了融资渠道、增加了基础资产的信用,达到了为实体经济服务的目的。①

二、知识产权证券化的优势

知识产权证券化是资产证券化的延伸,也是知识产权融资的一种创新模式,它以知识产权为底层资产开展 ABS 活动。与传统知识产权融资不同之处在于,其借助金融机构充分发挥了资本市场的杠杆效应,实现企业融通资金的目标。对企业而言,知识产权证券化融资具有以下优势:

1. 拓宽融资渠道

科创企业目前融资方式主要为股权融资和银行贷款,知识产权证券化为这些企业拓展了新融资渠道。② 特别是对于中小企业,其自身的经营风险较大,获得商业银行贷款、发行企业债券或上市发行股票的难度较大。知识产权证券化以企业拥有的知识产权信用为基础,只要企业拥有的知识产权能够产生稳定的现金流就可以进行证券化,因此拥有自主知识产权的科创企业更容易实施 ABS。知识产权证券化突破了传统融资方式的局限性,为科技型中小企业提供了新的融资渠道。③

2. 降低融资成本

知识产权证券化通过完善的交易结构、信用增级技术和各种保障措施,使 ABS 能获得高于发起人的信用等级,降低 ABS 投资风险。进而 SPV 无需采用折价销售或提高利率等方式以吸引投资者投资。④ 此外,证券化过程中的偿付资金主要来自知识产权本身形成的现金流入,不会给发起人带来较大资金压力。⑤ 通过知识产权证券化所发行的产品的票面利率通常能比向银行等金融机构支付的知识产权担保贷款利率低 30%,大大降低了融资成本。⑥

3. 知识产权的权属不变

知识产权证券化一般不损害知识产权所有权,不影响权利人使用知识产权开展生产经营活动。⑦ 知识产权证券化以知识产权未来可产生的一定的现金流为基础进行资产证券化,知识产权仍归企业所有,因而不会导致企业知识产权的丧失。然而,如果以知识产权为质押进行商业银行贷款,一旦企业无力偿还商业银行贷款,企业的知识产权将被拍卖,会导致所有

---

① 资产证券化(ABS)深度解析(https://baijiahao.baidu.com/s?id=1730603399900156546)。
② 知识产权资产证券化简析(http://www.lyjx12330.cn/Article/Detail/259)。
③ 鲍新中、吕占江、陈柏强:《中国知识产权证券化(2020~2021)》,北京:北京理工大学出版社,2022 年版,第 14~15 页。
④ 知识产权证券化,百度百科(https://baike.baidu.com/item/知识产权证券化)。
⑤ 鲍新中、吕占江、陈柏强:《中国知识产权证券化(2020~2021)》,北京:北京理工大学出版社,2022 年版,第 15 页。
⑥ 将"知产"变"资产",知识产权证券化如何跑出加速度(http://wenhui.whb.cn/zhuzhan/xueren/20200731/364063.html)。
⑦ 知识产权运营"皇冠上的明珠"——知识产权证券化发展模式探索(http://tradeinservices.mofcom.gov.cn/article/shidian/qmtszc/202010/110238.html)。

权的丧失。①

三、知识产权证券化的风险

资产证券化的应用范围不断扩大，经历了贷款类资产、应收款类资产、收费权类资产等，这些资产的证券化都存在一定的风险。作为一种结构性融资，知识产权证券化具有与传统的资产证券化相同的风险，但基于知识产权自身的特殊性质，知识产权证券化还有其特殊的风险。要发展知识产权证券化，必须有效识别和降低这些风险。② 为此，本节将从基础资产的固有风险和证券化交易结构风险两部分来阐述知识产权证券化的风险。

1. 知识产权证券化基础资产的固有风险

知识产权固有风险是指由于知识产权自身固有的特性而产生的信用风险，这类信用风险是与知识产权相伴相生的。③ 具体而言，知识产权证券化的基础资产具有以下三种固有风险。

（1）知识产权的权利状态不稳定。基础资产的品质是资产证券化能否成功的关键因素，基础资产的权利状态是其品质的首要因素。传统资产的权利状态通常比较稳定，知识产权的无形财产权性质和知识产权的制度设计使知识产权的权利状态具有不稳定性，具体表现在权利瑕疵风险、权利归属风险以及面临诉讼的失效风险上。④

（2）知识产权价值的不确定性。在证券化中，现金流量与基础资产的价值紧密相关，基础资产的市场价值在一定程度上决定了现金流量的状况。但知识产权本身的特殊性决定了其经济价值具有不确定性，而这也将给知识产权证券化带来市场风险。知识产权价值的不确定性主要体现在知识产权价值评估具有局限性、知识产权价值具有波动性、侵权行为带来的市场份额影响等。⑤

（3）知识产权收益的不稳定性。知识产权证券化大多是以知识产权的许可收益为现金流量的来源，但知识产权许可合同有其特殊性，这使知识产权的许可收益并不稳定。传统资产证券化债务人每期应支付的金额是固定的，知识产权许可收益的支付结构较为特殊，由一笔预付费和后续许可费两部分构成。后续许可费多为被许可人销售金额的某一比率，这使知识产权的许可收益具有很大的不确定性。此外，知识产权具有共享性和可重复利用性，这为权利人提供了众多利用知识产权的方式，但这也可能给知识产权证券化带来风险。如果知识产权的权利人在证券化后，又对新的被许可方进行授权，则原有的被许可人将面临更多的竞争，进而影响其收益。⑥

2. 知识产权证券化的交易结构风险

知识产权证券化的交易结构风险是指由于资产证券化产品交易结构的设置引发的信用风险⑦，知识产权证券化作为一种结构性的融资方式，证券化成功与否及其效率与交易结构有

---

① 鲍新中、吕占江、陈柏强：《中国知识产权证券化（2020～2021）》，北京：北京理工大学出版社，2022年版，第16页。
② 黄光辉："知识产权证券化的风险：形成机理与化解途径"，《科技进步与对策》，2010年第4期。
③ 万华伟："我国知识产权证券化的模式、信用风险及防范研究"，《清华金融评论》，2021年第4期。
④ 黄光辉、朱雪忠："知识产权证券化的风险研究——基于知识产权特性的分析"，《科技管理研究》，2009年第12期。
⑤ 同②。
⑥ 同④。
⑦ 同③。

着密切的关系。如果特殊目的载体的设立以及基础资产的移转不符合法律的规定和会计规则,则风险隔离机制就无法有效运作,知识产权资产原始权益人或发起人的债权人则可以对证券化的知识产权资产行使追索权。或是当基础资产不复存在,则证券化将无法继续运作。[1] 具体而言,可以从以下五个方面来分析此类风险。

(1) 资金混同风险。知识产权证券化用于接收基础资产回收款的银行账户通常是原始权益人在监管银行开立的,若原始权益人信用状况恶化,丧失清偿能力甚至破产,基础资产回收款可能和原始权益人其他资金混同,从而给专项计划资产造成损失。

(2) 流动性风险。当知识产权证券化未能按时足额收取合同现金流时,如果交易结构中没有构建起良好的流动性支持,管理人将难以向知识产权证券化持有人按时兑付利息。流动性支持主要包括流动性储备账户和流动性支持机构。流动性储备账户的运作模式通常为每期在储备账户中留存一定金额,为下一期优先级利息兑付提供流动性保证。流动性支持机构是第二道保护措施,当储备金账户无法补足付息资金时,流动性支持机构将对优先级知识产权证券化的利息提供流动性支持。

(3) 拖欠风险。在存续期内,若知识产权证券化基础资产的付款义务人划款不及时,拖欠支付应付许可使用费,有可能导致在兑付日无法满足优先级证券预期收益与到期本金的兑付,从而产生拖欠风险。

(4) 基础资产折损风险。若基础资产的债务人行使可抵销债务权利,或者债务人认为因供应商提供商品/劳务的质量存在瑕疵等因素,主张对应收账款金额进行扣减,则可能造成专项计划可回收现金流有所减少。

(5) 再投资风险。知识产权证券化存续期间内,管理人有权对专项计划账户内的资金投资于合格投资,这将使专项计划资产面临再投资风险。[2]

四、知识产权证券化的概念及流程

知识产权证券化是证券化融资工具在知识产权领域的应用[3],是指发起人将其能产生可预期现金收入的知识产权或其相关权益移转给特殊目的载体(SPV),由此特殊目的载体以该知识产权或其相关权益产生的未来现金收入为基础在市场上发行可流通的证券据以融资的金融操作方式。[4] 相较于传统证券化产品,知识产权证券化最大特点在于基础资产不再是实物资产,而是无形的知识产权。知识产权证券化作为一种重要的金融创新,让一纸专利变成经济收益,为广大科创企业提供了一条全新的融资路径。知识产权证券化为科技型中小企业将高新技术转化为现实生产力提供了有力的金融支持手段,促进了高新技术的转化,提高了企业自主创新的能力。[5]

知识产权证券化的基本交易结构由发起人(或原始权益人)、投资人、SPV、资产管理

---

[1] 黄光辉、朱雪忠:"知识产权证券化的风险研究——基于知识产权特性的分析",《科技管理研究》,2009 年第 12 期。
[2] 万华伟:"我国知识产权证券化的模式、信用风险及防范研究",《清华金融评论》,2021 年第 4 期。
[3] 鲍新中、吕占江、陈柏强:《中国知识产权证券化(2020~2021)》,北京:北京理工大学出版社,2022 年版,第 3 页。
[4] 朱雪忠、黄光辉:"知识产权证券化中基础资产的选择研究",《科技与法律》,2009 年第 1 期。
[5] 什么是知识产权证券化?(http://www.jinhua.gov.cn/art/2021/8/11/art_1229469644_60217468.html)。

公司、信用评级机构、信用增级机构等主体构成,具体流程如下:

(1) 真实出售。企业或发起人真实出售知识产权资产获得资金,SPV 真实购买知识产权获得证券化的基础资产。

(2) 构建资产池。SPV 将金额、地域等分散的知识产权资产组成一个规模足够大的资产组合(资产池),根据资产组合理论,这样能有效地分散市场上的非系统性风险和部分系统性风险,并产生规模报酬递增效应。

(3) 信用评级。在证券发行前,SPV 需聘请具有一定知名度和资质的信用评级机构对知识产权资产预期产生现金流的确定性和稳定性进行内部信用评级,确定证券的信用级别。

(4) 信用增级。根据信用评级的结果和发起人的融资要求,信用增级机构采用区分优先及次级证券、破产隔离机制、金融担保等信用增级技术,提升证券的信用级别。

(5) 销售证券。信用增级后,SPV 将评级结果向投资人公布,并向其销售 ABS,再将发行收入按契约划转给发起人,实现知识产权证券化的融资目标。

(6) 资产管理。一般来讲,企业应指定专门的资产管理公司管理由资产池产生的现金收入,并将这些收入全部存入有实力的托管银行的专用收款账户,确保未来的现金收入流首先用于向证券投资者偿付本息。同时,还需要维护原始权益人和 SPV 的利益,防止知识产权价值外溢。

(7) 付费。企业按照合同规定的期限,将存放在托管银行的资金转入投资者账户和各中介机构账户,偿还投资者本息和支付各中介机构服务费用,剩余部分作为增值收益返还给 SPV。运作流程如图 10-1 所示。

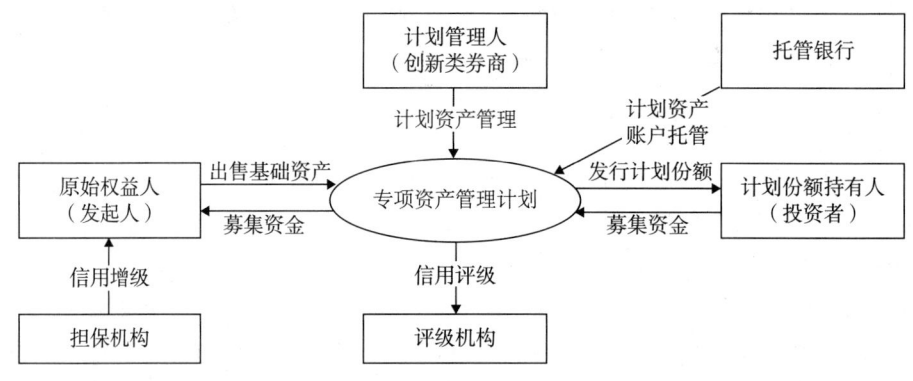

图 10-1 知识产权证券化中 ABS 模式运作流程图

第二节 知识产权证券化的发展历程及启示

一、国外知识产权证券化的发展

资产证券化起源于 20 世纪 60 年代末美国的住宅抵押贷款市场,而知识产权最早证券化的应用是在 1997 年发行的"鲍伊债券"。1997 年,英国摇滚歌星大卫·鲍伊(David Bowie)通过在美国金融市场出售其音乐作品的版权债券,为自己的音乐发展之路募集资金 5 500 万美元,金融界称为"鲍伊债券"。"鲍伊债券"的发行具有开创性的意义,它把传统资产证券化局限于抵押住房贷款、汽车按揭贷款、信用卡贷款、应收账款等方面的应用向前推进了一大步,首次将知识产权纳入证券化范畴,开启了知识产权证券化新纪元。[①] 我国知识产权证券化发展还不够充分,还需要进一步实践探索,国外发展经验值得我们学习和借鉴,其中有代表性的是美国、欧洲和日本。

(一) 美国知识产权证券化的发展

美国是最早尝试对知识产权进行证券化融资的国家,学术界普遍认为以"鲍伊事件"为标志,美国率先拉开了利用知识产权进行证券化融资的序幕。美国进行知识产权证券化的基础资产已经非常普遍且广泛,主要以版权、商标、特许经营权和专利为主,所涉及的行业逐渐呈现出多元化的现象,音乐、电影、游戏、时装、医药、餐饮、体育等都有融资需求。[②]

美国的知识产权证券化采用的是由下而上的市场主导型证券化模式。这主要是因为美国市场经济较为发达,拥有比较成熟完善的证券市场和高效的知识产权交易市场。这使美国在产生了知识产权证券化的需求后,市场能够及时地根据需求作出反应,自发进行调整,产生相应供给,即专门的知识产权证券化专业咨询公司起到特殊目的载体(SPV)的作用,从而使知识产权证券化能够顺利地推行下去。[③] 美国的知识产权证券化成交金额从1997年开始的短短十几年间,年均增长幅度都在12%以上。截至2016年,美国知识产权证券化规模已达450美元,占据全美ABS约21%的市场份额。[④]

知识产权证券化在美国经历了萌芽、发展到逐渐成熟的过程,这一过程也是一个从探索到推广、从设立专门SPV到SPV常设化、从面向私募基金发行到寻求进入资本市场的过程。美国的知识产权证券化以1997年发行的"鲍伊债券"为起点,到1999年音乐版权证券化发展到巅峰,再到2000年专利价值开始凸显。随后美国经历了2001年的"安然破产案",让市场对SPV不正当使用产生担忧。2002年,美国的《萨班斯法案》对企业财务报告制定了严格的披露要求,其中包括公司使用SPV和表外交易。2008年,美国资产证券化市场爆发了次贷危机,其中将高风险债务引入资本市场的资产证券化是引发危机的重要原因。2010年7月,美国通过了《多德—弗兰克法案》,扩大监管机构在应对市场风险中的职权。[⑤]

2010年以来,随着各种知识产权运营平台和运营机构的涌现,为知识产权证券化市场的发展提供了更多的底层资产、运作模式和经验支持。2013年6月,国际知识产权交易公司(Intellectual Property Exchange International Inc.,IPXI公司)创新性地以专利许可未来收益权为基础资产发行知识产权证券化产品,同年又陆续发行了另外两个同类产品,成为全球首家以专利许可使用权为标的开展知识产权证券化项目的开创者。虽然IPXI公司在2015年3月被迫宣布破产,但是以IPXI公司为代表的美国企业为知识产权证券化的模式创新、产

[①] 鲍新中、吕占江、陈柏强:《中国知识产权证券化(2020~2021)》,北京:北京理工大学出版社,2022年版,第107页。
[②] 王晓东:"美国知识产权证券化融资的成功经验及对中国的启示",《管理现代化》,2012年第6期。
[③] 美国知识产权证券化发展历程(https://mp.weixin.qq.com/s/P7RQE0sckmhaxpuGvXsGfg)。
[④] 鲍新中、吕占江、陈柏强:《中国知识产权证券化(2020~2021)》,北京:北京理工大学出版社,2022年版,第108页。
[⑤] 曾维新、綦芳婷:"典型国家和地区知识产权证券化演进与模式比较研究——基于美日欧的实践经验",《现代商贸工业》,2017年第23期。

品创新提供了新思路,也使知识产权证券化业务的未来发展具有更广阔的前景。

(二) 欧洲知识产权证券化的发展

欧洲是继美国之后的第二大知识产权证券化市场,欧洲的公司早已将知识产权视为一项资产,是投资回报的一个部分,而不是业务运营的一项成本。欧洲的知识产权 ABS 涉及的范围广泛,从音乐版权、电影版权到药物专利权再到足球电视转播权,甚至油气勘探资料等,都纳入证券化的范围。①

欧洲知识产权证券化的发展呈现出范围逐渐拓宽、金融危机之后整体趋缓、资产支持证券优势显露的特点。1999 年,一家意大利电影公司将影片所有权作为基础资产发行了知识产权证券化产品;2001 年,英国的蚕蛹音乐公司以 4 万多首歌曲版权为基础资产发行了证券化产品,获得融资额 6 000 万英镑。欧洲知识产权证券化中独有的是面向体育产业特别是足球产业的知识产权证券化产品,西班牙皇家马德里足球俱乐部、英国利兹联足球俱乐部和意大利帕尔玛足球俱乐部等都曾经以赞助商的未来赞助费收入、未来联赛门票收入、未来电视转播权收入等为基础资产发行了证券化产品。②

2008 年金融危机爆发后,欧洲资产证券化市场规模急剧下滑,这也暴露了欧洲证券化监管方式上存在的缺陷。为了建立适用于欧盟证券化的通用框架以及优先发展高质量的证券化,监管当局开始了一系列探索。2019 年 1 月 1 日,《证券化条例》正式施行,该条例整合了欧洲证券化市场相关的一系列法规,为欧洲证券化市场制定了统一监管框架,并引入了简单、透明和标准化(Simple, Transparent, Standardized, STS)证券化框架。③《证券化条例》的推出从监管层面保障了 ABS 业务的平稳发展。

欧洲地区知识产权证券化更多地是依靠市场的力量,金融机构以自己持有的知识产权资产为基础发行证券,政府并未起到根本性的作用。也正是得益于市场的自我调节,知识产权证券化的配套制度体系逐渐形成与巩固,尤以社会信用增级制度为最,这也是因为政府介入较少,债券发行主体及发行中介机构资质和实力有强弱之分,在缺乏政府信用的情形下,就只能构建强有力的社会信用增级机制,以此提升知识产权证券化的信用等级确保债 ABS 的成功发行。④

(三) 日本知识产权证券化的发展

在亚洲,日本是较早进行知识产权证券化实践的国家,其在国家层面就十分重视知识产权证券化和资本化,且已有较多成功的知识产权证券化案例。日本知识产权证券化市场与欧美市场不同,其侧重于工业知识产权的证券化。如日本企业利用光学专利发行证券、融资规模约 2 亿日元的 Scalar 案等。日本知识产权证券化的目的主要在于为创新型企业开辟新的融资渠道。⑤

日本的知识产权证券化之路率先通过立法和一系列法律、法规的修改,为知识产权证

---

① 肖海、朱静:"借鉴欧洲经验开展中国知识产权证券化的对策",《知识产权》,2009 年第 5 期。
② 鲍新中、陈柏彤、徐鲲:"中国情境下的知识产权证券化:政策背景、国际比较及模式探究",《中国科技论坛》,2021 年第 11 期。
③ 中金固收:欧洲证券化市场格局和投资驱动因素剖析(https://c.m.163.com/news/a/HHMU1SCH05198ETO.html)。
④ 曾维新、基芳婷:"典型国家和地区知识产权证券化演进与模式比较研究——基于美日欧的实践经验",《现代商贸工业》,2017 年第 23 期。
⑤ 知识产权证券化研究概述与展望(https://mp.weixin.qq.com/s/s0AhDOpAAxNw3I8tsEsWiw)。

化扫除了制度障碍。早在2000年,日本修订的《资产证券化法》规定了一般财产权也可以用于证券化,此时知识产权也被纳入证券化的基础资产范畴。2001年,日本成立了知识产权研究会,探索在日本开展知识产权证券化、资本化的可行性研究。2002年日本制定了《知识产权战略大纲》,从而明确了"知识产权立国"的国家战略,开始从"技术立国"向"知识产权立国"转变。同时日本面对众多需加速推进产业化应用的知识产权,开始了大胆有益的尝试。同年,日本政府有关部门开始对生物和信息技术行业企业拥有的专利权实施证券化运作,通过政府设定的SPV,以专利技术作为基础资产发行债券,由投资者购买,走出了日本知识产权证券化成功的道路。

目前,日本的知识产权资本化运作已经逐步进入成熟期,日本常见的知识产权融资方法:一是质押融资方式,以专利为代表的知识产权作为质押,从政府的政策性银行获取贷款;二是证券化方式,其中包含通过特殊目的公司(Special Purpose Company,SPC)将知识产权产生的资金流作为债券发行的方式,还包含知识产权信托融资、基金运作等方式。二者的区别在于,在利用SPC进行证券化的情形下,SPC本身只是一个工具,一般由服务商对知识产权进行实际管理和运营,而信托公司则可以亲自对知识产权进行管理。[1] 此外,日本还探索将高校、科研机构的技术成果实现产业化。日本鼓励大学设立技术转移机构(Technology Licensing Organization,TLO),推进研究成果的商业化。日本近年来设立了各种知识产权相关基金,依托知识产权进行研发,提供发展资金,促进知识产权变现。

与欧美知识产权证券化的发展不同,日本采用"立法先行、政府主导"的理念发展知识产权证券化。在实践中,日本知识产权证券化主要被运用在中小企业的专利证券化,大学、研究机构的专利证券化以及著作权的证券化中。目前我国处于知识产权证券化的初步探索阶段,科技企业和科研机构等知识产权潜在持有人对知识产权证券化的观念并未深入了解。日本知识产权证券化的政府主导理念对我国具有一定的借鉴意义。[2]

二、国外知识产权证券化的典型案例[3]

1. "鲍伊债券"案例

大卫·鲍伊(David Bowie,1947年1月8日~2016年1月10日)于1967年正式出道,20世纪70年代开始迅速走红。20世纪90年代,鲍伊面临事业低潮期,又遭遇税务纠纷问题。此时,鲍伊选择了与法内斯托克公司(Fahnestock & Co.)的普尔曼合作,为其融资解困。

(1)知识产权证券化主客体及运作流程。在"鲍伊债券"案例中,以鲍伊1990年以前录制的25张音乐专辑在未来产生的销售和使用版权费、许可使用费收入为基础资产,琼斯/丁托列托娱乐公司(Jones/Tintoretto Entertainment Company,LLC)以私募发行的方式发行了利率为7.9%的10年期债券。"鲍伊债券"与当时同期的10年期国库券利率6.37%相比,

---

[1] 曾维新、基芳婷:"典型国家和地区知识产权证券化演进与模式比较研究——基于美日欧的实践经验",《现代商贸工业》,2017年第23期。

[2] 孟珍:"知识产权证券化的日本经验与中国启示——以法律制度与实践的互动为视角",《南京理工大学学报(社会科学版)》,2018年第4期。

[3] 本节案例来自鲍新中、吕占江、陈柏强:《中国知识产权证券化(2020~2021)》,北京:北京理工大学出版社,2022年版,第114~119页。本书引用时对部分内容进行了修改。

收益率上具有一定优势；鲍伊的唱片经销商百代唱片公司为该债券做了担保，成为这一资产证券化产品的增信方式。"鲍伊债券"由保德信证券投资信托公司（保德信保险公司子公司）全额认购。对于"鲍伊债券"的评级，1997年2月，在"鲍伊债券"刚刚推出之际，穆迪评级对其十分认可，给予了"鲍伊债券"A3级的较高级别评价，"鲍伊债券"也是穆迪首次对音乐版权证券化产品进行评级。然而，进入21世纪以来，唱片业开始走向没落，2003年3月，穆迪评级发布公告称，受唱片销售收入不够理想以及"鲍伊债券"担保方降级的影响，"鲍伊债券"的级别可能会下调；2004年3月，穆迪评级将"鲍伊债券"的评级由A3级下调至Baa3级，但仍属于投资级债券。"鲍伊债券"的运作流程如图10-2所示。

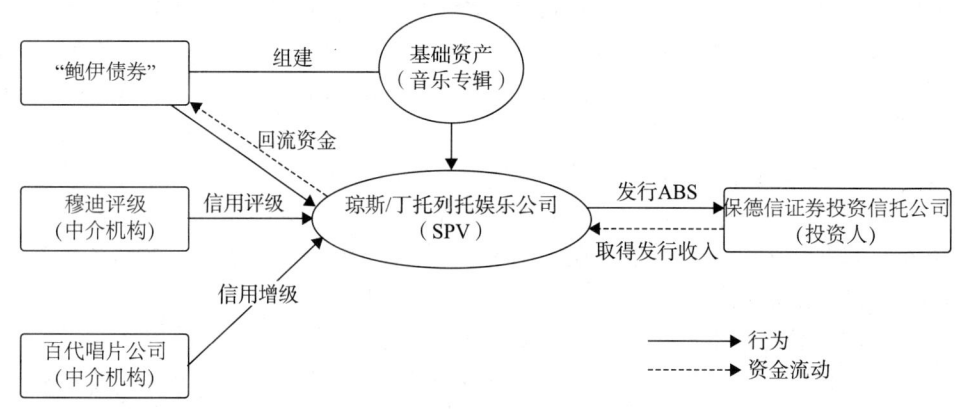

图10-2　"鲍伊债券"的运作流程

（2）实施成效。"鲍伊债券"的出现成为资产证券化史上一个里程碑式的事件，该产品将资产证券化产品进行了重新定义，可证券化资产不再仅限于各类银行贷款和应收账款资产，著作权、专利权、注册商标权、影片票房收益权、药品专利权、足球队门票收入等知识产权类基础资产都进入资产证券化的资产池之中。

2. 日本Scalar公司案例

处于初创阶段的中小企业日本Scalar公司是一家主营光学镜头业务的公司，日本Scalar公司拥有多项光学技术专利。2003年3月，日本Scalar公司迈出了日本专利证券化的第一步，完成了一笔小规模的知识产权证券化融资。

（1）知识产权证券化主客体及运作流程。日本Scalar公司专利权证券化交易规模较小，其主体是日本Scalar公司。该ABS以日本Scalar公司的4项光学技术专利为底层基础资产。Scalar公司与初创公司PinChange签订许可合同，将其拥有的4项光学技术专利授权给PinChange公司使用。签订许可合同后，日本Scalar公司将这些许可使用合同的未来收益权转让给由一家信托银行控股的特殊目的机构，并以许可使用合同的未来收益为基础发行了债券、优先证券和受益凭证。Scalar公司专利权证券化交易运作流程如图10-3所示。

（2）实施成效。Scalar公司专利权证券化交易虽然规模较小，仅有20亿日元。但是，作为日本首例知识产权证券化融资案例，得到了多方的肯定，也对日本以后的知识产权证券化发展具有十分重要的意义。Scalar公司专利权证券化交易开创了日本知识产权证券化的先河，不仅帮助初创中小企业获得融资，同时也盘活了日本"沉睡已久"的知识产权。

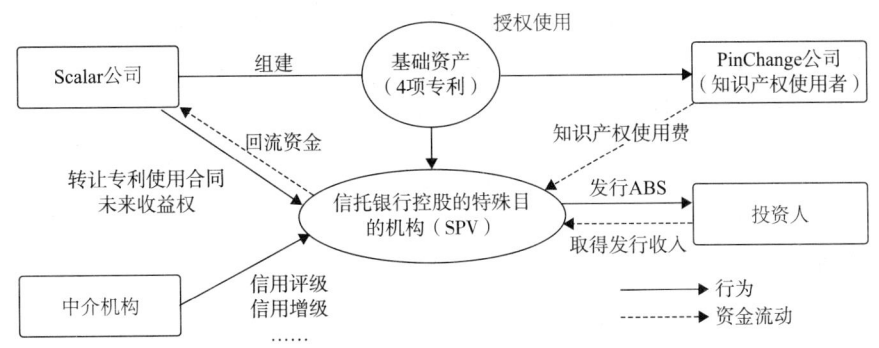

图 10-3　Scalar 公司专利权证券化交易运作流程

3. IPXI 公司知识产权证券化案例

在美国芝加哥知识产权金融交易所上市的国际知识产权交易公司是全球首家以专利许可使用权为标的的知识产权证券化公司。专利权人通过向 IPXI 公司提供标准化专利审查文件（Unit Offering Scenarios，UOS 文件），并通过 ULR 合同（Unit License Right Contract）的独占许可方式将专利权许可给 IPXI 公司设立的特殊目的机构，即 IPXI 电子交易平台（以下简称"IPXI 平台"），同时在 ULR 合同中约定专利权普通许可份数、发行费率等条款，最后由 IPXI 平台发售 ULR 合同。购买者可通过发售的 ULR 合同使用专利，也可以再出售取得收益。这里以 IPXI 公司的 IPXP-IEEE802.1 标准相关的无线通信网络技术 ABS 为例进行介绍。

（1）知识产权证券化主客体及运作流程。IPXP-IEEE802.1 标准相关的无线通信网络技术知识产权证券化的主体是哥伦比亚大学、德国先进工业科技研究院、日本索尼公司等 20 个国家和地区的单位。无线通信网络技术 ABS 的客体中资产标的物是 194 项专利组合，以 194 项专利组合的非独占许可给其他一级市场购买者形成的专利许可费为基础资产。

IPXP-IEEE802.1 标准相关的无线通信网络技术 ABS 以专利权人的 194 项专利组合构成资产池，并在 IPXI 公司将专利挂牌，由专利权人向 IPXI 公司提供 UOS 文件，IPXI 公司进行专利审查，并通过 ULR 合同的独占许可方式将专利权许可给 IPXI 平台，一级市场购买者通过购买 IPXI 平台发售的 ULR 合同非独占许可使用专利，同时，一级市场购买者也可将其再出售赚取收益。IPXI 公司无线通信网络技术 ABS 运作流程如图 10-4 所示。

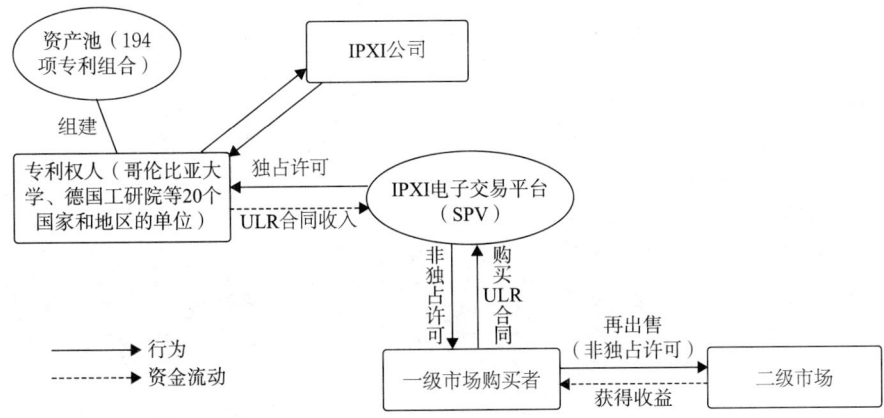

图 10-4　IPXI 公司无线通信网络技术 ABS 运作流程

（2）实施成效。IPXI 公司作为全球首家以专利许可使用权为标的的知识产权证券化公司，2013 年成立，2015 年宣布关闭，仅维持运营了 2 年时间。据其官网通告，关闭的主要原因是无法获得足够的专利许可来支持其专利运营模式。IPXI 公司在运营期间官网披露的在售产品仅包含有机发光二极管技术、预付储值卡和 IPXP – IEEE802.1 标准相关的无线通信网络技术。

三、我国知识产权证券化的发展

（一）概述

借鉴国外发展经验，我国知识产权证券化的尝试最先从电影版权证券化开始。2007 年，华谊兄弟率先尝试以电影版权作为底层资产，面向市场发行证券，融资 5 亿元。2011 年，电影《大唐玄机图》发行方在深圳前海金融资产交易所以出售证券化产品的形式募集资金 8 000 万元。2014 年 5 月，11 位资深影视制作人将影视作品版权的未来收益权转让给天德文化产权交易所，并以此为基础资产发行证券化产品。2015 年 8 月，星美控股以电影版权票房收入作为基础资产并成功发行 13.5 亿元的证券化产品，以支持其影院建设。其他还有一些以电影版权为基础设计的融资活动，但是以众筹模式为主，并不是严格意义上的知识产权证券化。①

在电影版权尝试证券化融资过程中，我国也在陆续颁布的多项文件中明确加强知识产权保护，支持鼓励知识产权证券化试点。2015 年 3 月 13 日，《中共中央 国务院关于深化体制机制改革 加快实施创新驱动发展战略的若干意见》提出，要强化资本市场对技术创新的支持，推动修订相关法律法规，探索开展知识产权证券化业务。这是中央文件首次正式提及知识产权证券化，2015 年因此被称为我国知识产权证券化的"政策元年"。② 此后，知识产权证券化不断引起高层关注，近年来，我国关于知识产权证券化的政策文件统计如表 10 – 3 所示。

表 10 – 3　　　　我国关于知识产权证券化的政策文件统计表

序号	文件名称	发布日期	相关条款描述
1	《海南自由贸易港建设总体方案》	2020.6	建设海南国际知识产权交易所，在知识产权转让、运用和税收政策等方面开展制度创新，规范探索知识产权证券化
2	《中共中央 国务院关于构建更加完善的要素市场化配置体制机制的意见》	2020.4	积极探索通过天使投资、创业投资、知识产权证券化、科技保险等方式推动科技成果资本化
3	《中共中央 国务院关于支持深圳建设中国特色社会主义先行示范区的意见》	2019.8	探索知识产权证券化，规范有序建设知识产权和科技成果产权交易中心
4	《粤港澳大湾区发展规划纲要》	2019.2	开展知识产权证券化试点

---

① 鲍新中、陈柏彤、徐鲲："中国情境下的知识产权证券化：政策背景、国际比较及模式探究"，《中国科技论坛》，2021 年第 11 期。

② 董登新："知识产权融资走向证券化"，《中国金融》，2019 年第 1 期。

续表

序号	文件名称	发布日期	相关条款描述
5	《中共中央 国务院关于支持河北雄安新区全面深化改革和扩大开放的指导意见》	2019.1	支持在雄安新区探索推广知识产权证券化等新型金融产品
6	《中共中央 国务院关于支持海南全面深化改革开放的指导意见》	2018.4	鼓励探索知识产权证券化,完善知识产权信用担保机制
7	《深化科技体制改革实施方案》	2015.9	推动修订相关法律法规,开展知识产权证券化试点
8	《中共中央 国务院关于深化体制机制改革加快实施创新驱动发展战略的若干意见》	2015.3	推动修订相关法律法规,探索开展知识产权证券化业务

为了贯彻中共中央 国务院的相关文件要求,国家知识产权局、财政部、科学技术部、教育部、国家发展和改革委员会等部门也都陆续出台了相关的部门规章制度,促进知识产权证券化业务的开展。而2017年11月中华全国律师协会《知识产权尽职调查操作指引》和2018年8月最高人民法院《关于为海南全面深化改革开放提供司法服务和保障的意见》中对知识产权证券化的相关规定也为业务的推广创造了很好的环境条件。[①]

经过四年的政策驱动与市场培育,2018年我国真正意义上的第一单知识产权证券化产品正式落地。2018年12月14日,我国首只知识产权证券化标准化产品"第一创业—文科租赁一期资产支持专项计划"(以下简称"文科一期ABS")在深圳证券交易所成功获批。该产品以北京市文化科技融资租赁股份有限公司为原始权益人,底层资产租赁标的物全部为专利权、著作权等知识产权,总规模达7.33亿元。该产品的获批实现了我国知识产权证券化零的突破。一周后,另一单知识产权证券化产品"奇艺世纪知识产权金融资产支持专项计划"(以下简称"奇艺世纪ABS")在上海证券交易所成功获批发行。该产品由中国信达海南分公司牵头推进,基础资产债权的交易标的物全部为知识产权,总规模为4.7亿元。这也是我国首单知识产权供应链资产证券化产品。[②]

自实现"零的突破"之后,我国知识产权证券化在最近几年内的发展速度相对较快。我国知识产权证券化实践状况逐步向好,出现了一系列知识产权证券化产品,且呈现多种模式共存的局面。2019年9月,兴业圆融—广州开发区专利许可资金支持专项计划(以下简称"凯得租赁ABS")首次尝试了专利许可反授权模式。2019年12月,平安证券—高新投知识产权一号资产支持专项计划(以下简称"高新投1号ABS")首次以知识产权质押贷款债权为基础资产发行证券。2020年3月,浦东科创一期知识产权资产支持专项计划、南山区—中山证券—高新投知识产权一期资产支持计划也相继发行。

中国技术交易所发布的《2018—2021年中国知识产权证券化市场统计报告》显示,截至2021年12月31日,在深交所和上交所设立发行的知识产权证券化产品共59单,累计发

---

① 鲍新中、吕占江、陈柏强:《中国知识产权证券化(2020~2021)》,北京:北京理工大学出版社,2022年版,第33页。

② 董登新:"知识产权融资走向证券化",《中国金融》,2019年第1期。

行规模149.18亿元,为超过800户企业提供了融资服务。其中深交所设立发行50单知识产权ABS,累计发行规模128.35亿元,上交所设立发行9单,累计发行规模20.83亿元。2018~2021年交易所知识产权ABS发行情况如图10-5所示。

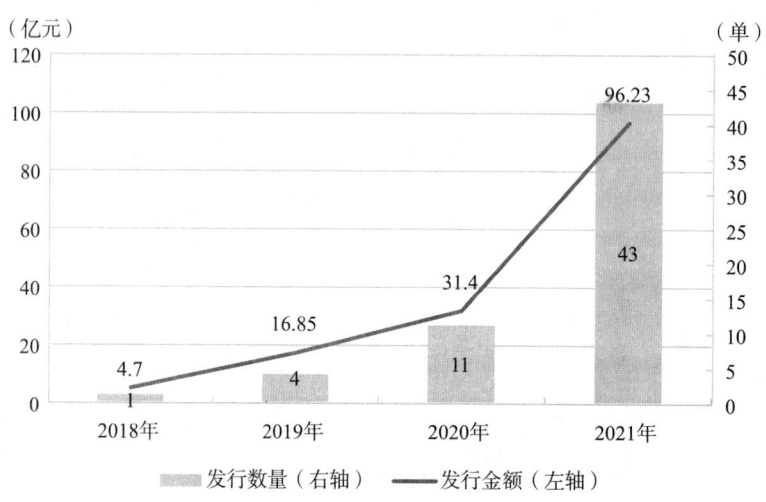

图10-5 2018—2021年交易所知识产权ABS发行情况

从发行效果来看,我国知识产权证券化已经初见成效,有效地实现了从"知产"到"资产"的蜕变,并且充分体现出知识产权的"有价"性和流动性。基于我国现有的实践情况,知识产权证券化已经成为科技型中小企业解决融资难题的一条有效途径,并且融资成本低于传统的知识产权融资途径。截至2022年9月底,深交所上市产品平均融资成本为3.85%,涉及数字经济、人工智能、智能制造、国高战新、5G、专精特新、生物医药、中小企业、疫情防控、人才示范点等多个创新领域,为缓解民营科技企业"融资难、融资贵"问题再辟新径。①

(二)我国知识产权证券化的主要模式及典型案例

从交易模式来看,我国知识产权证券化实践中出现的交易模式主要包括知识产权融资租赁模式、知识产权供应链模式、知识产权质押贷款模式以及知识产权二次许可模式。此外,我国还在实践中探索出在银行间债券市场发行的知识产权支持票据模式(以下简称"知识产权ABN模式")。为此,本书将分别介绍这几种模式的运行模式及典型案例。

1. 知识产权融资租赁模式

(1)模式介绍。在知识产权证券化融资租赁模式下,承租人(融资企业)将持有的知识产权转让给原始权益人(融资租赁公司)以融入资金(知识产权采购价款),同时通过与原始权益人签订租赁合同,获得该知识产权的使用权,并在租赁期内按期向原始权益人支付租赁租金,最终于租赁结束时重新获得知识产权所有权。原始权益人以其持有的对特定承租人的融资租赁债权作为基础资产发行资产证券化产品。

该模式的不足在于,由于合同法第242条规定"出租人享有租赁物的所有权。承租人破

---

① 深交所资产证券化工具已支持近千家企业盘活知识产权资产(https://m.cnfin.com/zs-lb/zixun/20221012/3724852_1.html)。

产的,租赁物不属于破产财产",因此一些知识产权持有者可能不愿接受这种融资方式。另外,当地政策是否认可知识产权用于融资租赁,或该类产品是否符合相关融资租赁规定也是需要考虑的因素。①

(2) **典型案例:文科一期 ABS**。北京市文化科技融资租赁股份有限公司(以下简称"文科租赁")于 2014 年成立,是北京文投集团旗下子公司,是一家主要为广大科技类企业提供融资租赁等综合性融资服务的融资租赁公司。2015 年 9 月,文科租赁在全国首创"知识产权租赁",以文化科技企业的专利权、著作权等无形资产为标的物,向企业提供资金支持,充分盘活企业知识产权,开辟了除银行无形资产质押融资外的崭新融资道路。第一创业—文科租赁一期资产支持专项计划作为我国知识产权证券化的先行者,于 2018 年 12 月 14 日获批,2019 年 3 月 8 日发行,信用评级 AAA 级。

文科一期 ABS 以文化科技企业为主体。主体中涉及范围包括著作权、专利权等。其中著作权主要集中在电影、电视剧、舞台剧、美术作品、动漫、网络游戏等领域;专利权主要集中在医疗、环保、新能源等领域,涉及实用新型专利、发明专利等。对于客体,文科一期 ABS 以文化科技企业的著作、专利等为标的物,以文化科技企业的著作权、专利权等 51 项知识产权未来的稳定现金流构成基础资产池。

文科一期 ABS 采用政府主导模式下的融资租赁模式,以主体——文化科技企业为起点,由一家或多家文化科技企业的知识产权构成资产池,并将资产池转让给原始权益人、第一差额支付人(文科租赁),文科租赁向文化科技企业支付转让费用。然后,文科租赁将资产池中的知识产权回租给文化科技企业使用,同时以资产池中知识产权的未来现金流为基础发行ABS,投资者购买后专项计划取得的发行收入将流回专项计划,继续为文化科技企业提供融资服务。租赁期满后,文科租赁以名义价格向原文化科技企业转让无形资产。文科一期 ABS 运作流程如图 10-6 所示。

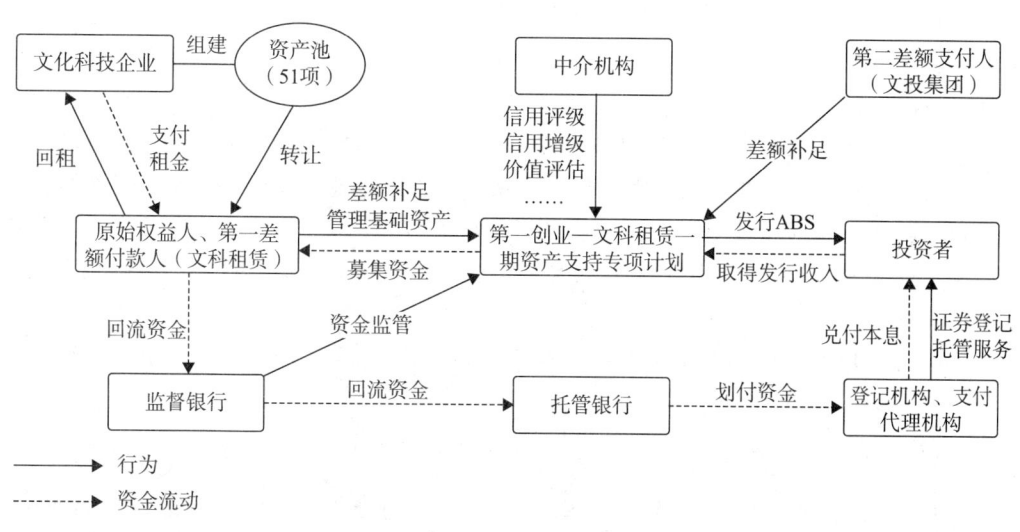

图 10-6 文科一期 ABS 运作流程

---

① 深度 | 知识产权融资模式与风险分析(https://mp.weixin.qq.com/s/XcY18LMlp_HIQU5vi4Qi8g)。

自 2015 年文科租赁在全国首创"知识产权融资租赁"以来，文科租赁已通过知识产权融资租赁业务直接为 400 余家文化科技企业提供了超过 80 亿元的融资支持，该业务在公司投放占比近 40%，其中中小企业项目占比超过 75%，民营企业项目比例为 92%，得到国家知识产权局、中国银行保险监督管理委员会等部门的充分肯定。

文科一期 ABS 在帮助融资困难的文化科技企业解决资金问题的同时，还能够保证文化科技企业的知识产权仍然为自己所用，并且为我国知识产权证券化融资租赁模式的未来发展奠定了良好基础。①

2. 知识产权供应链模式

（1）模式介绍。知识产权证券化的供应链模式，又称应收账款债权模式，在该模式下，供应商（融资企业）将其为核心债务人提供知识产权服务而产生的应收账款债权以签订保理合同的方式转让给保理公司②，核心债务人为该债权出具确认文件并通过适当增信，保理商以受让的应收账款债权作为基础资产发行资产证券化产品。该产品既解决了供应商应收账款回款融资需求，也帮助债务人延长了付款期限，提高了资金使用效率。相比融资租赁模式的知识产权 ABS 而言，供应链模式的知识产权 ABS 无论在法律上还是实操上都更具有可操作性及可复制性。③

目前，我国的保理公司多数为轻资产公司，自身的经营实力和财务实力不强，因此，通常在多债权人对单一债务人的反向保理 ABS④ 中，仅依靠结构化分层和单一核心债务人对优先级产品的差额支付承诺是难以有效提升产品的信用等级的。所以，反向保理 ABS 往往需要追加主体级别在 AA + 级及以上的外部增信方。

（2）典型案例：奇艺世纪 ABS。北京奇艺世纪科技有限公司成立于 2010 年，是北京爱奇艺科技有限公司（以下简称"爱奇艺"）旗下子公司，主要经营项目有计算机软件开发、技术咨询等，同时也是影视版权服务商之一。2018 年 12 月 18 日，由海南省市场监督管理局、海南知识产权局牵头，国家知识产权局、上海证券交易所等部门支持和指导的奇艺世纪知识产权供应链金融资产支持专项计划成功获批，并于 2018 年 12 月 21 日成功发行，信用评价 AAA 级。

奇艺世纪 ABS 以北京奇艺世纪科技有限公司为主体，涉及范围主要是无锡星时代影视文化传媒公司、上海辛迪加影视有限公司等影视内容制作企业转让给北京奇艺世纪科技有限公司的影视类知识产权。对于客体，奇艺世纪知识产权供应链 ABS 以上述内容制作公司转让的影视版权等为标的物，以内容制作公司向奇艺世纪提供影视版权产生的应收账款构成基础资产。

奇艺世纪 ABS 总体上与一般运作流程相似，但在组建基础资产池方面略有不同。奇艺

---

① 鲍新中、吕占江、陈柏强：《中国知识产权证券化（2020~2021）》，北京：北京理工大学出版社，2022 年版，第 128~130 页。
② 保理全称为保付代理，是指供应商将其与买方订立的货物销售或服务合同所产生的应收账款转让给保理公司，由保理公司为其提供贸易融资、应收账款管理与催收等综合性商贸服务。
③ 深度｜知识产权融资模式与风险分析（https://mp.weixin.qq.com/s/XcY18LMlp_HIQU5vi4Qi8g）。
④ 反向保理，是指保理公司选择信用良好的企业作为核心企业，同核心企业签署合作协议，对其供应商提供保理融资服务。反向保理 ABS 的发起人是供应链核心企业（债务人），基础资产为保理公司受让的多家中小企业对供应链中核心企业的应收账款，通常，反向保理 ABS 是以核心企业的主体强信用反向衍生的"1 + N"供应链金融 ABS。

世纪知识产权供应链 ABS 是政府主导模式下的供应链融资模式，在进行基础资产池构建时其实是以债权人向债务人转让影视版权等知识产权形成的应收账款作为基础资产。奇艺世纪 ABS 运作流程图如图 10-7 所示。

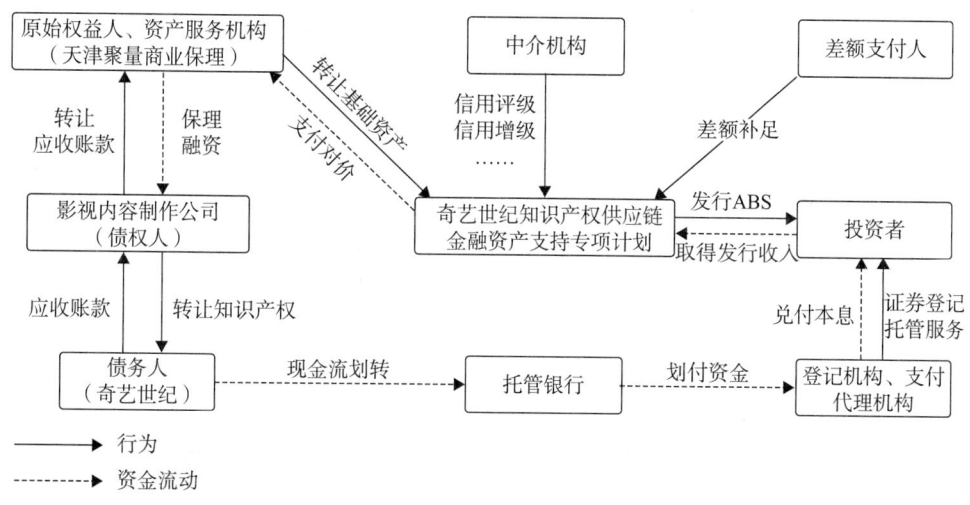

图 10-7　奇艺世纪 ABS 运作流程

2018 年 12 月 21 日，奇艺世纪 ABS 发行以来，募集资金达 4.7 亿元，同时也为爱奇艺拥有的《偶像练习生》《中国新说唱》等良性知识产权做了认定，知识产权的价值得到政策和资本市场双重肯定。爱奇艺的付费会员数也大幅增长，为其带来的收入总额超过了在线广告的收入，不仅使爱奇艺的版权产品成为发行债券的优质背书基础，也为爱奇艺资本运作能力的提升奠定了良好的基础。

奇艺世纪 ABS 能够有效缩短影视内容制作公司的应收账款周期，既满足知识产权证券化要求，又加快了知识产权转化，为今后我国继续开展影视行业知识产权证券化的供应链金融模式奠定了基础。①

3. 知识产权质押贷款模式

（1）模式介绍。知识产权证券化的质押贷款模式，又称小额贷款债权模式，在该模式下，贷款企业以知识产权提供质押担保，以知识产权产生的收入作为信托贷款、委托贷款或其他形式贷款债权的还款来源，并以该贷款作为基础资产或基础资产现金流来源发行资产支持证券产品。其中对于以质押知识产权获得的信托贷款为底层资产的产品，原始权益人将资金委托信托公司设立单一资金信托计划，原始权益人拥有对应的信托受益权；单一资金信托计划与知识产权持有人（实际融资企业）签订《信托贷款合同》，向借款人发放信托贷款，同时借款人将指定知识产权质押给信托供公司，并以其产生的收入为还款来源；外部担保主体与信托计划签署相关合同对借款人的还款提供担保；专项计划管理人设立资产支持专项计划，发行资产支持证券向投资者募资；资产支持专项计划使用募集资金向原始权益人购买信

---

① 鲍新中、吕占江、陈柏强：《中国知识产权证券化（2020~2021）》，北京：北京理工大学出版社，2022年版，第 130~131 页。

托受益权。① 质押贷款模式具有期限短、金额小、频率高等特征,因此适合有短期融资需求的中小企业运用。

(2) 典型案例:高新投1号ABS。平安证券股份有限公司(以下简称"平安证券"),成立于1991年8月,隶属于中国平安综合金融服务集团,总部位于深圳。2019年8月和12月国家相关部门和深圳相关部门颁发的文件中均明确指出积极探索知识产权证券化,进行知识产权证券化试点的要求。平安证券在深圳市市场监督管理相关部门(深圳市知识产权相关部门)、深圳市地方金融监督管理局、中国人民银行、深圳证监局、深圳银保监局、深圳证券交易所等相关部门的大力支持下,成功设立平安证券—高新投知识产权1号ABS。

高新投1号ABS的主体是民营科创型中小企业,该项目以高新投小贷公司对轻资产企业发放的知识产权贷款为基础资产。民营科创型中小企业将其拥有的知识产权质押给高新投小贷公司,高新投小贷公司为其提供贷款,得到质押的知识产权后,高新投小贷公司将其持有的小贷债权及附属担保权益转让给该专项计划并发行ABS。贷款由高新投担保公司提供连带责任担保,并由高新投集团在专项计划层面对优先级本息提供增信,增信形式为差额支付。高新投1号ABS运作流程如图10-8所示。

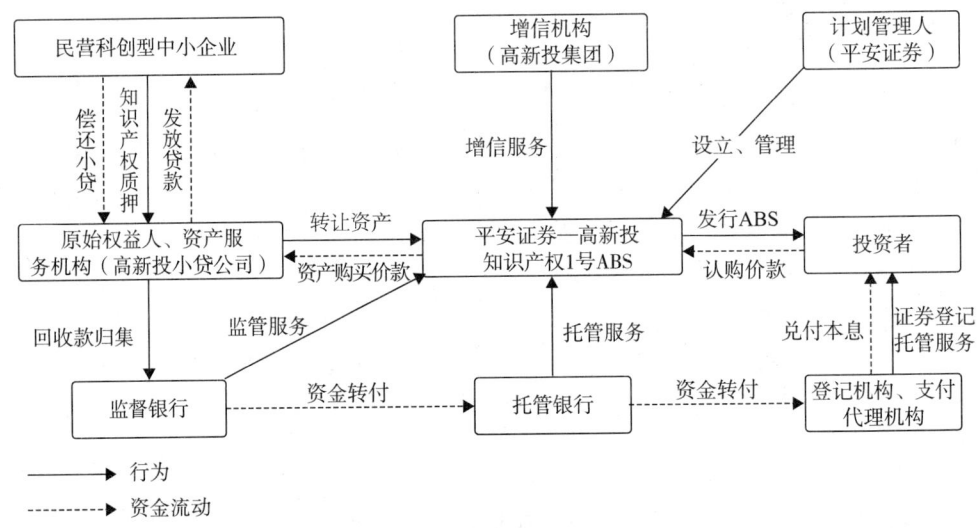

图10-8 高新投1号ABS运作流程

平安证券—高新投知识产权1号ABS是深圳市首单知识产权ABS产品,同时也是全市场首单以小额贷款为基础资产类型的知识产权ABS产品。该项目首期产品发行规模1.24亿元,项目的成功设立对解决深圳民营科创型中小企业融资难、融资贵问题具有重要作用,同时也为深圳市努力建设成为先行示范区,国家探索发展知识产权证券化发展提供了强大动力和重要实践基础。②

4. 知识产权二次许可模式

(1) 模式介绍。知识产权证券化的二次许可模式,又称专利许可费模式,在该模式下,

---

① 深度 | 知识产权融资模式与风险分析 (https://mp.weixin.qq.com/s/XcY18LMlp_HIQU5vi4Qi8g)。
② 鲍新中、吕占江、陈柏强:《中国知识产权证券化(2020~2021)》,北京:北京理工大学出版社,2022年版,第133~134页。

专利权人（融资方）与专利被许可人（融资租赁公司）签订专利独占许可合同，被许可人向专利权人一次性支付专利独占许可使用费后，获得专利的独占许可使用权、约定权益及再许可权利。被许可人再与专利权人签订专利独占许可合同，将特定专利授予被许可方实施专利，并由专利权人分期向融资租赁公司支付专利许可使用费。为保证融资租赁公司向专利权人定期收取许可使用费，专利权人将专利权质押给融资租赁公司。即投资者与资产计划管理人签订《认购协议》，成为 ABS 持有人，将认购资金以专项资产管理方式委托计划管理人管理。计划管理人根据与原始权益人签订的《资产买卖协议》的约定，将专项计划资金用于向原始权益人（如租赁公司）购买基础资产。该基础资产为原始权益人依据专利许可合同自基准日起对专利客户享有的专利许可使用费支付请求权、损失赔偿请求权、其他权利及附属担保权益。

此模式与融资租赁模式相比，好处在于知识产权原权利人无需将知识产权转让给其他方，保证了原权利人对知识产权的控制。另外，从合规性看，法律并未禁止融资租赁公司作为主体接受专利独占实施许可，并基于该专利独占实施许可进行再许可。此外，融资租赁公司签署的专利实施许可相关合同并不会因为其超越经营范围而被认定为无效。因此融资租赁公司作为此类专项计划资产服务机构无需专门资质。①

（2）典型案例：凯得租赁 ABS。广州凯得融资租赁有限公司（以下简称"凯得租赁"）成立于 2017 年 9 月，由广州开发区金融控股集团有限公司发起设立，公司充分依托股东金融控股平台优势，聚焦汽车租赁、高端制造、节能环保、医疗健康等四大目标行业，致力于成长为专业、特色、高效的区域型标杆融资租赁公司。2019 年 7 月 31 日，由广州开发区管委会牵头、广州开发区金融控股集团及下属广州凯得融资租赁有限公司为原始权益人和增信机构、兴业证券资管担任计划管理人的兴业圆融—广州开发区专利许可资金支持专项计划在深交所成功获批，并于 2019 年 9 月 11 日发行，信用评级 AAA 级。

凯得租赁 ABS 以科技型中小民营企业为主体，涉及的范围包括广州华银医学检验中心有限公司、广东佳德环保科技有限公司、广州立达尔生物科技股份有限公司等 11 家科技型中小民营企业，且仅有实用新型专利、发明专利等专利权，是我国首例纯专利知识产权证券化产品。凯得租赁 ABS 以科技型中小民营企业的专利为标的物，以 11 家科技型中小民营企业的 103 件发明专利和 37 件实用新型专利的专利许可费用构建专利资产池。

凯得租赁 ABS 的模式是政府主导模式下的知识产权"二次专利许可"模式。广州凯得融资租赁有限公司从 11 家科技型中小民营企业那里取得相关专利的约定权益和再许可权利，并一次性向企业支付 5 年期的专利许可费用，然后再以二次专利许可的方式将专利转授予原专利企业，专利客户取得使用相关专利生产销售产品的权利，并按季度向广州凯得融资租赁有限公司支付二次专利许可使用费。该模式与文科一期 ABS 采用的售后回租方式类似，只是文科一期 ABS 使用了租回的方式让企业取得专利的使用权，而广州凯得租赁 ABS 则是使用专利二次许可的方式将专利提供给原企业使用。凯得租赁 ABS 的运作流程如图 10 - 9 所示。

---

① 深度丨知识产权融资模式与风险分析（https：//mp.weixin.qq.com/s/XcY18LMlp_HIQU5vi4Qi8g）。

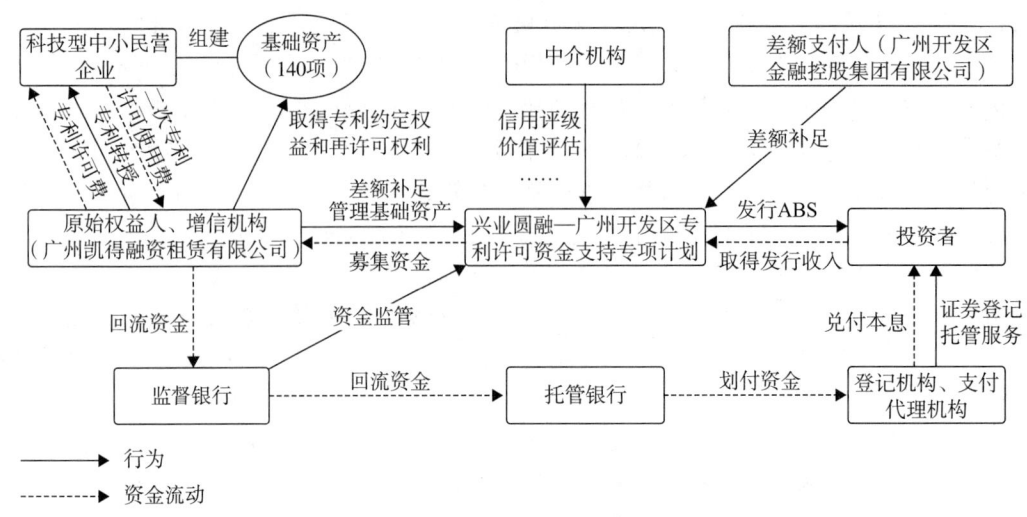

图 10-9 凯得租赁 ABS 的运作流程

凯得租赁 ABS 发行规模为 3.01 亿元,产品一经销售,即获得中信银行等机构的充分认可并积极认购,全场认购倍数达到 2.25 倍,最终该产品发行票面利率为 4.00%,创 2019 年三年以上期限资产支持证券票面发行利率新低。凯得租赁 ABS 得到税务、金融、知识产权主管部门的大力支持。①

凯得租赁 ABS 紧扣区域科技创新和实体产业,帮助广州开发区内科技型民营中小企业解决融资问题,同时作为全国首只纯专利权的知识产权证券化产品,具有较强的示范意义,并有效支持了我国知识产权证券化二次许可模式的发展。②

5. 知识产权支持票据模式

(1) 模式介绍。知识产权支持票据(ABN),是企业以知识产权票据收益为基础资产,由基础资产产生的现金流作为还款支持,在银行间债券市场发行的证券化产品。知识产权支持票据是资产支持票据的一种,2012 年 8 月,中国银行间市场交易商协会正式发布《银行间债券市场非金融企业资产支持票据指引》,相关产品试点同步推出。ABN 借鉴了成熟市场 ABS 的通行做法和国内信贷 ABS 实践经验,重点对 ABN 的资产类型、风险隔离、交易结构、信息披露、参与各方的权利义务等进行了规范,尤其强化了对 ABN 投资人的合理保护机制。③ 知识产权 ABN 的运作结构与其他 ABS 模式类似,但是两者在法律依据、监管机构、审核制度、交易市场、发行主体限制等方面不尽相同。

知识产权 ABN 由 SPV 发行而非企业自主发行,它为创新型中小企业通过银行间市场实现直接融资开拓出一条新的途径。中小企业通常信用等级较低,发行债券比较困难。但通过知识产权 ABN,发行企业可以将拥有的知识产权信用状况与自身信用状况相分离,使原本难以发行的信用债,以较高的债项评级转化为新型的证券化产品,并通过增信手段来降低融

---

① 开发区金控成功发行全国首单知识产权证券化产品,创新模式获市场高度肯定(https://baijiahao.baidu.com/s?id=1644445675230162152)。

② 鲍新中、吕占江、陈柏强:《中国知识产权证券化(2020~2021)》,北京:北京理工大学出版社,2022 年版,第 131~133 页。

③ 一文了解资产支持票据(ABN)(https://mp.weixin.qq.com/s/LepHgDTTAKVKpxc5UHxuJw)。

资成本。

（2）**典型案例：天银渤化 ABN**。天津渤海化工集团有限责任公司（以下简称"渤海化工集团"）成立于 1991 年，是天津市属国有企业集团，主要经营化学原料、化学制品等，曾多次入选"中国企业 500 强"。2022 年 9 月 26 日，在天津市知识产权局、滨海新区知识产权局协调组织推动下，由天津银行、渤化集团知识产权运营中心、智慧财富牵头实施的"天银渤化—滨海新区知识产权第一期定向资产支持票据（科创票据）"（简称"天银渤化 ABN"）在中国银行间市场成功发行。该项目是全国首单国有企业知识产权证券化产品、全国首单知识产权 ABN 科创票据、全国银行间市场首单知识产权二次许可模式资产支持票据。

天银渤化 ABN 的主体为渤海化工集团下属 6 家科技创新企业，包括渤化永利、海晶集团、汉沽盐场、橡研所、合材所和敬业精细 6 家位于天津市滨海新区的国家高新技术企业。天银渤化 ABN 的基础资产为这 6 家企业持有的 68 项高价值专利。该项目运用"专利二次许可"模式，6 家科创企业作为知识产权所有人以独占许可专利的方式，将特定专利授予发起机构——金值（中国）融资租赁有限公司，再由发起机构将特定专利二次反向独占许可给这 6 家企业，最后由发起机构以应收专利许可使用费用作为基础资产在中国银行间债券市场发行资产支持票据。天银渤化 ABN 的发行载体是国投泰康信托有限公司，天津银行担任主承销商、项目牵头人和增信机构，通过创设信用风险缓释凭证（CRMW）等创新金融工具进行增信。① 天银渤化 ABN 的运作流程如图 10 - 10 所示。

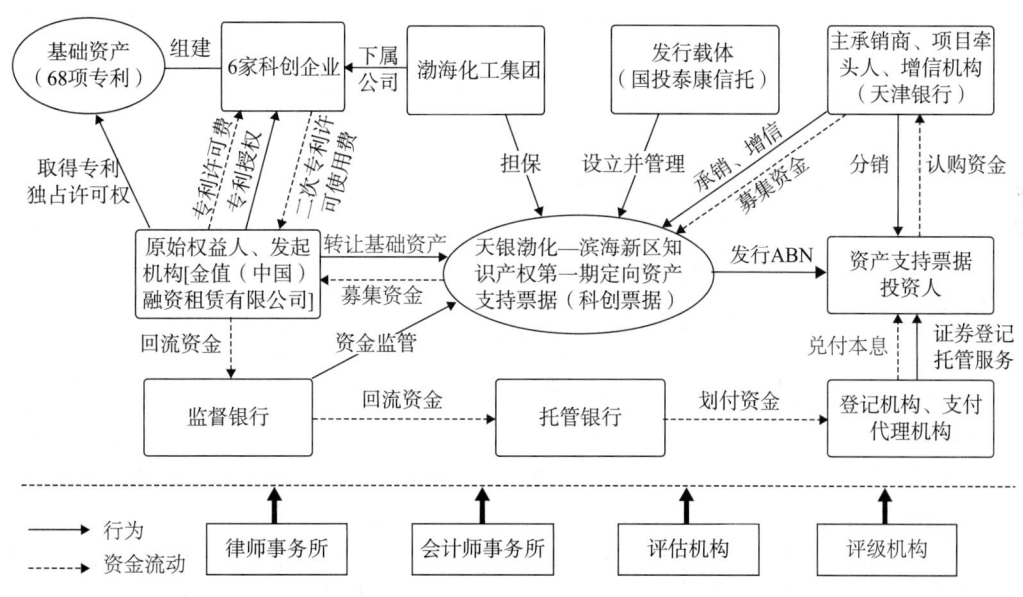

图 10 - 10 天银渤化 ABN 的运作流程

天银渤化 ABN 的储架额度 5 亿元，首期发行规模 1 亿元，项目期限为 1 年。知识产权支持票据通过知识产权和 ABN 金融产品有机结合，为科创企业在银行间市场获取直接融资开拓出一条新的途径，进一步丰富了企业的直接融资产品。

---

① 我市首单知识产权资产证券化 ABN 成功发行 渤化集团所属 6 家企业用 68 项专利实现证券化融资（https://zscq.tj.gov.cn/zwxx/zwyw/202209/t20220928_5998311.html）。

第三节　知识产权证券化的会计处理

知识产权证券化的融资企业通常将作为基础资产的知识产权（或相关应收账款）转让、许可或质押给 ABS 的原始权益人（发起机构），并得到知识产权（或相关应收账款）的转让款项、许可费用或质押贷款。除转让基础资产外，融资企业进行知识产权的许可或质押通常不会导致其丧失知识产权的所有权。而采取需要转让知识产权的融资租赁模式，通常也会约定在租赁期满后，发起机构以名义价格向原融资企业转让知识产权。即使融资企业采取融资租赁（售后回租）模式，会计上也很可能不认定为销售，不终止确认所转让的资产。

知识产权证券化四种主要模式[①]的运作方式不完全相同，尤其是对于融资企业的知识产权处理方法不同。因此，本书将分别讨论四种模式下融资企业的会计处理问题。

一、知识产权融资租赁模式

在知识产权证券化的融资租赁（售后回租）模式下，融资企业将持有的知识产权转让给租赁公司，获得租赁公司支付的知识产权采购价款，达到融资目的。然后，租赁公司再将该知识产权回租给融资企业使用，并按合同约定分期收取知识产权租赁租金，以此未来现金流量为基础发行 ABS。双方通常还会约定，租赁期满后，租赁公司以名义价格向融资企业转回知识产权。

这一过程中，融资企业（卖方兼承租人）将资产转让给租赁公司（买方兼出租人），并从租赁公司租回该项资产。那么，首先，要判断知识产权 ABS 融资租赁模式下融资企业与租赁公司的交易行为是否符合会计上售后租回交易的判定。根据《企业会计准则第 21 号——租赁》的规定，如果承租人在资产转移给出租人之前已经取得对标的资产的控制，则该交易属于售后租回交易；如果承租人未能在资产转移给出租人之前取得对标的资产的控制，那么即便承租人在资产转移给出租人之前先获得标的资产的法定所有权，该交易也不属于售后租回交易。对于融资企业而言，在知识产权转移给租赁公司之前拥有对该知识产权的控制。因为融资企业进行知识产权证券化是想依托该知识产权的未来现金收入进行融资，与租赁公司进行的交易是为了实现获得一次性融资资金的目的，并不会导致知识产权控制权实质性的转移。因此，该交易行为属于售后租回交易，融资企业和租赁公司均应按照售后租回交易的规定进行会计处理。

其次，企业应当按照《企业会计准则第 14 号——收入》的规定，评估确定售后租回交易中的资产转让是否属于销售，并区别进行会计处理。知识产权证券化的优点恰恰在于帮助既有融资需求又不愿失去知识产权控制权的中小企业。我们认为，融资企业将知识产权转让给租赁公司，融资企业仍然实质上占有并使用该知识产权，租赁公司并没有取得资产的控制权，因此该售后租回交易中的资产转让不属于销售。融资企业（卖方兼承租人）不终止确

[①] 知识产权支持票据的运行模式与其他四种知识产权证券化模式相似，只是最终发行的是在银行间市场流通的资产支持票据，而非在交易所上市的资产支持证券。对于融资企业的会计处理与另外四种模式并无太大差异，因此不单独讨论。

认所转让的资产,而应当将收到的现金作为金融负债。租赁公司(买方兼出租人)不确认被转让资产,而应当将支付的现金作为金融资产。

【例 10-1】A 公司资金紧张,决定利用自主研发的 10 项高价值专利进行融资。X 租赁公司为 A 公司设计了一套资产证券化的融资方案。A 公司先将 10 项专利以货币资金 3 500 万元打包出售给 X 租赁公司,交易前该专利组合的账面价值合计为 2 500 万元。与此同时,A 公司与 X 租赁公司签订租赁合同,取得了该专利组合 4 年的使用权(全部剩余使用年限为 10 年),年租金为 1 000 万元,于每年年末支付。租赁期满时,A 公司将以 100 元购买该专利组合。X 租赁公司取得该专利组合的所有权后,设立 SPV 并发行 ABS 产品,并以每年得到的租金收入作为兑付 ABS 投资者的本息。

根据交易的条款和条件,A 公司转让 10 项专利不满足《企业会计准则第 14 号——收入》中关于销售成立的条件。假设不考虑初始直接费用和各项税费的影响。该专利组合在销售当日的公允价值为 3 500 万元。假定 A 公司的增量借款利率为 10%。已知 (P/A,10%,4) = 3.170,A 公司和 X 租赁公司的会计处理如下。(特别说明:该售后租回交易中的资产转让不属于销售,整个交易作为抵押借款。)(单位:万元)

(1) A 公司的会计处理:

3 500 = 1 000 × (P/A, r, 4),得到融资的内含利率 r = 5.56%

每年的利息费用 = 3 500 × 5.56% = 194.6(万元)

在租赁期开始日,A 公司对该交易的会计处理如下:

借:银行存款　　　　　　　　　　　　　　　　　　　　　　　3 500
　　未确认融资费用　　　　　　　　　　　　　　　　　　　　　 500
　　贷:长期应付款　　　　　　　　　　　　　　　　　　　　　4 000

在每年年末的还款日,A 公司的会计处理如下:

借:长期应付款　　　　　　　　　　　　　　　　　　　　　　　1 000
　　贷:银行存款　　　　　　　　　　　　　　　　　　　　　　1 000
借:财务费用——利息费用　　　　　　　　　　　　　　　　　　 194.60
　　贷:未确认融资费用　　　　　　　　　　　　　　　　　　　 194.60

(2) X 租赁公司的会计处理:

在租赁期开始日,X 租赁公司对该交易的会计处理下:

借:长期应收款　　　　　　　　　　　　　　　　　　　　　　　4 000
　　贷:银行存款　　　　　　　　　　　　　　　　　　　　　　3 500
　　　　未实现融资收益　　　　　　　　　　　　　　　　　　　 500

在每年年末的收款日,X 租赁公司的会计处理如下:

借:银行存款　　　　　　　　　　　　　　　　　　　　　　　　1 000
　　贷:长期应收款　　　　　　　　　　　　　　　　　　　　　1 000
借:未实现融资收益　　　　　　　　　　　　　　　　　　　　　194.60
　　贷:财务费用——利息收入　　　　　　　　　　　　　　　　194.60

二、知识产权供应链模式

在知识产权证券化的供应链(应收账款债权)模式下,供应商(融资企业)为客户提供知识产权服务，转让知识产权或许可使用权形成应收账款。客户作为供应链中的核心债务人，通常拥有较高的信用评级，为了延长自身付款周期，帮助上游企业加速回款，采取反向保理 ABS 的模式发行知识产权 ABS 产品。供应商将因提供知识产权服务而产生的应收账款转让给保理公司，保理公司成为应收账款的原始权益人，并依托该应收账款债权设立 SPV 发行 ABS 产品，以未来的应收账款回款收入作为 ABS 本息兑付的现金流。在这一过程中，核心债务人通常会为该债权出具确认文件并通过适当增信。

知识产权供应链 ABS 的基础资产是融资企业与客户发生的知识产权真实交易而产生的应收账款，而要实现为知识产权持有企业提供融资，需要借助保理商提供的应收账款保理业务。保理业务按是否带有追索权分为有追索权保理与无追索权保理。有追索权保理是指保理商因债权转让向企业提供一定的资金后，在欠款方拒绝履行付款义务或者无力支付交易款项的情形下，保理商有权要求企业偿还资金。无追索权保理是指保理商因债权转让向企业提供一定的资金后，由保理商独立承担欠款方拒绝履行付款义务或者无力支付交易款项的风险。

应收账款保理会计处理的关键是要按照实质重于形式原则，判断应收账款的转移是否符合终止确认条件，即判断应收账款所有权的风险和报酬是否已转移给转入方。

对于融资企业（债权人、供应商）而言，其应收账款会转让给保理公司，如果该保理业务不附追索权，那么相关应收账款债权的风险与报酬已经转移给保理商，因此应该从表内转出该应收账款。如果该保理业务附带追索权，企业仍然保留了该应收账款所有权上几乎所有的风险和报酬，不应当终止确认，继续确认所转移的应收账款整体，并将收到的对价确认为一项金融负债，计入短期借款。

对于债务人（购货方）而言，其并没有放弃原债务的控制，只是还款日期可能延长了，债务人从供应商变为了保理公司，因此应付账款应该继续确认，并按照原有方式进行计量。

对于保理商而言，其购入应收账款资产为融资企业实现融资目的，在接受供应商提供的应收账款凭证保理时，以保理应收账款的账面价值确认保理资产，应收账款面值与购买对价的差额计入待实现投资收益。在不附追索权的情况下，若购货方拒绝付款或无力付款，保理商承担购货方拒绝付款或无力付款的风险，保理商要确认应收账款保理资产的财产损失，计入营业外支出。在附追索权的情况下，保理商有权向供应商追索货币资金，并将供应商退回的货币资金与保理资产账面价值的差额继续计入待实现投资收益，最后确认为投资收益。[①]

【例 10-2】 2023 年 1 月 1 日，A 文化传媒公司向 B 科技公司旗下 C 视频平台转让 M 电影的版权，价款为 1 000 万元，付款期限为 6 个月。2023 年 5 月 1 日，A 文化传媒公司暂未收到版权转让价款，B 科技公司为帮助 A 文化传媒公司尽快回款，决定利用自身信用优势，牵头发起反向保理 ABS。2023 年 6 月 1 日，A 文化传媒公司（供应商）将向 C 视频平台（初始债务人）以 950 万元转让电影版权而享有的应收账款债权转让给 X 保理公司，并由其提供保理服务。X 保理公司将以此形成的保理融资债权作为基础资产，委托设立资产支持专项计划，发行 1 年期知识产权 ABS 产品。此交易结构主要依托的是核心企业 B 科技公司的主体信用，即 B 科技公司出具《付款确认书》承诺，如 C 视频平台（初始债务人）到期未能足额清偿应收账款债权，将由其履行到期清偿的义务，为底层应收账款提供增信安排。

---

① 实务洞察 | 一文解析保理业务税收疑难点（https://mp.weixin.qq.com/s/9kCVT_AquTOPHBK-oIRmdA）。

通过嵌套保理通道，专项计划（ABS）的基础资产已由原来贸易项下的应收账款变为保理融资债权，并且该债权属于无追索权保理债权。在反向保理 ABS 中的应收账款转让中，为了更好地归集分散的应收账款，提高上游中小供应商的动力，一般不附对转出方的追索权，而是由核心债务人向保理公司出具《付款确认书》。在本例中，核心债务人 B 科技公司承诺，若 C 视频平台到期未能足额清偿应收账款，由 B 科技公司履行到期清偿的义务。相关会计处理如下（单位：万元）：

（1）A 文化传媒公司的会计处理：

2023 年 6 月 1 日，转让应收账款债权，获得保理公司的融资，会计处理如下：

借：银行存款　　　　　　　　　　　　　　　　　　　　　　　950
　　财务费用　　　　　　　　　　　　　　　　　　　　　　　 50
　　贷：应收账款　　　　　　　　　　　　　　　　　　　　　1 000

（2）C 视频平台的会计处理：

2023 年 6 月 1 日，C 视频平台欠 A 文化传媒公司的债务，更换债务人为 X 保理公司，会计处理如下：

借：应付账款——A 文化传媒公司　　　　　　　　　　　　　1 000
　　贷：应付账款——X 保理公司　　　　　　　　　　　　　1 000

2024 年 6 月 1 日，C 视频平台偿还 X 保理公司全部账款，会计处理如下：

借：应付账款——X 保理公司　　　　　　　　　　　　　　　1 000
　　贷：银行存款　　　　　　　　　　　　　　　　　　　　1 000

（3）X 保理公司的会计处理：

2023 年 6 月 1 日，接受 A 文化传媒公司提供的应收账款凭证保理，会计处理如下：

借：保理资产——应收账款资产　　　　　　　　　　　　　　1 000
　　贷：银行存款　　　　　　　　　　　　　　　　　　　　 950
　　　　待实现投资收益——保理业务收益　　　　　　　　　　50

2024 年 6 月 1 日，向 C 视频平台收取全部账款并确认投资收益，会计处理如下：

借：银行存款　　　　　　　　　　　　　　　　　　　　　　1 000
　　贷：保理资产——应收账款资产　　　　　　　　　　　　1 000
借：待实现投资收益——保理业务收益　　　　　　　　　　　　50
　　贷：投资收益——保理业务收益　　　　　　　　　　　　　50

三、知识产权质押贷款模式

在知识产权证券化的质押贷款（小额贷款）模式下，融资企业将其持有的知识产权质押给贷款人并获得质押贷款，放贷机构作为权利人将依据贷款合同对贷款人享有的本息请求权和其他权利及其附属的担保权益形成的债权收益作为基础资产，发行知识产权 ABS 产品。[①] 该知识产权质押贷款通常会有担保公司提供连带责任担保，为了降低投资人的信用风险，ABS 产品还可以采取结构化分层，发起机构认购大部分次级证券，降低优先级证券的风

---

① 杜忠博："我国知识产权证券化主要模式及现状思考"，《智慧中国》，2022 年第 9 期。

险，以提高证券发行的成功率。

该模式下，融资企业实际上是获得了贷款人的质押贷款，因为小贷模式具有期限短、金额小、频率高等特征，因此贷款的还款期限一般不会超过一年，属于短期流动资金贷款，应通过"短期借款"科目核算。在每月末，融资企业应该预提小额贷款的应付利息，偿还利息时再根据实际支付金额计提应付利息。质押贷款到期偿还本金时，企业应该借记"短期借款"科目，贷记"银行存款"科目。

【例 10-3】2023 年 8 月 1 日，A 科创公司将其拥有的 5 项发明专利和 2 项实用新型专利打包成专利组合质押给 X 小额贷款公司，取得期限为 3 个月的 1 000 万元质押贷款，月利率为 5‰，到期一次还本付息。A 科创公司所在 S 市的中小企业信用融资担保集团（S 市政府出资设立的国有专业金融服务机构）为本次质押贷款提供担保。X 小额贷款公司得到质押的知识产权后，以持有的小贷债权及附属担保权益为基础发行资产证券化项目，以未来 A 科创公司的还款兑付 ABS 产品的本息。假设 A 科创公司按月预提利息，A 科创公司的会计处理如下（单位：万元）。

（1）2023 年 8 月 1 日，A 公司取得短期借款时：

借：银行存款　　　　　　　　　　　　　　　　　　　1 000
　　贷：短期借款　　　　　　　　　　　　　　　　　　　　1 000

（2）2023 年 8 月 31 日，A 公司预提短期借款利息时：

每月利息 = 1 000 × 5‰ = 5（万元）

借：财务费用　　　　　　　　　　　　　　　　　　　　5
　　贷：应付利息　　　　　　　　　　　　　　　　　　　　5

（3）2023 年 9 月 30 日，A 公司预提短期借款利息时：

借：财务费用　　　　　　　　　　　　　　　　　　　　5
　　贷：应付利息　　　　　　　　　　　　　　　　　　　　5

（4）2023 年 10 月 31 日，A 公司偿还借款本息时：

借：短期借款　　　　　　　　　　　　　　　　　　　1 000
　　应付利息　　　　　　　　　　　　　　　　　　　　10
　　财务费用　　　　　　　　　　　　　　　　　　　　5
　　贷：银行存款　　　　　　　　　　　　　　　　　　　1 015

值得注意的是，以上只是短期借款一般业务的会计处理。实务中，有时会存在企业借入短期借款时银行先从借款总额中扣除未来应收取的借款利息的情形。在这一情形下，企业短期借款的整个核算过程则为：借入借款时，按扣除利息后的实得金额借记"银行存款"科目，按未扣除未来利息前的借款总额贷记"短期借款——本金"科目，按借贷的差额借记"短期借款——利息调整"科目；借款存续期间不计提、不支付利息，但应按实际利率法对"短期借款——利息调整"进行摊销，摊销时借记"财务费用"科目，贷记"短期借款——利息调整"科目；归还借款本金时，借记"短期借款——本金"科目，贷记"银行存款"科目。

四、知识产权二次许可模式

在知识产权证券化的二次许可（专利许可费）模式下，专利权人（融资企业）以独占许可专利的方式,将其持有的特定专利授权予融资租赁公司(原始权益人),并一次性获得专利许可使用费实现融资。然后,租赁公司再以二次专利许可的方式将专利授权给原专利企业,定期收取专利许可使用费。租赁公司以持有的专利独占许可权以及未来收取的二次许可使用费发行知识产权 ABS 产品。

专利二次许可模式的交易结构与售后回租的融资租赁模式类似,不过会存在专利许可的两次转让:第一次是专利权人(作为许可方)以独占许可专利的方式,将专利转让予第三方(通常为融资租赁公司,作为被许可方)并一次性收取相应的专利使用费,第三方取得特定专利的约定收益及再许可权利;第二次是第三方(作为许可方)基于第一次专利许可合同取得特定专利的约定权益及再许可权利,将特定专利授予原专利权人(作为被许可方)实施专利,原专利权人相应取得基于该等特定专利生产专利产品的权利,并根据第二次专利许可合同的约定,分期向第三方支付对应的专利许可使用费。①

在运行模式上看,专利二次许可模式与融资租赁(售后回租)模式类似,只是双方交易标的资产由知识产权的所有权资产变为了许可使用权资产。因此,我们认为从会计实质上来看,专利二次许可相当于售后租回交易,专利持有企业(卖方兼承租人)将专利使用权资产转让给其他企业(买方兼出租人),并从买方兼出租人租回该项资产(作为被许可方获得该专利的使用权)。在二次许可之前,专利持有企业(承租人)在资产许可给租赁公司(出租人)之前取得对标的资产的控制,该交易属于售后租回交易,融资企业和租赁公司均应按照售后租回交易的规定进行会计处理。此外,专利二次许可并未导致资产所有权和使用权的实际转移,因此该售后租回交易中的资产转让属于销售。专利二次许可模式的会计处理与前文的融资租赁模式类似,限于篇幅,本书不再举例阐述。

---

① 杜忠博:"我国知识产权证券化主要模式及现状思考",《智慧中国》,2022 年第 9 期。

第十一章

知识产权交易管理及价值评估

本章将探讨知识产权交易管理及价值评估的重要性和实施方式。第一节首先界定知识产权交易的本质以及知识产权交易管理的重要性。知识产权交易管理强调对交易过程的有效监控和管理,以确保交易的顺利进行和最大限度地保护权利人的利益。第二节详细探讨知识产权交易的两种主要模式:知识产权转让和知识产权许可。通过对这两种交易模式进行比较分析,探讨它们各自的优势和适用场景,以帮助企业在实际操作中做出选择。第三节着重介绍知识产权价值评估的重要性和方法。知识产权价值评估是为了确定知识产权的市场价值和潜在风险,是进行交易前的必要程序。通过详细介绍成本法、市场法、收益法及实物期权法等评估方法,辅以相关评估案例,并强调选择合适方法的重要性,以满足不同类型的知识产权交易的评估需求。

第一节 概述

一、知识产权交易的界定

知识产权交易本质上是一种权利关系的交易。具体而言,知识产权交易是平等主体之间通过市场行为完成的与知识产权相关的交易,包括知识产权转让、许可、共有、质押、信托等交易模式。知识产权交易在推动知识产权转化运用、实现知识产权价值和优化资源分配方面具有重要作用。企业通过知识产权交易获得专利技术、商标权、版权等,并将其转化为凝聚知识产权的商品或服务,有效发挥其效用。随着创新战略日益开放,知识产权交易已经成为企业收入的重要组成部分。[1]

目前,我国知识产权创造能力较强,知识产权数量庞大,但是知识产权的转化率长期偏低,对于知识产权的转化运用是当前发展的重点和难点。与普通商品相比,知识产权交易的客体比较特殊,存在交易成本高、信息不对称、法律风险高等问题。对于企业而言,重视并加强知识产权交易管理是企业提高知识产权运用效率、拓展知识成果交易机制、破解知识产权交易困境的有效手段。

知识产权的交易流程大体包括交易信息搜集、交易方式选择、交易信息协商匹配、交易

---

[1] Eppinger E, Vladova G. Intellectual property management practices at small and medium - sized enterprises [J]. International Journal of Technology Management, 2013, 61 (1): 64~81.

各方签订合同以及合同履行阶段的相关登记手续办理。

1. 开始阶段

企业在知识产权交易的开始阶段需要完成交易的准备工作，包括交易信息搜集和交易实施方式选择。首先是交易信息搜集，卖方决定将知识产权进行转让或许可，由交易中介进行相关信息的登记。在交易信息中，大部分中介平台都利用互联网技术，对交易信息进行整理归类。其次是交易方式的选择，企业既可以选择协议交易的方式，也可以选择拍卖和招投标方式。

2. 中间阶段

在中间阶段，中介平台对交易各方的信息进行匹配，买卖双方进行接洽和合同签订。首先是信息匹配，根据买方的知识产权需求，中介平台筛选出合适的知识产权，并向买方推荐供其选择，直至买卖双方的需求都得到匹配。其次是交易信息沟通，中介平台和买卖双方进行接洽，对交易价格、交易方式、合同履行等进行协商。最后是合同签订，中介平台分别与买方签订代购协议，与卖方签订转让协议。

3. 完成阶段

在完成阶段，交易各方需要按照合同约定进行履约，并且由专业的中介机构进行协助，例如，验资机构开展验资。知识产权权利归属以行政部门的登记为准，因此知识产权交易完成阶段的主要任务是进行知识产权交易的相关登记。行政部门需要对交易进行核准以确定其是否符合相关法律法规以及其他规定。[①]

二、知识产权交易管理

知识产权交易管理是指企业根据商业运作模式和知识产权战略，对知识产权交易类型、交易实施方式、交易价格等进行决策，并在交易流程中对交易成本、交易效率、交易风险等进行控制与优化的一系列管理活动。

企业进行知识产权交易的动机和目的不尽相同，企业对知识产权的需求可能是来源于开拓市场的需求、安全性需求、盈利性需求以及独立性需求等，而对知识产权成果的供给可能由于专业化分工的需要、融资的需要以及知识产权战略的需要等。[②] 需要注意的是，在当今知识经济时代，知识产权管理都必须放在整体商业活动上来思考，而法律只是为了达成这些商业目的的必要手段，企业在开展交易管理时不能本末倒置，更要注重知识产权价值创造与战略管理的契合。[③]

三、知识产权交易管理流程

企业在实施知识产权交易过程中，首先要制定知识产权交易战略，决定是通过企业内部研发还是知识产权交易的方式来获取知识产权。已拥有知识产权的企业需要决定是否继续持有某项知识产权，是直接运用知识产权的市场支配力还是将其出售给其他公司。

当企业制定好知识产权战略，确定需要进行知识产权交易后，企业又面临着选择交易模

---

① 孔军民：《中国知识产权交易机制研究》，北京：科学出版社，2017年版，第11~12、62~63页。
② 任凤珍：《企业知识产权交易实施机制研究》，北京：地质出版社，2016年版，第36~38页。
③ 袁建中：《企业知识产权管理理论与实务》，北京：知识产权出版社，2011年版，第198页。

式的决策。不同的交易机制拥有不同的特点和实施步骤,企业应当根据商业目的以及知识产权战略进行决策。具体而言,企业需要根据知识产权的技术特征以及交易成本选择最经济、最合适的交易模式。此外,企业也要确定交易实施机制,决定是否要引入中介机构,采用协议交易、竞价拍卖还是招标的方式进行交易等。①

四、知识产权交易战略

企业管理人员在对知识产权进行管理时,往往并没有注重知识产权战略的制定与执行。目前,很多企业将知识产权管理的工作交由法务部门实施,由于工作职责的限制,他们难以从企业战略角度对知识产权进行管理。企业面对复杂的知识产权环境,希望长期高质量发展,必须重视知识产权交易战略。②

企业在制定知识产权交易战略时,主要有以下几种可供选择的模式:

(1) 知识产权转让与许可。企业对知识产权的所有权进行转让交易,或者对知识产权的使用权进行许可交易,以获得直接的经济收入。这种战略决策是知识产权的主要交易模式,大部分企业会选择转让或许可方式交易知识产权,以获得新技术、新商标或直接的经济利益。

(2) 知识产权资本化。企业在资本市场中,对知识产权进行资本运营,采取知识产权投资、知识产权质押融资、知识产权信托以及知识产权证券化等方式来挖掘知识产权中所包含的资产价值。这种战略决策是知识产权的新兴交易模式,企业在这种模式下能够获得知识产权的杠杆性收益,收益率会高于常见的转让和许可。

(3) 知识产权联盟。企业通过多种合作方式与其他企业组成知识产权联盟,共同促进创新和提升知识产权资产的价值,常见的形式有专利的许可使用,商标、标准的授权使用等。

(4) 知识产权免费释放。企业选择向公众免费开放知识产权,所有权仍然归属于公司,常见的类型有开放源代码软件(Open Source Software,OSS)和虚拟社区(Virtual Community)。知识产权免费释放模式尽管不能给企业带来直接的经济收入,但能为企业带来声誉、合作网络等隐性收益。

(5) 知识产权内部扩散。企业选择自行实施知识产权,进行产业化生产,通过竞争压制或运用市场支配力提高产品销量,进而获得利润。在封闭式创新模式下,企业通常会采取这种方式。知识产权的传统创新属性得以展现,企业通过知识产权附属产品的营销来获取超额收益。

(6) 知识产权战略性存储或弃置。企业可能会基于长期的战略性考虑将知识产权进行休眠式的储备,成为抵制竞争者的武器,或是在日后成为谈判的砝码。但是对于没有商业价值的知识产权,企业必须要定期缴纳费用维持知识产权,此时企业可能会放弃该项知识产权。③

---

① 谢芳:《知识产权交易与企业创新绩效》,北京:知识产权出版社,2018年版,第82~83页。
② Fisher III W W, Oberholzer - Gee F. Strategic management of intellectual property: An integrated approach [J]. California Management Review, 2013, 55 (4): 157~183.
③ 谢芳:《知识产权交易与企业创新绩效》,北京:知识产权出版社,2018年版,第84~86页。

第二节　知识产权交易模式及选择

知识产权权利人可以通过以下几种交易模式获取知识产权，包括知识产权转让、许可、共有、质押、信托等，其中转让和许可是最主要的方式。企业决定选择哪种交易模式，必须立足于知识产权战略，着眼于商业竞争态势。知识产权属于无形财产权，其技术风险、法律风险以及财务风险更高，因此企业在决策时必须针对交易标的及交易对手开展详细的查证、分析工作。

下面，本书详细阐述知识产权转让和许可这两种主要交易模式。

一、知识产权转让

知识产权转让是指知识产权权利人作为转让方与受让方订立合同，将其所拥有的知识产权所有权转移给受让方并收取一定数额的转让费的行为。知识产权转让是知识产权应用的重要组成部分，通过转让知识产权，权利人可以获得经济补偿，受让人可以获得新技术、商标或版权。同时，知识产权转让也能促进知识产权的产业化，激励行业进行创新。但是通常情况下，企业不会转让具有核心竞争力的知识产权，因为这样势必会削弱企业长期的竞争力。很多时候，知识产权转让是在企业并购、破产时发生的。[①]

1. 购买

当企业认为本身所拥有的知识产权不能满足业务需求，且自身研发能力不足以支撑时，为了快速补齐知识产权缺口，企业可能选择直接购买知识产权的方式。尤其是当企业准备进入新市场时，购买知识产权组合的策略能够起到立竿见影的效果。无论是专利、商标还是商业秘密，甚至是整个品牌公司，都可以通过购买的方式来形成新的竞争优势。

知识产权购买活动前的评估与查证、交易中的谈判与签约以及获得后的维护与管理，企业应该重视每一个环节的管理工作，任何一个环节出现纰漏，都可能导致不能达到预期目标。购买知识产权背后往往隐含某种商业目的，为了避免让竞争对手过早知悉商业意图从而干预交易的正常开展，企业应当在整个交易过程中保持隐秘。

购买的渠道除了直接向权利人购买外，目前国内外还有很多交易平台、拍卖会或中介服务机构等渠道。但是无论选择何种方式取得知识产权，企业都必须重视价值评估、法律状态查证等交易管理的工作。在价值评估过程中，企业需要考虑有效性、可实施性、不可规避性、组合完整性、专利质量指标衡量等评估因素。在法律状态查证方面则包括权利归属、已许可记录、历史档案记录等。另外，如果购买的目的在于攻击竞争对手的话，还需要进一步做竞争对手产品的侵权性分析。

2. 出售

企业出售知识产权与出售其他资产的逻辑相似，如果这项知识产权在新的所有者手中能够发挥更大的价值，那么出售对于企业和社会而言都是更加有利的。当企业无法充分利用知

[①] 孔军民：《中国知识产权交易机制研究》，北京：科学出版社，2017年版，第41页。

识产权的价值时，出售转让这类"沉睡的知识产权"是企业应该考虑的方式。

首先，企业盘点哪些知识产权属于"沉睡的知识产权"是件困难且缜密的工作。企业不仅要确定本身生产的产品或提供的服务不再使用这类知识产权外，还需要评估其已无对外许可的可行性。①

其次，出售知识产权的难点在于交易成本较高。购买者难以衡量运用知识产权所创造出的价值，而出售者担心挂牌的知识产权遭到盗用，会选择不完全披露知识产权的信息。如果企业能很好克服价值不确定以及信息不对称这两大挑战，就能从出售知识产权中获益。虽然目前已经有知识产权交易中介机构活跃在市场中，它们能够在一定程度上缓解这类问题，降低交易成本。但是相较于其他中介机构，知识产权中介机构的规模仍然很小。② 我国自1999年12月上海成立第一家技术产权交易所，全国各地已成立多家知识产权交易平台。未来，随着中介机构以及交易平台的发展与成熟，交易成本会进一步降低，使得出售知识产权的选择会越来越有吸引力。

二、知识产权许可

知识产权许可是指知识产权权利人与被许可方依法签订许可合同，在不转让其所有权的情况下，让渡其知识产权中财产权的行为。知识产权许可能够充分挖掘和利用知识产权价值，促进知识成果的实施和转化，有利于盘活知识产权，并为社会带来知识价值。

1. 知识产权许可的分类

根据知识产权许可授予的权利范围不同，可将知识产权许可分为以下三种：

（1）独占实施许可。独占实施许可，也称为"完全独占许可"，在该类型下，知识产权人在特定的时间、地域范围内，将知识产权仅许可一个被许可人使用，其他任何人包括知识产权人均不能使用该知识产权。由于被许可方对该知识产权享有更多的权利，独占许可的费用会更高，因此不利于知识产权的推广和传播。

（2）排他实施许可。在该类型下，知识产权人在约定的期间、地域范围内，以约定的方式，将该知识产权仅许可一个被许可人使用，同时，许可方还保留自己在同一时间或地域范围内实施该项知识产权的权利，但是不得再将该知识产权许可给第三方使用。

独占实施许可与排他实施许可的差别在于知识产权人自己能否实施该项知识产权，排他实施许可的特点在于排除第三人，而不排除许可方。

（3）普通实施许可。普通实施许可，又称一般许可或非独占许可，在该类型下，知识产权人在约定的地域、时期范围内，以双方约定的形式实施知识产权，并可以自行使用和另行许可他人使用该知识产权。被许可方在经过权利人同意后，可以以许可方的身份在同一时间或地域范围内向其他人发出许可，即分许可，从而获得经济利益。

普通许可是知识产权许可方限制被许可方最小的一种权限，通常情况下，普通许可的费用较低。③

---

① 袁建中：《企业知识产权管理理论与实务》，北京：知识产权出版社，2011年版，第198～199、204页。
② Fisher III W W, Oberholzer – Gee F. Strategic management of intellectual property: an integrated approach [J]. California management review, 2013, 55 (4): 157～183.
③ 孔军民：《中国知识产权交易机制研究》，北京：科学出版社，2017年版，第44～45页。

2. 知识产权许可的决策

知识产权许可只是使用权的转移,权属仍然保留在原权利人的手中,但依然可能因为在许可使用中知识产权升值而引发新增价值分配的问题,以及产生新的知识产权而引发利益冲突的问题。[1] 当知识产权许可费收入大于或接近直接运用带来的收益时,企业会选择授予知识产权许可的交易方式,因为授予许可并不需要权利人对生产、销售以及管理上投入过多成本。虽然相较于转让而言,知识产权许可获得的一次性经济利益要少,但是并不会失去对该项知识产权的控制。当未来知识势能形成,企业可以进一步选择是否继续授予许可。从社会整体角度出发,围绕现有技术进行"发明创新"是一种浪费。如果现有公司能够授权技术给新进入者,会使双方都能受益。许可人能避免知识产权挑战和有损利润的竞争,而被许可人无需花费大量时间、资源进行研发和推广,直接生产标准化产品,获得网络效应的好处,也能避免意外侵权的情况。[2]

知识产权许可是知识产权战略的重要方面,企业选择这种交易模式时必须清楚地知道许可或被许可的标的能够创造多少价值,然后根据此拟定交易策略及后续实施运作。在动态竞争环境中,企业与外部的竞合关系并非一成不变,企业可能会为了增加商业伙伴而将知识产权许可授权给竞争对手。根据跨组织竞合理论,若能与其他潜在竞争者达成合作联盟关系,能够更有效率地获得组织所需的资源或技术。而且许可的标的也不一定是单一知识产权,很可能是专利权、技术等商业秘密的混合许可,这种许可方式也可以被称为技术转移。[3]

第三节 知识产权价值评估

一、知识产权价值评估概述

知识产权作为创新发展的一种基本表现形式,是国家和企业创造核心竞争力的重要手段。国家通过知识产权的国际展览来增强国家的国际竞争力,企业通过知识产权管理来提升企业价值。在知识产权的运用过程中,企业可以通过授权知识产权许可、转让知识产权来获得现金流,通过知识产权的证券化、质押融资、信托等方式来进行融资。在企业知识产权运营和管理过程中,知识产权的价值评估是一个关键问题。

知识产权价值评估属于企业资产评估的范畴,它是用来确定知识产权现在的价值和通过未来的效应所得到的价值。[4] 相较于有形资产,知识产权的价值评估要更加复杂。知识产权的种类繁多,可比性不强,且受法律风险、技术风险、经济风险等因素的影响较大。知识产权的价值评估是一种预测性的评价,相关结论需要建立在对市场情况的分析和预测之上。[5] 我国早期知识产权交易市场发展不够成熟和完善,这为采用市场法评估知识产权价值带来了

---

[1] 杨雄文:《知识产权总论》,广州:华南理工大学出版社,2019 年版,第 11 页。
[2] Fisher III W W, Oberholzer – Gee F. Strategic management of intellectual property: an integrated approach [J]. California management review, 2013, 55 (4): 157~183.
[3] 袁建中:《企业知识产权管理理论与实务》,北京:知识产权出版社,第 2011 年版,第 207 页。
[4] 百度百科:知识产权评估(https://baike.baidu.com/item/知识产权评估)。
[5] 王悦、张丽瑛:《知识产权运营融资与评估》,北京:知识产权出版社,2017 年版,第 111 页。

一定的困难。①

二、知识产权评估方法

知识产权评估分析方法分为定性分析方法和定量分析方法。定性分析方法主要是基于知识产权的强度、宽度、法律属性等，通过评级或评分的方式对知识产权的价值进行评估。这种方法相对简单，主要用于企业内部的知识产权管理。定量分析方法是通过知识产权某些可量化的参考指标来计算知识产权货币价值的方法。② 定量分析方法包括传统的静态分析方法如成本法、市场法和收益法，以及新兴的动态分析方法如实物期权法。

（一）成本法

知识产权评估的成本法基于劳动价值理论，通过计算知识产权形成过程中所有的支出或重新开发该项知识产权所需支付的费用来确定知识产权的价值。

成本法有历史成本法和重置成本法。历史成本法是以企业开发知识产权或外购所支出的全部历史成本来评估知识产权，它是会计中最常用的计价方法，符合客观、一致、谨慎的原则。然而，在知识产权评估的实际应用中，获取历史成本较为困难，企业所记录的开发费用不一定详细、真实。如果可以获得原始记录，评估人员也需要区分知识产权价值维持成本以及增值所需投资成本，分离出归属于开发该项知识产权相关的研究、开发费用。

鉴于历史成本可能会失去现有效用，所以在实务中大多采用重置成本法。③ 重置成本法是以企业在评估日时重新开发或购置同种知识产权所需花费来进行评估。该方法首先估测被评估知识产权的重置成本，然后估测该资产已存在的各种贬值因素，并将其从重置成本中予以扣除。使用重置成本法对知识产权价值进行评估有两个前提假设：第一，被评估知识产权处于或被假设处于继续使用状态；第二，被评估知识产权产生的未来收益可以支持重置价值。计算公式如下：

$$知识产权评估价值 = 重置成本 - 功能性贬值 - 经济性贬值$$

重置成本，又称现行成本，是指按照当前市场条件，重新取得相同资产所需支付的现金或现金等价物金额。知识产权作为无形资产虽然不会像机器设备一样磨损，但时间仍可能导致知识产权产生贬值。知识产权的贬值主要包括功能性贬值和经济性贬值。功能性贬值是指由于无形损耗而引起的知识产权价值损失。估算功能性贬值时，主要考虑由于新技术或新知识导致设备的效用、生产能力下降以及工耗、物耗、能耗成本的增加，相应确定功能性贬值额。同时还要注意替代设备、替代技术、替代产品的影响，以及行业整体技术水平现状和资产更新换代速度。经济性贬值是指由于外部环境变化所产生的知识产权贬值。评估人员可以计算知识产权运营过程中相关产品销售困难、生产缩减所导致的直接损失来衡量经济性贬值。经济性贬值受到宏观经济政策或市场环境的影响，评估人员需要根据具体情况确定。

由于估计功能性贬值和经济性贬值较为抽象，往往缺乏数据支撑，因此可以将知识产权价值评估成本法计算公式简化为：

$$知识产权评估价值 = 重置成本 \times (1 - 贬值率)$$

---

① 刘璘琳：《企业知识产权评估方法与实践》，北京：中国经济出版社，2018年版，第17页。
② 孔军民：《中国知识产权交易机制研究》，北京：科学出版社，2017年版，第51页。
③ 鲍新中、徐鲲：《知识产权质押融资：价值评估》，北京：知识产权出版社，2020年版，第34~36页。

评估人员只需要计算出知识产权的重置成本和贬值率,便可以得到知识产权的评估价值。

1. 重置成本的估算

重置成本常见的计算方法包括倍加系数法、价格指数法与重置成本核算法等。

(1) 倍加系数法。倍加系数法适用于评估投入较多智力劳动的知识产权成果,这类知识产权的价值主要取决于知识产权开发者的科研投入,同时又有一定的风险。倍加系数法的计算公式如下:

重置成本 = $(C + \beta_1 V) / (1 - \beta_2) \times (1 + L)$

式中,C 是知识产权研发中的物化劳动消耗,V 是知识产权研发中的活劳动消耗,β_1 是科研人员创造性劳动倍加系数,β_2 是科研的平均风险系数,L 是知识产权投资报酬率。

(2) 价格指数法。价格指数法以知识产权的历史成本为依据,在考虑价格调整的因素上对重置成本进行估算。历史成本反映的是形成知识产权时的价格水平,而重置成本需要反映评估时的知识产权价格水平,因此价格指数法考虑了物价调整的因素。具体计算方式如下:

重置成本 = 知识产权的历史成本 × 评估时物价指数/历史物价指数

上式中的评估时物价指数与历史物价指数之比也被称为物价指数调整系数。

(3) 重置成本核算法。重置成本核算法是将知识产权创造时所支付的费用逐项累加并考虑合理利润后的计算方法。具体计算方式如下:

重置成本 = 生产成本 + 期间费用 + 合理利润

式中,期间费用主要包括管理费用、财务费用和销售费用等。

2. 贬值率的计算

贬值率是运用成本法估算知识产权价值时的重要指标,它综合反映了知识产权随时间变动或而产生的贬值情况。贬值率是由知识折旧决定的,这通常来源于技术进步或外部环境的变化等。由于贬值率的衡量难度较高,在实践中,企业可以聘请相关领域的专家对贬值率进行估算。专家往往会考虑技术的先进性、成熟性、可替代性等指标,同时在考虑市场需求、市场应用、市场竞争等基础上作出科学的判断。

除了聘请专家,评估人员也可以对知识产权剩余经济寿命进行预测和判断,进而估算贬值率。具体公式如下:

贬值率 = 已使用年限/(已使用年限 + 剩余使用年限) × 100%

知识产权往往具有一定的使用期限,利用上式可以较为简单地估计贬值率。但由于有些知识产权即使在法定使用期限内,也已经在市场上失去了经济价值,因此公式中的剩余使用年限需要根据判断该项知识产权能为所有权人带来收益的年限来决定。[①]

【例 11 - 1】ABC 公司在 2020 年 6 月 30 日完成"医学影像辅助诊断 V1.0"软件著作权的创作,该软件依托于人工智能技术,通过分析海量医学影像数据进行患者疾病智能分析。该软件开发团队共有 30 人,该软件开发期间每名员工平均工作时长为 500 小时。另外,为维持该软件的正常开发,ABC 公司共支出 120 000 元的管理费用。根据 ABC 公司的财务数

---

① 王悦、张丽瑛:《知识产权运营融资与评估》,北京:知识产权出版社,2017 年版,第 111 ~ 114 页。

据,开发技术人员平均工资率约为 60 元/小时,软件开发中其他成本比例约为 20%。行业调研数据显示,评估基准日软件开发行业的平均利润率为 15%。评估基准日是 2022 年 7 月 1 日,若被评估软件的剩余经济使用寿命约为 8 年,对该软件著作权的价值评估如下:

(1) 该项软件著作权的重置成本 = 生产成本 + 期间费用 + 合理利润

生产成本 = 软件开发工作量 × 平均工资率 × (1 + 其他成本比例)

$= 30 \times 500 \times 60 \times (1 + 20\%)$

$= 1\,080\,000$(元)

期间费用 120 000 元

合理利润 = (生产成本 + 期间费用) × 行业平均利润率

$= (1\,080\,000 + 120\,000) \times 15\%$

$= 180\,000$(元)

总重置成本 $= 1\,080\,000 + 120\,000 + 180\,000 = 1\,380\,000$(元)

(2) 该项软件著作权的贬值率 = 已使用年限/(已使用年限 + 剩余使用年限) × 100%

$= 2/(2 + 8) = 20\%$

(3) 该项软件著作权的评估价值 = 重置成本 × (1 − 贬值率)

$= 1\,380\,000 \times (1 − 20\%)$

$= 1\,104\,000$(元)

虽然成本法的计算方式相对简单,数据搜集也比较容易,但是计算出来的价值有时很难令评估者及其他各方满意。对于知识创新而言,其所花费的成本往往不直接等于知识产权成果在未来产业化中产生的潜在收益。综合来讲,成本法更适用于技术萌芽期或目前还没有适用市场的知识产权资产。

(二) 市场法

市场法是指通过比较被评估知识产权与近期市场上交易的相同或相似知识产权在法律属性、技术特点、功能作用等方面的异同,并以此为基础调整知识产权交易价格,用以评估知识产权价值的方法。市场法的运用必须满足几个重要的前提条件:第一,待估知识产权存在活跃的知识产权交易市场;第二,在知识产权交易市场上能够找到类似的可比知识产权交易;第三,交易信息必须有效且能够得到;第四,不同的知识产权交易必须是相互独立的。

知识产权的市场法可以分为直接市场法和市价类比法。直接市场法是指在市场上寻找类似的知识产权交易后,不对其作任何调整,以直接已经成交的知识产权价格作为该知识产权的价值评估值的方法。市价类比法是指在市场上找到相似的知识产权交易事项后,通过类比分析调整来确定待估知识产权的价值的方法。[1]

由于往往很难找到与待估知识产权极度相似的知识产权交易,在实务中市价类比法更常用。具体而言,使用市价类比法进行知识产权价值评估的步骤为:第一,在交易市场中选取与被评估知识产权相同或相似的知识产权作为参照;第二,根据比较两项知识产权的特征选取比较因素,将其区别量化处理;第三,通过平均数综合确定被评估知识产权价值。[2] 该方法的计算公式如下:

---

[1] 孔军民:《中国知识产权交易机制研究》,北京:科学出版社,2017 年版,第 52 页。

[2] 鲍新中、徐鲲:《知识产权质押融资:价值评估》,北京:知识产权出版社,2020 年版,第 37 页。

知识产权评估值＝市场上相同或相似知识产权价值×调整系数

调整系数是对被评估知识产权与参照知识产权之间差异进行调整的关键。评估人员可以选择参照物与评估资产之间可以进行比较的一系列量化指标，计算出两者之间的差异。根据这些指标间的差异，对参照物的价格进行调整，进而得到基于参照物为基础的被评估对象的估计价值。对于指标的选取，必须要注意重要性和可比性，这样才能贴合地根据基准修正数据。

使用市场法进行知识产权评估需要注意以下几点问题。首先，需要确定具有合理比较基础的知识产权作为基准。知识产权具有创新性和唯一性的特点，这使不同知识产权之间比较独立，难以比较。因此，在确定比较基准时，要找到功能相似、形式相似、载体相似、交易条件相似的知识产权。功能相似是指基准知识产权与被评估的知识产权能够实现相似的功效。形式相似主要是指两个知识产权的分类相同。载体相似是指知识产权依附的产品、企业具有相似性和可比性。交易条件相似是指基准知识产权在市场上的交易条件与被评估资产拟定交易条件相似。

其次，市场法要求所参照知识产权交易的价格信息能够获取，并且具有代表性，能够满足合理、可靠和有效的要求。如果市场上存在多个类似知识产权的交易信息，评估人员需要选择出更适合所评估知识产权的基准交易事项。合理分析所有符合参照物条件的知识产权交易情况，综合类比交易背景、交易目的、交易时间等因素，挑选出最具有代表性的参照物，而不是简单取所有相似交易的平均值来进行评估。评估工作还必须选择可靠的信息来源进行信息搜集，以提高评估过程的可信度。

最后，因为市场法采用的是横向比较法，所以在搜集相似知识产权交易的市场信息时，应该尽可能全面地整理如市场供求信息、市场竞争情况、产业政策、企业绩效、供应链情况等信息。这些信息对参照物的评估价值具有较大影响，如果现有的市场信息与参照物的市场条件存在较大差异的话，评估人员必须考虑这些差异会如何影响被评估知识产权的价值。此外，宏观环境以及时间因素也是必须考虑的问题。[①]

【例11-2】某杂志社欲购入某组摄影作品作为其月刊杂志的封面，印数为2万册，需评估确定该摄影作品著作权价值。

经市场调查，评估人员收集了5例相关的摄影作品用于杂志封面、插图以及封底的交易实例，其交易价格分别为4 000元、3 500元、6 000元、5 000元和5 500元。经过分析第1、第4例（即交易价格分别为4 000元、5 000元）与本案例相关程度最大，因为两者均为风景系列、胶片类摄影作品，均为原创作品、受法律保护类、均用于杂志封面。评估时针对摄影作品是否首次公开发表、获奖情况及成交日期等因素进行了调整，确定调整系数为0.8。

摄影作品著作权价值＝可比著作权市场价值×调整系数
$$= (4\,000 + 5\,000)/2 \times 0.8$$
$$= 3\,600（元）$$

市场法的评估结果十分有效，因为它完全是从交易各方经济理性的角度出发得到的一种博弈均衡的结果，但是在实际的评估操作中运用却非常少。知识产权具有一定的特殊性，想

---

① 王悦、张丽瑛：《知识产权运营融资与评估》，北京：知识产权出版社，2017年版，第114~116页。

要寻找到相同或相似的知识产权交易十分困难。其次,很多知识产权的交易并非一项单独的交易事项,往往是以知识产权组合或者连同其他资产一同交易的情况,例如,企业并购,从资产组合中准确衡量单一知识产权价值具有难度。此外,我国的知识产权交易市场还不够成熟,缺少足够活跃的知识产权交易市场。以上因素都制约着市场法在评估实务中得到广泛运用。

(三) 收益法

收益法,又称现金流量折现法,是根据知识产权未来能够产生的净现金流量的现值进行估价的方法。收益法认为知识产权的价值是由运用知识产权产生利润的能力决定的,知识产权未来产生的收益能够良好体现其价值效用。收益法的核心思想在于贴现理论,即将标的资产在未来一定时间周期内的收益额进行估计,再根据一定的折现率计算收益产生的净现金流量现值,得到知识产权的评估价值。

运用收益法评估知识产权价值也具有一定的前提条件,即企业必须在使用年限内能够持续经营,知识产权的运用与创利之间存在比较稳定的比例关系,并且未来产生的收益与风险能够量化预测。

收益法是知识产权价值评估中最常用的方法,它基于知识产权创利能力出发,考虑到时间价值和未来风险因素进行估价。目前运用收益法评估有两种常用做法:一种是将知识产权未来收益直接折现求和计算,另一种是通过分成率对总收益进行分配。[①] 在运用收益法对知识产权的价值进行评估时,其基本的评估模型如下:

$$V = \sum_{t=1}^{n} \frac{R_t}{(1+r)^t}$$

式中,V 是知识产权的评估价值,R_t 是第 t 年的知识产权预期收益额,t 是对应的年限,n 是知识产权预计收益年限,r 是折现率。

在利用上述模型计算知识产权的评估值时需要分别计算预期收益、折现率以及收益期限等参数。

1. 收益额的估算

预期收益是收益法评估知识产权价值最重要的指标之一,是指企业运用知识产权能够带来的超额收益。预期收益并非已实现的收益,确定预期收益需要根据市场环境、行业情况等已知信息进行合理推断。由于知识产权的运用往往需要附着在有形资产上,因此收益额的确定需要将知识产权的收益额从知识产权与有形资产共同创造的收益中进行分离。评估人员可以直接或间接地估算知识产权超额收益额。

(1) 直接途径。直接估算知识产权的超额收益,可以根据超额收益产生的原因,划分为三类:产品销售价格上升、产品销售量增加和产品成本降低。如果运用知识产权导致多方面因素发生变化,需将多个因素考虑进来,评估模型如下:

$$R = [(P2 - C2) Q2 - (P1 - C1) Q1](1 - T)$$

式中:R——预期超额收益;

$P2$——使用知识产权之后的单位产品价格;

[①] Wirtz H. Valuation of intellectual property: A review of approaches and methods [J]. International Journal of Business and Management, 2012, 7 (9): 40.

$P1$——使用知识产权之前的单位产品价格；

$C2$——使用知识产权之后的产品单位成本；

$C1$——使用知识产权之前的产品单位成本；

$Q2$——使用知识产权之后的产品销售量；

$Q1$——使用知识产权之前的产品销售量；

T——所得税税率。

如果无法对比知识产权使用前后收益的变化情况，也可以采用差额法来直接估算超额收益。差额法是将知识产权和其他资产在经济活动中的综合收益水平与所在行业平均收益水平进行比较，进而得到知识产权的超额收益。计算方式如下：

超额收益 = 净利润 − 净资产总额 × 行业平均净利润率

该方法通过使用知识产权之后的经营利润和行业平均利润的差额估算超额收益，如果企业拥有众多知识产权，此方法得到的是知识产权组合为企业带来的总超额收益。此时，评估人员难以区分单项知识产权能够带来的超额收益。

（2）间接途径。间接估算知识产权超额收益一般采用分成率法，该方法的理论基础是知识产权对总收益的贡献程度。分成率的确定是以知识产权带来的追加收入或追加利润在收入总额或利润总额中的比重为基础的，俗称"抽头"。[1] 运用分成率法计算知识产权收益额的公式如下：

收益额 = 销售收入 × 销售收入分成率 × （1 − 所得税税率）

= 销售利润 × 销售利润分成率 × （1 − 所得税税率）

从上述公式中可知，分成率的确定是间接估算的重点，主要可以通过以下两种途径进行确定：

第一，要素贡献法。该方法将知识产权作为生产要素来看待，将知识产权对利润的贡献从整体资产中分离出来。我国评估行业主要采用三分法，即考虑资本、技术和管理三大要素在生产经营中的贡献。对于不同类型的企业，要素的贡献程度也会不同，如表 11 - 1 所示。

表 11 - 1　　　　　　　　　不同类型企业技术的贡献度[2]

行业类型	资本	技术	管理
资金密集型	50%	30%	20%
技术密集型	40%	40%	20%
一般行业	30%	40%	30%
高科技行业	30%	50%	20%

虽然三分法在评估实务中应用较多，但是该方法存在取值简单、精准度低的缺点，因此使用要素贡献法评估知识产权收益额通常是作为参考方法，还应该与其他方法一同使用，综合得到评估结果。

第二，行业惯例法。联合国工业发展组织（United Nations Industrial Development Organization，UNIDO）对各国技术贸易合同的分成率进行了大量调查统计，发现销售收入分成率

---

[1] 王悦、张丽瑛：《知识产权运营融资与评估》，北京：知识产权出版社，2017 年版，第 118~119 页。

[2] 朱萍主：《资产评估学教程》（第 3 版），上海：上海财经大学出版社，2008 年版，第 12 页。

一般取值范围在 0.5%~10%。该结果在世界范围的技术贸易实践中得到了验证，被各国所认可，但不同的行业会有很大区别。不同行业分成比例如表 11-2 所示：

表 11-2　　　　　　　　　不同行业分成率上下限[1]

行业名称	分成率上下限
石油化工行业	0.5%~2%
日用消费品行业	1%~2.5%
机械制造行业	1.5%~3%
化学行业	2%~3.5%
制药行业	2.5%~4%
电器行业	3%~4.5%
精密仪器行业	4%~5.5%
汽车行业	4.5%~6%
光学及电子产品	7%~10%

行业分成率的数据对评估业务具有重要参考价值，但实际评估工作中还需要结合知识产权的实际情况进行具体分析。

收益法评估知识产权的关键在于确定分成率，实务中，通常依据国际或行业惯例确定具体知识产权收益分成率的取值范围。联合国技术情报交流中心对一些发展中国家技术转让合同的调查显示，收益分成率在 15%~30%。联合国工业发展组织对一些发展中国家的调查统计，认为收益分成率在 16%~27% 比较合理。但是，国际或行业惯例中确定的收益分成率通常是一个具有一定浮动范围的区间[2]，并且尚未有明确的规则或方法指导分成率的确定。因此，如果分成率的确定缺乏科学依据和客观判断，最终会影响知识产权整体价值的评估。

通常在确定行业分成率的取值范围之后，需要针对被评估知识产权进行调整，得到最终的分成率，其计算公式如下：

$s = m + (n - m) \times \pi$

式中：s——被评估知识产权的分成率；

　　　m——分成率的取值下限；

　　　n——分成率的取值上限；

　　　π——分成率的调整系数。

调整系数 π 的确定，往往采用专家判断或列表打分的方法，考虑因素包括法律因素（法律状态、保护范围、侵权判定、政策支持力度）、技术因素（技术领先性、替代技术、依存度、成熟度、垄断程度、应用范围）、经济因素（行业前景、供求关系、成本因素、盈利能力）等。在具体的评估中，应当根据知识产权的具体情况进行分析，确定最合适的分成率取值上下限以及调整系数。

---

[1] Business International Corporation. Investing, licensing and trading conditions, New York: Business Corporation, 1985.

[2] 苑泽明等："知识产权质押融资价值评估：收益分成率研究"，《科学学研究》，2012 年第 6 期。

2. 折现率的估算

折现率是将知识产权使用期限内的预期收益折算成现值的比率，一般由无风险报酬率和风险报酬率两部分组成。相较于有形资产，知识产权的投资收益高，风险性强，因此在价值评估时知识产权的折现率往往要高于有形资产的折现率。折现率是使用收益法评估知识产权价值中最敏感的参数，评估时必须注意知识产权折现率的口径要与知识产权超额收益的口径保持一致。

实务中，确定折现率的方法主要有风险累加法、资本资产定价模型以及加权平均资本成本模型。

（1）风险累加法。风险累加法将折现率拆分成两个部分：无风险报酬率和风险报酬率。无风险报酬率体现了货币的时间价值，是假定没有任何风险情况下资金投资所获得的收益率。我国开展资产评估时，计算无风险报酬率一般选取当年的国债利率。

风险报酬率是投资者因承担风险而要求的超过时间价值之外的额外回报率。对于知识产权投资者而言，风险报酬率需要综合考虑法律风险、技术风险、市场风险、经济风险、经营风险等因素，分别转化为要求的报酬率进行累加求和确定。风险报酬率往往是评估时经过综合的分析后得出的结论。

（2）资本资产定价模型。资本资产定价模型（Capital Asset Pricing Model，CAPM）是现代金融市场价格理论的支柱，广泛应用于投资决策和公司理财领域。该模型由美国学者威廉·夏普（William Sharpe）、林特尔（John Lintner）、特里诺（Jack Treynor）和莫辛（Jan Mossin）等人于1964年在资产组合理论和资本市场理论的基础上所创建。CAPM 认为资本市场是一个充分竞争且处于均衡状态的市场，投资者面临着系统性风险和非系统性风险，但是投资组合的回报率只跟系统性风险有关，而与非系统性风险无关。系统性风险是市场中无法通过分散投资消除的风险，例如，自然灾害、能源危机、经济周期、通货膨胀和宏观政策调控等。非系统性风险也被称为特有风险，是个别资产的自有风险，是由于个别资产自身的原因而引起的不确定性，例如，诉讼失败、新产品开发失败等。投资者可以通过投资组合消除非系统性风险，CAPM 理论认为市场只会对系统风险进行补偿，而不会对非系统性风险进行补偿。

对于一个给定的资产 i，其期望报酬率和市场投资组合的预期报酬率之间的关系用公式表示为：

$$E(r_i) = r_f + \beta_{im}[E(r_m) - r_f]$$

式中，$E(r_i)$ 是第 i 项资产的期望报酬率；r_f 是无风险报酬率，β_{im} 是资产的系统性风险系数；$E(r_m)$ 是市场组合 m 的期望报酬率；$E(r_m) - r_f$ 是市场风险溢价，即市场投资组合的期望报酬率与无风险报酬率之差；$\beta_{im}[E(r_m) - r_f]$ 为风险报酬率。

CAPM 理论主要应用于企业价值评估中折现率的确定，是计算股东权益折现率的方法。《资产评估准则——无形资产》中指出"无形资产折现率应当区别于企业其他资产折现率"。知识产权作为无形资产，在其评估过程中不能直接利用 CAPM 计算出的股东权益折现率作为知识产权收益法评估的折现率。CAPM 计算出的股东权益折现率用于加权平均资本成本模型，评估师可以运用 WACC 计算整体资产折现率，进而得到知识产权的折现率。

（3）加权平均资本成本模型。加权平均资本成本模型（Weighted Average Cost of Capital，WACC）用于金融活动中衡量一个公司的资本成本，该模型认为，企业从外部获取的资金来源于股权和债务,因此将这两部分要求的回报率进行加权平均,就得到企业整体资产的折现率。加权平均资本成本(WACC)的计算公式如下:

$$R_{WACC} = \left(\frac{E}{D+E}\right) \cdot R_E + \left(\frac{D}{D+E}\right) \cdot R_D \cdot (1-T)$$

式中,R_{WACC} 为加权平均资本成本;$\left(\frac{E}{D+E}\right)$ 为权益资本所占比例;$\left(\frac{D}{D+E}\right)$ 为债务资本所占比例;R_E 为权益资本回报率;R_D 为债务资本回报率;T 为所得税税率。

WACC模型计算出的折现率反映了企业整体资产的折现率,作为无形资产的知识产权折现率与企业的其他资产折现率并不能近似替代。因此,需要将WACC模型所计算出的整体资产折现率进一步推导,求出无形资产的折现率。

从资本结构出发分析企业的资产负债表,右边体现了企业的资金来源,包括负债和所有者权益。WACC模型就是根据企业的资金来源计算的整体资产折现率。资产负债表的左边是企业资金的去向,即从股东和债权人手中获得的资金投资于哪些资产。

因此,加权平均资本成本模型可从资产负债表的左边来解析,公式如下:

$$R_{WACC} = W_c \times R_c + W_f \times R_f + W_i \times R_i$$

式中,W_c 为流动资产占比,W_f 为固定资产占比,W_i 为无形资产占比;R_c 为流动资产的期望回报率,R_f 为固定资产的期望回报率,R_i 为无形资产的期望回报率。为了得到无形资产的期望回报率 R_i,可以反推上式得到下式:

$$R_i = (R_{WACC} - W_c \times R_c - W_f \times R_f) / W_i$$

式中,R_i 是无形资产折现率,如果专利等知识产权是无形资产的唯一表现形式,或者在企业无形资产中所占比例达到80%以上时,才可以直接代替为知识产权折现率。当企业有多项知识产权或者无形资产时,评估人员必须在无形资产折现率基础上,做进一步分析和调整,最终得到知识产权折现率。[①]

3. 收益期限的确定

收益期限是知识产权预期能够持续获得收益的时间,通常以年作为单位。知识产权的收益期限可能包括法定保护期限、经济使用期限和合同约定期限三种。在评估知识产权收益期限时,采用孰短原则。经济使用期限是知识产权的经济寿命,指使用知识产权能够产生超额收益的持续时间。经济寿命并不是一成不变的,它会受到技术寿命、产品载体的市场寿命、新的替代技术进步速度、竞争环境等因素的影响。

法定保护期限是指知识产权相关法律赋予对知识产权保护的期限,不同类型的知识产权法定寿命不尽相同。例如,我国对发明专利权的保护期限为20年,对于法人著作权而言,其有限期是作品首次发表后的50年。对注册商标的保护期一般是10年,而在保护期到期后,商标注册人可以申请续展。因此理论上,企业可以无限期地持有一项商标权。但是如果是针对商标许可,评估时也需要考虑合同中约定的许可期限。

【例11-3】M公司自行研发一项生产H产品的技术,并在2014年7月1日提出专利申请,2017年6月30日获得发明专利证书,并进行批量生产,专利保护期为20年。现M公司拟将该发明专利的所有权出售给N公司,委托评估机构对该专利权价值进行评估,评估

[①] 刘璘琳:《企业知识产权评估方法与实践》,北京:中国经济出版社,2018年版,第83~86页。

基准日为 2022 年 6 月 30 日。假设评估基准日市场无风险利率为 4%，企业所得税税率为 25%。

评估人员收集到以下信息：

（1）H 产品自进入市场以来，深受消费者欢迎，销售量逐年提高，产品价格也高于同类产品价格，近 5 年，M 公司生产 H 产品实现的年销售收入平均为 5 000 万元，销售利润率平均为 25%。

（2）评估人员经对被评估专利技术的更新周期及市场上同类产品更新周期的分析，认为 H 产品的生产和销售在评估基准日后还能持续 7 年，其中最后 3 年将无法获得超额收益。

（3）评估人员根据甲公司过去经营绩效及对未来市场需求的分析，认为被评估专利技术在出售后的第 1 年，H 产品的销售额将达到 5 000 万元，以后每年的销售额将在上一年的基础上递减 5%。评估基准日后各年的销售利润率均为 20%。

（4）评估人员根据对同类技术交易案例的分析及该技术对 H 产品生产的贡献性分析，确定被评估专利技术的销售利润分成率为 10%。

（5）综合考虑被评估专利权对企业未来收益的贡献存在市场风险、经营风险和技术风险等不确定性因素，确定风险报酬率为 6%。

鉴于该专利技术具有较强的获利能力，预期收益、收益期和风险都能够进行预测，评估人员决定选择收益法进行评估。要求：

（1）计算评估应采取的折现率；
（2）估算被评估专利权的剩余收益期；
（3）估算被评估专利权预期各年的收益额；
（4）对 M 公司拟出售的发明专利权价值进行评估。

有关评估过程如下：

（1）折现率 = 无风险报酬率 + 风险报酬率 = 4% + 6% = 10%。

（2）被评估专利权的剩余收益期为 4 年，理由：发明专利的剩余保护期为 12 年，但专利产品的生命周期仅剩 7 年，最后 3 年无法获得超额收益，因此能获得超额收益的剩余收益期仅为 4 年。

（3）专利权预期各年收益额计算如下：

销售收入分成率 = 10% × 20% = 2%

专利产品各年销售收入：

第一年：5 000 万元

第二年：5 000 ×（1 - 5%）= 4 750（万元）

第三年：4 750 ×（1 - 5%）= 4 512.5（万元）

第四年：4 512.5 ×（1 - 5%）= 4 286.88（万元）

专利权各年收益额 = 销售收入 × 销售收入分成率 ×（1 - 所得税税率）

第一年：5 000 × 2% ×（1 - 25%）= 75（万元）

第二年：4 750 × 2% ×（1 - 25%）= 71.25（万元）

第三年：4 512.5 × 2% ×（1 - 25%）= 67.69（万元）

第四年：4 286.88 × 2% ×（1 - 25%）= 64.30（万元）

(4) 专利权评估值

= 75/(1+10%) + 71.25/(1+10%)^2 + 67.69/(1+10%)^3 + 64.30/(1+10%)^4

= 211.84(万元)

【例 11-4】 某啤酒有限公司将其已经使用了 25 年的金浪啤酒注册商标转让。根据历史资料,该企业近 5 年使用这一商标的啤酒比市场上同类啤酒售价每吨高出 500 元,该企业目前每年生产 5 000 吨,市场供求基本平衡。预计该品牌能够获取超额利润的时间是 10 年,前 4 年基本可以维持当前水平,由于其他品牌的竞争力提高,后 6 年其每吨高出其他品牌的幅度会下降为 300 元,不过产量可能会扩大到 5 400 吨。根据该企业的资金成本率及相应的风险率,确定其折现率为 10%。假设企业所得税税率为 25%,请评估金浪啤酒注册商标的价值。

该商标的转让价值评估过程如下:

预期前 4 年的年超额利润 = 500 × 0.5 = 250(万元)

预期后 6 年的年超额利润 = 300 × 0.54 = 162(万元)

估算该商标权的转让价值

= [250 × P/A(10%,4) + 162 × P/A(10%,6) × P/F(10%,4)] × (1 - 25%)

= (250 × 3.1699 + 162 × 4.3553 × 0.6830) × (1 - 25%)

= (792.48 + 481.90) × 75%

= 955.78(万元)

虽然知识产权评估经常会采用收益法,但是其在具体的评估过程中依然有一定的局限性。首先,评估过程中采用的多个要素计算依据和数据基础难以挖掘,参数选取和指标评分受评估人员的主观判断较大,对评估人员的经验要求较高。其次,知识产权的收益期限和折现率难以准确确定,知识产权的经济寿命随着市场变化很大,不同方法计算的折现率也存在差异,最终会导致不同方法下知识产权评估值有很大的差别。最后,知识产权往往与其他资产结合产生收益,利用收益法时如何划分属于运用知识产权而带来的增量收益难度较大,实务中常用的分成率法往往根据经验惯例或需要专家进行打分,如何提高分成率的准确度也是实务中的一大难点。

(四)实物期权法

实物期权由麦尔斯(Stewart Myers)于 1977 年创立。实物期权是以实物资产或知识产权为标的资产的期权,具体表现为在经营、管理、投资等经济活动中,以各种形式进行或有决策的权利。[①] 具体而言,一个投资方案其产生的现金流量所创造的利润,来自目前所拥有资产的使用,再加上一个对未来投资机会的选择,企业可以得到一个权利,在未来以一定价格取得或出售一项实物资产或投资计划。实物期权的思想可以用"企业完全价值 = 企业现金流价值 + 企业选择权价值"代表。

收益法等传统投资决策方法需要精准预测未来的现金流量,而实物期权法无需对未来现金流量进行准确预测,只需给出未来现金流量的大致概率分布,相对主观性更小。此外,成本法、市场法和收益法都是静态分析方法,在实际动态环境中难以可靠运用,实物期权法更

---

① 李扬:《金融学大辞典》,北京:中国金融出版社,2014 年版。

具有灵活性，能够应对宏观政策、市场环境等动态变化，弥补了传统方法的局限性。

1. 实物期权法的基本原理

实物期权法是通过引入计算期权价值模型评估知识产权价值的一种评估方法。本质上，期权是一种选择权，一些实物资产具有期权的性质，赋予企业一定的权利，而知识产权具有实物期权的性质。①

企业在面临不确定的市场环境下，实物期权的价值来源于公司战略决策的相应调整。对于一项知识产权，所有者已经控制了该项知识产权资产，并且拥有未来投资机会的选择权，包括延迟或扩大投资、放弃知识产权以获得残值收益等权利。具体而言，如果未来市场环境变好，企业会选择进行知识产权产品的开发与生产，将其投放到市场中获得超额利润；如果市场环境变差，企业可以选择减少或放弃该项投资，也可以决定另外选择知识产权产品的开发时间，采取最优的策略。

投资知识产权可以视为看涨期权，标的资产是知识产权未来产生的现金流量，期权到期日是知识产权收益期限，期权执行价格是知识产权投资成本。运用实物期权法评估知识产权价值的具体程序为：分析确定影响知识产权收益的多种因素后，选择匹配知识产权特性的定价模型以准确评估知识产权价值，再评估出参数变量并放入定价模型中，最终计算出知识产权评估价值。

2. 实物期权法的评估模型

知识产权有期权的基本性质，可以被看成是欧式看涨期权，适用于布莱克—斯科尔斯模型（Black-Scholes Model，简称 B-S 模型）。该模型主要针对无红利流量情况下欧式期权的价值评估，考虑了标的资产的价值评估基准日价值及其波动率、期权行权价格、行权期限、无风险收益率五大因素。对于知识产权实物期权价值而言，其评估模型如下：

$$V = S \times N(d_1) - X \times e^{-r \times t} \times N(d_2)$$

$$d_1 = \frac{\ln\frac{S}{X} + (r + \frac{\sigma^2}{2}) \times t}{\sigma \times \sqrt{t}}$$

$$d_2 = d_1 - \sigma \times \sqrt{t}$$

式中：

V——知识产权实物期权评估价值；

S——知识产权有效期内产生的全部收入现值之和；

X——知识产权投资成本；

t——知识产权的有效期；

σ——知识产权产品价格波动率；

r——无风险利率。

评估人员选择 B—S 模型评估知识产权价值，首先，需要估算出相关参数的数据，其次，根据公式分别计算出 d_1 和 d_2，并求解出 $N(d_1)$ 和 $N(d_2)$，最后，据此计算知识产权实物期权的评估价值。

---

① Chang J R, Hung M W, Tsai F T. Valuation of intellectual property: A real option approach [J]. Journal of Intellectual Capital, 2005, 6 (3): 339-356.

对于知识产权预期收益现值、有效期参数的估算，与收益法的计算方式相类似。此处只介绍知识产权价格波动率的计算方式。

波动率是衡量资产在一定时间段内价值上下波动幅度程度的指标。知识产权投资的波动率与其风险存在着密切的联系，波动越大，则代表该知识产权资产不稳定。波动率可以通过历史波动率以及隐含波动率求出。

历史波动率是利用历史数据预测知识产权未来的价值变化情况。历史波动率公式如下：

$$\sigma = \sqrt{\frac{\sum(X_i - \overline{X})^2}{N-1}}$$

$$X_i = \ln\frac{p_{i+1}}{p_i}$$

$$\overline{X} = \frac{1}{N}\sum X_i$$

式中：

p_i——基期资产价格；

p_{i+1}——评估日资产价格；

N——观察值的数量。

隐含波动率，是将资产交易价格代入权证理论价格模型倒推出的波动率。利用 B—S 模型将基本变量以及资产交易价格代入公式，即可求出。[1]

【例 11 – 5】A 公司拥有一项专利权，现准备投产运营，预计该项目的首期建设及投产前的准备期限为 1 年。在准备期间发生的初始投资费用包括厂房建造、设备购置等共计 220 万元，项目投产运营后，在其经济寿命内产生的现金流量现值为 270 万元。经专家测算，该专利权的剩余有效期限为 8 年，在其经济寿命期内现金流量现值的年度波动率为 0.25。假设市场无风险利率为 5%，评估该专利权的价值如下。[2]

（1）按照收益法计算，该专利权预计产生的现金流量 = 270 - 220 = 50（万元）。

（2）按照实物期权法 B—S 模型计算：

$$d_1 = \frac{\ln\frac{S}{X} + \left(r + \frac{\sigma^2}{2}\right) \times t}{\sigma \times \sqrt{t}}$$

$$= \frac{\ln\frac{270}{220} + \left(5\% + \frac{0.25^2}{2}\right) \times 8}{0.25 \times \sqrt{8}} = 1.21$$

$$d_2 = d_1 - \sigma \times \sqrt{t}$$

$$= 1.21 - 0.25 \times \sqrt{8} = 0.5$$

查询标准正态分布表，用插值法得出：

---

[1] 鲍新中、徐鲲：《知识产权质押融资：价值评估》，北京：知识产权出版社，2020 年版，第 45 ~ 49 页。

[2] 本案例来源于：张骞文、刘来君、贺炳彦：《长安大学研究生学术论文集 2015 年卷》，西安：陕西科学技术出版社，2016 年版，第 560 页。作者为宋芳丽、冀小伟，论文题目为《实物期权法在技术类知识产权资产评估中的应用研究》。

$N(d_1) = N(1.21) = 0.8869$;
$N(d_2) = N(0.5) = 0.6915$。

因此，该实物期权的价值为：

$$V = S \times N(d_1) - X \times e^{-r \times t} \times N(d_2)$$
$$= 270 \times 0.8869 - 220 \times e^{-0.05 \times 8} \times 0.6915 = 94.9 \text{（万元）}$$

实物期权法作为新兴的评估方法，能够弥补传统收益法中未考虑企业未来决策弹性和预测误差大等不足，更具有管理上的灵活性。但是实物期权价值评估较为复杂，无论是模型设定，还是数值计算，都需要良好的数学知识和仿真能力。此外，相比于金融期权，实物期权的持续时间通常更长，有些知识产权项目长达十年甚至几十年之久。在一个很长的时期内，投资项目面临的内外部环境变化比较大，这可能会导致模型的相关参数不断变化，而且变化的特征难以确定。目前，实物期权价值评估研究中，这些参数的选择过于主观化和简单化，使评估结果的可信度大大降低。[①] 因此，如何更准确地估计实物期权模型中的参数是该方法的实务难点，还需要评估人员的不断探索与完善。

三、知识产权价值评估方法的选择

（一）成本法的选择适用

成本法所依据的理论是替代原理，该经济原理认为，任何一个投资者在购买某项资产时所愿意支付的价钱，绝对不会超过具有同等效用的全新资产的最低成本。如果该项资产的价格比重新建造或购置全新同等效用资产的最低成本高，投资者肯定不会购买这项资产，而会去新建或购置全新的资产。同时，重置成本本身是耗费与补偿的统一，若只有耗费而不能在未来获得收益补偿，就不能以重置成本来估价。知识产权按重置成本估价意味着该资产将带来未来收益，一旦其丧失未来盈利能力，即便有重置成本存在，也没有必要进行估价。

由于知识产品成本的不完整性与弱对应性，使成本和其使用价值之间的关系显得并不十分紧密，用成本法评估出来的知识产权价值很多时候不具有合理性。一个最典型的例子就是美国政府在20世纪50年代曾花费数百万美元研发核能飞机引擎，引擎通过测试并制造了样机。但该核能飞机引擎从未能产生使飞机飞行所需的实际推动力。可以说，该技术的价值很低或者为零，但其研发费用却是高昂的，此时依据研发费用成本确定该技术的价值显然毫无意义。同理，对于一项来自瞬间奇思妙想却能产生巨额利润的技术发明，由于其并未耗费多少生产成本，相比利用这些技术产生的收益，其支出的成本甚至可以忽略不计，这种情况下，也不适宜用成本法。

专利技术或者专有技术的价值评估一般也不适合用成本法。就技术的生产而言，其过程是高度复杂的脑力劳动过程，具有探索性和创造性，不像一般商品的生产往往具有共同遵循的规律和特征，进行模式化劳动。同时，技术商品的生产极可能走弯路，导致研制失败或达不到预期目的，从而使投入的成本付诸东流；就技术的相关法律规定而言，其也不适合采用成本法进行评估。如根据我国现行专利法律规定，由于专利权利只授予最先申请的人，假如有人是该项技术的后申请人，其研发耗费的巨大成本就没有多少价值；又如，即使最先申请

---

① 王悦、张丽瑛：《知识产权运营融资与评估》，北京：知识产权出版社，2017年版，第128～129页。

人获得专利权,但只要有人开发出更先进的替代技术,以最先申请人高昂的研发成本确定其知识产权的价值也是不合理的。

相对而言,重置成本法在一定程度上适用于商业秘密的价值评估。这是由于:第一,通过反向工程和独立探究获得他人的商业秘密在法律上是合法的;第二,商业秘密不是一种对世的垄断权利,因此,商业秘密的价值可以以其获得成本来进行估价。当然,在商业秘密能够产生巨大收益的情况下,如果侵权行为使商业秘密成为公知信息致使商业秘密权利人因此而丧失现实及将来的收益的,以开发成本确定商业秘密的价值也不是十分合理的。

(二) 收益法的选择适用

收益法所依据的基本理论是资金的时间价值原理。该理论认为知识产权的本质是一种经济资源,只有当它能给该项资产的占有者带来未来预期收益时,才能称其为资产,也才能在市场中成为商品被转让而实现知识产权的价值。即知识产权的评估价值与其效用程度密切相关,资产的效用越大,获利能力越强,其价值也就大。因此,运用收益法进行知识产权价值评估时必须同时具备几个前提条件:

第一,购买者在购买该项资产时所支付的价格不会超过该项资产未来预期收益的折现值;

第二,该项资产所有者的未来预期收益必须是能用货币衡量的;

第三,资产所有者所承担的风险也必须是能用货币衡量的。

总之,运用收益法对知识产权进行评估时,是以知识产权投入使用后能够获利为基础的。如果在知识产权上进行投资后没有预期收益或预期收益很少且很不稳定,则不能采用收益法。

知识产权属于生产要素或称经营性资产,其价值是通过对知识成果的利用而产生或预期产生的收益,因此,对知识产权价值评估最为适当的方法应为收益法。国外一些学者曾对包括知识产权在内的各类无形资产评估的适用方法作过较具体的分类,结果显示,专利、商标和商誉、版权(计算机软件除外)的评估主要都是采用收益法。

由于收益法是从产生收益的能力的角度来看待一项知识产权,因此,该方法适用于直接产生收益的经营性知识产权。该类资产通过生产经营带来收益,同时通过生产经营活动,其在若干个会计期间内会连续不断地创造出收益,如核心专利。非经营性知识产权由于使用用途的特性,其价值会随着使用而渐渐地消耗掉,不能像经营性资产一样,给使用者带来未来收益,一般不采用收益法来评估,如防御性专利。

(三) 市场法的选择适用

市场法以现行价格作为价格标准,通过市场调查,选择几个和被评估资产相同或相似的已交易同类资产作为参照物,将被评估资产和它们进行差异比较,并且在必要时进行适当的价格调整。这种方法建立的基本依据是:知识产权的价格是由其内在价值决定的,不管知识产权的使用价值多么复杂,只要它们具有相同的获利能力和价值(可实现价值),它们在市场中的价格就应相同。一个理性的投资者或买主,不会用高于市场上可以买到相同或相似资产的价格去购买一项资产。在有一个充分活跃的公平资产交易市场,参照物的各项资料是可以收集到的情形下,运用市场法是最直接、最简便的一种资产评估方法。

用市场法进行知识产权评估必须具备以下前提条件:

第一,要有一个充分发育、活跃的知识产权市场。市场交易越活跃,交易的知识产权越

多越频繁,就越容易得到参照物的市场价格及相关资料;

第二,参照物与被评估知识产权的可比较的指标、技术参数等资料是可收集到的。所以,有关调整的指标、技术参数能否获取,是决定市场法能否运用的关键。

当然,由于智力成果的创造性要求,一般不会出现完全相同的知识成果,但并不排除可以找到各方面条件相似的可以进行比较的知识产权。所以,有时还需要根据其相似的程度适当地加以调整,使得出的评估值更加合理。由此可见,在采用市场法进行评估的过程中,重要的一项工作是将参照物与评估对象进行比较。如果选择了不适当的参照对象,没有根据被评估知识产权的特征考虑相关因素进行调整,就可能导致应用市场法评估知识产权价值发生错误,大大偏离知识产权的实际交易价值。[1]

(四) 实物期权法的选择适用

实物期权法的优势是结合企业的未来管理和决策柔性,在投资项目的价值评估中充分考虑项目投资的时机选择。一般而言,实物期权法适用于投资不确定较大的项目,因此在评估技术类知识产权时具有突出的优势,例如,专利权和专有技术。同时技术类知识产权创造价值的途径有很多,例如,将先进的技术用于相关产品的生产投资上,提高产品质量或加快生产速度,体现知识产权的价值协同性。企业也可以授权他人使用知识产权,收取许可费用,或是向其他企业提起法律诉讼,索取侵权赔偿等。这些经济行为对应的评估目的不同,根据实物期权法的基本思路,有投资目的的技术类知识产权最适合采用实物期权法。

而那些实物资产和其他的无形资产如商标权、著作权等,都不具有实物期权的性质。实物期权法评估技术类知识产权的基本思路是:技术类知识产权具有实物期权的特征,类似金融领域的看涨期权。当企业取得某项技术类知识产权后,就获得了独家使用或控制某项发明的特殊权利。企业可以根据市场环境来决定是否继续投资并将该项技术类知识产权应用于产品生产,以及何时将该项技术类知识产权应用于产品生产。企业获得该项技术类知识产权时所支付的相关费用可以看作是该项期权的价格,技术类知识产权所对应的投资项目可作为标的资产,其预测现金流现值可作为标的资产的现行价格,而继续投资该项技术类知识产权所需要的成本可以作为标的资产未来的执行价格。从企业获得技术类知识产权到决定将其应用于产品生产会有一段时间间隔,在该时间段内项目现金流现值可能会随着市场环境的变化而波动。企业可以利用这种波动适时地选择技术类知识产权的开发时间,从而获得最大的利益,与此同时,这种波动性也赋予技术类知识产权美式期权的特性和价值。

由于实物期权法弥补了传统静态现金流量折现法中诸如未考虑企业未来决策弹性和预测误差大等缺陷,使知识产权价值评估风险大、不确定性高的特点得到了一定的弥补。但实物期权法作为一种评估方法,其应用受到评估环境、评估对象、评估目的和价值类型等多种因素的制约。目前,在我国评估实践中很少应用实物期权法。因此,虽然实物期权估价方法有其优势,但还需要在知识产权价值评估实务中进一步实践与探索。[2]

---

[1] 魏玮:《知识产权价值评估研究》,厦门:厦门大学出版社,2015年版,第38~41页。
[2] 魏玮:《知识产权价值评估研究》,厦门:厦门大学出版社,2015年版,第43页。

第十二章

知识产权价值报告

前已述及，财务会计作为一个经济信息系统，是由确认、计量、记录和报告四个基本环节构成的。通过确认和计量，企业在会计账簿中记录了相关的会计核算资料。但是，这些会计核算资料比较分散、零星，不能综合反映企业的财务状况、经营成果和现金流量等信息，因而还不能直接满足会计信息使用者在管理和决策方面的需要。因此，还需要通过一套完整的结构化的报表体系，科学地进行财务会计信息的列报，将综合反映企业财务状况、经营成果和现金流量的信息传递给会计信息使用者。为此，企业编制和披露融入知识产权信息的价值报告，是企业可持续发展、体现其创新、创造能力的迫切需要。当然，在披露知识产权相关信息前，应了解财务报告及其构成体系。

依据我国《企业会计准则第30号——财务报表列报》的规定，财务报表是对企业财务状况、经营成果和现金流量的结构性表述。财务报表至少应当包括资产负债表、利润表、现金流量表、所有者权益（或股东权益）变动表、附注等组成部分[①]。财务报表上述组成部分具有同等的重要程度。

依据我国《公开发行证券的公司信息披露内容与格式准则第2号——年度报告的内容与格式（2021）》的规定，公司年度报告中的财务报告应当经具有证券期货相关业务资格的会计师事务所审计，审计报告应当由该所两名注册会计师签字；公司应当在每个会计年度结束之日起4个月内将年度报告全文刊登在中国证监会指定网站上；同时将年度报告摘要刊登在至少一种中国证监会指定报纸上，刊登篇幅原则上不超过报纸的1/4版面，也可以刊登在中国证监会指定网站上。

第一节 财务报表的定义和构成

一、财务报表及其构成

财务报表是对企业财务状况、经营成果和现金流量的结构性表述。财务报表至少应当包括资产负债表、利润表、现金流量表、所有者权益（或股东权益，下同）变动表和附注。

[①] 财务报表包括年度财务报表和中期财务报表，其中中期财务报表包括月报、季报和半年报。本章无特别说明时，财务报表均指的是年度财务报表。

财务报表可以按照不同的标准进行分类：(1) 按财务报表编报期间的不同，可以分为中期财务报表和年度财务报表。中期财务报表是以短于一个完整的会计年度的报告期间为基础编制的财务报表，包括月报、季报和半年报等。(2) 按财务报表编报主体的不同，可以分为个别财务报表和合并财务报表。个别财务报表是由企业在自身会计核算基础上对账簿记录进行加工而编制的财务报表，它主要用以反映企业自身的财务状况、经营成果和现金流量情况。合并财务报表是以母公司和子公司组成的企业集团为会计主体，根据母公司和所属子公司的财务报表，由母公司编制的综合反映企业集团财务状况、经营成果及现金流量的财务报表。

二、财务报表列报的基本要求

(一) 依据各项会计准则确认和计量的结果编制财务报表

企业应当根据实际发生的交易和事项，按照《企业会计准则——基本准则》和各项具体会计准则的规定进行确认和计量，并在此基础上编制财务报表。企业应当在附注中对这一情况作出声明，只有遵循了企业会计准则的所有规定时，财务报表才应当被称为"遵循了企业会计准则"。同时，企业不应以在附注中披露代替对交易和事项的确认和计量。也就是说，企业采用的不恰当的会计政策，不得通过在附注中披露等其他形式予以更正，企业应当对交易和事项进行确认和计量。

此外，如果按照各项会计准则规定披露的信息不足以让报表使用者了解特定交易或事项对企业财务状况和经营成果的影响时，企业还应当披露其他的必要信息。

(二) 列报基础

企业应当以持续经营为基础编制财务报表。持续经营是会计的基本前提，也是会计确认、计量及编制财务报表的基础。在编制财务报表的过程中，企业管理层应当全面评估企业的持续经营能力。企业管理层在对企业持续经营能力进行评估时，应当利用其所有可获得信息，评估涵盖的期间应包括企业自资产负债表日起至少12个月，评估需要考虑的因素包括宏观政策风险、市场经营风险、企业目前或长期的盈利能力、偿债能力、财务弹性以及企业管理层改变经营政策的意向等。评价结果表明对持续经营能力产生重大怀疑的，企业应当在附注中披露导致对持续经营能力产生重大怀疑的因素以及企业拟采取的改善措施。

企业在评估持续经营能力时应当结合考虑企业的具体情况。通常情况下，如果企业过去每年都有可观的净利润，并且易于获取所需的财务资源，则对持续经营能力的评估易于判断，这表明企业以持续经营为基础编制财务报表是合理的，而无需进行详细的分析。反之，如果企业过去多年有亏损的记录等情况，则需要通过考虑更加广泛的相关因素来作出评价，比如目前和预期未来的获利能力、债务清偿计划、替代融资的潜在来源等。

企业如果存在以下情况之一的，通常表明企业处于非持续经营状态：(1) 企业已在当期进行清算或停止营业；(2) 企业已经正式决定在下一个会计期间进行清算或停止营业；(3) 企业已确定在当期或下一个会计期间没有其他可供选择的方案而将被迫进行清算或停止营业。企业处于非持续经营状态时，应当采用清算价值等其他基础编制财务报表，比如，企业处于破产状态时，其资产应当采用可变现净值计量、负债应当按照其预计的结算金额计量等。在非持续经营情况下，企业应当在附注中声明财务报表未以持续经营为基础列报，披露未以持续经营为基础的原因以及财务报表的编制基础。

（三）权责发生制

除现金流量表按照收付实现制编制外，企业应当按照权责发生制编制其他财务报表。在采用权责发生制的情况下，当项目符合基本准则中财务报表要素的定义和确认标准时，企业应当确认相应的资产、负债、所有者权益、收入和费用，并在财务报表中加以反映。

（四）列报的一致性

可比性是会计信息质量的一项重要要求，目的是使同一企业不同期间和同一期间不同企业的财务报表相互可比。为此，财务报表项目的列报应当在各个会计期间保持一致，不得随意变更，这一要求不仅只针对财务报表中的项目名称，还包括财务报表项目的分类、排列顺序等方面。

在下列情况下，企业可以变更财务报表项目的列报：（1）会计准则要求改变财务报表项目的列报；（2）企业经营业务的性质发生重大变化或对企业经营影响较大的交易或事项发生后，变更财务报表项目的列报能够提供更可靠、更相关的会计信息。企业变更财务报表项目列报的，应当根据相关规定提供列报的比较信息。

（五）依据重要性原则单独或汇总列报项目

关于项目在财务报表中是单独列报还是汇总列报，应当依据重要性原则来判断。重要性是判断项目是否单独列报的重要标准。总的原则是，如果某项目单个看不具有重要性，则可将其与其他项目汇总列报；如具有重要性，则应当单独列报。企业应当遵循如下规定：

第一，性质或功能不同的项目，一般应当在财务报表中单独列报，但是不具有重要性的项目可以汇总列报。比如，存货和固定资产在性质上和功能上都有本质差别，必须分别在资产负债表上单独列报。

第二，性质或功能类似的项目，一般可以汇总列报，但是对其具有重要性的类别应该单独列报。比如，原材料、低值易耗品等项目在性质上类似，均通过生产过程形成企业的产品存货，因此可以汇总列报，汇总之后的类别统称为"存货"，在资产负债表上单独列报。

第三，项目单独列报的原则不仅适用于报表，还适用于附注。某些项目的重要性程度不足以在资产负债表、利润表、现金流量表或所有者权益变动表中单独列报，但对附注却具有重要性，在这种情况下应当在附注中单独披露。比如，对某制造业企业而言，原材料、在产品、库存商品等项目的重要性程度不足以在资产负债表上单独列示，因此在资产负债表上汇总列报，但是鉴于其对该制造业企业的重要性，应当在附注中单独披露。

第四，无论是财务报表列报准则规定的单独列报项目，还是其他具体会计准则规定单独列报的项目，企业都应当予以单独列报。

重要性是判断财务报表项目是否单独列报的重要标准。重要性是指在合理预期下，如果财务报表某项目的省略或错报会影响使用者据此作出经济决策的，则该项目就具有重要性。企业在进行重要性判断时，应当根据所处环境，从项目的性质和金额大小两方面予以判断：一方面，应当考虑该项目的性质是否属于企业日常活动、是否显著影响企业的财务状况、经营成果和现金流量等信息；另一方面，判断项目金额大小的重要性，应当通过单项金额占资产总额、负债总额、所有者权益总额、营业收入总额、营业成本总额、净利润、综合收益总额等直接相关或所属报表单列项目金额的比重加以确定。企业对各个项目的重要性判断标准一经确定，不得随意变更。

（六）财务报表项目金额间不得随意相互抵销

财务报表项目应当以总额列报，资产和负债、收入和费用、直接计入当期利润的利得和损失项目的金额不能相互抵销，即不得以净额列报，但企业会计准则另有规定的除外。比如，企业欠客户的应付款不得与其他客户欠本企业的应收款相抵销，如果相互抵销就掩盖了交易的实质。再如，收入和费用反映了企业投入和产出之间的关系，是企业经营成果的两个方面，为了更好地反映经济交易的实质、考核企业经营管理水平以及预测企业未来现金流量，收入和费用不得相互抵销。

下列三种情况不属于抵销：(1) 一组类似交易形成的利得和损失以净额列示的，不属于抵销。例如，汇兑损益应当以净额列报，为交易目的而持有的金融工具形成的利得和损失应当以净额列报。但是，如果相关利得和损失具有重要性，则应当单独列报。(2) 资产或负债项目按扣除备抵后的净额列示（账面价值），不属于抵销。例如，资产计提的减值准备，实质上意味着资产的价值确实已经发生减损，资产项目应当按扣除减值准备后的净额列示，这样才反映了资产当时的真实价值。(3) 非日常活动产生的利得和损失，以同一交易形成的收益扣减相关费用后的净额列示更能反映交易实质的，不属于抵销。非日常活动并非企业主要的业务，非日常活动产生的损益以收入扣减费用后的净额列示，更有利于报表使用者的理解。例如，非流动资产处置形成的利得或损失，应当按处置收入扣除该资产的账面价值和相关处置费用后的净额列报。

（七）比较信息的列报

企业在列报当期财务报表时，至少应当提供所有列报项目上一可比会计期间的比较数据，以及与理解当期财务报表相关的说明，目的是向报表使用者提供对比数据，提高信息在会计期间的可比性。列报比较信息的这一要求适用于财务报表的所有组成部分，即既适用于四张财务报表，也适用于附注。

通常情况下，企业列报所有列报项目上一个可比会计期间的比较数据，至少包括两期各报表及相关附注。当企业追溯应用会计政策或追溯重述、重分类财务报表项目时，按照《企业会计准则第28号——会计政策、会计估计变更和差错更正》等的规定，企业应当在一套完整的财务报表中列报最早可比期间期初的财务报表，即应当至少列报三期资产负债表、两期其他各报表（利润表、现金流量表和所有者权益变动表）及相关附注。其中，列报的三期资产负债表分别指当期期末的资产负债表、上期期末（即当期期初）的资产负债表，以及上期期初的资产负债表。

在财务报表项目的列报确需发生变更的情况下，企业应当至少对可比期间的数据按照当期的列报要求进行调整，并在附注中披露调整的原因和性质以及调整的各项目金额。但是，在某些情况下，对可比期间比较数据进行调整不切实可行，比如，企业在以前期间可能没有按照可以进行重新分类的方式收集数据，并且重新生成这些信息是不切实可行的，则企业应当在附注中披露不能调整的原因以及假设金额重新分类可能进行的调整的性质。

企业变更会计政策或更正差错时要求的对比较信息的调整，按照《企业会计准则第28号——会计政策、会计估计变更和差错更正》进行处理。

（八）财务报表表首的列报要求

财务报表一般分为表首、正表两部分，其中，在表首部分企业应当至少披露下列基本信息：(1) 编报企业的名称，如企业名称在所属当期发生了变更的，还应明确标明；(2) 对资产负债表而言，须披露资产负债表日，而对利润表、现金流量表、所有者权益变动表而言，须披露报表涵盖的会计期间；（3）货币名称和单位，按照我国企业会计准则的规定，企业应当以人民币作为记账本位币列报，并标明金额单位，如人民币元、人民币万元等；（4）财务报表是合并财务报表的，应当予以标明。

（九）报告期间

企业至少应当按年编制财务报表。根据《中华人民共和国会计法》的规定，会计年度自公历 1 月 1 日起至 12 月 31 日止。因此，企业在编制年度财务报表时，可能存在年度财务报表涵盖的期间短于一年的情况，比如企业在年度中间（如 4 月 1 日）开始设立等，在这种情况下，企业应当披露年度财务报表的实际涵盖期间及其短于一年的原因，并说明由此引起财务报表项目与比较数据不具可比性这一事实。

第二节　资产负债表中的知识产权信息

资产负债表，也称财务状况表，是反映企业在某一特定日期财务状况的报表。所谓财务状况，是指企业在某一特定日期资产、负债和所有者权益的构成及其相互关系。资产负债表是根据"资产＝负债＋所有者权益"这一基本的会计恒等式，按照一定的分类标准和次序，把企业特定日期的资产、负债和所有者权益三项要素的所属项目予以适当排列编制而成的。资产及其构成表明投入企业经济资源的运用，负债与所有者权益及其构成表明投入企业经济资源的来源，它们反映的均是某一时点的经济资源存量。因此，资产负债表是为提供企业在某一特定日期的资产、负债、所有者权益及其相互关系，藉以反映企业财务状况的一种资源存量的报表，它表明企业在某一特定日期所拥有或控制的经济资源、所承担的现有债务和所有者对净资产的要求权。从反映企业经营资金运动的角度看，它是一种反映企业经营资金运动静态表现的报表，所以也称为静态财务报表。资产负债表的基本格式如表 12-1 所示[①]。

表 12-1　　　　　　　　　　　资产负债表　　　　　　　　　　　会企 01 表

编制单位：　　　　　　　　　　　年　月　日　　　　　　　　　　　单位：元

资　产	期末余额	期初余额	负债和所有者权益 （或股东权益）	期末余额	期初余额
流动资产：			流动负债：		
货币资金			短期借款		
交易性金融资产			交易性金融负债		
衍生金融资产			衍生金融负债		
应收票据			应付票据		
应收账款			应付账款		
应收款项融资			预收款项		

---

① 我国将财务报表格式和附注分别按照一般企业、商业银行、保险公司、证券公司等企业类型予以规定，无特别说明时，本章涉及的均是一般企业的个别财务报表和附注。

续表

资　产	期末余额	期初余额	负债和所有者权益（或股东权益）	期末余额	期初余额
预付款项			合同负债		
其他应收款			应付职工薪酬		
存货			应交税费		
合同资产			其他应付款		
持有待售资产			持有待售负债		
一年内到期的非流动资产			一年内到期的非流动负债		
其他流动资产			其他流动负债		
流动资产合计			流动负债合计		
非流动资产：			非流动负债：		
债权投资			长期借款		
其他债权投资			应付债券		
长期应收款			其中：优先股		
长期股权投资			永续债		
其他权益工具投资			租赁负债		
其他非流动金融资产			长期应付款		
投资性房地产			预计负债		
固定资产			递延收益		
在建工程			递延所得税负债		
生产性生物资产			其他非流动负债		
油气资产			非流动负债合计		
使用权资产			负债合计		
无形资产			所有者权益（或股东权益）：		
其中：知识产权			实收资本（或股本）		
开发支出			其他权益工具		
商誉			其中：优先股		
长期待摊费用			永续债		
递延所得税资产			资本公积		
其他非流动资产			减：库存股		
非流动资产合计			其他综合收益		
			专项储备		
			盈余公积		
			未分配利润		
			所有者权益（或股东权益）合计		
资产总计			负债和所有者权益（或股东权益）总计		

第三节　利润表中的知识产权信息

利润表是反映企业在一定会计期间经营成果的财务报表。利润表是根据"收入 - 费用 = 利润"这一会计恒等式，按照各项收入、费用以及构成利润的各个项目分类分项编制而成的。收入是企业在日常活动中形成的、会导致所有者权益增加但与所有者投入资本无关的经济利益的总流入；费用是企业在日常活动中发生的、会导致所有者权益减少但与向所有者分配利润无关的经济利益的总流出。企业在一定期间经济利益的总流入与总流出的差额，就是企业在一定会计期间实现的利润（或发生的亏损），它们反映的是企业一定期间经济利益的流入、流出及其最终结果的财务指标。从反映企业经营资金运动的角度看，它是一种反映企业经营资金运动动态表现的报表，所以也称为动态财务报表。利润表的具体格式如表 12 - 2 所示。

表 12 - 2　　　　　　　　　　　　　利润表　　　　　　　　　　　　　会企 02 表
编制单位：　　　　　　　　　　　　　年度　　　　　　　　　　　　　　单位：元

项　目	本期金额	上期金额
一、营业收入		
减：营业成本		
税金及附加		
销售费用		
管理费用		
研发费用		
财务费用		
其中：利息费用		
利息收入		
加：其他收益		
投资收益（损失以"-"号填列）		
其中：对联营企业和合营企业的投资收益		
以摊余成本计量的金融资产终止确认收益（损失以"-"号填列）		
净敞口套期收益（损失以"-"号填列）		
公允价值变动收益（损失以"-"号填列）		
信用减值损失（损失以"-"号填列）		
资产减值损失（损失以"-"号填列）		
资产处置收益（损失以"-"号填列）		
二、营业利润（亏损以"-"号填列）		
加：营业外收入		

续表

项 目	本期金额	上期金额
减：营业外支出		
三、利润总额（亏损总额以"-"号填列）		
减：所得税费用		
四、净利润（净亏损以"-"号填列）		
（一）持续经营净利润（净亏损以"-"号填列）		
（二）终止经营净利润（净亏损以"-"号填列）		
五、其他综合收益的税后净额		
（一）不能重分类进损益的其他综合收益		
1. 重新计量设定受益计划变动额		
2. 权益法下不能转损益的其他综合收益		
3. 其他权益工具投资公允价值变动		
4. 企业自身信用风险公允价值变动		
……		
（二）将重分类进损益的其他综合收益		
1. 权益法下可转损益的其他综合收益		
2. 其他债权投资公允价值变动		
3. 金融资产重分类计入其他综合收益的金额		
4. 其他债权投资信用减值准备		
5. 现金流量套期储备		
6. 外币财务报表折算差额		
……		
六、综合收益总额		
七、每股收益		
（一）基本每股收益		
（二）稀释每股收益		

第四节　现金流量表中的知识产权信息

现金流量表是反映企业在一定会计期间现金和现金等价物流入和流出的报表。现金流量表以现金和现金等价物（以下简称"现金"）的流入和流出，反映企业在一定会计期间内的经营活动、投资活动和筹资活动等对现金流量产生的影响，并通过现金流量的变动情况，来揭示企业财务状况变动的原因及结果。由于现金流量表反映的是企业一定会计期间现金流入和流出情况，而现金的流入和流出又是企业经营资金运动的组成部分，反映的是企业经营资金运动的一种动态表现，因此，现金流量表是一种动态财务报表。一般企业现金流量表的基本格式如表12-3所示。

表 12-3　　　　　　　　　　　　　现金流量表　　　　　　　　　　　　　会企 03 表
编制单位：　　　　　　　　　　　　　　年度　　　　　　　　　　　　　　　单位：元

项　　目	本期金额	上期金额
一、经营活动产生的现金流量：		
销售商品、提供劳务收到的现金		
收到的税费返还		
收到其他与经营活动有关的现金		
其中：与知识产权相关的政府补助		
经营活动现金流入小计		
购买商品、接受劳务支付的现金		
支付给职工以及为职工支付的现金		
支付的各项税费		
支付其他与经营活动有关的现金		
其中：与知识产权相关的现金流出		
经营活动现金流出小计		
经营活动产生的现金流量净额		
二、投资活动产生的现金流量：		
收回投资收到的现金		
取得投资收益收到的现金		
处置固定资产、无形资产和其他长期资产收回的现金净额		
其中：与知识产权相关的现金流入		
处置子公司及其他营业单位收到的现金净额		
收到其他与投资活动有关的现金		
投资活动现金流入小计		
购建固定资产、无形资产和其他长期资产支付的现金		
其中：与知识产权相关的现金流出		
投资支付的现金		
取得子公司及其他营业单位支付的现金净额		
支付其他与投资活动有关的现金		
投资活动现金流出小计		
投资活动产生的现金流量净额		
三、筹资活动产生的现金流量：		
吸收投资收到的现金		
取得借款收到的现金		
收到其他与筹资活动有关的现金		
其中：与知识产权相关筹资活动现金流入		
筹资活动现金流入小计		
偿还债务支付的现金		

续表

项　目	本期金额	上期金额
分配股利、利润或偿付利息支付的现金		
支付其他与筹资活动有关的现金		
其中：与知识产权相关筹资活动的现金流出		
筹资活动现金流出小计		
筹资活动产生的现金流量净额		
四、汇率变动对现金及现金等价物的影响		
五、现金及现金等价物净增加额		
加：期初现金及现金等价物余额		
六、期末现金及现金等价物余额		

第五节　所有者权益变动表与附注

一、所有者权益变动表的性质和作用

所有者权益是指企业资产扣除负债后由所有者享有的剩余权益。所有者权益的来源包括所有者投入的资本（包括实收资本/股本和资本溢价/股本溢价等资本公积）、其他权益工具、其他综合收益、留存收益（包括盈余公积和未分配利润）等。

所有者权益变动表是指反映构成所有者权益各组成部分当期增减变动情况的财务报表。通过该财务报表提供的信息，可以了解企业所有者权益总额及其结构的变动情况，有助于分析企业所有者权益增减变动的原因，预测企业所有者权益未来的变动趋势。

所有者权益变动表应当全面反映一定时期所有者权益变动的情况，这不仅包括所有者权益总量的增减变动，还应当包括所有者权益增减变动的重要结构性信息，让报表使用者正确理解所有者权益增减变动的根源。

二、附注的性质和作用

企业的财务报表由于受固定格式和规定内容的限制，一般只能对外提供总括的定量财务信息，从而影响财务报告使用者对财务报表内容的理解。因此，企业除了编制和对外提供财务报表之外，还应编制和对外提供财务报表附注。

附注是对资产负债表、利润表、现金流量表和所有者权益变动表等报表中列示项目的文字描述或明细资料，以及对未能在这些报表中列示项目的说明等。附注是财务报表的重要组成部分。附注是为方便财务报表使用者理解财务报表的内容而对财务报表的编制基础、编制依据、编制原则和方法及主要项目等所作的解释，它是对财务报表的补充。从理论上说，附注应该披露所有在财务报表内未反映的与企业财务状况、经营成果和现金流量有关的、有助于报表使用者理解财务报表的信息。

三、附注的主要内容

根据《企业会计准则第 30 号——财务报表列报》的要求,附注应当按照如下顺序披露有关内容。

(一) 企业的基本情况

附注中应披露的企业的基本情况包括:(1) 企业注册地、组织形式和总部地址;(2) 企业的业务性质和主要经营活动;(3) 母公司以及集团最终母公司的名称;(4) 财务报表的批准报出者和财务报表批准报出日;(5) 营业期限有限的企业,还应当披露有关其营业期限的信息。

(二) 财务报表的编制基础

在附注中,企业应当说明财务报表的编制是否以持续经营为基础。一般而言,如果没有相应的证据表明企业处于非持续经营状态,企业应当以持续经营为基础对实际发生的交易或事项进行确认和计量,并在此基础上编制财务报表。但是,如果企业的管理层经评估对企业的持续经营能力产生重大怀疑的,应当在附注中披露对持续经营能力产生重大怀疑的重要的不确定因素。如果评估后认为持续经营不再合理,企业应当采用其他基础编制财务报表,同时还应在附注中声明财务报表未以持续经营为基础编制,披露未以持续经营为基础的原因以及财务报表的编制基础。

(三) 遵循企业会计准则的声明

企业应当明确说明编制的财务报表符合企业会计准则的要求,真实、公允地反映了企业的财务状况、经营成果和现金流量等有关信息,以此明确企业编制财务报表所依据的制度基础。

如果企业编制的财务报表只是部分地遵循了企业会计准则,附注中不得作出这种表述。

(四) 重要会计政策和会计估计

企业应当披露采用的重要会计政策和会计估计,不重要的会计政策和会计估计可以不披露。在披露重要会计政策和会计估计时,应当披露重要会计政策的确定依据和财务报表项目的计量基础,以及会计估计中所采用的关键假设和不确定因素。

(五) 会计政策和会计估计变更以及差错更正的说明

企业应当按照《企业会计准则第 28 号——会计政策、会计估计变更和差错更正》及其应用指南的规定,披露会计政策和会计估计变更以及差错更正的有关情况。

(六) 报表重要项目的说明

企业应当按照资产负债表、利润表、现金流量表、所有者权益变动表及其项目列示的顺序,对报表重要项目的说明采用文字和数字描述相结合的方式进行披露。报表重要项目的明细金额合计,应当与报表项目金额相衔接。

企业应当在附注中披露费用按照性质分类的利润表补充资料,可将费用分为耗用的原材料、职工薪酬、折旧费用、摊销费用等。

此外,企业还应在附注中披露或有和承诺事项、资产负债表日后非调整事项、关联方关系及其交易等需要说明的事项,以及其他有助于财务报表使用者评价企业管理资本的目标、政策及程序的信息。

第六节 知识产权信息列报与披露

一、知识产权信息列报

财政部 国家知识产权局于 2018 年 11 月 5 日发布《知识产权相关会计信息披露规定》（以下简称"规定"），旨在加强企业知识产权管理，规范企业知识产权相关会计信息披露。该规定自 2019 年 1 月 1 日起施行[①]。

（一）适用范围

该规定适用于企业按照《企业会计准则第 6 号——无形资产》规定确认为无形资产的知识产权和企业拥有或控制的、预期会给企业带来经济利益的、但由于不满足《企业会计准则第 6 号——无形资产》确认条件而未确认为无形资产的知识产权（以下简称"未作为无形资产确认的知识产权"）的相关会计信息披露。

（二）披露要求

企业应当根据下列要求，在会计报表附注中对知识产权相关会计信息进行披露：

（1）企业应当按照类别对确认为无形资产的知识产权（以下简称"无形资产"）相关会计信息进行披露，具体披露格式和内容如表 12 - 4 所示：

表 12 - 4　　　　　　　　　　知识产权信息披露表

项　目	专利权	商标权	著作权	其他
一、账面原值				
1. 期初余额				
2. 本期增加金额				
购置				
内部研发				
企业合并增加				
其他增加				
3. 本期减少金额				
处置				
失效且终止确认的部分				
其他				
二、累计摊销				
1. 期初余额				
2. 本期增加金额				
计提				

[①] 财政部 国家知识产权局关于印发《知识产权相关会计信息披露规定》的通知，财会〔2018〕30 号。

续表

项目	专利权	商标权	著作权	其他
3. 本期减少金额				
处置				
失效且终止确认的部分				
其他				
4. 期末余额				
三、减值准备				
1. 期初余额				
2. 本期增加金额				
3. 本期减少金额				
4. 期末余额				
四、账面价值				
1. 期末账面价值				
2. 期初账面价值				

为向财务报表使用者提供更相关的信息，企业可以根据自身情况将无形资产的类别进行合并或者拆分。

（2）对于使用寿命有限的无形资产，企业应当披露其摊销方法；对于使用寿命不确定的无形资产，企业应当披露其账面价值及使用寿命不确定的判断依据。

（3）企业应当披露计入当期损益的研究开发支出总金额。

（4）企业应当按照《企业会计准则第28号——会计政策、会计估计变更和差错更正》的规定，披露对无形资产的摊销期、摊销方法或残值的变更内容、原因以及对当期和未来期间的影响数。

（5）企业应当单独披露对企业的财务报表具有重要影响的单项无形资产的内容、账面价值和剩余摊销期限。

（6）企业应当披露所有权或使用权受到限制的无形资产账面价值、当期摊销额等情况。

（7）企业可以根据实际情况，自愿披露下列知识产权（含未作为无形资产确认的知识产权）相关信息：

①知识产权的应用情况，包括知识产权的产品应用、作价出资、质押融资、转让许可等情况；

②重大交易事项中涉及的知识产权对该交易事项的影响及风险分析，重大交易事项包括但不限于企业的经营活动、投融资活动、关联方及关联交易、承诺事项、或有事项、债务重组、资产置换、专利交叉许可等；

③处于申请状态的知识产权的开始资本化时间、申请状态等信息；

④已失效的知识产权（包括失效后不继续确认的知识产权和继续确认的知识产权）的失效事由、账面原值及累计摊销、失效部分的会计处理，以及失效知识产权对企业的影响及风险分析。

企业认为有必要披露的其他知识产权相关信息。

二、我国上市公司知识产权信息披露现状描述

证券市场的灵魂在于信息公开披露制度。上市公司信息披露质量高低,直接关系到证券市场的有效程度、投资者利益保护等重要问题。如果上市公司知识产权信息披露存在质量问题,可能会给上市公司、投资人等带来不利的后果,比如受到监管机构的监督处罚,影响或误导投资人的决策,甚至影响上市公司的发行交易①。

1. 我国上市公司知识产权信息披露的总体情况

我国专利权、商标权等知识产权的申请量和授权量一直在迅速提升,与之相适应,越来越多的上市公司开始拥有知识产权,并日益认识到知识产权的重要价值。因此,披露知识产权信息的上市公司也逐年增多,据不完全统计,在我国5 000余家上市公司中,知识产权概念股就达46家②。

过去,上市公司披露的知识产权信息主要包括知识产权相关的财务会计信息和知识产权的权属信息。随着知识产权向公司经营业务的不断渗透,上市公司披露的知识产权信息也日益丰富。比如,华谊兄弟2009年招股说明书披露了其影视作品著作权质押贷款的信息,朗科科技2009年年报披露了专利盈利模式信息,汉王科技2010年招股说明书甚至披露了大量的与知识产权相关的技术风险等潜在风险。

伴随着知识产权的价值提升,尤其是科技创新型上市公司的迅速增长,知识产权逐渐成为一些上市公司重点披露和突出披露的信息。比如,在朗科科技2009年156页的年报中,知识产权的信息披露占据了较大的篇幅,其中"商标"一词出现了48次,"专利"一词更是出现了358次,频度之高令人惊奇。

2. 上市公司知识产权信息披露的质量问题

袁真富(2010)通过对36份沪、深两市上市公司招股说明书(意向书)、年度报告或临时报告等信息披露文件进行详细检阅,发现目前上市公司知识产权信息披露质量问题,主要表现在以下几个方面:③

第一,违反信息披露真实性原则。上市公司信息披露的真实性原则要求对外披露的信息内容须与事实相符,无虚假性陈述。苏州恒久2010年招股说明书披露其共拥有专利5项,并列明了这5项已授权专利的信息。但事实上,这5项专利均因未缴年费而被终止失效。苏州恒久因此被证监会要求核查相关问题,最后竟未能得以上市。

第二,违反信息披露准确性原则。上市公司信息披露的准确性原则要求对外披露信息的内容须与实际相符,无误导性陈述。一些上市公司担心利益受到不利影响,有可能对不利信息的披露避重就轻,或玩弄文字游戏。南开越洋公司2010年2月4日发布公告,宣称汉王科技2010年的招股说明书"故意将天津高院关于管辖权的判决说成是南开越洋起诉被驳回,误导公众以为'汉王科技侵权纠纷已了'。但事实真相是,天津高院并未对侵权案件本身做

---

① 袁真富:"我国上市公司知识产权信息披露问题研究——基于上市公司信息披露文件的实证分析","知识产权",2010年第5期。此处进行了必要的文字校订。特此说明。

② 知识产权概念股股票有哪些? 相关知识产权概念股股票龙头一览 - 2023 - 03 - 30_正点财经 - 正点网(zdcj. net)。

③ 袁真富:"我国上市公司知识产权信息披露问题研究——基于上市公司信息披露文件的实证分析","知识产权",2010年第5期。

任何判决,而只是通过管辖权裁定将案件转至香港仲裁。"

第三,违反信息披露完整性原则。上市公司信息披露的完整性原则要求对外披露的信息内容完整,无重大遗漏。但一些上市公司的知识产权信息披露与此项要求尚有距离。比如,苏州恒久因招投说明书中的专利信息披露不真实而被媒体曝光后,在2010年3月18日发布临时公告称:"……有关监管部门要求保荐机构等中介机构对媒体报道本公司的有关问题进行核查,特此公告。"苏州恒久对于公告中所谓"有关问题"语焉不详,而该"有关问题"正是其所披露专利和专利申请的信息与事实不符。

第四,信息披露的程度各不相同。上市公司对于知识产权信息的披露程度各不相同。比如,在知识产权诉讼方面,同洲电子2006年招股说明书详细披露了一桩专利侵权诉讼的基本案情、诉讼请求、进展情况、争议专利介绍、案件管辖权、案件后果及其影响分析以及公司采取的应对措施等。而三一重工2009年年报对其与戴姆勒奔驰公司诉讼事项的披露,就简略得只有50余字的一句话。

第五,信息披露的内容不够明晰。有的上市公司对本公司及其控股子公司的知识产权信息合并披露,但又未相互区分或分别介绍,导致无从观察上市公司及其控股子公司各自拥有的知识产权情况。比如,中国平安2007年招股说明书只是笼统地披露了截至2006年9月30日,公司及控股子公司已取得注册商标共169项。

第六,信息披露不规范、不统一。如果考察一下上市公司在每项知识产权上所披露的信息细节,就会发现相互之间存在许多差异,比如,爱尔眼科2009年招股说明书披露了每件注册商标的商标标识、注册号、种类、所有权人、取得方式(受让)、注册有限期限6项信息,而华谊兄弟2009年招股说明书则披露了商标名称、状态、注册号、类别4项信息。此外,目前上市公司在知识产权相关用语的使用上也不规范。比如,同花顺2009年年报把"作品名称"或"软件名称"写成"著作权名称"。

3. 上市公司知识产权信息披露质量的影响因素

第一,上市公司利益考虑的影响。有的上市公司可能出于利益上的考虑,而有意不规范或模糊地披露知识产权信息。比如,基于商业秘密保护或防止竞争对象利用的考虑,不详细披露公司所拥有的知识产权清单;基于避免给公司带来负面影响的考虑,对公司的知识产权争议或诉讼情况轻描淡写或误导性陈述。比如,2007年阿里巴巴赴香港上市时,其招股说明书中将已经出现的"阿里巴巴"商标争议风险,描述为"可能出现",遭受媒体质疑。

第二,上市公司认知不当的影响。由于知识产权相对于传统上的有形资产,尚属新生事物,而且极具专业性和复杂性,因此,有的上市公司,特别是其负责信息披露事宜的内部员工,对于知识产权可能并不完全了解,比如,不了解专利证书并不代表该专利持续有效,如果未缴年费将被终止;不了解知识产权的正确表达方式,分不清商标申请与注册商标等。此外,有的上市公司可能认为其知识产权或部分知识产权情况,并不属于对投资者作出投资决策有重大影响的信息,因而没有必要进行披露,或者只披露知识产权数量,而不详细列明清单与使用情况。在此情形之下,上市公司的知识产权信息披露极有可能发生不准确、不完整,甚至不真实等诸多问题。

第三,服务机构工作不力的影响。2006年《保荐人尽职调查工作准则》第十六条、第二十一条、第二十三条等对于保荐人的知识产权尽职调查工作均有详细规定。一些保荐机构等服务机构传统上并不关心知识产权问题,可能因缺乏知识产权的专业知识和调查经验,导致未能调查核实上市公司的知识产权信息，结果发生信息披露不当的情形。苏州恒久 2010 年招股说明书中专利信息披露不真实，保荐机构显然没有履行足够的尽职调查义务，事实上，只要检索一下国家知识产权局网站，就可以避免专利信息披露不真实的后果。

4. 上市公司知识产权信息披露质量的制度规范

目前，我国并没有专门的规章制度来规范上市公司的知识产权信息披露行为，当然，《上市公司信息披露管理办法》等一系列规章制度，自然也适用于知识产权的信息披露。不过，由于这些规章制度并非专门针对知识产权信息披露，所以规范指导的作用会大打折扣。

2015 年修订的《公开发行证券的公司信息披露内容与格式准则第 1 号——招股说明书》、2009 年发布的《公开发行证券的公司信息披露内容与格式准则第 28 号——创业板公司招股说明书》，2019 年发布的《公开发行证券的公司信息披露内容与格式准则第 41 号——科创板公司招股说明书》等现有规章制度，则在个别规定上明确涉及知识产权的信息披露。这些规定主要集中在以下几个方面：（1）要求披露与发行人业务经营相关的知识产权信息；（2）要求披露发行人的知识产权许可合同信息；（3）要求披露发行人现实或潜在的知识产权纠纷信息；（4）要求披露发行人的知识产权关联交易信息。

当然，知识产权相关的信息披露制度，主要是确立最基本的知识产权信息披露义务。从实践上看，很多上市公司，特别是创业板公司披露的知识产权信息较为完整和详细，比如，有的上市公司还披露了专利收入不稳定的风险、技术泄密的风险、品牌受侵害的风险、专利出资瑕疵承诺、商标被认定为驰名商标等信息。这些知识产权信息的披露不仅是为了陈述资产状况和描述经营风险，有时还是为了形象包装和吸引投资。可以鼓励上市公司自愿披露这些知识产权信息，而不宜进行强制要求。①

三、我国上市公司知识产权信息披露实例——科创板

（一）上市公司知识产权信息披露新规

2022 年 1 月，上海证券交易所通过内部系统向科创板上市公司发布《关于做好科创板上市公司 2021 年年度报告披露工作的通知》。进一步加强了企业知识产权信息总体概况、知识产权未来表现及知识产权未来预期的相关信息披露。科创板年报编制模板关于知识产权信息披露的主要修订内容如下。

科创板年报编制模板在"管理层讨论与分析"章节增加"核心技术与研发进展"内容，增加与科创属性相关的披露要求。

一是行业发展现状及趋势。结合所属行业特点、主要技术门槛及产业链上下游，分析公司所处行业地位及变化，新技术、新产业、新业态、新模式的发展情况和未来发展趋势。

二是公司核心技术及其先进性。包括主要在研项目的进展或阶段性成果、技术水平、应用前景等，并以列表形式展现发明专利等知识产权数量、国家科学技术奖等获奖情况。

三是研发投入情况，对于研发投入总额较上年发生重大变化的、研发投入资本化比重大幅变动的，需具体说明原因及合理性。

四是研发团队构成。包括研发人员数量及占比、平均薪酬水平，以及研发人员的学历构

---

① 当然，对于知识产权信息的披露，披露什么信息以及如何披露等，请参阅财会字〔2018〕第 30 号的有关规定。另外，上述问题经过多年我国知识产权制度建设的不断推进和完善，有些问题已经解决或正在解决。

成、年龄构成，对于核心技术人员变动的需具体说明原因。

（二）上市公司知识产权信息披露实例①

科创板作为资本市场深化改革"试验田"的示范性和引领性跃然而立，在发行、上市、交易、退市、再融资、并购重组等方面进行了一系列制度创新。科创板突出"硬字当头"，着力支持关键核心技术创新。正是由于科创板上市公司"硬科技"属性，其知识产权信息披露质量显得尤为重要。下面结合科创板上市公司年度报告中涉及知识产权信息披露的内容与格式，了解企业知识产权信息披露的要点。

本部分以苏州华兴源创科技股份有限公司（以下简称"华兴源创"）为例，具体阐明知识产权信息的披露。

华兴源创是国内领先的检测设备与整线检测系统解决方案提供商，截至2021年12月31日，华兴源创研发人员共计827人，占员工总数的比重近四成，2019~2021年，研发费用分别为1.93亿元、2.53亿元和3.53亿元，研发投入逐年增加。公司主要从事平板显示及集成电路的检测设备研发、生产和销售，主要产品分为检测设备、检测治具，产品广泛应用于LCD与OLED平板显示、集成电路、汽车电子等行业。在各类数字及模拟信号高速检测板卡、基于平板显示检测的机器视觉图像算法以及配套各类高精度自动化与精密连接组件的设计制造能力等方面，具备较强的竞争优势和自主创新能力，在信号和图像算法领域具有多项自主研发的核心技术成果。其相关信息披露如下：

（1）核心技术及其先进性。核心技术及其先进性如表12-5所示。

表12-5　　　　　　　　核心技术及其先进性简介一览表

核心技术名称	技术简介	技术先进性
应用于高像素CIS芯片的测试解决方案	公司的测试解决方案MIPI信号每通道的速率可以达到2.5GBPS，支持并行的DC测试，另外支持板卡级的图像算法运算，极大地提高了测试效率，降低了客户的测试成本	目前全球用于CIS芯片测试的国际领先主力机型均是超大规模数模混合SOC芯片测试机，高端市场主要由美国泰瑞达公司和日本爱德万测试公司垄断。考虑到公司产品的部分性能指标已能够达到或超过国外领先企业的对标产品，因此公司该技术具有较强的市场竞争力
应用于7.5GHZ以下射频芯片的测试解决方案	当前频率可以达到6GHZ，带宽达到200MHZ，覆盖5G前端射频芯片的测试解决方案，误差矢量幅度可以达到-40Db，满足S参数、高功率谐波以及隔离度等指标测试	公司研发的射频芯片测试机主要性能指标已达到或超越对标产品——美国国家仪器（NI）STS-T4

（2）报告期内获得的研发成果。报告期内获得的研发成果如表12-6所示。

---

① 本部分根据苏州华兴源创科技股份有限公司2021年年度报告"第三节　管理层讨论与分析"有关内容改写。在此，特别致谢！

表 12-6　　　　　　　　　　报告期内获得的研发成果统计表

项目	本年新增		累计数量	
	申请数（个）	获得数（个）	申请数（个）	获得数（个）
发明专利	91	29	326	74
实用新型专利	176	191	501	367
外观设计专利	13	16	43	35
软件著作权	56	56	165	165
其他	3	0	7	0
合计	339	292	1 042	641

（3）研发投入情况。研发投入情况比较如表 12-7 所示。

表 12-7　　　　　　　　　　研发投入情况比较表　　　　　　　　　　单位：元

	本年度	上年度	变化幅度（%）
费用化研发投入	352 809 397.66	252 652 300.32	39.64
资本化研发投入	—	—	—
研发投入合计	352 809 397.66	252 652 300.32	39.64
研发投入总额占营业收入比例（%）	17.46	15.06	增长 2.4 个百分点
研发投入资本化的比重（%）			

（4）在研项目情况。在研项目情况如表 12-8 所示。

表 12-8　　　　　　　　　　在研项目投入及进展情况表　　　　　　　　　　单位：万元

序号	项目名称	预计总投资规模	本期投入金额	累计投入金额	进展或阶段性成果	拟达到目标	技术水平	具体应用前景
1	8K 面板检测系统与平台设计技术的研发	4 396	1 007	4 257	完成	产品最终实现量产并大规模应用到大尺寸面板生产检测领域	国内领先水平	本产品可以驱动不同尺寸面板模组，尤其是超高分辨率高刷新率的面板模组，应用于所有的中大尺寸面板厂家，具有广阔的市场前景
2	一种复杂背景下十字线特征提取的高精度快速模板匹配技术的研发	2 820	1 316	2 658	完成	基于 Open CV 的十字形 Mark 定位方法，通过图像匹配与智能算法相结合，实现复杂背景下十字线特征提取的高精度快速模板匹配，同时满足高精度、高抗干扰能力	达到国际同行水平	本技术可以对平板显示的所有产品的不同机种进行测试，只需更换相应的模板，就能快速识别匹配，操作简单，具有广阔的市场前景

续表

序号	项目名称	预计总投资规模	本期投入金额	累计投入金额	进展或阶段性成果	拟达到目标	技术水平	具体应用前景
3	超大规模数模混合测试技术的研发	7 310	2 263	6 652	研发阶段	开发超大规模数模混合测试技术，包含低、中、高三块不同资源的需求，打破国内目前在半导体高端检测设备制造上的进口依赖	该技术产品预计达到国际同等水平、国内领先，打破国内目前在半导体高端检测设备制造上依赖进口的僵局	应用本项目研发的超大规模数模混合测试技术，将会在一定程度上弥补目前国内市场的空白，对国内的超大规模数模混合芯片 CP 及 FT 测试行业在设备国产化、测试成本降低方面作出重要贡献，市场前景广阔
4	无线蓝牙耳机气密性测试设备研发	1 758.8	1 638.88	1 758.8	设备批量生产	本项目采用机械手从流线抓取产品放入测试模块内进行测试，测试 OK 后再放回流线，流入下一工站，采用测漏仪检测无线蓝牙耳机的顶部麦克风和底部麦克风是否密封	国内领先水平	本项目可以减少人力需求、降低生产成本、提高生产效率，提高生产良率，市场空间广阔

（5）研发人员情况。研发人员情况如表 12 - 9 所示。

表 12 - 9　　　　　　研发人员数量、薪酬、学历及年龄结构情况表　　　　　　单位：万元、人

基本情况		
项目	本期数	上期数
公司研发人员的数量（人）	827	598
研发人员数量占公司总人数的比例（%）	39.01	37.38
研发人员薪酬合计	24 520.20	16 513.95
研发人员平均薪酬	29.65	27.62
研发人员学历结构		
学历结构类别	学历结构人数	
博士研究生	5	
硕士研究生	113	
本科	479	
专科	221	
高中及以下	9	

续表

研发人员年龄结构	
年龄结构类别	年龄结构人数
30 岁以下（不含 30 岁）	418
30~40 岁（含 30 岁，不含 40 岁）	337
40~50 岁（含 40 岁，不含 50 岁）	58
50~60 岁（含 50 岁，不含 60 岁）	12
60 岁及以上	2

研发人员构成发生重大变化的原因及对公司未来发展的影响等。

本例表明，企业披露知识产权的相关信息，最主要的是披露与研发相关的信息，以便信息使用者充分了解上市公司知识产权的建设情况。

主要参考文献

［1］安春明，2009. 以知识管理为核心的企业知识产权管理体系构建研究［J］. 情报科学（05）：668～671+689.

［2］鲍静海，薛萌萌，刘莉薇，2014. 知识产权质押融资模式研究：国际比较与启示［J］. 南方金融（11）：54～58.

［3］鲍新中，陈柏彤，徐鲲，2021. 中国情境下的知识产权证券化：政策背景、国际比较及模式探究［J］. 中国科技论坛（11）：176～188.

［4］鲍新中，吕占江，陈柏强，2022. 中国知识产权证券化（2020～2021）［M］. 北京：北京理工大学出版社.

［5］鲍新中，徐鲲，2020. 知识产权质押融资：价值评估［M］. 北京：知识产权出版社.

［6］曹博，2019. 人工智能生成物的智力财产属性辨析［J］. 比较法研究（04）：138～150.

［7］曹新明，2013. 知识产权侵权惩罚性赔偿责任探析——兼论我国知识产权领域三部法律的修订［J］. 知识产权（04）：3～9+2.

［8］曹新明，2019. 我国知识产权侵权损害赔偿计算标准新设计［J］. 现代法学（01）：110～124.

［9］陈盛兴，2015. 知识产权出资法律问题研究［D］. 广东财经大学.

［10］崔明霞，彭学龙，2001. 信托制度的历史演变与信托财产权的法律性质［J］. 中南财经大学学报（04）：50～54+126.

［11］戴理达，2022. 论全域赋能型数据资产的创利特质与会计核算［J］. 财会月刊（04）：82～87.

［12］戴维·阿克，2004. 创建强势品牌［M］. 吕一林，译. 北京：中国劳动社会保障出版社.

［13］邓少灵，2009. 网络营销学［M］. 广州：中山大学出版社.

［14］邓玉林，王文平，2009. 基于人力资本产权的知识型员工激励机制研究［J］. 中国管理科学（01）：151～156.

［15］丁红林，罗建华，2004. 知识产权在经济发展中的作用及对GDP增长贡献份额的测度［J］. 长沙大学学报（03）：23～24+33.

［16］丁宪浩，1998. 对外开放中的市场资源管理［J］. 北京商学院学报（05）：5～9.

［17］董登新，2019. 知识产权融资走向证券化［J］. 中国金融（01）：68～69.

［18］杜庆昊，2020. 数据要素资本化的实现路径［J］. 中国金融（22）：34～36.

［19］杜伟，杨志江，夏国平，2014. 人力资本推动经济增长的作用机制研究［J］. 中国软科学（08）：173～183.

［20］杜忠博，2022. 我国知识产权证券化主要模式及现状思考［J］. 智慧中国（09）：38～41.

［21］冯晓青，2012. 我国企业知识产权资本运营策略探讨［J］. 上海财经大学学报（06）：45～52.

［22］冯晓青，2015. 技术创新与企业知识产权战略［M］. 北京：知识产权出版社.

［23］葛家澍，2002. 会计确认、计量与收入确认［J］. 会计论坛（01）：3～13.

［24］管荣齐，李明德，2017. 中国知识产权司法保护体系改革研究［J］. 学术论坛（01）：111～117.

［25］郭道扬，1984. 会计发展史纲［M］. 北京：中央广播电视大学出版社.

［26］郭道扬，1999. 会计史教程（第一卷）历史·现时·未来［M］. 北京：中国财政经济出版社.

［27］郭俊，2015. 完善我国知识产权信托融资模式的相关思考——基于国际经验的比较与借鉴［J］. 学习与实践（07）：24～32.

［28］郭淑娟，常京萍，2012. 战略性新兴产业知识产权质押融资模式运作及其政策配置［J］. 中国科技论坛（01）：120～125.

［29］国家知识产权局，2021. 中国知识产权运营年度报告（2020年）［M］. 北京：知识产权出版社.

［30］国家知识产权局知识产权保护司，2022. 企业知识产权保护指南［M］. 北京：知识产权出版社.

［31］韩慧林，邹统钎，庄飞鹏，2017. 品牌权益对企业价值的影响研究——来自《中国500最具价值品牌》中沪深上市企业的经验证据［J］. 科学决策（10）：75～94.

［32］何怀文，2015. 商标法：原理规则与案例讨论［M］. 杭州：浙江大学出版社.

［33］何培育，2018. 知识产权侵权责任理论研究［M］. 北京：法律出版社.

［34］洪岩，2018. 浅析人工智能技术的专利保护——以医疗领域为例［J］. 知识产权（12）：74～81.

［35］胡萍，2020. 知识产权信托面临良好发展契机［N］. 金融时报，2020-07-20（008）.

［36］华荷锋，2016. 知识产权融资文献综述及研究展望［J］. 财会月刊（06）：118～121.

［37］黄光辉，2010. 知识产权证券化的风险：形成机理与化解途径［J］. 科技进步与对策（04）：17～20.

［38］黄光辉，朱雪忠，2009. 知识产权证券化的风险研究——基于知识产权特性的分析［J］. 科技管理研究（12）：508～511.

［39］黄海，2021. 会计信息化下的数据资产化现状及完善路径［J］. 企业经济（07）：113～119.

［40］黄鹂，查之玲，2004. 知识产权经营中的营销渠道研究［J］. 研究与发展管理（02）：89～92.

［41］黄庆，2021. 高新技术企业研发项目财务管理问题研究［J］. 纳税（30）：57～59.

［42］黄世忠，2020. 信息资源的七大定律及其确认与计量［J］. 财会月刊（04）：3～9.

［43］黄贤涛，王文心，2013. 提升企业知识产权资产管理能力［J］. 求实（S1）：130～131.

［44］黄玉烨，2012. 著作权合理使用具体情形立法完善之探讨［J］. 法商研究（04）：21～24.

［45］黄玉烨，司马航，2018. 孳息视角下人工智能生成作品的权利归属［J］. 河南师范大学学报（哲学社会科学版）（04）：23～29.

［46］蒋玉宏，单晓光，2009. 知识产权影响城市竞争力的机制研究［J］. 现代管理科学（02）：33～35.

［47］颉茂华，2019. 知识产权会计与信息披露研究［M］. 北京：企业管理出版社.

［48］孔军民，2017. 中国知识产权交易机制研究［M］. 北京：科学出版社.

［49］孔祥俊，2022. 商业数据权：数字时代的新型工业产权——工业产权的归入与权属界定三原则［J］. 比较法研究（01）：83～100.

［50］李东艳，2020. 上市公司知识产权会计信息披露问题及建议［J］. 财会通讯（03）：96～99.

［51］李静，2021. 基于数据资本化过程中几个问题研究［J］. 商业会计（24）：75～77.

［52］李黎明，陈明媛，2017. 专利密集型产业、专利制度与经济增长［J］. 中国软科学（04）：152～168.

［53］李晓秋，2012. 信息技术时代的商业方法可专利性研究［M］. 北京：法律出版社.

［54］李秀花，黄薇，2018. 企业税收筹划模式探讨［J］. 现代商贸工业（22）：98～99.

［55］李秀丽，王淑珍，2012. 高新技术企业知识产权会计问题探讨［J］. 商业会计（03）：11～12.

［56］李扬，2014. 金融学大辞典［M］. 北京：中国金融出版社.

［57］李扬，李晓宇，2018. 康德哲学视点下人工智能生成物的著作权问题探讨［J］. 法学杂志（09）：43～54.

［58］李永红，张淑雯，2018. 数据资产价值评估模型构建［J］. 财会月刊（09）：30～35.

［59］李志军，2017. 提高专利对经济增长的贡献率［N］. 中国经济时报，2017-02-07（005）.

［60］李钟，于立彪，2020. 企业知识产权管理基础［M］. 北京：知识产权出版社.

［61］梁晨曦，2018. 知识产权融资探究与法制建议［M］. 长春：吉林人民出版社.

［62］梁慧星，1997. 从近代民法到现代民法——二十世纪民法回顾［J］. 中外法学（02）：19～30.

［63］梁志文，2017. 论人工智能创造物的法律保护［J］. 法律科学（西北政法大学学报）（05）：156～165.

［64］廖英，2007. 商标权质押贷款的"湘潭模式"［J］. 中华商标（01）：17～19.

［65］林富华，李钦海，林卡，2016. 企业涉及知识产权的人力资源管理［J］. 人力资源管理（06）：50.

［66］林衍华，2014. 上海市近年来知识产权质押融资工作的实践和思考［J］. 中国发明与专利（09）：88~91.

［67］刘春霖，2008. 论股东知识产权出资中的若干法律问题［J］. 法学（05）：78~87.

［68］刘峰，2000. 会计学基础［M］. 北京：高等教育出版社.

［69］刘国英，周冬华，2021. IASB 概念框架下数据资产准则研究［J］. 财会月刊（21）：66~71.

［70］刘建，2021. 数据主权规制下的数据知识产权保护［J］. 上海法学研究（01）：82~100.

［71］刘璘琳，2018. 企业知识产权评估方法与实践［M］. 北京：中国经济出版社.

［72］刘善仕，孙博，葛淳棉，等，2017. 人力资本社会网络与企业创新——基于在线简历数据的实证研究［J］. 管理世界（07）：88~98+119+188.

［73］刘抒彦，2019. 基于科技项目的知识产权全生命周期法律风险管理方法与实践［J］. 现代国企研究（04）：159.

［74］刘雪凤，杜浩然，吴凡，2016. 美国知识产权信用担保质押模式研究［J］. 中国科技论坛（06）：81~87.

［75］刘燕，2001. 会计法［M］. 北京：北京大学出版社.

［76］刘银良，2010. 美国商业方法专利的十年扩张与轮回：从道富案到 Bilski 案的历史考察［J］. 知识产权（06）：89~100.

［77］刘影，2017. 人工智能生成物的著作权法保护初探［J］. 知识产权（09）：44~50.

［78］刘祚昌，光仁洪，韩承文，1997. 世界通史·近代卷（上）［M］. 北京：人民出版社.

［79］陆正飞，2014. 财务报告与分析（第二版）［M］. 北京：北京大学出版社.

［80］罗伯特·F. 迈格斯等，2000. 会计学——企业决策的基础（第 11 版）［M］. 冯正权，译. 北京：机械工业出版社.

［81］罗勇，2018. 日本知识产权金融政策研究——以知识产权融资型信托为例［J］. 法制与经济（10）：31~33.

［82］吕国强，吴登楼，2006. 地理标志的知识产权司法保护［J］. 人民司法（09）：78~81.

［83］吕晓芳，2019. 论知识产权的无形性［J］. 法制博览（06）：241.

［84］马克思，恩格斯，1974. 马克思恩格斯全集（第 23 卷）［M］. 北京：人民出版社.

［85］马玉珍，张国华，2006. 知识产权价值管理问题的研究［J］. 商业研究（04）：30~32.

［86］迈克尔·查特菲尔德，1990. 会计思想史［M］. 文硕，董晓柏等，译. 北京：中国商业出版社.

［87］孟珍，2018. 知识产权证券化的日本经验与中国启示——以法律制度与实践的互动为视角［J］. 南京理工大学学报（社会科学版）（04）：38~43.

[88] 苗锡哲，程浩，2009. 市场资源定义及价值分析 [J]. 管理观察（10）：249~250.

[89] 聂飞，刘海云，2015. 自主R&D、国际技术溢出与经济增长——基于知识溢出模型的实证分析 [J]. 华东经济管理（04）：83~89.

[90] 彭学龙，2008. 商标混淆类型分析与我国商标侵权制度的完善 [J]. 法学（05）：107~116.

[91] 齐爱民，2011. 知识产权法总则 [M]. 武汉：武汉大学出版社.

[92] 权小锋，贺超，醋卫华，等，2022. 品牌的力量：名牌产品与盈余管理 [J]. 会计研究（01）：44~58.

[93] 权小梅，2017. 会计中的无形资产与知识产权的关系探析 [J]. 中国乡镇企业会计（07）：30~31.

[94] 任凤珍，2016. 企业知识产权交易实施机制研究 [M]. 北京：地质出版社.

[95] 沈炳熙，2006. 资产证券化与金融改革 [J]. 金融研究（09）：104~117.

[96] 舒尔茨，1990. 论人力资本投资 [M]. 吴珠华等，译. 北京：北京经济学院出版社.

[97] 宋光辉，田立民，2016. 科技型中小企业知识产权质押融资模式的国内外比较研究 [J]. 金融发展研究（02）：50~56.

[98] 宋宇，嵇正龙，2020. 论新经济中数据的资本化及其影响 [J]. 陕西师范大学学报（哲学社会科学版）（04）：123~131.

[99] 苏明，陈·巴特尔，2021. 数据驱动下的人工智能知识生产 [J]. 中国科技论坛（11）：51~56.

[100] 孙西，阚越，2019. 知识产权质押融资：模式、问题与对策建议 [J]. 金融纵横（09）：96~100.

[101] 孙远钊，2021. 美国与欧盟对数据保护的梳理与参考 [J]. 政法论丛（04）：98~113.

[102] 谭崇台，1999. 发展经济学的新发展 [M]. 武汉：武汉大学出版社.

[103] 谭明军，2021. 论数据资产的概念发展与理论框架 [J]. 财会月刊（10）：87~93.

[104] 汤湘希，1995. 无形资产价值确认与估价 [M]. 武汉：武汉大学出版社.

[105] 汤湘希，2006. 企业核心竞争力会计控制问题研究 [M]. 北京：中国财政经济出版社.

[106] 汤湘希，陈金勇，等，2016. 知识产权与经济增长统计指标设定与赋值问题研究 [M]. 北京：经济科学出版社.

[107] 汤湘希，李经路，周江燕，等，2014. 企业知识资产价值论 [M]. 北京：知识产权出版社.

[108] 汤湘希，闫明杰，陈金勇，2019. 企业国际竞争力与自主品牌战略研究 [M]. 北京：中国财政经济出版社.

[109] 汤湘希，2022. 会计学（第四版）[M]. 北京：中国财政经济出版社.

[110] 汤云为，钱逢胜，1997. 会计理论 [M]. 上海：上海财经大学出版社.

[111] 唐国平，2007. 会计学原理 [M]. 北京：中国财政经济出版社.

[112] 陶凯元，2016. 充分发挥司法保护知识产权的主导作用［J］. 民主（04）：12～14.

[113] 田树杰，2020. 商业模式创新要素的知识产权保护［D］. 山东大学.

[114] 万华伟，2021. 我国知识产权证券化的模式、信用风险及防范研究［J］. 清华金融评论（04）：78～82.

[115] 王景，高燕梅，2016. 知识产权损害赔偿评估［M］. 北京：知识产权出版社.

[116] 王救文，亐道远，肖剑，2010. 知识产权管理教程［M］. 北京：中国铁道出版社.

[117] 王迁，2017. 论人工智能生成的内容在著作权法中的定性［J］. 法律科学（西北政法大学学报）（05）：148～155.

[118] 王小兵，2019. 企业知识产权管理：操作实务与法律风险防范［M］. 北京：中国法制出版社.

[119] 王晓东，2012. 美国知识产权证券化融资的成功经验及对中国的启示［J］. 管理现代化（06）：115～117.

[120] 王笑冰，2005. 地理标志的经济分析［J］. 知识产权（05）：20～26.

[121] 王言，鲍新中，2016. 知识产权质押融资的会计处理问题探讨［J］. 财会研究（05）：34～37.

[122] 王岩，2013. 知识产权资产——从法律到经济的枢纽概念［J］. 知识产权（07）：3～8.

[123] 王悦，张丽瑛，2017. 知识产权运营融资与评估［M］. 北京：知识产权出版社.

[124] 威廉·鲍莫尔，2004. 资本主义的增长奇迹［M］. 郭梅军等，译. 北京：中信出版社.

[125] 魏玮，2015. 知识产权价值评估研究［M］. 福建：厦门大学出版社.

[126] 吴汉东，2011. 知识产权的多元属性及研究范式［J］. 中国社会科学（05）：39～45.

[127] 吴汉东，2013. 试论知识产权的无形资产价值及其经营方略［J］. 南京理工大学学报（社会科学版）（01）：1～6.

[128] 吴汉东，2014. 知识产权法（第五版）［M］. 北京：法律出版社.

[129] 吴汉东，2016. 经济新常态下知识产权的创新、驱动与发展［J］. 法学（07）：31～35.

[130] 吴汉东，2017. 人工智能时代的制度安排与法律规制［J］. 法律科学（西北政法大学学报）（05）：128～136.

[131] 吴汉东，2019. 人工智能生成发明的专利法之问［J］. 当代法学（04）：24～38.

[132] 吴汉东，2021. 知识产权惩罚性赔偿的私法基础与司法适用［J］. 法学评论（03）：21～33.

[133] 吴汉东，2021. 知识产权法［M］. 北京：法律出版社.

[134] 吴汉东，张平，张晓津，2018. 人工智能对知识产权法律保护的挑战［J］. 中国法律评论（02）：1～24.

[135] 吴珂, 2018. 知识产权：经济高质量发展的动力与使命 [N]. 中国知识产权报, 2018-06-29 (02).

[136] 伍庆生, 2005. 我国金融资产管理公司债权资产证券化的模式设计 [J]. 江西财经大学学报 (05): 25~28.

[137] 夏成才, 2015. 中级财务会计 [M]. 北京: 中国财政经济出版社.

[138] 肖海, 朱静, 2009. 借鉴欧洲经验开展中国知识产权证券化的对策 [J]. 知识产权 (05): 86~93.

[139] 谢芳, 2018. 知识产权交易与企业创新绩效 [M]. 北京: 知识产权出版社.

[140] 谢黎伟, 2010. 美国的知识产权融资机制及其启示 [J]. 科技进步与对策 (24): 40~44.

[141] 谢铁山, 2009. 论知识产权会计的若干基本问题 [J]. 濮阳职业技术学院学报 (05): 138~140+145.

[142] 信春鹰主编, 中国社会科学院法学研究所法律辞典编委会编, 2003. 法律辞典 [M]. 北京: 法律出版社.

[143] 熊思思, 2021. 知识产权质押融资: 风险与应对——以J公司为例 [D]. 中南财经政法大学.

[144] 徐向梅, 2022. 数字人民币渐行渐近 [N]. 经济日报, 2022-03-13 (008).

[145] 许家林, 2000. 会计学原理 [M]. 北京: 科学出版社.

[146] 许家林, 2008. 会计理论 [M]. 北京: 中国财政经济出版社.

[147] 亚历山大·I. 波尔托拉克, 保罗·J. 勒纳, 2019. 知识产权精要 [M]. 王肃, 译. 北京: 知识产权出版社.

[148] 闫邹先, 张立颖, 2021. 知识产权会计相关文献综述 [J]. 国际商务财会 (02): 88~92+96.

[149] 晏超, 方晨力, 汤湘希, 2021. 研发费用单独列报的价值相关性——基于财务报表格式更改的实证分析 [J]. 山西财经大学学报 (05): 115~126.

[150] 杨时展, 1998. 1949~1992年中国会计制度的演进 [M]. 北京: 中国财政经济出版社.

[151] 杨雄文, 2019. 知识产权总论 [M]. 广州: 华南理工大学出版社.

[152] 姚树荣, 2001. 论创新型人力资本 [J]. 财经科学 (05): 10~14.

[153] 姚叶, 2022. 多维度解读与选择: 人工智能算法知识产权保护路径探析 [J]. 科技与法律 (中英文) (01): 53~61.

[154] 易继明, 2017. 人工智能创作物是作品吗? [J]. 法律科学 (西北政法大学学报) (05): 137~147.

[155] 于玉林, 2005. 试论会计理论的"自主知识产权" [J]. 会计之友 (10): 14~16.

[156] 余丹, 2010. 谈知识产权价值的会计确认方法 [J]. 财会月刊 (09): 34~35.

[157] 喻伟泉, 2004. 实用知识产权法学新词典 [M]. 长春: 吉林人民出版社.

[158] 袁建中, 2011. 企业知识产权管理理论与实务 [M]. 北京: 知识产权出版社.

[159] 袁真富, 2010. 我国上市公司知识产权信息披露问题研究——基于上市公司信息披露文件的实证分析 [J]. 知识产权 (05): 39~43+48.

[160] 苑泽明，2001. 现代企业无形资产价值管理研究［M］. 大连：东北财经大学出版社.

[161] 苑泽明，李海英，孙浩亮，等，2012. 知识产权质押融资价值评估：收益分成率研究［J］. 科学学研究（06）：856～864+840.

[162] 岳思佳璐，2020. 计算机软件知识产权的法律保护模式探讨［J］. 法制与社会（30）：183～184.

[163] 曾维新，綦芳婷，2017. 典型国家和地区知识产权证券化演进与模式比较研究——基于美日欧的实践经验［J］. 现代商贸工业（23）：107～111.

[164] 曾炜，曾姣玉，2019. 知识产权法下人工智能系统的法律地位［J］. 南昌大学学报（人文社会科学版）（02）：25～34.

[165] 詹映，2020. 我国知识产权侵权损害赔偿司法现状再调查与再思考——基于我国11984件知识产权侵权司法判例的深度分析［J］. 法律科学（西北政法大学学报）（01）：191～200.

[166] 张爱珠，2005. 知识产权会计［M］. 北京：中国物资出版社.

[167] 张爱珠，2007. 对知识产权会计确认与计量的探讨［J］. 经济管理（08）：49～53.

[168] 张骞文，刘来君，贺炳彦，2016. 长安大学研究生学术论文集（2015年卷）［M］. 西安：陕西科学技术出版社.

[169] 张俊瑞，危雁麟，2021. 数据资产会计：概念解析与财务报表列报［J］. 财会月刊（23）：13～20.

[170] 张俊瑞，危雁麟，宋晓悦，2020. 企业数据资产的会计处理及信息列报研究［J］. 会计与经济研究（03）：3～15.

[171] 张涛，2008. 企业知识产权资本价值及其管理研究［J］. 科技管理研究（10）：251～253.

[172] 张涛，2019. 企业知识产权价值管理机理与绩效研究［M］. 北京：北京交通大学出版社.

[173] 张文玲，2015. 收益权类资产证券化产品发行情况及信用风险缓释措施探讨［J］. 债券（12）：38～44.

[174] 张晓煜，2015. 企业知识产权管理操作实务与图解［M］. 北京：法律出版社.

[175] 张新香，2015. 商业模式创新驱动技术创新的实现机理研究——基于软件业的多案例扎根分析［J］. 科学学研究（04）：616～626.

[176] 张志红，黄玮，2012. 基于收益自相关判别的知识产权期权估值分析［J］. 中国资产评估（06）：18～23.

[177] 赵博雅，雒京华，2021. 数据资产会计处理研究［J］. 上海立信会计金融学院学报（03）：94～104.

[178] 赵蓉，2011. 专利出资交付履行之法律规程构建［J］. 知识产权（08）：72～76.

[179] 赵延宝，2013. 管理者的九大掌控［M］. 北京：中国财富出版社.

[180] 赵越，陆岷峰，2021. 数据资产：价值链生成与经营模式的设计研究［J］. 海南金融（09）：24～33.

［181］郑成思，1998. 知识产权论［M］. 北京：法律出版社.

［182］支苏平，2016. 企业知识产权管理实务［M］. 北京：知识产权出版社.

［183］中国信息通信研究院，2021. 数据资产管理实践白皮书（5.0 版）［R］. www. caict. ac. cn.

［184］中国注册会计师教育教材编审委员会，2002. 中级财务会计［M］. 北京：中国财政经济出版社.

［185］周竺，黄瑞华，2007. 基于知识管理视角的企业知识产权管理［J］. 科技进步与对策（01）：84～86.

［186］朱萍，2008. 资产评估学教程（第 3 版）［M］. 上海：上海财经大学出版社.

［187］朱雪忠，2010. 知识产权管理［M］. 北京：高等教育出版社.

［188］朱雪忠，黄光辉，2009. 知识产权证券化中基础资产的选择研究［J］. 科技与法律（01）：40～45.

［189］邹蓓，北英，2011. 浅析会计中的无形资产与知识产权的关系［J］. 商场现代化（21）：110.

［190］Appel I, Farre – Mensa J, Simintzi E, 2019. Patent trolls and startup employment［J］. Journal of Financial Economics, 133：708～725.

［191］Boer F P, 1999. The valuation of technology：Business and financial issues in R&D［M］. Wiley.

［192］Brian K, 2007. OECD Insights Human Capital How what you know shapes your life：How what you know shapes your life［M］. OECD Publishing.

［193］Chang J R, Hung M W, Tsai F T, 2005. Valuation of intellectual property：A real option approach［J］. Journal of Intellectual Capital, 6：339～356.

［194］Chesbrough H, 2006. Open business models：How to thrive in the new innovation landscape［M］. Harvard Business Press.

［195］Démurger S, 2001. Infrastructure development and economic growth：An explanation for regional disparities in China？［J］. Journal of Comparative Economics, 29：95～117.

［196］Dosso M, Vezzani A, 2020. Firm market valuation and intellectual property assets［J］. Industry and Innovation, 27：705～729.

［197］Doyle P, 2001. Building value – based branding strategies［J］. Journal of Strategic Marketing, 9：255～268.

［198］Eppinger E, Vladova G, 2013. Intellectual property management practices at small and medium – sized enterprises［J］. International Journal of Technology Management, 61：64～81.

［199］Fisher III W W, Oberholzer – Gee F, 2013. Strategic management of intellectual property：an integrated approach［J］. California Management Review, 55：157～183.

［200］Fleisher B M, Chen J, 1997. The coast – noncoast income gap, productivity, and regional economic policy in China［J］. Journal of Comparative Economics, 25：220～236.

［201］Gargate G, Siddiquee Q, Wingkar C, 2019. Intellectual property audit of an organization［J］. The Journal of World Intellectual Property, 22：16～35.

［202］Hazucha B, 2022. Artificial Intelligence and Cultural Production：Possible Impacts on

Creativity and Copyright Law [D]. Working paper.

[203] Hochberg Y V, Serrano C J, Ziedonis R H, 2018. Patent collateral, investor commitment, and the market for venture lending [J]. Journal of Financial Economics, 130: 74~94.

[204] Jarrett J E, 2017. Intangible assets, intellectual property and the misreporting of financial events [J]. Journal of Business & Financial Affairs, 06.

[205] Jimenez G, Salas V, Saurina J, 2006. Determinants of collateral [J]. Journal of Financial Economics, 81: 255~281.

[206] Johnson M W, Christensen C M, Kagermann H, 2008. Reinventing your business model [J]. Harvard Business Review, 86: 50~59.

[207] Keller K L, 1993. Conceptualizing, measuring, and managing customer-based brand equity [J]. Journal of Marketing, 57: 1~22.

[208] Lagrost C, Martin D, Dubois C, et al., 2010. Intellectual property valuation: How to approach the selection of an appropriate valuation method [J]. Journal of Intellectual Capital, 11: 481~503.

[209] Laney D B, 2017. Infonomics: how to monetize, manage, and measure information as an asset for competitive advantage [M]. Routledge.

[210] O'Leary D E, 2017. Configuring blockchain architectures for transaction information in blockchain consortiums: The case of accounting and supply chain systems [J]. Intelligent Systems in Accounting, Finance and Management, 24: 138~147.

[211] OECD, 2001. The well-being of nations: The role of human and social capital [M]. OECD Publishing.

[212] Osterwalder A, Pigneur Y, 2010. Business model generation: A handbook for visionaries, game changers, and challengers [M]. John Wiley & Sons.

[213] Rivera K G, Kline D, 2000. Discovering new value in intellectual property [J]. Harvard Business Review, 55: 1~14.

[214] Romer P M, 1986. Increasing returns and long-run growth [J]. Journal of Political Economy, 94: 1002~1037.

[215] Smith G V, 2000. Valuation of intellectual property and intangible assets [M]. Wiley.

[216] Wirtz H, 2012. Valuation of intellectual property: A review of approaches and methods [J]. International Journal of Business and Management, 7: 40.

[217] Wu X, Zhao X, Zhang F, et al., 2012. Small and mid-sized enterprise intellectual property rights financing mode analysis [C] //2012 International Symposium on Management of Technology (ISMOT). IEEE, 2012: 421~425.